2016年
上海法院
案例精选

主　编　郭伟清
副主编　张　新　王国新

附上海法院参考性案例

上海人民出版社

2016 年上海法院案例精选编委会及相关人员名单

编者的话

《2016年上海法院案例精选》由上海市高级人民法院组织编写，系根据2015年上海法院百例精品案例的评选结果、在全市审结的61万余件刑事、民事、民商、知识产权、海事、金融、行政、执行等案件中最终精选而成，共91件，具有典型性、疑难性或者新颖性的特点，从一个侧面体现了上海法院审判工作的一个成果。本书在体例上分标题、案情、审判和点评四个部分，在如实介绍案件事实和审判情况后，邀请专家学者和资深法官着重从适用法律和提炼审判经验的角度进行了点评，对审判实践和理论研究具有一定借鉴和参考价值。

最高人民法院于2010年11月发布了《关于案例指导工作的规定》，优秀案例在司法实践中的参考、示范和指导功能不断得到强化，在创新法律规则方面的作用也日益突出，案例的编选工作也日益显现出其重要性、紧迫性和必要性。2012年3月上海市高级人民法院制定了《关于进一步加强上海法院案例工作的规定》，并继续将上海法院百例精品案例评选与《上海法院案例精选》编辑出版工作相结合，与报送最高人民法院指导性案例、公报案例等相结合，进一步发挥案例在审判指导和法制宣传中的重要作用。

依最高人民法院发布的《关于规范上下级人民法院审判业务关系的若干意见》中“高级人民法院通过审理案件、制定审判业务文件、发布参考性案例、召开审判业务会议、组织法官培训等形式，对辖区内各级人民法院和专门人民法院的审判业务工作进行指导”的规定，2012年12月之后，上海市高级人民法院开始发布参考性案例，以加强案例参考运用，指导地区审判实践，本书附录收录了2016年参考性案例第31号至第36号。

限于时间和水平，本书在编辑过程中可能存在疏漏和不足，敬请广大读者批评指正。

目 录

民 事

商　事

知 识 产 权

行 政

刑　事

执　行

附录　上海市高级人民法院参考性案例(第 31 号至第 36 号)

民　事

1. 上海宝房(集团)有限公司诉刘某某等房屋租赁合同纠纷案

——公房租赁中所有权人的修缮权与承租人的协助义务

案 情

原告(被上诉人)上海宝房(集团)有限公司

被告(上诉人)刘某某

被告(上诉人)夏某某

第三人(上诉人)国某军

第三人(上诉人)张某某

第三人(上诉人)国某佳

本案系争房屋为公有住房,刘某某为承租人,其妻夏某某为同住人。上海市住房保障和房屋管理局以 1995 年 5 月 28 日为时点,将包括系争房屋在内的宝山区范围内建筑面积 2 468 757.94 平方米的直属公房授权给上海宝房(集团)有限公司(以下简称宝房公司)经营。

2008 年 7 月 8 日,上海市房屋土地资源管理局作出《关于宝山区吴淞地区旧住房综合改造项目立项的批复》,原则同意宝山区房屋土地资源管理局对包括桃园新村 15-24 号在内的三处旧住房进行综合改造,项目原建筑面积为 26 182.23 平方米,改建后建筑面积为 29 985.57 平方米,预算投资人民币 4 685.26 万元,改造资金由实施单位自筹。2008 年 7 月 16 日,上海市宝山区房屋土地资源管理局作出《关于宝山区直属公房成套改造项目委托实施的通知》,通知宝房公司,经上海市房屋土地资源管理局或上海市宝山区发展和改革委员会批准的直属公房成套改造计划项目,均委托宝房公司具体实施。2010 年 3 月 30 日,上海市宝山区发展和改革委员会作出《关于 2010 年度宝山区旧住房综合改造项目计划立项的批复》,同意宝山区住房保障房屋管理局对包括桃园新村 15-24 号、25-28 号房屋在内的十个项目进行旧住房成套改造,总建筑面积为 5.9 万平方米,项目总投资 7 500 万元,当年度安排区级投资 5 953 万元(含历年已安排 1 953 万元)。2013 年 1 月 31 日,宝房公司取得桃园新村旧住房成套改造建设项目的建设工程规划许可证,建设位置为桃园新村15-24号、28号，建筑规模16 206.3平方米。

2014年8月6日，系争房屋所在街道负责人、居委会干部就搬迁事宜等上门听取刘某某意见，嗣后双方未能签订旧住房综合改造协议书。

审理中，宝房公司提供桃园新村15号楼其他住户与宝房公司签订的旧住房综合改造协议书，证明该幢楼共有40室房屋，现除了系争房屋之外，其余39室房屋的承租人均已签订了综合改造协议书。系争房屋的改造具有公益性，由政府出资，改造中无需刘某某、夏某某出资，改造后系争房屋面积增加，整幢楼没有增加房屋套数。刘某某、夏某某表示，对于15号楼其他住户的综合改造协议书的真实性无异议，但与本案无关。系争房屋的综合改造的确具有公益性和合理性，但刘某某、夏某某不同意改造是其应有的权利。此外，国某军、张某某、国某佳是其亲戚、朋友，刘某某、夏某某现将系争房屋借给国某军、张某某、国某佳临时居住使用，双方未签订租赁合同，也未收取租金。

原告宝房公司诉称，由于刘某某、夏某某对房屋改建方案提出各种无理要求，致使改建工程不能如期施工。所属居委会、街道及宝房公司多次派人上门做工作、作解释，要求刘某某、夏某某配合均遭拒绝。鉴于刘某某、夏某某的行为严重损害了旧房改造区域内绝大部分居民的合法权益，阻碍了宝房公司改建工作的进程，故宝房公司起诉要求刘某某、夏某某及国某军、张某某、国某佳迁出系争房屋，将该房屋交由宝房公司改建，刘某某、夏某某迁入宝房公司提供的上海市宝山区马泾桥三村某室临时居住至旧住房成套改造完毕。

被告刘某某、夏某某辩称，宝房公司提起的是租赁合同之诉，应当以合同约定为准，合同并没有约定刘某某、夏某某有本案中的搬离义务。宝房公司的主张在合同法意义上无法判断是合同的终止、解除或者暂时不履行。刘某某、夏某某已取得租赁权利，不得终止合同。宝房公司主张的权利不是其作为出租方的权利，而是作为案外人改建方的权利，且主张的事实是改建或者不改建的法律关系，不是租赁合同关系。《上海市旧住房综合改造管理暂行办法》规定旧住房综合改造应当遵循承租人自愿的原则，刘某某、夏某某现不同意宝房公司对房屋进行改造，刘某某、夏某某未签订改造协议书，改造协议书的签约率未达到100%的情况下，旧房改造存在程序障碍。综上，不同意宝房公司的诉讼请求。

第三人国某军、张某某、国某佳未作陈述。

审判

一审法院经审理后认为，本案的争议焦点在于原告是否有权要求被告配合系争房屋的综合改造项目，及被告是否有权予以拒绝。

民事活动应当尊重社会公德，不得损害社会公共利益。原告出于改善居住环境、完善房屋使用功能等公益目的对包括系争房屋在内的宝山区桃园新村 15 号楼进行改造，系争房屋经改造后，厨卫将独用成套，房屋面积将得到增加，居住环境将得到改善，且被告在改造过程中无需出资，由此可见，综合改造既符合公共利益，也有利于被告更好地居住、使用系争房屋。原告作为系争房屋授权的权利人及授权的旧房成套改造实施人，现已取得改造项目的建设工程规划许可证，并根据《关于宝山区吴淞地区旧住房综合改造项目立项的批复》、《关于宝山区直属公房成套改造项目委托实施的通知》、《关于 2010 年度宝山区旧住房综合改造项目计划立项的批复》，有权对包括系争房屋在内的上海市宝山区桃园新村 15 号楼进行综合改造。现原告已与桃园新村 15 号楼中除了被告之外的其余 39 室房屋的承租人签订了综合改造协议书，综合改造方案已获得了绝大多数承租人的同意，综合改造符合绝大多数承租人的意愿，充分体现了旧住房综合改造应当遵循的自愿原则。

被告系系争房屋的承租人和同住人，对于系争房屋享有居住、使用的权利，但权利的行使应有边界，自由意志的体现也应受到一定的限制。被告所享有的居住、使用的权利不能超越原告对系争房屋享有的所有权，且被告应在符合社会公共利益的前提下合理行使权利。根据合同法的相关规定，当事人应当遵循诚实信用原则，根据合同的性质、目的和交易习惯履行通知、协助、保密等义务。本案中，综合改造与房屋租赁合同的目的并不相悖，原告对系争房屋进行的综合改造并不构成对于被告利益的损害，且原告也向被告提供了过渡房，被告作为公房租赁合同中的承租人和同住人，理应根据合同法履行合同协助义务，配合综合改造项目的实施。被告拒绝临时搬离租赁房的主张，于情不符，于理不合，于法无据，法院难以支持。原告要求两被告配合旧住房综合改造，合情、合理、合法，符合民事活动的基本原则，合法有据，应予准许。第三人作为系争房屋的实际居住人，理应予以配合，搬离系争房屋。

综上，一审法院依据《中华人民共和国民法通则》第七条、《中华人民共和国物权法》第四条、第九十七条、《中华人民共和国合同法》第六十条、《最高人民法院关于适用〈中华人民共和国民事诉讼法〉若干问题的意见》第一百六十二条的规定，判决：一、被告刘某某、夏某某及第三人国某军、张某某、国某佳于判决生效之日起十日内，迁出上海市宝山区桃园新村 15 号某室房屋，将该房屋交由原告上海宝房（集团）有限公司改建；二、被告刘某某、夏某某迁出上述房屋后，可迁入上海市宝山区马泾桥三村某室房屋临时居住至旧住房成套改造完毕。

一审判决后，刘某某、夏某某、国某军、张某某、国某佳不服提起上诉。二审法院经审理后，判决驳回上诉，维持原判。

点评

当前上海城区建设与改造速度不断加快,在国际大都市的城市定位下,对历史久远的老旧里弄、建筑物的改造、拆迁成为城市建设的重要工作内容。而由于土地、财产所有制度的历史变迁,在财产权利属性上存在的多样性、模糊性常给旧里动迁改造工作和由此产生的相关诉讼带来难以估量的复杂性。本案中,法官紧扣公房所有权人享有的法律权利的权能范围对案件争议进行裁判,非常敏锐地把握住了该类案件的争议焦点和审理要点。

本案中,公房的所有权人在征得待改造公房绝大部分承租人同意后,在少数承租人不同意进行改造的情况下,如何行使对所有物的改建权,能否对抗承租人的承租权成为案件审理的焦点。本案中,系争房屋作为公房,是我国从计划经济向市场经济转型过程中,住房和职工福利发展历史上遗留的一种特殊物权形式,公房承租权区别于其他债权形式,其具有一定的福利性、公益性、供给性,其权能范围限于公房承租权所具有的用益物权权能范围之内。因此,原告在取得公房多数承租人同意,并在不侵犯承租人个人利益的前提下,为公益之目的行使修缮权,承租人应当承担协助义务。

同时,本案确立了对于该类案件的裁判原则,即对权利边界的确定。当前社会价值多元,权利之间存在的重叠、冲突日益增多,如何在产生冲突时进行平衡成为法院必须考量的重要问题。本案中将“公共利益”作为权利行使边界具有较大的合理性。

综上,本案对于当前区域经济社会发展过程中产生的同类案件具有较高的借鉴价值和导向意义,对于公房等历史遗留的财产中所包含的物权、合同权利等的性质、边界和相互关系进行了深入分析,在此基础上遵循法律基本原则作出裁判,充分体现了司法的功能与价值。

案例提供单位:上海市宝山区人民法院

编写人:蒋梦娴

点评人:席建林

2. 上海仪电科技有限公司诉赛密微(马鞍山)电子科技有限公司等房屋租赁合同纠纷案

——房屋租赁合同纠纷中的债务移转类型区分及责任认定

案 情

原告(被上诉人)上海仪电科技有限公司

被告(上诉人)赛密微(马鞍山)电子科技有限公司

被告(上诉人)上海华旭玻尔微电子有限公司

2009 年 8 月 27 日,原告上海仪电科技有限公司(以下简称仪电公司,作为出租方,签约甲方)与被告赛密微电子科技有限公司(以下简称赛密微公司,作为承租方,签约乙方)签订《房屋租赁合同》1 份,约定由甲方将其所有的位于上海市闵行区光华路 888 号 13＃楼部分厂房、5＃楼厂房、10＃楼厂房及附属设施厂房(建筑面积为 6 162.01 平方米)出租给乙方作为生产、办公及仓储使用。租期自 2009 年 9 月 1 日起至 2010 年 8 月 31 日止。自 2009 年 10 月起按 6 162.01 平方米建筑面积计算季租金总计为 281 141.71 元。甲方交付该房屋时,乙方应向甲方支付房屋租赁保证金,保证金为一个月的租金,即 10 万元整。在租赁关系终止时,乙方迁空并付清所有应付费用后,甲方在五天内将保证金全额无息退还乙方。

签约后,原告按约向被告赛密微公司交付租赁厂房,被告赛密微公司则向原告支付租赁保证金 10 万元及相关租金。

2010 年 2 月 24 日,两被告共同向原告发送信函称,从 2010 年 1 月起,赛密微公司已正式受让上海华旭玻尔微电子有限公司(以下简称华旭玻尔公司),并租用原告园区内 13＃楼二、三楼部分房屋,为了适应经济核算要求,自 2010 年 2 月起,请原告将提供赛密微公司 13＃楼使用的能源发票开华旭玻尔公司的抬头。

2010 年 9 月 8 日,原告与被告赛密微公司又签订《房屋租赁合同》1 份,约定由原告将上述建筑面积为 5 062.01 平方米的房屋继续出租给被告赛密微公司作为生产、办公及仓储使用。租期自 2010 年 9 月 1 日起至 2013 年 8 月 31 日止。月租金总计为 76 984.735 元。乙方逾期支付租金超过五日,则每逾期一日按应付金额的百分之一向甲方支付滞纳金。

2013 年 8 月 2 日，因两被告拖欠原告租金未付，两被告共同向原告出具《还款计划》，称赛密微公司至 2013 年 7 月底止欠仪电公司房屋租赁费、物业费及水电费 401 064.41 元；华旭玻尔公司至 2013 年 7 月底止欠仪电公司房屋租赁费、物业费及水电费 1 399 298.97 元(其中 2013 年 7 月开发票 236 791 元)。由于两被告目前正在进行生产设备搬迁和调整，资金运转较为困难。从 2013 年 8 月起对上述欠款两被告保证每月归还 2 万元。2014 年每月归还 5 万元，待公司经济形势好转，上述欠款争取在 2 年内全部还清。对其中 2013 年 7 月开票的 236 791 元的款项，在 2013 年 8 月 6 日前付清。同时，两被告承诺从 2013 年 7 月起对当月发生的房屋租赁费、物业费及水电费在次月全部付清，不再拖欠，也不再以期票形式支付。如违约，将承担一切责任。

2013 年 8 月 30 日，两被告又共同向原告出具《承诺书》，称因被告赛密微公司已搬迁至马鞍山市，所以该公司租赁贵司的场地和设施目前已开始陆续归还，但被告华旭玻尔公司的生产还将继续留在园区内进行，所以今后在租赁业务上只有华旭玻尔公司和原告有往来。考虑到华旭玻尔公司的实际情况，及在此以前被告一直是以赛密微公司的名义和原告进行合作的，对于以前遗留下来的问题，两被告承诺，华旭玻尔公司的账务，将继续由赛密微公司承担。

2013 年 8 月 30 日，被告华旭玻尔公司(作为承租方，签约乙方)与原告仪电公司(作为出租方，签约甲方)续签《房屋租赁合同》1 份，约定由甲方将其所有的位于上海市闵行区光华路 888 号 13＃楼部分厂房、10＃楼厂房及附属设施厂房(建筑面积为 2 480.51 平方米)出租给乙方作为生产、办公及仓储使用。租期自 2013 年 9 月 1 日起至 2016 年 8 月 31 日止，应付租金总计为 54 323.17 元。从 2014 年 9 月 1 日起的月租金总计为 56 586.63 元，从 2015 年 9 月 1 日起的月租金总计为 58 850.10 元(含电梯运行费)。乙方如逾期支付租金超过五日，则每逾期一日按应付金额的百分之一向甲方支付滞纳金。乙方如逾期超过一个月，则视为乙方自动退租，构成违约；甲方有权收回出租房屋，收取至搬迁之日的租金和其他费用，并追究乙方的违约责任。甲、乙双方约定，甲方交付该房屋时，乙方应向甲方支付房屋租赁保证金，保证金为一个月的租金，即 10 万元。在租赁关系终止时，乙方迁空并付清所有应付费用后，甲方在五天内将保证金全额无息退还乙方。因乙方违反本合同的规定，而产生的违约金、赔偿金以及应付租金与相关费用，甲方可在保证金中扣抵，不足部分乙方应在接到甲方付款通知起十天内补足。乙方同意按甲方的动力能源单价计量付费：根据乙方生产及使用动力设备、设施的现况，在应收折旧费总额的基础上按 70％收取，总额为 30 976.06 元/月。每月 5 日由动力保障人员到入驻企业对水、电、纯水等计量表进行抄表，确定上月使用数据，给财务部门计算金额开出发票由物业部门交于入驻企业，入驻企业核对无误后于该月10日前将支票交给仪电公司财务。甲、乙任何一方如未按本合同的条款履行，导致中途终止本合同，除不可抗力和政府行为外，均视为违约，双方同意的违约金为10万元整。

合同履行期间，由于两被告一直存在拖欠原告租金及其他费用未付之情况，原告曾多次以发送往来账项询征函等方式向两被告催讨上述拖欠款项。

2014年2月20日，两被告共同向原告出具《还款计划》称，对于应支付给原告的欠款，两被告一直是优先考虑的。但由于种种原因有所拖延，两被告也感到无比内疚和无奈。下一步的付款计划是：自2014年1月起，每月支付2万元，一直到6月为止；从7月开始将每月支付额提高到5万元。如果下半年情况好转，两被告会将上半年欠缴的18万元付清。另外，1号厂房的租赁合同到期日是2013年8月31日，根据合同约定两被告有7天的搬迁时间，当时和原告协商约定在9月10日将租赁厂房全部清空并交房。从8月开始两被告就按计划开始将公司物品进行了搬迁，但是由于在搬迁中的不确定因素，还有少量物品没有搬清，堆放在园区道路上，及占了一小块厂房，还有就是电缆线误拆除等事情，影响到了9月15日的第一次交接，最终拖到9月30日才进行了厂房移交。考虑到整个过程中双方沟通密切且互相配合，及此次延误没有给原告带来太大的损失，所以两被告希望租赁截止日期还是计算到8月31日。

2014年3月20日，两被告又共同向原告出具《还款计划》称，其于2014年3月1日已停止生产，下一步的计划是准备将原上海车间搬迁到马鞍山工厂。对于欠款一事，统计到2014年3月20日为止，其还欠缴原告的各项费用为1 661 630.42元(具体数额以双方财务核对为准)。根据两被告的实际情况，特制定还款计划如下：1.现车间中只有少量可用设备是要搬迁，而大部分设备已没有利用价值，所以准备卖掉。初步估计了一下，这些设备可能卖到50万元左右，不管多少，款到账后全部作为欠款归还。2.原在原告处的押金10万元，也可作为归还的欠款。3.2014年2月、3月、4月、5月、6月新产生的费用我们将按规定于次月付清，不再拖欠，另外每月再支付老账2—5万元。争取在6月底前，将车间设备处理完毕，腾出租赁厂房归还原告。在退租后，从7月1日起两被告每月还款额增加到10万元，直至全部还清。按照以上的还款计划，到年底两被告欠原告的欠款也只有20多万元左右，如果两被告情况好转，争取在2014年年底将欠款全部还清。希望原告同意提前与两被告终止厂房租赁合同，让两被告能够尽快处理好设备，腾出厂房，减少支出，尽早还清欠款。

2014年6月17日，原告(作为甲方)根据被告华旭玻尔公司(作为乙方)的申请，经双方友好协商达成了提前终止租赁上海市闵行区光华路888号园区13＃楼二楼、三楼及其他附属厂房的补充协议，双方为此签订《提前终止租赁厂房补充协议书》,约定双方于 2014 年 6 月 16 日进行租赁厂房移交。同时还约定:乙方如能按 2014 年 3 月 20 日(赛密微公司、华旭玻尔公司)共同制定的还款计划,每月按时还清甲方欠款,甲方同意于 2014 年 5 月 31 日止,提前解除双方的租赁合同,并不再追索乙方的违约责任。乙方如不能按 2014 年 3 月 20 日(赛密微公司、华旭玻尔公司)共同制定的还款计划,按时还清欠款,则甲方将依据租赁合同约定,追索乙方的违约责任及欠款的银行利息等。

上述协议签订后,两被告并未完全履行上述还款计划。原告于 2014 年 9 月 2 日,向被告华旭玻尔公司发送《催缴欠费通知书》,称其至 2014 年 8 月 31 日止,欠缴仪电公司动力能源费、租金、物业管理费共计 1 201 195.90 元(其中赛密微公司欠费为 214 364.41 元,华旭玻尔公司欠费为 986 831.49 元);依据 2014 年 3 月 20 日华旭玻尔公司与赛密微公司共同制定的还款计划,应在 2014 年 7 月、8 月、9 月缴纳欠费 30 万元;原告多次催讨后,华旭玻尔公司至 2014 年 8 月 31 日止,只缴纳应交欠款 6 万元。在此,原告要求华旭玻尔公司于 2014 年 9 月 15 日前将应缴纳的 14 万元欠款交清;于 2014 年 9 月 30 日前将应缴纳的 10 万元欠款交清;否则从 2014 年 10 月 1 日起,原告将通过法律途径追讨华旭玻尔公司的欠款并追究违约责任。

由于被告华旭玻尔公司在接到上述催缴欠费通知书后仍未履行上述付款义务,遂成讼。

原告诉称,两被告系同一股东所控制的关联公司。两被告拒不支付租金等费用的行为已构成违约,根据租赁合同约定,两被告应当承担未按约支付租金的滞纳金及单方原因终止合同的违约金。请求法院判令:(1)两被告支付拖欠租金、水、电费、动力设施设备折旧费共计 1 201 195.90 元(其中租金为 245 348.903 元,水、电费为 876 718.783 元、动力设施设备折旧费为 79 128.211 元);(2)两被告支付滞纳金 1 049 866 元(暂计至 2014 年 11 月 1 日);(3)两被告支付违约金 10 万元。

诉讼中,原告将上述第(2)项诉请中的滞纳金起止日期明确为自 2014 年 10 月 1 日起至被告实际支付之日止。滞纳金的计算标准由原合同约定的每逾期一日按应付金额的百分之一,自愿调整为每逾期一日按应付金额的万分三计算。

两被告共同辩称,关于欠款金额,庭审中两被告主张没有对过账,但为了便于法庭审理,考虑到原告于 2014 年 9 月 2 日向被告华旭玻尔公司发送的《催款欠费通知书》作出如下确认:被告赛密微公司拖欠金额为 214 364.41 元,抵扣 10 万元保证金,余下欠款是 114 364.41 元。被告华旭玻尔公司拖欠金额是 986 831.49 元,对此被告华旭玻尔公司予以确认。关于欠款支付期限,被告赛密微公司的 114 364.41 元已过了时限,被告华旭玻尔公司的欠款中有 446 831.49 元并未到期。关于连带责任,被告赛密微公司对被告华旭玻尔公司在 2013 年 8 月 31 日之前的债务承担责任,但对于被告华旭玻尔公司在2013年8月31日之后的欠款并未承诺承担责任,所以对于被告华旭玻尔公司现在确认的欠款986 831.49元,被告赛密微公司没有承担还款的义务。关于滞纳金请求,缺乏依据,合同仅对租金拖欠约定了滞纳金,但水电费等其他费用没有包括在滞纳金中,且对于原告主张按照12%来计算滞纳金也没有依据。此外原告已经认可了被告的还款计划,说明有部分的欠款未到期限。关于解除合同的原因,是原告转让给被告华旭玻尔公司的股东隐瞒相关证据,导致被告华旭玻尔公司在股东变更后,无法正常生产导致合同解除,且提出合同解除是得到原告同意的,原告在解除合同时没有提出任何要求,也没有提出让被告华旭玻尔公司支付违约金的要求,可以认为是双方协商解除,并非合同上约定的单方解除,所以被告华旭玻尔公司无需向原告支付违约金。原告请求由两被告共同向原告支付违约金也没有依据,因为两被告是独立法人,不能因为是关联公司,就让被告赛密微公司对被告华旭玻尔公司的债务承担违约责任。综上,两被告请求法院作出公正判决。

审理中,法院考虑到两被告于2014年3月20日共同向原告出具的《还款计划》中载明:统计到2014年3月20日为止,两被告还欠缴原告各项费用合计1 661 630.42元(具体数额以双方财务核对为准)。关于该欠款金额原告当庭表示予以认可,但两被告要求进行财务对账。为此法院告知双方在2014年12月6日前就相关欠缴金额进行财务对账,若因两被告的原因未在规定的时间内完成上述对账,法院将以上述《还款计划》上两被告确认的欠款金额为准。后在对账过程中终因两被告的原因而对账未成。

审 判

一审法院经审理后认为,原告作为涉案房屋的产权人与两被告分别签订的《房屋租赁合同》,反映了签约当事人的真实意思表示,合法有效,各方均应信守并依约履行。根据原告与被告华旭玻尔公司签订的《房屋租赁合同》约定,乙方(即被告华旭玻尔公司)逾期支付租金超过五日,则每逾期一日按应付金额的百分之一向甲方(即原告)支付滞纳金。乙方如逾期超过一个月,则视为自动退租,构成违约;甲方有权收回出租房屋,收取至搬迁之日的租金和其他费用,并追究乙方的违约责任。本案中,被告华旭玻尔公司在上述合同履行过程中,自2013年起一直拖欠原告租金等费用不付,并于2014年6月向原告提出要求提前终止租赁厂房的申请,后双方经友好协商签订了《提前终止租赁厂房补充协议书》,约定双方于2014年6月16日进行租赁厂房移交。同时还约定:乙方如能按2014年3月20日(赛密微公司、华旭玻尔公司)共同制定的还款计划,每月按时还清甲方欠款,甲方同意于2014年

5 月 31 日止，提前解除双方的租赁合同，并不再追索乙方的违约责任。乙方如不能按 2014 年 3 月 20 日(赛密微公司、华旭玻尔公司)共同制定的还款计划，按时还清欠款，则甲方将依据租赁合同约定，追索乙方的违约责任及欠款的银行利息等。现由于被告华旭玻尔公司未能履行与被告赛密微公司于 2014 年 3 月 20 日共同制定的还款计划，向原告按时还清上述欠款，故原告有权按照双方补充协议书的约定追索被告华旭玻尔公司的欠款等违约责任。被告赛密微公司与原告间的《房屋租赁合同》虽早已租赁届满，但被告赛密微公司仍一直长期拖欠原告租金 214 364.41 元未付。根据两被告于 2013 年 8 月 2 日、2013 年 8 月 30 日、2014 年 2 月 20 日、2014 年 3 月 20 日先后多次共同向原告出具的《承诺书》及《还款计划》内容反映，两被告确认统计到 2014 年 3 月 20 日止，两被告共欠缴原告各项费用 1 661 630.42 元，两被告共同承诺分期付款，并争取在 2014 年年底将上述欠款全部还清。对此法院认为，两被告对上述欠款的还款计划作出的共同承诺，对两被告而言均属于债务承担，故两被告理应共同向原告承担还款责任。原告要求两被告支付拖欠租金、水、电费、动力设施设备折旧费之诉请，理由正当，法院予以支持。但考虑两被告于 2014 年 3 月 20 日向原告共同制定的还款计划中提出要求将原告收取的租赁保证金 10 万元作为欠款予以扣除，故原告主张的上述欠款金额 1 201 195.90 元在扣除 10 万元后即为 1 101 195.90 元。由于两被告至今未向原告付清上述款项，两被告还应向原告支付逾期付款及滞纳金。现原告将由原合同约定的每逾期一日按应付金额的百分之一自愿调整为每逾期一日按应付金额的万分三的计算标准及将 2014 年 10 月 1 日作为逾期付款滞纳金的起算日，系原告自行处分的行为，法院对此予以准许。另因考虑到双方租赁合同仅对被告欠付租金约定了逾期付款滞纳金，而未对其他费用作出此约定，故原告向两被告主张的逾期付款金额以两被告共同欠付的租金金额在扣除租赁保证金 10 万元后的 145 348.90 元(245 348.90 元—100 000 元)作为计算依据。关于原告要求两被告支付违约金 10 万元之诉请，法院认为，原告主张该 10 万元违约金的性质，系原告认为因被告单方原因导致双方中途终止合同所产生的违约金。经查，本案中向原告提出提前终止租赁厂房合同申请的主体是被告华旭玻尔公司，另从双方订立的《提前终止租赁厂房补充协议书》的内容来看，原告同意不追究被告华旭玻尔公司违约责任是有前提条件的，即两被告如能按 2014 年 3 月 20 日共同制定的还款计划，每月按时还清原告欠款，原告同意于 2014 年 5 月 31 日止提前解除双方的租赁合同，并不再追索被告华旭玻尔公司的违约责任。两被告如不能按 2014 年 3 月 20 日共同制定的还款计划，按时还清欠款，则原告将依据租赁合同约定，追索被告华旭玻尔公司的违约责任及欠款的银行利息等。故该 10 万元违约金与被告赛密微公司无关，原告只能要求被告华旭玻尔公司支付该 10 万元违约金，无权要求被告赛密微公司来共同承担。据此，一审法院依照《中华人民共和国合同法》第一百零七条、第一百一十四条第一款、第二百二十六条之规定，判决：一、被告赛密微（马鞍山）电子有限公司、被告上海华旭玻尔微电子有限公司支付原告上海仪电科技有限公司拖欠租金、水、电费、动力设施设备折旧费共计1 101 195.90元；二、被告赛密微（马鞍山）电子有限公司、被告上海华旭玻尔微电子有限公司支付原告上海仪电科技有限公司以145 348.90元为本金，自2014年10月1日起至实际付款之日止，按每日万分三计算的逾期付款滞纳金；三、被告上海华旭玻尔微电子有限公司支付原告上海仪电科技有限公司违约金10万元；上述条款的履行期限均为本判决生效之日起的十日内；四、驳回原告上海仪电科技有限公司的其余诉讼请求。

一审判决后，赛密微公司、华旭玻尔公司不服，提起上诉。二审法院判决驳回上诉，维持原判。

点 评

本案涉及房屋租赁合同履行过程中，发生了承租人加入和变更，如何确定房屋租赁合同的权利义务承担主体。由于许多房屋租赁合同存续期间较长，当事人间的利益关系复杂，相关民事行为不规范，给法院审理案件增加了不少难度，该案的裁判，为法院理清房屋租赁合同的审理思路，优质高效解决此类纠纷，提供了良好的经验。

原告作为出租人，与被告赛密微公司建立了房屋租赁关系，在租赁合同履行过程中，被告赛密微将部分房屋转让给华旭玻尔公司租赁使用，其间，两被告均拖欠原告租金，并共同承诺还款。后被告赛密微公司与原告租赁合同到期未再续租，被告华旭玻尔公司与原告签订了新的房屋租赁合同，并履行至双方提前解除合同。但是被告赛密微公司并未完全退出租赁的房屋，仍部分使用着原告的房屋，也与被告华旭玻尔公司共同出具还款计划，表示要共同把欠付原告的租金还清，但至原告起诉之日，仍有部分租金未还清。被告赛密微公司、华旭玻尔公司与原告方究竟是什么关系，被告赛密微公司与华旭玻尔公司间又是什么关系，租赁合同中的权利义务有无转移？这些都需要在审理中厘清。

仔细分析，首先，本案不是转租关系，也就是被告赛密微公司与被告华旭玻尔公司之间并没有建立租赁关系。所谓转租，是指承租人在次租赁合同中应当处于出租人的地位，出租人与承租人、承租人与次承租人之间各有独立的租赁合同，各自履行租赁合同和转租合同中权利义务，次承租人与原出租人不发生法律关系。本案的法律特征显然不是这样。其次，本案也不是完全的租赁权利义务转让，所谓租赁权利义务转让，是指后租赁人应当完全承继前承租人的权利义务，原承租人退出租赁合同。本案被告华旭玻尔公司既是被告赛密微公司与原告房屋租赁合同中权利义务的部分转让承受人,又是新的房屋租赁合同的承租人。同时,被告赛密微公司既在其与原告的合同履行期间转让了部分房屋使用权,又在被告华旭玻尔公司与原告租赁合同期间,继续占有使用原告的房屋。因而,虽然租赁合同是原告与两被告在不同时间分别签订的,但是两被告应当是共同的承租人。第三,两被告本应对各自租赁使用的房屋承担支付租金的义务,但是由于两被告一再出具承诺书表示将共同偿还双方所欠租金,可以认定两被告均属于债的加入,共同对原告承担还款责任。

明确了原被告之间的法律关系,双方的权利义务就比较容易区分了,本案判决两被告共同偿还拖欠的租金、水、电费、动力设施折旧费用并支付欠付租金的滞纳金,既符合房屋租赁合同的实际履行情况,也符合各承租人的真实意思表示,因此判决是正确的。

案例提供单位:上海市闵行区人民法院

编写人:龚　漾

点评人:吴　薇

3. 陆某某与上海冠诚物业管理有限公司物业服务合同纠纷案

——建筑物区分所有权的构成识别与合理限制

案 情

抗诉机关上海市人民检察院

原告(上诉人、申诉人)陆某某

被告(被上诉人、被申诉人)上海冠诚物业管理有限公司

涉案建筑区是由商品住宅楼和别墅所组成的南郊花园小区。陆某某为该小区一户之业主,其所有的房屋类型为联列住宅,属四户一体的联栋纵切式连体别墅,各户均有独立的出入口与上下楼梯,房屋外部无其他通道可通往屋顶平台。上海冠诚物业管理有限公司(以下简称冠诚物业公司)是本案纠纷发生时小区物业服务企业,其与小区开发商于 2003 年 12 月就该小区的物业服务事宜共同签订了《南郊花园小区前期物业管理服务合同》(以下简称系争物业服务合同)。

该系争物业服务合同就"委托管理事项"部分约定,共用设施、设备的维修、养护、运行和管理,包括:共用的上下水管道、落水管、污水管、共用照明、楼道消防设施设备、安全监控、水箱、水景处理设备等(第五条);公共设施和附属建筑物、构筑物的维修、养护和管理,包括道路、室外上下水管道、污水栅栏井、泵房、自行车库、停车场、配电间等(第六条);业主和物业使用人房屋自用部位、自用设备及设备维修、养护,在当事人提出委托时,冠诚物业公司须接受委托并合理收费(第十四条)。该合同就"物业服务要求标准"部分约定,物业公司必须按照下列约定,实现管理目标:……3.房屋及公共设施、设备的维修、养护,按规定定期、定人保养、维修;设备维修及时率 100%(第二十条)。该合同就"违约责任"部分约定,物业公司违反该合同第五章的约定,不能完成目标,造成经济损失的应给予经济赔偿(第二十八条)。

2011 年 8 月 11 日 18 时许,突降暴雨,陆某某户因房屋下水道堵塞,雨水从屋顶天沟溢进陆某某户阁楼,并从其阁楼向下流至三层、二层、底层,导致陆某某户房屋底层墙面,二层、三层、阁楼层木地板,三层墙面、平顶装修以及楼梯间踏步面板

等部位及部分家具、电器等物品受损。陆某某发现房屋进水后，立即向冠诚物业公司报修，因维修人员在他处抢修，故在陆某某报修约一小时后至陆某某房屋处，并于次日上午完成对其房屋的清理工作。事后，陆某某要求冠诚物业公司赔偿未果，遂于2012年1月诉至法院，请求判令冠诚物业公司赔偿其各项财产损失78 830元及精神损失费10 000元，并承担本案的诉讼费用。

原告陆某某诉称，涉案房屋为原告私有产权房，由被告对该房屋实施物业管理服务。被告理应做好对房屋的日常维修、维护工作，在每年的雨季前后做好检查、检修防范工作。原告自2005年9月办理入住手续至今已有六年多，由于被告疏于管理，六年多以来从未清扫屋面，日常养护不到位。在2011年8月11日18时许的一场大雨中，由于屋面垃圾堵塞下水道，造成雨水从屋顶冲入屋内，并从四楼冲到三楼、二楼、一楼，造成一楼积水达8厘米之深。由于家里电器、电线严重进水，还造成跳闸停电。原告在第一时间向被告报修，由于被告管理严重不到位，一个维修人员要管理四个小区的维修，等维修人员到现场，8厘米雨水积在一楼已经有一个多小时。原告要求维修人员上屋顶维修，因为天黑维修人员不敢上去，原告的家人只能自行上屋顶将下水道疏通。原告要求被告开具维修单据，也是在民警的帮助下完成的。事后，原告多次要求与被告协商解决，但被告置之不理。为维护原告的合法权益，故原告诉至法院，要求判令被告赔偿原告各项财产损失78 830元(人民币，下同)及精神损失费10 000元，并要求判令被告承担案件诉讼费用。

被告冠诚物业公司辩称，不同意原告的诉讼请求。原告居住的房屋，由被告实施物业管理服务，被告提供了较完善的物业服务，小区环境良好，各种设施、设备运作正常。2011年8月11日突降暴雨，原告房屋的下水管道堵塞，雨水从屋顶天沟溢进原告屋内造成物损。被告于18时左右接到原告的报修电话，但因当天维修人员在其他地方抢修，因此在约一小时后赶到原告家，维修人员到达时，原告已上过屋顶，渗水情况已有好转，故当晚维修人员未上屋顶。次日上午，被告从原告房屋天沟现场清理出可乐瓶、破布等杂物。被告认为，在该场大雨中，唯有原告房屋屋顶下水管道堵塞，这些杂物既不会从地面扔上去，也不可能从上面掉下来，存在于原告私宅屋顶天沟内，完全是人为因素所致。根据相关法律规定，原告的房屋类型系联列住宅，它不同于一般类型的住宅，有较大的私有空间及自有部位，整个住宅属业主所有。要进入屋顶必须经过原告室内的上部天窗，因其特定的房屋结构，被告无主动清理屋顶的客观条件，且原告也从未向被告提出报修，要求清理屋顶。因此原告因下水管道堵塞造成房屋漏水，从而导致财物受损与被告无直接因果关系，被告也不存在管理服务上的疏漏，被告无赔偿责任，故请求依法驳回原告的诉讼请求。

一审中，根据陆某某的申请，一审法院委托上海房屋质量检测站对陆某某户的房屋装修损坏与渗漏水间是否存在因果关系进行鉴定，结论为：系争房屋部分房间装修受潮损坏情况属实，并具体界定了损坏范围且提出了修缮建议。陆某某为此支付了鉴定费10 000元。后一审法院又根据陆某某的申请，委托上海第一测量师事务所有限公司对其房屋受损后的修复费用进行了工程审价，结论为：根据前述鉴定意见中的修缮建议，陆某某户受损后修复费用的装修部分为29 358元。陆某某为此支付工程审价费2 365元，差旅费200元。

审 判

一审法院经审理后认为，本案的争议焦点在于陆某某户的屋顶及堵塞的下水管道是否属于建筑区划内的共有部分，并进而是否属于冠诚物业公司所约定的物业管理范围。对此，一审法院认为，鉴于案涉陆某某户的房屋结构为联列住宅，属于联栋纵切式的房屋，各户均有独立的出入口且楼梯是分开的，非经业主的同意，外部无法上至屋顶。因此，根据《最高人民法院关于审理建筑物区分所有权纠纷案件具体应用法律若干问题的解释》(以下简称《区分所有权司法解释》)第二条有关专有部分识别标准的规定，可以认定系争房屋屋顶及下水管道属于具有"构造上的独立性"和"利用上的独立性"的识别标准，因而应当属于陆某某户之专有部分。据此，一审法院认定冠诚物业公司并无对系争堵塞的下水管道予以定期主动维修、养护的约定、法定或者行业规范所确定的义务；另外，鉴于冠诚物业公司已在陆某某提出维修申请后进行了清理与疏通工作，因而亦已尽到了系争物业服务合同第十四条所约定的业主自用部位的应召维修义务，故一审法院判决驳回陆某某的诉讼请求。

一审判决后，陆某某不服提起上诉。二审法院基于一审事实认定的基础上另查明，系争陆某某户房屋屋顶的落水管由陆某某与其相邻的房屋共用于排水，须从陆某某户房屋才能到达该屋顶落水管处。另外，二审中，冠诚物业公司表示自愿一次性补偿陆某某3 000元并承担工程审价费2 365元。

二审法院认为，鉴于系争堵塞的落水管系由陆某某户与相邻的房屋所共用，因而二审法院首先对一审中有关系争落水管属于陆某某户专有部分的认定予以了更正，认定其应属于建筑区划内的共有部分。其次，至于冠诚物业公司因此所需要负担的合同义务的具体履行方式，二审法院认为虽然本案系争落水管的法律属性当为案涉建筑区划中的共有部分，但"须经过上诉人(陆某某)房屋才能到达堵塞的落水管处也是事实"，故而认定陆某某主张冠诚物业公司对系争落水管应主动履行定期保养、清理的义务依据不足；另外，二审法院鉴于冠诚物业公司在本案纠纷发生时对陆某某户的系争落水管道已履行了应召式的维修、清理义务，据此二审法院认为冠诚物业公司已然实际履行了其系争物业服务合同项下的约定义务，并因此而判决维持了一审裁判的主文。此外，二审法院亦准许了冠诚物业公司在二审中自愿补偿陆某某部分经济损失的意思表示。

陆某某不服二审判决，向检察机关申诉。上海市人民检察院向法院提出抗诉。

上海市人民检察院抗诉认为，二审法院判决中有关冠诚物业公司对于系争堵塞的落水管所应负担的系争物业服务合同项下的约定义务履行方式的认定不当。其抗诉认为，二审法院既然认定系争堵塞的落水管系属建筑区划内的共有部分。因此，理应根据系争物业服务合同第五、二十、二十八条的相关约定确定冠诚物业公司所应当承担的合同义务为“对之（系争堵塞的落水管）进行定期、定人保养、维护”。至于是否需要经过业主房屋才能进入系争房屋屋顶落水管处，并不影响冠诚物业公司的合同义务，更不应成为其不履行合同义务的理由。

本案再审过程中，冠诚物业公司对陆某某陈述的关于自其 2005 年 9 月入住以来，物业公司从未清扫系争房屋屋顶及疏通共用落水管道一节事实，未予否认。另外，对陆某某户房屋漏水次日上午清理屋顶及落水管道时所出垃圾种类及归属，双方当事人各执一词，均举证不能。对于陆某某提出的除室内装修损失外，本案系争落水管漏水还造成的其他室内物品共计 31 680 元损失的主张，冠诚物业公司仅认可其中的地毯、被子、书籍和电话机浸水的部分；对于其他陆某某主张的损害物品及价值，物业公司均不认可，对此，陆某某亦未能对物业公司的异议部分提供相应发票等证据予以补强。此外，经再审法院再审释明，陆某某明确其原审诉讼请求的请求权基础是违约之诉。

再审法院经审理后认为，首先案涉建筑区划在本案系争纠纷发生时尚未成立物业业主委员会，因此根据《最高人民法院关于审理物业服务纠纷案件具体应用法律若干问题的解释》（以下简称《物业服务司法解释》）之规定，系争物业服务合同对冠诚物业公司与陆某某均有法律效力。其次，鉴于系争物业服务合同第五、二十、二十八条之约定已明确冠诚物业公司应当对本案系争的共用落水管道等设施予以定期、定人保养和维修，不能完成目标，造成经济损失的应给予经济赔偿。因此，冠诚物业公司自陆某某 2005 年入住该小区以来从未对系争共用屋顶及落水管进行过清理、疏通，显已违反其合同约定的义务。故陆某某户于 2011 年 8 月因大雨而导致的系争落水管堵塞、渗水所造成的室内装修损失及相关物品损失理应依约由冠诚物业公司予以赔偿。再审因此认为，一审认定系争堵塞的落水管属陆某某户专有部分，与事实不符；二审法院虽改认该系争落水管系属共有部分，但基于须经过陆某某户才能到达该管道的事实而认为冠诚物业公司无主动履行合同约定的定期保养、清理义务，与系争物业服务合同相关约定不符，亦不利于督促物业管理企业更好地履行管理职责，再审法院对此一并予以纠正。最后，至于冠诚物业公司依约应当承担的赔偿责任范围，再审法院结合一审法院委托鉴定的工程审价、双方当事人的举证、质证情况，酌定陆某某可得赔偿的经济损失数额为 29 500 元。

据此，再审法院依照《最高人民法院关于审理物业服务纠纷案件具体应用法律若干问题的解释》第一条、第三条、《中华人民共和国民事诉讼法》第二百零七条第一款、第一百七十条第一款第（二）项之规定，判决撤销一、二审民事判决，并依法改判冠诚物业公司应一次性赔偿陆某某经济损失 29 500 元。

点 评

本案原被告之争主要涉及建筑物区分所有权的权属确定，由于现代建筑物理空间的特殊性，数人区分一建筑区划内之建筑物的所有权并各自拥有专有权和共有权，已是普遍情况。如何确定建筑物区分所有权，如何认定建筑物区分所有权中各项权利的内涵及外延，如何协调建筑物区划内各所有权人的利益关系，是一个难题，审判实践中也屡有争议。

《中华人民共和国物权法》第七十条规定，业主对建筑物内的住宅、经营性用房等专有部分享有所有权，对专有部分以外的共有部分享有共有和共同管理的权利。其中专有部分，一般是指建筑区划内具有构造上的独立性的房屋、具有利用上的独立性的车位、摊位等。共有部分一般指建筑物的基础、承重结构、外墙、屋顶等基本结构部分，通道、楼梯、大堂等公共通行部分，消防、公共照明等附属设施、设备等。建筑物的专有部分由各自业主自行进行管理，共有部分则由全体共有人共同承担管理义务。

本案系争房屋所在小区与被告冠诚物业公司约定，由被告对原告所在小区内的房屋进行物业管理，双方在系争物业服务合同中约定，共用的设施、设备的维修、养护、运行和管理等事项均由被告承担。因而本案的争议焦点在于陆某某户的屋顶及堵塞的下水道是否属于建筑区划内的共有部分，是否属于冠诚物业管理有限公司的物业管理范畴。对此，一、二审法院有不同认识，一审法院认为陆某某户的房屋结构为联列住宅，属于联栋纵切式的房屋，各户均有独立的出入口且楼梯是分开的，非经业主的同意，外部无法上至屋顶，因而属于专有部分，被告无对下水道予以定期主动维修、养护的责任。二审法院虽因堵塞的落水管与相邻房屋共用而认定属于建筑区划内的共有部分，但又认为因需经过业主房屋才能到达堵塞的落水管处，客观上管理存在不便，因而认定冠诚物业公司对系争堵塞水管无主动履行定期保养、清理的义务，只要履行了应召式的维修、清理义务，就是履行了物业合同项下的约定义务。

一、二审法院的认定均存在不妥之处。首先，系争落水管系陆某某户与其相邻的房屋共用于排水,不具备使用上的排他性,因而不是陆某某户的专有部分。其次,虽然物业公司行使对系争落水管的维护、清理职能,需要经过陆某某户的房屋,但是定期、定人保养、维护,是被告应尽的义务,被告可通过与原告事先告知、沟通保养、维护时间、方式等内容,以取得原告的配合,从而履行其义务。同样,原告对被告履行维护义务时必须经过原告所有的房屋也有配合的义务,这也是原告作为建筑物区分所有权人,对于物业公司依约主动维护物业共有部分必须经过其专有部分所应承担的协助、容忍义务。无论哪一方未履行义务,都得对损害后果承担一定的民事责任。本案被告冠诚物业公司长期以来,未能依照系争物业服务合同的约定,对原告与他户共用的屋顶及落水管进行清理、疏通,造成原告的经济损失,应当承担违约赔偿责任。

案例提供单位:上海市高级人民法院

编写人:宗　来

点评人:吴　薇

4. 方某琴诉上海中电绿科集团有限公司保证合同纠纷案

——民间借贷中"借新还旧"的认定及保证人责任的界定

案 情

原告(被上诉人、申请再审人)方某琴

被告(上诉人、被申请人)上海中电绿科集团有限公司

2011年7月1日,方某琴等6人为出借方,案外人周某某为借款方,上海中电绿科集团有限公司(以下简称中电绿科公司)为担保方,三方签订《借款担保合同》,约定借款方向方某琴借款用于周转,在中电绿科公司为借款方提供担保的情况下,方某琴同意将合同约定款项出借给借款方;合同项下借款金额为15 000万元整,借款期限自2011年7月1日起至2012年7月2日止,借款月利率为2.5%;自实际提款日起按日计息,借款到期,利随本清,利息按月支付;合同项下借款的担保方式为中电绿科公司承担连带责任的保证担保;担保范围包括合同项下的借款本金、利息;保证期间为合同确定的借款到期之日次日起两年;中电绿科公司应完全了解借款方的借款用途,为其提供连带责任的保证担保完全出自自愿,并对借款方的借款的使用有监督责任等。

合同签订后,周某某分别于2011年7月30日、8月10日、18日、23日出具借条5张,借款金额分别为925万元、275万元、100万元、200万元、20万元,共计1 520万元。

方某琴就相关借条提供的转账凭证统计:金额为925万元借条,资金均于2011年1至6月期间由方某琴账户转出,分别通过若干案外人账户,最终转至周某某账户。金额为275万元借条,其中90万元转账时间发生在2011年7月1日之前。100万元借条,对应资金实际于2011年1月17日转入周某某账户110万元。200万元借条对应转账凭证为171.52万元。2011年9月16日,由方某琴账户转入周某某账户50万元。

2008年9月1日至2011年7月29日期间,周某某经案外人转入中电绿科公司账户大量款项。2011年11月28日,周某某因涉嫌集资诈骗,被温州市乐清市公

安局立案侦查。后周某某因犯集资诈骗罪被判处无期徒刑，刑事判决书认定的被害人及集资款金额均不包括方某琴及相关案外人款项。因周某某到期未能还款，方某琴起诉要求中电绿科公司承担连带担保责任，归还1 520万元借款及相应利息。

原告方某琴诉称，2011年7月1日，原告与借款人周某某、被告签订《借款担保合同》，约定周某某从原告处借款，借款利率为每月2.5%，利息支付方式为按月支付；周某某应当在变更住所、通讯地址、电话号码之日起七日内书面通知原告；被告对周某某的借款提供连带保证担保，承担连带责任，且被告完全了解周某某的借款用途，为其提供连带责任保证完全出于自愿等。合同签订后，原告于2011年7月30日、8月10日、18日、8月23日分别借给周某某925万元、275万元、100万元、200万元、20万元，共计1 520万元。周某某收到款项后分别出具了借条，其中925万元借条中的资金转账时间发生在2011年7月1日之前，由周某某于2011年7月1日之后签署确认。周某某借款后，未按合同约定按月支付所借款项的利息，并且周某某变更了联系地址、电话后亦未通知原告，拒绝接受原告的监督，致原告无法获知借款的使用情况。鉴于周某某的违约行为，原告有权随时收回借款。此外，原告还获知周某某的资金链断裂、陷入债务危机，导致原告的债权难以实现。故原告通过电话、发函等方式向要求被告还款并支付利息，被告一再拖延并拒绝还款，损害了原告利益。担保合同约定的借款金额为1.5亿元，原告与周某某之间在2011年7月1日之前即有大量资金往来，被告是在周某某没有还清债务时重新举债的情况下提供的担保，因此被告的担保责任应以借条为准，不能免除被告对2011年7月1日之前周某某债务的担保责任。要求法院判令被告支付原告借款1 520万元，按每月2.5%的标准分段支付自2011年7月15日起至还款之日止的利息。

被告中电绿科公司辩称，借款人周某某因涉嫌集资诈骗已被批准逮捕，原告积极帮助周某某参与集资诈骗，并赚取巨额的非法利差，本案的借贷关系并非法律保护的借贷关系。原告与周某某对借款用途及来源并未向被告披露，隐瞒了集资诈骗的事实，导致被告无法进行判断。因担保合同主债权不具有合法性，本案争议的合同属无效合同，被告不应当承担保证责任。由于原告与周某某恶意串通骗取被告担保，所以本案争议的担保合同不应受到法律保护。从原告提供的借条看，借条有伪造嫌疑，是事后统一印制、统一签署的，周某某的签名也存在不一致的情况，借条的内容与资金往来并非一一对应，可见借条的真实性存在重大疑问。即使保证合同有效，被告作为保证人仅应当承担保证合同期间连续、真实的保证内容，被告仅就保证期间内债务人与债权人真实、连续的借贷关系结算差额部分承担保证责任。从原告出具的银行转账凭证看，1 200余万元资金的转账时间发生在2011年7

月 1 日之前，并不是被告担保期间内实际产生的借款，其中由原告直接支付给周某某的资金只有 60 万元，其他都是案外人与周某某、案外人与案外人之间发生的资金往来，不能证明原告与周某某之间的真实借款情况。从原告出具的 2011 年 7 月 1 日之后的转账凭证看，只有一个案外人支付给周某某 320 万元，而该案外人为系争担保合同的当事人之一，并非本案原告，其与周某某之间发生的资金往来与原告无关。按照担保合同约定，被告只对 2011 年 7 月 1 日之后原告与周某某之间实际发生借款关系承担保证责任。被告认为本案中的借条充其量是对之前借款的展期，被告签订的担保合同只对 2011 年 7 月 1 日之后新发生的借款承担担保责任。不同意原告的诉讼请求。

一审法院提审周某某，周某某表示，方某琴的 5 张借条均由其出具，但借条中的借款时间与实际转账时间不一致；借条中的金额包括利息，其偿还过部分本金及利息；方某琴起诉状中所述借款金额属实，通过其他案外人账户转账也是事实；周某某每次收款后向方某琴出具借条，在更换借条时收回原来的借条。方某琴对此表示，对周某某陈述的大部分内容予以认可，但周某某所述借条金额包括利息并没有反映真实情况，假如周某某的说法成立，借条的金额不可能是整数，因利息是经过复杂的计算得出，因此不可能是整数。中电绿科公司对此表示，周某某的陈述与事实严重不符，对于借条是否其本人所签的回答前后矛盾，无法印证客观事实。

审 判

一审法院经审理后认为，系争《借款担保合同》有效。根据方某琴和借款方之间存在多轮资金往来的事实，可认定本案具有滚动借款的特征。鉴于方某琴提供的对账单所记载的转账金额与本案借条金额基本吻合，故对借款的真实性予以认定，并对方某琴现主张的借款金额予以支持。至于借新还旧时有无资金实际划款并不能改变资金周转的目的，也不能对抗借贷双方在出具借条时所达成的借新还旧合意。鉴于本案借条确定的借款日期属于保证范围，故中电绿科公司应承担保证责任。

据此，一审法院判决中电绿科公司返还方某琴借款 1 520 万元；中电绿科公司按每月 2%的标准支付方某琴截至还款之日止的利息。案件受理费 113 000 元、财产保全费 5 000 元，由中电绿科公司负担。

后中电绿科公司不服提起上诉。除一审查明事实外，二审法院另查明：2008 年 9 月起，周某某与中电绿科公司有大量资金往来。2011 年 6 月 30 日止，周某某尚欠方某琴、方某玲两人含高利的债务一千万元左右，具体数额不明。借款担保合同签订后，方某琴通过银行转账方式向周某某汇款共计 320 万元。2011 年 7 月 28

日，周某某账户转给方某琴账户1万元。

二审法院经审理后认为，借款担保合同应属合法有效。中电绿科公司应当承担相应的保证责任。中电绿科公司承担保证责任始于2011年7月1日，虽然方某琴主张债权的借条均系周某某在该日期之后签写，但根据交付事实及当事人陈述，显然该些借条中有相当部分是由2011年7月1日前方某琴与周某某之间未了的债务转化得来。根据法律规定，自然人之间的借款合同，自贷款人提供借款时生效。因此，对周某某于2011年7月1日后向方某琴的借款金额，不应仅以借条为据，而应当以实际交付的金额为据。基于上述理由，二审法院认定2011年7月1日后方某琴出借给周某某的钱款为320万元，周某某尚有319万元借款未归还，中电绿科公司应当在此范围内承担担保责任。据此，二审法院判决撤销一审民事判决；中电绿科公司返还方某琴借款319万元；中电绿科公司于判决生效之日起十日内按同期银行贷款利率的四倍支付方某琴截至还款之日的利息。

方某琴不服二审判决，申请再审称，周某某系以中电绿科公司名义向方某琴融资，方某琴则出于对中电绿科公司的信任才出借款项，也是为了保证借款的安全，要求中电绿科公司就借款提供担保。系争借款担保合同的签订是方某琴等与中电绿科公司当时法定代表人陈某及公司其他负责人一并讨论协商的结果，中电绿科公司对整个款项的出借、用途等均是明知的。方某琴在陈某的授意下，与周某某就2011年7月之前的资金和借条重新进行了整合和展期，形成了5张系争借条。中电绿科公司是资金的实际用款人和实际受益人，完全了解周某某的借款用途，应当承担相应担保责任。

被申请人中电绿科公司辩称，对于申请人与周某某的前债以及相关的利息、期限，中电绿科公司并不知晓，方某琴也没有证据证明中电绿科公司对此明知。不能以周某某和中电绿科公司原法定代表人陈某是情人关系，就认为中电绿科公司在签订担保合同之前对周某某的欠债是明知的。中电绿科公司仅对2011年7月1日之后的债务承担担保责任。二审判决作出的认定和判决均是正确的，要求予以维持。

再审法院经审理认为，本案争议焦点为：系争借款是否存在借新还旧之情形，以及中电绿科公司应承担担保责任的范围。

首先，关于借款是否存在借新还旧的问题。方某琴主张系争5张借条是其与周某某借款本息的结算确认，周某某供述中也承认其收到钱时出具借条，之后按月付息，并在与方某琴结算时更换过借条，同时中电绿科公司亦认为借条是周某某、方某琴对之前借款的展期。根据上述借款担保合同三方当事人的陈述，结合方某琴、周某某在借款关系存续期间存在的多轮资金往来的事实，确认本案具有滚动借款的特征，方某琴同周某某更换借条的行为属于借新还旧。鉴于方某琴提供的银行对账单所记载的转账金额与本案借条金额基本吻合，故对借款的真实性予以认定。即双方截至 2011 年 8 月 23 日最后一份借条为止，周某某尚欠方某琴 1 520 万元。

其次，中电绿科公司应承担担保责任的范围。根据相关法律规定，主合同当事人双方协议以新贷偿还旧贷，除保证人知道或者应当知道的外，保证人不承担民事责任。故中电绿科公司是否应当承担担保责任，应当审查其是否知道方某琴与周某某之间的借款用于借新还旧。根据法院查明方某琴等借款人付款给周某某及其代理人，周某某再打款给中电绿科公司或中电绿科公司工作人员这一资金走向的事实来看，可认定中电绿科公司是系争借款的实际用款人。还需要指出，借款担保合同中明确约定借款用途为资金流转，同时约定了担保人“应完全了解借款用途”以及“借条作为合同附件与借款担保合同同具法律效力”等内容，周某某为资金周转采取借新还旧的借款方式，由中电绿科公司对其借款提供担保，该合同目的与合同条款内容完全吻合。综合上述事实，可以认定中电绿科公司对于方某琴、周某某之间的借款用途为借新还旧是明知的。

至于周某某向方某琴的还款(即 2011 年 7 月 28 日 1 万元)，因周某某与方某琴之间是滚动型借款，因此双方对债权债务的确认也并非一次性完成，而是通过分多次、多张借条分别结算。因前述 1 万元支付时间早于周某某最后一张借条出具时间，因此应当认定周某某的还款已在多次借条更新中一并计算，而不能作为周某某对借条所确定的债务范围内的还款。故二审判决认定周某某的还款冲抵 7 月 1 日后债务的认定有所不当，应当予以纠正。

据此，再审法院依照《中华人民共和国合同法》第六十条第一款、第一百九十八条、第一百九十九条，《中华人民共和国担保法》第十八条，《中华人民共和国民事诉讼法》第二百零七条、第一百七十条第一款第(二)项之规定，判决撤销二审判决，维持一审判决。

点 评

本案系“民间借贷”借新还旧中保证人担保责任范围认定的案例。此案历经一审、二审(终审)、再审，争议焦点为：系争借款是否存在借新还旧之情形，以及保证人应承担的担保责任范围。

再审法院首先对借款是否属于借新还旧进行了审查，根据借款担保合同三方当事人的陈述，结合出借人(一审原告、二审被上诉人、申请再审人)、借款人在借款关系存续期间存在的多轮资金往来的事实，确认本案具有滚动借款的特征，出借人同借款人更换借条的行为属于借新还旧。鉴于出借人提供的银行对账单所记载的转账金额与本案借条金额基本吻合，故对借款的真实性予以认定，双方截至 2011 年 8 月 23 日最后一份借条，借款人尚欠出借人 1 520 万元。该判断的关键在于，把涉案合同签署后的借条款项全部予以认可，其中包含从借新还旧的角度认可了发生在借款担保合同之前的借款，这一判断与一审是一致的。

金融借贷中借新还旧的合法性，自中国人民银行 2000 年 9 月公布并施行的《不良贷款认定暂行办法》第九条才予以承认，最高人民法院于同年 12 月公布施行的《最高人民法院关于适用〈中华人民共和国担保法〉若干问题的解释》第三十九条确定了借新还旧担保责任的认定。我国现行法律、行政法规对借新还旧行为没有禁止、限制，只要借新还旧确属当事人真实意思表示，应当认定为有效。为此，再审法院的判断符合法律、法规的要求。

基于上述判断，再审法院认为，对保证人应承担的担保责任范围的认定，应当审查其是否知道出借人与借款人之间的借贷是用于借新还旧的用途。根据出借人付款给借款人及其代理人，借款人再打款给保证人或其工作人员这一资金走向来看，可认定保证人是系争借款的实际用款人。法院还认定，借款担保合同中明确约定借款用途为资金流转，同时约定了担保人“应完全了解借款用途”以及“借条作为合同附件与借款担保合同同具法律效力”等内容，借款人为资金周转采取借新还旧的借款方式，由保证人对其借款提供担保，该合同目的与合同条款内容完全吻合。综合上述事实，可以认定保证人对于出借人、借款人之间的借款用途为借新还旧是明知的。以此判决保证人承担包含借新还旧在内的上述全部借款。这个判决依据的是《最高人民法院关于适用〈中华人民共和国担保法〉若干问题的解释》第三十九条规定：主合同当事人双方协议以新贷偿还旧贷，除保证人知道或者应当知道的外，保证人不承担民事责任。再审法院根据事实以保证人明知为由，判决其承担担保责任，对今后此类案件的审理具有一定的参考意义。

案例提供单位：上海市第一中级人民法院

编写人：沈　洁

点评人：段　匡

5. 严某某诉上海锦江客运有限公司出租汽车运输合同纠纷案

——从证据学角度分析认定裁判依据之法律事实

案 情

原告严某某

被告上海锦江客运有限公司

2014年2月28日16时3分至16时7分，被告上海锦江客运有限公司驾驶员施某某驾驶的涉案出租车完成本案纠纷发生前的最后一次营运。当日16时44分57秒，手机尾号为5405的乘客（以下简称软件叫单乘客）通过“滴滴打车”手机软件发送叫车订单。16时46分9秒，施某某抢单成功。根据该软件叫单乘客的指示，16时50分左右，施某某驾驶涉案出租车到达位于上海市徐汇区漕宝路、习勤路路口的上海光大会展中心东馆门口附近，并停靠在该地点，此时，原告正在该地点附近候车。涉案出租车停靠后，一名女子打开车门坐入出租车内，在施某某向其说明该出租车已接受其他乘客的打车软件叫单后，该名女子下车。原告看到该名女子下车后，立即上前打开出租车后门并坐入后排座位。驾驶员施某某随即要求原告乘坐其他车辆，并告知原告其已通过打车软件接受他人叫车订单。此时，软件叫单乘客赶到并坐上出租车副驾驶座位，原告随即下车。16时52分左右，涉案出租车行驶离开漕宝路、习勤路路口，17时2分，软件叫单乘客到达目的地后下车。

原告诉称，2014年2月28日16时30分左右，原告在上海市徐汇区漕宝路、习勤路路口的上海光大会展中心东馆门口排队等候出租车。经过一段较长时间的等待后，亮着空车标志灯的涉案出租车在漕宝路、习勤路路口停下。原告见状立即过去打开车门坐入车内，但该车驾驶员回头呵斥原告“出去出去”，拒绝原告搭载其出租车。之后，原告向被告电话投诉拒载事件。被告客服人员在电话中确认，涉案出租车为被告所有车辆，该车辆驾驶员当时确实未向原告提供服务，但驾驶员是在使用打车软件接老客户的订单，并不属于拒载。原告认为，根据《中华人民共和国合同法》第二百八十九条的规定，从事公共运输的承运人不得拒绝乘客的合理要求。该规定意味着公共运输承运人有强制缔约的义务。根据《上海市出租汽车管理条例》的规定，出租汽车开启空车标志灯，遇乘客扬招或车辆停靠在集散点、路边等待被租时，如果拒绝载客，即属于拒载。本案纠纷发生时，涉案出租车属于空车待运状态且停靠路边等候客人，先后有两名乘客在短时间内登上该出租车。根据常理和交易习惯，如果车辆处于停运状态或空车标志灯关闭，是不可能有乘客上车的。故结合上述法律法规的规定，当原告拉开涉案出租车车门坐入车内时，原、被告之间的出租汽车运输合同已经成立，被告必须按照原告要求将原告送往目的地。被告拒绝履行合同义务并无礼驱赶原告下车，理应承担违约责任，被告使用打车软件接单并不违法，但不能以使用打车软件为由拒载。本案诉讼中，原告支出律师费人民币 3 000 元。现原告诉请判令：1.判定被告构成违约并承担违约责任即赔偿原告为维护自身权益支出的合理费用人民币 3 000 元；2.本案诉讼费用由被告承担。

被告辩称，不同意原告的诉讼请求。2014 年 2 月 28 日 16 时 44 分，涉案出租车驾驶员施某某通过“滴滴打车”软件取得打车订单，并根据客人要求于 16 时 50 分左右将车辆停靠在漕宝路、习勤路路口等候客人上车。在等候客人期间，驾驶员将车辆熄火，车辆仪表板上的空车标志灯和车辆顶灯均未开启。等候期间，有一名女子打开车门坐入车内，驾驶员立刻告知其已接到软件打车订单正在等待叫单人员，该女子随即下车；之后又有一名男子上车，驾驶员告知该男子其已接到软件打车订单无法提供运送服务并要求男子下车；该男子称政府规定高峰时段不能使用打车软件，驾驶员答复称该规定从次日即 2014 年 3 月 1 日起开始实行。此时通过软件叫单的乘客赶到并打开车门坐上了涉案出租车的副驾驶位置，男子下车，随后驾驶员驾驶车辆离开。被告认为，本案原告主体不适格。首先，原告在本案起诉前接受媒体采访时，曾称在其上车前有一名女子上车，后又称在其上车前有一名外国人上车，前后说法不一，因原告无法证明其在事发现场，故被告对原告的主体资格持有异议；其次，即使本案原告即为事发时打开车门的男子，原、被告之间的出租汽车运输合同也未成立。在原告上车前，被告已通过“滴滴打车”软件接受叫车订单，已与他人通过打车软件订立出租汽车运输合同。原告上车时，被告驾驶员立即告知原告因车辆在等候叫单人员而无法运送原告，故原、被告之间的出租汽车运输合同并未成立；第三，在被告履行与软件叫单乘客之间的合同义务而等待叫单乘客时，原告打开车门，被告驾驶员系因与他人有约在先而拒绝原告乘坐车辆，并非拒载；再者，原告诉请赔偿律师费，缺乏法律依据，只有侵犯知识产权和人身健康权的案件才可以赔偿律师费损失。综上，被告并不存在拒载和违约行为，原告无权主张被告违约及赔偿损失。

一审法院审理查明，2014 年 2 月 27 日，上海市城市交通运输管理处与上海市交通运输和港口管理局执法总队联合发布《关于进一步加强出租(租赁)汽车营运服务相关管理工作的通知》，该通知规定，“确保高峰时间服务供应。临时性实施早晚高峰时段(即每日7:30至9:30、16:30至18:30)禁止出租汽车驾驶员使用打车软件的措施”,“在暂行实施早晚高峰时段(即每日7:30至9:30、16:30至18:30)本市出租汽车严禁使用打车软件提供约车服务措施期间,除公安交警管理规定禁止停车的区域以外,乘客扬招待运车辆不停的,即视为‘拒载’”,“本通知自2014年3月1日起执行”。

还查明,为本案诉讼,原告委托律师并支付律师费人民币3 000元。

审 判

一审法院经审理后认为,本案存在如下争议焦点:一、涉案出租车停靠在漕宝路、习勤路路口时,车辆是否为待运状态;二、原、被告之间的出租汽车运输合同是否成立。

关于争议焦点一,根据庭审查明事实,在2014年2月28日16时7分至16时49分之间,涉案出租车确实处于无人乘坐状态。关于该出租车停靠至漕宝路、习勤路路口时,显示车辆为待运状态的空车标志灯是否开启,原、被告存有争议。本案审理中,为证明当时车辆空车标志灯处于开启状态,原告曾向法院申请调查令,申请调取2014年2月28日16时10分至16时50分漕宝路、习勤路路口的监控录像,法院予以准许。但因当日监控录像已被覆盖无法调阅,原告最终未能提供相应证据。原告还认为,涉案出租车停靠漕宝路、习勤路路口后,先后有包括原告在内的两人上车,可以推断出该车辆当时开启了空车标志灯。对此,法院认为,根据原告在证据交换和庭审时的陈述,本案纠纷发生时该车辆行驶路线及停靠点距离原告及另一名上车女子的候车位置较近,原告与该女子可能基于该车辆开启空车标志灯而选择上车,也有可能是因为观察到车内无人乘坐而选择上车。故原告以先后有两人上车为由推断涉案出租车的空车标志灯必然处于开启状态,缺乏充分依据,一审法院难以采信。综上,原告未能就该节事实进行必要举证,故对原告关于涉案出租车停靠在漕宝路、习勤路路口时开启空车标志灯、处于待运状态之主张,一审法院难以支持。

关于争议焦点二,法院认为,出租汽车客运服务是具有一定公益性特征的公共运输服务。《中华人民共和国合同法》规定,从事公共运输的承运人不得拒绝旅客、托运人通常、合理的运输要求。《上海市出租汽车管理条例》规定,从事客运服务的出租汽车驾驶员所驾驶的车辆开启空车标志灯后,在客运集散点或者道路边待租时不得拒绝载客。因此,根据上述法律法规的规定,当乘客登上已开启空车标志灯、处于待运状态的出租车时,出租汽车运营方具有强制缔约的义务,不得拒绝乘客的运送要求,但本案中,原告未能举证证明涉案出租车停靠在漕宝路、习勤路路口时开启空车标志灯这一事实。诚然，对作为普通乘客的原告来说，就该节事实举证确实难度颇大。但一审法院也注意到，原告在庭审中曾确认，其在上车前曾看到有名女子拉开车门坐入车内，但很快又下车。根据实际生活中人们乘坐出租车的一般常识和交易惯例，可以判断出该车辆可能处于非正常待运状态。如原告意图乘坐该出租车，可在上车前向驾驶员询问是否可以正常营运，如驾驶员确认该车辆处于待运状态，则双方可达成出租汽车运输合同。本案中，原告系在未与涉案出租车驾驶员进行意思联络的情况下，直接拉开车门上车，被告驾驶员则明确告知其因接受他人订单在先而无法接受原告的运送要求。故综合上述事实及双方的举证情况，一审法院认为，原、被告之间并未就订立出租汽车运输合同达成合意，合同尚未成立。

综上，一审法院认为，被告在原告上车前已通过“滴滴打车”软件接受他人订单并与他人达成出租汽车运输合同，原告上车后被告驾驶员也立即告知原告车辆系停靠等候软件叫单乘客，因此，被告主观上并没有拒载原告的故意。原告既未能举证证明纠纷发生时涉案出租车开启空车标志灯，也未在观察到涉案出租车可能处于非正常待运状态后与被告驾驶员达成运送合意，故本案中原、被告之间并未成立出租汽车运输合同。因合同尚未成立，故原告要求确认被告违约并赔偿违约损失之诉请缺乏事实及法律依据，法院不予支持。故一审法院依照《中华人民共和国合同法》第二百八十九条、《上海市出租汽车管理条例》第二十五条、《最高人民法院关于民事诉讼证据的若干规定》第二条之规定，判决驳回原告严某某的诉讼请求。

一审判决后，原、被告均未上诉。

点 评

本案是一起因出租车使用打车软件接单而未运载路边扬招乘客引起的拒载纠纷。原被告双方的争议焦点在于，当时出租车是否已处于待运状态，原被告之间的出租运输合同是否已成立。近年来，由于打车软件的出现，出租车载客已有别于传统的电话预约或路边扬招，如何判断使用打车软件接单后出租车与使用打车软件乘客的关系，如何确定互联网情况下出租车运输合同的成立要件，是本案需要解决的问题。

《中华人民共和国合同法》规定，从事公共运输的承运人不得拒绝旅客、托运人通常、合理的运输要求。《上海市出租汽车管理条例》规定，从事客运服务的出租汽车驾驶员所驾驶的车辆开启空车标志灯后，在客运集散点或者道路边待租时不得拒绝载客。根据相关法律和地方法规的规定，出租车开启空车标志灯时，就是发出了运输要约邀请，当乘客扬招或坐上出租车，就是向该出租车发出了运送的要约。

虽然按照合同成立的一般原理，对于一方的要约，另一方有承诺或不承诺的自由，也有与要约方磋商的自由，但是由于出租车客运服务是具有一定公益特征的公共运输服务，法律关于不得拒载的规定，就是要求出租车与乘客强制缔约的规定。也就是当乘客扬招或直接坐上出租车发出运送要约时，双方就应当建立出租运输合同，出租车驾驶员应当依约把乘客送到其指定的地点，不得因路途不佳或者其他主观原因而不愿缔结运输合同。强制缔约的规定有利于弥补乘客的缔约能力不足，也有利于公共运输资源的合理配置。由此可见，如果系争出租车当时处于待运状态，又通过开启空车标志灯，向不特定乘客发出了客运服务的要约邀请，则被告确已构成了拒载，应当承担相应的民事责任。本案的特殊性在于，被告当时已通过打车软件接受了第三人的运输要求，因而其与通过打车软件的订车人已建立了出租运输服务合同，出现在原告所在的地方，也是为了履行与第三人的运输服务合同。因而，不能因为该系争出租车是空车，就认为其处于待运状态，乘客也不能因为坐上了系争出租车并发出了运送要求，就认为出租车驾驶员应当与其强制缔约，毕竟前一合同缔约在先，除非出租车在接受网络订单后，又发出了运送要约邀请，如果是后一种情况，则两个运输合同都已成立，由于同一时段不可能完成两个合同约定的内容，出租车驾驶人应当承担违约责任。从现有证据来看，无法证明系争出租车当时开着空车标志灯，发出了运输要约邀请，没有强制缔约的情形，因而原被告之间并未成立出租车运输合同，法院判决驳回原告的诉讼请求是正确的。

本案作为全国首例涉及运用互联网技术缔结出租车运输服务合同纠纷案件，其审理结果，有利于理清出租车运输合同成立要件，有利于管理部门规范打车软件的使用，也有利于进一步落实打车软件、电调平台与路边扬招等方式的合理配置和有效衔接，毕竟这几种用车方式都有其相应的人群在继续使用着，有着现实需要。要通过规范，促使出租车市场健康有序发展，更好地为社会大众服务。

案例提供单位：上海市浦东新区人民法院
编写人：尹志君　朱佳烨
点评人：吴　薇

6. 庞某等诉上海锐丰投资管理有限公司居间合同纠纷案

——房产中介疏于尽职调查致买房者财产损失责任之认定

案 情

原告(上诉人)庞某

原告(上诉人)陈某

被告(被上诉人)上海锐丰投资管理有限公司

庞某、陈某系母子关系。2011年11月4日,庞某作为买受方,案外人张某春、张某作为出卖方,上海锐丰投资管理有限公司(以下简称锐丰公司)作为居间方,三方签署《房地产买卖居间协议》,约定庞某、陈某购买上海市四达路某弄某号某室房屋(以下简称系争房屋),房价款人民币365万元;协议载明系争房屋已设立抵押,抵押权人为江苏省镇江市丹徒区广泰农村小额贷款有限公司,贷款余额约100万元。2011年11月5日,锐丰公司向房产交易中心查询取得的系争房屋抵押状况为:"镇江市丹徒区广泰农村小额贷款有限公司抵押(以下简称镇江抵押),债权数额100万元,核准日期2011年7月22日,备注:余额抵押。"当日的系争房屋权利限制状况为:"江苏省常熟市人民法院司法查封(以下简称常熟查封),限制起始日期2011年10月12日,预计结束日期2013年10月12日。"2011年11月18日,锐丰公司再次向房产交易中心查询系争房屋抵押状况,信息载明:"镇江抵押,债权数额100万元,核准日期2011年7月22日,备注:余额抵押。"当日,系争房屋无权利限制状况记载。而2011年11月4日系争房屋的实际抵押和权利限制状况为:常熟查封,限制起始日期2011年10月12日,注销日期2011年11月23日;镇江抵押,债权数额100万元,申请抵押日期2011年7月20日,申请注销日期2013年4月23日;上海正典典当有限公司抵押(以下简称正典抵押),债权数额45万元,申请抵押日期2010年11月18日,申请注销日期2011年12月2日;渣打银行(中国)有限公司上海城建国际中心支行抵押(以下简称渣打抵押),债权数额140万元,申请抵押日期2009年10月21日,申请注销日期2013年4月23日。

2011年11月24日,张某春、张某作为出卖方,2011年11月25日,庞某、陈某作为买受方正式签订《上海市房地产买卖合同》,双方确认在2012年1月31日前共同向房地产交易中心申请办理转让过户手续。买卖合同附件三第三条规定,锐丰公司在代收庞某、陈某交付的购房款后,有保管该款并陪同张某春、张某至抵押权人处涤除系争房屋上所设抵押的义务。合同签订后,庞某、陈某通过锐丰公司业务员鲍某共向房屋出卖方支付房款223万元,同时支付锐丰公司中介服务费57 050元。

后经庞某、陈某诉张某春、张某和锐丰公司房屋买卖合同纠纷的另案诉讼判决,庞某、陈某与张某春、张某之间的房地产买卖合同解除,张某春、张某返还庞某、陈某购房款223万元并支付庞某、陈某解除合同的赔偿金62万元。但经执行,庞某、陈某仅获得系争房屋拍卖款389 071.30元。因张某春、张某无其他财产可供执行,法院裁定终结该案的执行程序。为此,庞某、陈某提起本案诉讼,要求锐丰公司返还中介服务费57 050元并赔偿庞某、陈某应当支付的购房款损失223万元。

被告锐丰公司辩称,2011年11月4日签订买卖居间协议之前,被告口头向上海市虹口区房地产交易中心查询系争房屋信息,得到的答复是系争房屋上设有镇江抵押100万元和常熟查封32万元,房屋出售方也告知被告系争房屋上登记的只有镇江抵押100万元和常熟查封32万元,被告将该抵押和查封情况告知了原告。次日被告向上海市虹口区房地产交易中心调取了系争房屋抵押和查封信息,显示只有镇江抵押100万元和常熟查封32万元。2011年11月18日,被告再次调取系争房屋抵押和查封信息,显示只有镇江抵押100万元,被告将该情况告知了原告。2011年11月25日原告与出售方签署了《上海市房地产买卖合同》,说明被告已促成原告与出售方之间交易的成功,被告收取原告居间费用符合双方约定。由于上海市虹口区房地产交易中心操作失误,将系争房屋上的相关抵押信息点击注销,导致系争房屋上登记的抵押信息与实际不一致。被告在提供居间服务过程中已穷尽可能获得的系争房屋信息并告知了原告,未隐瞒事实,被告不存在过错。另案判决已支持原告主张的损失,部分款项已得到执行,执行程序的终结不代表原告执行款项永远无法执行到位。不同意原告的诉讼请求。

审 判

一审法院经审理后认为,在系争房屋买卖居间协议签订时,虽然登记显示的抵押和权利限制信息仅有镇江抵押和常熟查封两项,但锐丰公司在庞某、陈某签订房屋买卖居间协议前并未调取系争房屋相关信息。锐丰公司虽辩称其通过口头查询得知系争房屋上设有镇江抵押和常熟查封两项,但在系争房屋买卖居间协议中也仅写明镇江抵押,未提及常熟查封。锐丰公司在提供居间服务过程中未及时履行信息审查职责及如实报告义务,存在过错。现庞某、陈某与房屋出卖方之间的房屋买卖合同因无法履行已被法院判决解除。因此，对于庞某、陈某要求锐丰公司返还的中介服务费 57 050 元，应予支持。

关于庞某、陈某主张的购房款损失 223 万元，一审法院认为，另案已判决由房屋出卖方返还庞某、陈某购房款 223 万元并赔偿庞某、陈某 62 万元。虽然该款项目前尚未全部得到执行，但庞某、陈某今后仍可能就房屋出卖方未支付的款项通过向法院申请执行获得。庞某、陈某再要求锐丰公司赔偿购房款损失 223 万元，缺乏依据，故对该项诉请不予支持。

一审法院依照《中华人民共和国合同法》第四百二十五条之规定，判决：一、自本判决生效之日起十日内，被告上海锐丰投资管理有限公司返还原告庞某、陈某中介服务费 57 050 元；二、对原告庞某、陈某要求被告上海锐丰投资管理有限公司赔偿购房款损失 223 万元的诉讼请求，不予支持。

庞某、陈某不服一审法院判决，提起上诉称：根据《上海市房地产买卖合同》约定，锐丰公司负有将庞某、陈某支付的购房款用于办理注销系争房屋上所有的抵押的义务，正是由于锐丰公司没有履行该义务才导致系争房屋被查封，无法完成房产交易，故锐丰公司应当对庞某、陈某的购房款损失承担赔偿责任。另案已在 2014 年 3 月 4 日执行终结，张某春、张某已无其他财产可供执行，庞某、陈某的购房款损失显然已无法通过该案件的执行得以弥补，故庞某、陈某的损失已经固定。锐丰公司故意隐瞒司法查封，诱骗庞某、陈某签订《房地产买卖居间协议》、《上海市房地产买卖合同》，是导致庞某、陈某资金损失的直接原因之一。即使一审法院已经判决张某春、张某返还庞某、陈某购房款，但锐丰公司也应当在张某春、张某未能返还的购房款范围内，承担补充赔偿责任。故请求二审法院依法对一审判决主文第二项予以改判，判令锐丰公司赔偿庞某、陈某购房款损失 132 万元。

被上诉人锐丰公司辩称：锐丰公司在提供居间服务过程中已经如实向庞某、陈某披露了锐丰公司所知晓的全部事实。尽管由于合同格式的问题，在居间合同中未能列明常熟查封的信息，但该信息在居间合同签订前后均已向庞某、陈某披露。对于其他未在房地产交易中心显示的信息，锐丰公司亦已穷尽可以调查的方式，最大可能向庞某、陈某披露。锐丰公司的居间服务已经完成，庞某、陈某不仅与张某春、张某签订了《上海市房地产买卖合同》，而且还办理了房屋交接手续。交易未能继续履行的原因在于买卖双方，而非锐丰公司。一审法院认定锐丰公司在提供居间服务中存在瑕疵，不应收取中介报酬，该判决合法、合理。纵观整个交易流程，锐丰公司未在交易中损害庞某、陈某的利益，不应承担高额赔偿的法律责任。请求二审法院驳回上诉，维持原判。

二审法院经审理另查明，张某春、张某售房时将系争房屋存在三笔抵押和一个查封的情况如实告知锐丰公司业务员鲍某，但鲍某查询后称没有 140 万元渣打抵押的登记。签订合同时，张某春、张某未向庞某、陈某提及查询信息的问题。锐丰公司承认，签订《房屋买卖居间协议》前，张某春、张某表示除房屋信息上登记的债务外，还有隐形债务。

二审法院经审理后认为，在庞某、陈某与张某春、张某及锐丰公司签订《房屋买卖居间协议》之前，系争房屋上设定了镇江抵押、渣打抵押、正典抵押和常熟查封，房地产交易中心登记显示了镇江抵押和常熟查封，但锐丰公司仅向庞某、陈某披露系争房屋上设定镇江抵押，未提及常熟查封。此外，在张某春、张某曾告知锐丰公司业务员系争房屋上还存在房屋交易中心登记未显示的隐形债务的情况下，锐丰公司为促成居间服务合同的成立，未将这一重要事实如实向庞某、陈某披露，违反了向委托人如实披露重要信息的法定义务。

此外，根据系争房屋买卖合同的约定，锐丰公司在代收购房款后，有保管该款并陪同张某春、张某至抵押权人处涤除系争房屋上所设抵押的义务。但在实际履行中，庞某、陈某将购房款交付给锐丰公司的业务员鲍某后，鲍某径直将房款交付张某春、张某。鉴于鲍某系锐丰公司向庞某、陈某与张某春、张某提供居间服务的具体经办人员，故鲍某的行为属于职务行为，其法律后果应归于锐丰公司。因此锐丰公司并未履行房款的保管义务，亦未陪同张某春、张某涤除系争房屋上设定的抵押，其行为违反了合同对其设定的义务。

在另案诉讼中，法院判决张某春、张某返还庞某、陈某购房款223万元并赔偿庞某、陈某62万元。经执行，庞某、陈某获得系争房屋拍卖款389 071.30元，现张某春、张某已无其他财产可供执行。一审法院终结该判决中余额2 495 928.70元及相应利息。对庞某、陈某而言，其损失已实际产生。由于锐丰公司违反了上述法定和合同义务，应当就庞某、陈某的损失承担相应的赔偿责任。鉴于造成庞某、陈某损失的根本原因系房屋出卖方张某春、张某违约，法院亦判令张某春、张某承担返还购房款及赔偿的责任，而锐丰公司在本次交易中违反了居间方应尽的义务，因此锐丰公司除应返还庞某、陈某中介服务费外，还应就张某春、张某未能返还购房款造成庞某、陈某的损失部分承担补充赔偿责任。综合锐丰公司在提供居间服务过程中的过错程度和实际情况，二审法院依照《中华人民共和国民事诉讼法》第一百七十条第一款第（二）项，《中华人民共和国合同法》第一百零七条、第四百二十五条之规定，判决锐丰公司返还中介服务费57 050元，并承担90万元的补充赔偿责任。锐丰公司履行补充赔偿责任后，有权依法向终局债务人求偿。

点 评

该案是一起因二手房买卖合同无法履行而引起的居间合同纠纷。本案的难点在于两原告已经通过另案诉讼解除了二手房买卖合同,并且法院也判令房屋出卖方返还两原告购房款,但因未能全部强制执行到位,原告就此能否再向房产中介主张损失。本案中所反映出来的问题是当前二手房买卖中最主要的风险,具有一定的典型性。

首先,本案的审理,明确了二手房交易中,房产中介作为居间人的合同义务。《中华人民共和国合同法》第四百二十五条仅作了"居间人应当就有关订立合同的事项向委托人如实报告"的原则性规定。具体到每个行业,居间人的如实报告义务的具体内容如何界定,需要在审判实务中结合具体案情进行深入的分析。通过本案的审理,在涉及二手房买卖的居间合同中,房产中介作为居间人,对其承担的如实报告义务的具体表现形式,进行了充分的论证和阐述。明确了在涉二手房买卖的居间合同中,房产中介的如实报告义务,不能仅就其所掌握的信息资料向当事人如实陈述即可,而是还应对其所提供的信息承担充分的、谨慎的审查及核实义务,向买受方如实告知对订立二手房买卖合同有重大影响的事实,包括是否存在抵押、权利限制等情况。

其次,厘清了二手房买卖纠纷中,居间人的合同违约责任与侵权责任的区别。该案的审理,对居间人未履行如实报告义务导致委托人产生损失的行为属性进行了深入的分析,认为存在违约行为与侵权行为竞合的情形。并对合同违约行为与侵权行为所产生的不同法律后果进行了深入地分析,厘清了两者所承担责任的区别。最终,从公平原则的角度,按照有利于权利人的原则认定居间人在本案中应当向原告承担侵权责任。在侵权责任的具体责任承担形式上,认定房产中介与房屋出售方不构成具有意思联络的共同侵权,房产中介无需承担连带责任,仅需承担补充赔偿责任。综合被告的过错程度、原告的损失金额等因素,判定房产中介应当赔偿给两原告 90 万元。

本案的审理,平衡了各方的利益,对当前房产中介市场管理混乱、中介从业人员操作不规范等违规现象,起到了一定的规范引导作用,取得了较好的法律效果和社会效果,对同类案件的处理也具有一定的借鉴意义。

案例提供单位:上海市第二中级人民法院
编写人:张黎明
点评人:席建林

7. 陶某诉中福天地(北京)建筑科学研究院上海分院合同纠纷案

——“庭审实验”的尝试与探索

案 情

原告陶某

被告中福天地(北京)建筑科学研究院上海分院

2014 年 3 月 30 日,原告陶某(乙方)与中福天地(北京)建筑科学研究院(甲方)签订预留代理商名额合作定金协议,经甲乙双方协商,乙方一次性向甲方交纳 2 000 元作为预留合作名额定金,如乙方在本协议规定期限内与甲方合作,则此定金可冲抵甲方合作费用及相关货款。同日,原告、被告签订《车好美系列产品代理合同》一份,合同有效期自 2014 年 3 月 30 日至 2015 年 3 月 29 日止,有效期一年。合同第五条区域代理、市场保证金、品牌管理费约定:1.乙方获得合同约定的区域代理权,须一次性向甲方交纳区域代理手撕喷膜、洗车充气补胎一体机、补胎充气一体机、补漆笔、改色膜、补胎液、暴力线条、彩绘笔、车内净化器市场保证金 2 万元(可返还),品牌管理费 2.5 万元(可返还),合计 4.5 万元。2.甲方免费赠送乙方价值 4.5 万元的赠品(按甲方规定的统一供货价计算)。甲方准许乙方在福建省福州市长乐市区域代理销售“车好美”系列产品。合同第八条对商品的结算方式与供应约定:在合同期内,除甲方赠送乙方产品外,甲方一律按甲方规定的统一出厂价给乙方供货,乙方自行订购所需商品,甲方给予乙方的奖励全部以现金或商品的形式表现,……第十条甲方的权利和义务中约定:乙方如果连续两个月在甲方没有任何进货记录,又没有向甲方作任何书面说明,乙方构成根本违约,甲方可视作乙方自动放弃代理资格及一切相关费用,……第十三条合同解除与终止约定:本合同期满前,乙方可提前一个月提出书面续约要求,乙方在正常履行本合同的前提下续签该项代理合同,不再收取市场保证金和品牌管理费,乙方未提出续约要求则视为本合同期满而自动解除。本合同中甲方所收取乙方的品牌管理费、市场保证金必须按本合同中甲乙双方约定的返还方式返还。如乙方未按本合同约定的条款执行,本合同解除后,乙方所交甲方的市场保证金、品牌管理费无条件归甲方所有。第二十条区域代理商授权开业赠品清单约定：授权牌、授权证书、经营许可证、商标使用证、上岗证等材料，乙方确认，以上开业赠品已于本合同签订之日由其自提带走，或已随同赠送乙方的产品一起装箱托运给乙方。合同另对其他事项作了约定。

2014 年 3 月 30 日，原告向被告支付定金 2 000 元。2014 年 3 月 31 日原告向被告支付市场保证金、品牌管理费 4.3 万元及货款 1 万元，合计 5.3 万元。被告就上述付款向原告出具收据三张。

2014 年 4 月 16 日，被告向原告发货 384 瓶手撕喷膜，2014 年 4 月 27 日发货 288 瓶手撕喷膜，2014 年 4 月 28 日发货 720 瓶手撕喷膜，其中原告拒收 2014 年 4 月 27 日发货的 288 瓶手撕喷膜，其余产品合计 1 104 瓶原告均已签收。

另查明，原告陶某的县级代理级别可获得赠送产品 600 瓶，原、被告经协商确定产品出厂价格为 15 元/瓶。被告的手撕膜产品经国家建筑材料测试中心检验，检验结果为其耐酸性及耐碱性均无起泡、无脱落、无生锈、无失光及变色。

原告诉称，原、被告于 2014 年 3 月 30 日签订《车好美系列产品代理合同》，被告未能依约履行自身的职责和义务，存在严重违约，严重损害了原告的经济利益。原告的理由有：第一，洽谈时约定签约后原告成为车好美系列产品的代理，签约后即可得到被告提供相关证照、授权文件、产品相关检验报告、赠品和宣传材料等，但签订合同后被告称需付款后才能拿到相关证件。在原告支付市场保证金、品牌管理费、货款共 55 000 元后，至今仍未拿全相关材料和合法票据。合同约定原告为车好美系列产品代理，现原告被告知仅为系列产品中的手撕喷膜代理，其他产品需要另行缴纳代理费才能进货。代理合同约定被告免费赠送原告价值 45 000 元的产品（按统一供货价计算），当时双方约定供货价为 15 元/瓶，签约后原告多次催要赠送产品，然被告称上述赠品没有了，只能赠送 600 瓶价值仅为 9 000 元的产品，而且名为赠送，实为购买。第二，被告不按约定时间即三日内发货、七日内到货，随意拖延发货时间、错发产品型号，甚至连发货地址都弄错，造成原告的巨大经济损失，原告数次知会被告无果，被告一意孤行，至今仅向原告发出 1 104 瓶产品，并要求原告打款后才可继续发货，否则视为放弃代理权，终止合同。第三，被告提供的手撕喷膜产品不符合其宣传的基本质量要求和功能，手撕喷膜喷上后无法撕下，客户因无法撕下至原告店中吵闹，导致原告无法正常经营。因双方协商未果，故诉至法院，要求判令：1.被告返还原告市场保证金 2 万元、品牌管理费 2.5 万元、货款 1 万元，并赔偿原告 5 万元及往来上海的车旅费 6 000 元、宣传单制作费 1 万元、员工工资及办公室租赁费 6.6 万元；2.解除原、被告签订的《车好美系列产品代理合同》。

诉讼中，原告表示因《车好美系列产品代理合同》已自然到期，故不再主张解除该合同。原告处尚有 600 瓶手撕喷膜，故增加诉讼请求，要求退货，被告将相应的货款退还原告。

被告辩称,《车好美系列产品代理合同》合法,不存在法定解除的条件,现合同已经到期,合同自然解除,不同意原告的其余诉讼请求。被告不存在原告诉称的严重违约、欺诈的事实。第一,原告已拿到全部相关材料及合法票据,在代理合同签订的同时,被告已将代理合同、车好美系列产品全国统一供货价格目录、出厂价格目录,代理专用证书交付给原告。被告收到原告的市场保证金 2 万元、品牌管理费 2.5 万元、货款 1 万元后都给原告开具了收据,根据合同约定,市场保证金、品牌管理费是要返还原告的,因不是被告营业收入所以不开发票,货款 1 万元开具收据是待原告确定及发完具体货物,货款确定后随时可以开发票。第二,不存在原告要进货其他产品需另行缴纳代理费的事实,不存在供货价为 15 元一瓶的事实,供货价为每瓶 98 元,根据代理合同约定,县级代理交 4.5 万元赠送 600 瓶,之后进货按出厂价 15 元一瓶。第三,原告要求发货,被告从未拖延时间及发错产品型号、发错地址的情况,应发货 667 瓶,被告已经发货 1 392 瓶,包括赠送的 600 瓶,被告发货已超过原告购货的数量,其中 2014 年 4 月 27 日从上海发出的 288 瓶,原告无故拒收。第四,被告的产品不存在质量问题,产品均有检测报告,手撕喷膜可以撕下来,但撕下的效果是有条件的,一是要经过专业培训,二是要喷涂六遍以上,喷上后十天内撕下是很方便的,十天后撕可能要费点劲。

诉讼中,原告提出鉴定申请,以被告提供的手撕喷膜漆料不具有基本的产品属性,即喷涂后经过正常使用一段时间后很难再用手撕除且脱色严重为由,申请对手撕喷膜喷涂在车身和轮毂上正常使用四十五日后是否脱色及是否可以顺手撕除进行鉴定。后该鉴定申请因无专业的鉴定机构而无法进行。经原、被告协商一致,对手撕喷膜喷涂实验达成如下意见:由原、被告各提供两瓶 2014 年 4 月生产的"车好美"手撕喷膜产品作为检材,对产品效果的验证期间为 25 天及 45 天各一次,由原、被告各提供一个车辆轮毂对轮毂外侧进行喷涂,喷膜的喷涂和撕取由被告方的专业人员进行操作,为达成预期效果对检材喷涂 6—8 遍,喷涂按照被告的培训材料为技术标准,撕下喷膜所需时间为 30 分钟。2015 年 2 月 11 日,两个车辆轮毂喷膜完毕后封存于法院。2015 年 3 月 13 日,除去轮毂受伤处及螺栓孔处以外,其他表面喷膜清除,撕下的喷膜基本保持完整,共用时 21 分钟。2015 年 3 月 27 日,除去轮毂螺栓孔内部分以外,其他表面喷膜清除,撕下的喷膜基本保持完整,共用时 15 分钟。

审 判

一审法院经审理后认为,原、被告双方签订的《车好美系列产品代理合同》系双方当事人真实意思表示,合同内容并不违反相关法律规定,合法有效,双方当事人均应恪守履约。原、被告双方签订的合同从内容分析，并非即时履行即时结清的合同，双方权利义务的履行存在延续性，此类合同的履行过程需要双方配合协作才可完成。本案中，原告支付市场保证金 2 万元、品牌管理费 2.5 万元及货款 1 万元后，被告累计向原告发货 1 392 瓶，其中原告拒收 288 瓶。关于原告诉称被告赠送的产品数量不符约定，赠品应按 15 元/瓶计算为 3 000 瓶，促销方案中赠送的 600 瓶为额外赠送的产品，赠品总计应为 3 600 瓶之主张，法院认为，根据原、被告提供的证据，价值 4.5 万元的赠品按统一供货价计算，除赠品外的供货按统一出厂价 15 元/瓶计算，因此供货价并不等同于出厂价。原告在庭审中诉称被告曾表示如果原告立即订货，则同意将出厂价和赠品价均改为 15 元/瓶，但原告对此并未提供证据证明，因此法院对原告的这一主张不予采信，被告赠送产品的数量应为原告提供的促销方案中记载的 600 瓶。关于原告主张被告迟延发货，根据原告的付款时间、被告分批发货的时间及发货清单中的记载，被告确实存在发货间隔时间长的问题，但由于代理合同中未对发货时限作出约定，因此原告提供的现有证据无法证明被告存在迟延发货的违约情形。关于原告主张被告错发产品型号，原告提供的电子邮件记载的订货清单被告不予认可，且该证据不符合证据形式要件的要求，亦无法证明是向被告发出的，又因为该订货清单中记载的手撕喷膜类别与被告 2014 年 4 月 27 日发出的 288 瓶手撕喷膜的类别基本相符，因此原告以被告错发产品型号为由拒收该 288 瓶手撕喷膜产品依据不足，法院不予支持。关于原告主张被告提供的手撕喷膜产品质量不符合被告宣传中提到的基本要求和功能，经手撕喷膜喷涂实验及被告提供的质检报告可以确定该喷膜可以正常撕下且喷膜基本保持完整，因此原告基于产品质量问题主张被告严重违约，缺乏依据，法院不予支持。关于原告主张被告要求订购“车好美”系列中的其他产品需另行支付代理费，原告提供的现有证据不足以证明该主张，且根据代理合同，原告支付的市场保证金及品牌管理费中包含了手撕喷膜、洗车充气补胎一体机、补膝笔等“车好美”系列产品的代理费用，被告亦辩称原告向被告订购“车好美”系列中的其他产品无需另行缴纳代理费，因此对于原告的主张法院不予采信。原告主张被告至今未交付相关证照、授权文件、产品检验报告等代理专用资料，被告主张经营许可证、商标使用证及上岗证已当场交付原告，其余材料随货交付原告，鉴于原、被告说法不一，虽然代理合同中约定开业赠品清单已由原告自提或随同赠品托运给原告，但该约定属于格式条款，由被告预先拟定，减轻了被告对于交付的举证责任，被告亦未提供其他证据证明已向原告实际交付上述资料，应认定被告在履行合同义务方面存在瑕疵，但该履行瑕疵并不足以构成根本违约，且原告也正常开展了经营活动销售了部分手撕喷膜产品，因此不能成为原告解除合同的理由。关于原告主张被告未开具发票，开具发票系被告出售商品取得货款后应尽的义务，被告理应及时向原告开具发票。综上，原、被告签订代理合同后原告订购的手撕喷膜产品及被告承诺提供的赠品合计 1 267 瓶，被告实际供货 1 392 瓶，且该手撕喷膜产品质量符合基本功能，因此被告已全面履行了代理合同约定的主要义务，并不存在根本违约的情形。关于原告主张的赔偿金 5 万元、往来上海的车旅费 6 000 元、宣传单制作费 1 万元、员工工资及办公室租赁费 6.6 万元等各项损失，因原告提供的证据尚不充分，且被告并不存在根本违约情形，因此对上述损失的主张法院均不予支持。因双方约定的合同履行期已实际于 2015 年 3 月 29 日届满，现原告因代理合同自然到期不再主张解除该合同，被告对此亦予以确认，因此原、被告于 2014 年 3 月 30 日签订的《车好美系列产品代理合同》已解除。综上，由于被告在合同的签订、履行中不存在根本违约，原告要求被告赔偿损失并退还全部市场保证金、品牌管理费及货款的诉讼请求，缺乏依据，法院不予支持。但鉴于被告在合同签订、履行的过程中存在一定瑕疵，原告在签订合同的两个月内即提起诉讼，并未产生预期收益及平衡当事人利益等实际情况，法院酌情确定由被告退还原告部分费用。关于原告主张其处尚有 600 瓶未销售的手撕喷膜要求退货，鉴于原告处的手撕喷膜实际上已无法继续销售，如不支持原告退货，原告的损失将进一步扩大，而产品退回被告处更能发挥效用，因此法院酌情准予原告退回从被告处购买的手撕喷膜产品中尚未开封使用的部分，但应按 15 元/瓶的价格、以 600 瓶为限向被告退货，退货产品的剩余保质期以三个月为底限以保证被告二次销售。由于产品的退回并非由被告根本违约引起，原告应承担一定的责任，法院对此在被告应退还原告的费用中予以考虑。原告拒收的 288 瓶手撕喷膜产品应由被告自行取回，不应再向原告交付。据此，一审法院依照《中华人民共和国合同法》第八条、第六十条第一款、第九十一条之规定，判决：一、被告中福天地(北京)建筑科学研究院上海分院于判决生效之日起十日内退还原告陶某市场保证金、品牌管理费共计 5 000 元；二、被告中福天地(北京)建筑科学研究院上海分院于判决生效之日起十日内以每瓶 15 元的价格收回原告陶某处未开封使用的手撕喷膜产品(产品的剩余保质期以三个月为底限、数量以 600 瓶为限)；三、驳回原告陶某的其余诉讼请求。

一审判决后，原、被告均未提起上诉。本案判决已生效。

点 评

本案是一起代理销售汽车用品而引发的纠纷，原被告双方所签订的代理合同合法有效，也已部分履行，双方虽然对于合同中约定的产品价款、发票开具、按时发货等存在异议，但通过双方的举证质证，以及法院的认证，可以将相关事实予以认定。但是本案最主要的争议焦点，即代理销售的汽车喷膜产品性能如何，是否达到合同约定的标准，却因缺乏专业的技术检测标准和专门的检测部门而无法进行鉴定。虽然被告提供了产品检测报告，并据此主张产品质量合格，性能符合双方约定，如果简单行事，也可以以原告主张无事实依据，让原告承担败诉的后果。但是为了使双方争议的事实有比较清晰的认识，本案法官结合实际情况，即对该产品使用性能的判断，并不需要借助于精密的检测仪器和专业技术分析，基于其物理性和直观性结果，可以直接得出结论的特点，组织双方当事人进行庭审实验，验证争议产品的性能，实验结果得到了双方当事人的认可，基于实验结果而作出的判决，也为当事人所接受，起到了定分止争的社会效果。

法院审理民事案件，谁主张谁举证是基本原则，证据一般由当事人提供，庭审中也可双方协商或由法院指定，委托专业机构进行司法鉴定等。如果双方争议的事实，必须通过鉴定予以解决，而鉴定又无相应的专门机构，有的还耗时耗力，能否有其他途径可解决，本案提供了范例。通过在法院主持下的庭审实验，减少了审理时间和当事人的诉讼成本，提高了审判效率。对于一些确需鉴定结论，又不具备条件的案件，可以作这样的尝试。

在做庭审实验时，要注意以下几个方面细节的把握，一是明确实验目的。在确定进行庭审实验后，要结合案情和双方争议焦点，明确实验目标；二是自愿协商、公平公正。实验细节主要应由双方当事人协商达成一致；三是考虑充分、避免分歧。防止当事人因对实验细节的分歧而对实验结果不接受、不认可。总之，目前庭审实验尚无明确的法律规定，但是基于公平公正和自愿协商原则下开展的庭审实验，也是证据取得的一种方法，有利于案件事实的认定，也有利于解决当事人之间的矛盾和纠纷。本案进行了初步的探索，也取得了不错的效果，具有一定的借鉴作用。

案例提供单位：上海市闵行区人民法院
编写人：金根元　余海峰
点评人：吴　薇

8. 肖某等诉杜某某房屋买卖合同纠纷案

——从对“凶宅”买卖案看房屋买卖合同中的信息披露义务

案情

原告肖某

原告潘某

被告杜某某

2009 年 7 月 21 日，梁某某从上海市浦东新区环林东路某弄某号某室房屋（以下简称系争房屋）阳台上跳下，当场死亡。

之后，被告杜某某以人民币（以下币种同）95 万元的价格购入系争房屋。2009 年 8 月 26 日，系争房屋登记于被告名下。目前系争房屋存在两个抵押权，分别为：抵押权人为中国农业银行股份有限公司上海五角场支行，债权数额为 64 万元，其中商业贷款 34 万元，期限从 2009 年 7 月 20 日至 2037 年 7 月 19 日，公积金贷款 30 万元，期限从 2009 年 7 月 20 日至 2024 年 7 月 19 日；抵押权人为上海市住房置业担保有限公司，债权数额为 86 000 元，期限从 2010 年 6 月 12 日至 2025 年 6 月 12 日。

2014 年 12 月 3 日，被告与案外人何某某就上海市黄浦区中山南路某弄某号某室签订定金协议，约定被告以 300 万元的价格购买上述房屋，并支付何某某定金 25 万元。

2014 年 12 月 10 日，两原告作为买受人（乙方），被告作为卖售人（甲方），双方签订一份《上海市房地产买卖合同》，约定原告同意以 235 万元的转让价款购买被告拥有的系争房屋。在 2015 年 2 月 18 日之前，甲、乙双方共同向房地产交易中心申请办理转让过户手续。补充条款（一）约定，甲方应于双方办理该房屋产权过户手续之前，办妥抵押登记注销手续。附件三付款协议约定，乙方于签约时，支付甲方房款 2 万元整，于 2014 年 12 月 15 日之前，支付甲方房款 20 万元整，于 2015 年 1 月 10 日之前，支付甲方房款 50 万元整，于 2015 年 1 月 25 日之前，支付甲方房款 18 万元整，乙方以购房贷款的形式向甲方支付房款 144 万元整，该款项由贷款银行转入甲方账户，于双方办妥该房屋交接手续当日，支付甲方房款1万元整。附件五抵押情况载明“有抵押信息，具体内容请至房地产登记机构查阅登记簿”。同日，双方还签订一份《补充协议》，约定本次交易，甲、乙双方按国家规定及交易中心核定应缴纳的所有税费及中介费均由乙方承担并支付。甲方承诺该房屋仅存有一个农业银行抵押债权，债权数额约为50万元左右，并承诺于双方办理该房屋产权过户手续之前办妥该抵押的注销手续。

合同签订后，原告当日支付被告购房款2万元，并支付中介上海太平洋房屋服务有限公司佣金1万元。同年12月14日，原告又支付购房款20万元。

之后，原告得知系争房屋曾发生跳楼死亡事件，通过电话多次就解约一事与被告进行联系，但均未能达成一致意见。其中，被告在电话中曾表示“它什么时间我没有关注过，但是这个事情呢，我听说过，但是我不相信这个事情的”。2015年1月，原告起诉至法院。

两原告诉称，原、被告于2014年12月10日通过上海太平洋服务有限公司居间介绍签订了一份《上海市房地产买卖合同》，约定原告向被告购买系争房屋。签约后，原告共支付房款22万元。后经原告了解，系争房屋曾发生租客非正常死亡事件。被告未能尽到如实的告知义务，隐瞒合同标的重大瑕疵，导致原告购房结婚的目的落空。故原告诉至法院，要求判令：1.撤销原、被告之间订立的房屋买卖合同；2.被告返还购房款22万元；3.被告赔偿原告中介费损失1万元；4.被告以23万元为本金，按中国人民银行同期贷款利率赔偿自2014年12月16日起至实际支付之日止的利息；5.诉讼费由被告承担。

被告辩称，不同意原告的诉讼请求。本案中原告的合同撤销事由不成立，合同合法有效，原告应按约履行并支付相应房价款。

审判

一审法院经审理后认为，本案的争议焦点在于原、被告签订的《上海市房地产买卖合同》及《补充协议》能否撤销。《中华人民共和国合同法》第五十四条规定：“……一方以欺诈、胁迫的手段或者乘人之危，使对方在违背真实意思的情况下订立的合同，受损害方有权请求人民法院或者仲裁机构变更或者撤销……”结合本案情况及双方陈述，判断涉案房屋买卖合同能否撤销的关键在于被告是否存在欺诈行为。

首先，被告在出售系争房屋前是否知晓该房屋曾发生过跳楼一事？虽系争房屋于2009年7月21日发生了跳楼自杀事件，属客观事实，但若被告出售房屋前并不知晓，即使被告未告知原告，也不存在隐瞒一说，更不存在欺诈。被告以不知晓进行辩称，对此法院认为，从其与原告之间的电话录音来看，其承认曾听说过"跳楼事件"，只是自己并不在意这个事情，与被告的辩称相互矛盾，法院难以采纳被告的该项辩称，应推定被告在出卖房屋前知晓该起跳楼自杀事件。

其次，该起跳楼自杀事件是否属于被告应当披露的信息？当事人在订立合同过程中，应遵循合同法的诚实信用原则，不得故意隐瞒与订立合同有关的重要事实或提供虚假情况，否则构成欺诈。按日常生活经验及民间习俗，房屋内若发生自杀等非正常死亡事件，往往会使房屋的价值下降，对于房屋的出售价格将产生实质性影响，从而影响买受人的缔约基础，应属于出卖人需要披露的信息。系争房屋于2009年7月发生跳楼死亡事件，被告在将房屋出售原告时，未予披露，并以正常的市场价格出售给原告，违反了诚实信用原则。

最后，原告是否基于被告未披露该信息作出了错误的意思表示？被告在出售系争房屋时未主动披露房屋内曾发生过非正常死亡事件的信息，致使原告陷于错误，并基于该错误实施了法律行为，即以正常的市场价格向被告购买了系争房屋，并准备作为结婚所用。而原告在通过其他途径得知该信息后，第一时间向被告提出交涉，明确表示不再履约，并就该事多次与被告进行电话沟通，尽管最后双方未能达成一致，但从侧面更能印证原告是基于错误所为的法律行为。

综合上述三点事实与理由，被告负有告知原告系争房屋曾发生过非正常死亡事件的披露义务，但未予及时告知，致使原告陷于错误，在不知情的情况下与其签订了《上海市房地产买卖合同》及《补充协议》，被告的行为构成欺诈。原告据此要求撤销双方签订的《上海市房地产买卖合同》及《补充协议》，于法有据。合同被撤销后，因该合同取得的财产，应当予以返还；不能返还或者没有必要返还的，应当折价补偿。有过错的一方应当赔偿对方因此所受到的损失，双方都有过错的，应当各自承担相应的责任。原告要求返还已支付的房款22万元，可予支持。被告未尽到披露义务，系导致合同撤销的过错方，原告据此要求其赔偿中介费1万元及已付款与中介费自2014年12月16日起至实际支付之日止的中国人民银行同期贷款利率利息，也具有法律依据。综上，一审法院依照《中华人民共和国合同法》第五十四条、第五十八条之规定判决：一、撤销原告肖某、潘某与被告杜某某签订的《上海市房地产买卖合同》及《补充协议》；二、被告杜某某应于本判决生效之日起十日内返还原告肖某、潘某购房款22万元；三、被告杜某某应于本判决生效之日起十日内赔偿原告肖某、潘某中介费1万元；四、被告杜某某应于本判决生效之日起十日内，以23万元为本金，按中国人民银行同期贷款利率支付自2014年12月16日至实际支付之日的利息。

一审判决后，原、被告均未提起上诉，判决已生效。

点 评

本案涉及在房屋买卖交易中出售方应该提供哪些正确信息的问题。原告作为买受方认为，被告作为出售方未告知其房屋曾经发生过自杀事件，隐瞒合同标的重大瑕疵，导致原告购房结婚的目的落空，请求判令撤销原、被告之间订立的房屋买卖合同。该案涉及的争议点有两个：其一，被告是否知晓有此自杀事件；其二，该起跳楼自杀事件是否属于被告应当披露的信息。

对于前者，法院认可了原告的证据认为被告知晓自杀事件。对于后者法院认为按日常生活经验及民间习俗，房屋内若发生自杀等非正常死亡事件，往往会使房屋的价值下降，对于房屋的出售价格将产生实质性影响，从而影响买受人的缔约基础，应属于出卖人需要披露的信息。系争房屋于2009年7月发生跳楼死亡事件，被告在将房屋出售原告时，未予披露，并以正常的市场价格出售给原告，违反了诚实信用原则。为此支持了原告的诉讼请求。

《中华人民共和国合同法》第四十二条规定："当事人在订立合同过程中有下列情形之一，给对方造成损失的，应当承担损害赔偿责任：……(二)故意隐瞒与订立合同有关的重要事实或提供虚假情况……"该条是针对合同当事人缔约责任的规定，但是从责任的另一面来理解就是合同当事人具有的信息披露或告知义务。同时，从该条文可以看出承担缔约责任可以分为两种情况：第一种是应作为而不作为的隐瞒，第二种是作为性的误导欺诈。构成应作为而不作为的隐瞒的前提是与订立合同有关的重要事实应予披露，不得隐瞒。但何为与订立合同有关的重要事实，即信息披露的范围，则需要由法官在法律适用中通过个案去构建。本案判决认为按日常生活经验及民间习俗，房屋内若发生自杀等非正常死亡事件，往往会使房屋的价值下降，对于房屋的出售价格将产生实质性影响，从而影响买受人的缔约基础，应属于出卖人需要披露的信息。为此，本案为类似案例的判决提供了一种考量的方法，凡是足以影响商品交易价格的信息都必须正确地加以提供。

房地产交易中的一定的物理属性、产权信息可以通过不动产登记部门得到，但是有一些历史性的信息以及未来的变化信息，对于仅仅查过登记、看过几次房屋的买受人而言，较之于产权人，是无从或者难以知晓的。同时，房地产交易对于一般人而言并非是日常性的，为此，今后凡影响价格形成的信息能否设定为房地产中介的说明、调查义务，由其告知或提示双方，并从告知义务的角度承担相应的责任，也值得我们思考(国外的一些判例中就有不少由房地产中介承担责任的先例)。

案例提供单位：上海市浦东新区人民法院

编写人：魏婷婷

点评人：段　匡

9. 上海五心家庭服务有限公司诉上海盛瀚投资有限公司买卖合同纠纷案

——房地产拍卖中土地面积缺失之责任认定

案情

原告(上诉人)上海五心家庭服务有限公司

被告(上诉人)上海盛瀚投资有限公司

第三人上海青莲阁拍卖有限责任公司

2007年1月31日,上海市杨浦区军工路2855号某幢“水产大楼”(以下简称系争房地产)产权人由万辉公司变更为被告上海盛瀚投资有限公司(以下简称盛瀚公司),房地产权证载明地号为:上海市杨浦区殷行街道376街坊20丘、宗地(丘)面积2 437平方米、建筑面积6 084平方米。

2010年,盛瀚公司委托汉华评估公司对上海市军工路2855号房地产进行资产评估。评估报告书载明:评估目的系为盛瀚公司拟转让上海市军工路2855号房地产提供价值参考依据;……土地用途为商业、办公,宗地面积为2 437平方米,……估价对象建筑物名为“水产大楼”,建筑面积6 084平方米;评估基准日为2010年10月31日;方法为假设开发法和成本法。

2010年12月10日,盛瀚公司(委托人、甲方)与上海青莲阁拍卖有限责任公司(拍卖人、乙方,以下简称青莲阁拍卖公司)签订《上海市委托拍卖合同》约定:甲方自愿委托乙方拍卖上述军工路2855号某幢全幢房地产(建筑面积6 084平方米),如实填写拍卖标的的质量和瑕疵;甲方保证委托拍卖标的是甲方所有或者依法可以处分的财产,并提供有关证明文件等资料;拍卖前乙方应将已知或应知拍卖标的的质量和瑕疵如实告知竞买人;本次拍卖按拍卖标的在拍卖日的使用现状进行整体拍卖。合同附件一《委托拍卖标的清单》载明,拍卖标的名称为上海市杨浦区军工路2855号某幢全幢房地产,房地产权证号:沪房地杨字(2007)第003×××号,建筑面积6 084平方米,质量状况(瑕疵情况)为按现状拍卖。合同附件三《委托人对拍卖标的有关瑕疵说明》载明拍卖标的宗地范围最终以房地产管理部门核定的宗地红线范围为准。

2010年12月11日，青莲阁拍卖公司刊登《拍卖公告》，载明：于2010年12月21日对上海市杨浦区军工路2855号某幢全幢房地产按使用现状整体拍卖，建筑面积6 084平方米。

2010年12月21日，青莲阁拍卖公司发布《拍卖特别规定》及《“水产大楼”房地产拍卖特别说明》。《拍卖特别规定》载明：拍卖标的存在显性和隐性的瑕疵，敬请竞买人评估风险、谨慎竞拍，本公司按标的事务的数量与质量现状、权利属性与使用现状以及权益现状进行公开拍卖，房地产均以房屋、土地的现状和相关权属现状进行拍卖，房地产的权属如土地使用面积、性质、用途和使用年限与房屋权利人、建筑面积、类型以及抵押与否，以房地产交易中心在册信息为准，本公司对房地产的权属和建筑质量、品质不承担任何保证责任和瑕疵担保责任。《“水产大楼”房地产拍卖特别说明》载明：房屋坐落上海市杨浦区军工路2855号某幢全幢，建筑面积6 084平方米，房屋类型为工厂，土地宗地（丘）面积为2 437平方米，土地宗地号为杨浦区殷行街道376街坊20丘，土地用途为商业、办公，土地权属性质为国有，使用权取得方式为出让，使用期限为2004年12月20日至2054年12月19日止；拍卖人提供上述宗地图信息仅供竞买人参考，拍卖标的的宗地范围最终以房地产管理部门核定的宗地红线范围为准；本次拍卖按拍卖标的在拍卖日的使用现状进行整体拍卖。上述“规定”及“特别说明”文件后均附有承诺书，该承诺书载明：本人已充分了解标的现状，对标的可能存在的显性瑕疵和隐性瑕疵作了全面评估，接受标的的现状和瑕疵，阅读和了解贵公司的《拍卖目录》、《拍卖规则》、《特别说明》和《拍卖特别规定》、《拍卖特别公司》等拍卖文件的提示、要求和规定，同意签收前述拍卖文件……若本人违约则愿意将已付保证金转为违约金，同时承担相应的法律责任。

上海五心家庭服务有限公司（以下简称五心公司）参与竞拍，其公司原法定代表人尚某某于上述两份《承诺书》落款处签名。2011年1月4日，五心公司签署《拍卖成交确认书》拍得系争房地产。同年5月底前，五心公司陆续付清全部房款。

2011年6月23日，盛瀚公司向上海市杨浦区房地产交易中心（以下简称杨浦交易中心）及上海市杨浦区房地产测绘所（以下简称房地产测绘所）提出《宗地变更申请》，载明：军工路（逸仙路—翔殷路）拓宽工程中，对上海市杨浦区军工路2855号某幢全幢房屋所属的宗地面积有变动影响，本公司同意在此次办理范围过户过程中，按贵部对上述房屋所对应的宗地所测量得出的宗地面积，予以办理房产过户。

同年7月6日，房地产测绘所出具《房屋土地权属调查报告书》，载明：为核定军工路2855号土地使用情况，由上海市杨浦区房地产测绘所于2011年6月中旬对该地块进行土地面积和使用界址核定，地籍编号从376街坊20丘变更为20/1丘，宗地土地面积为2 296.4平方米，土地用途不变即商业、办公用地。

同年 8 月 10 日，五心公司（卖售人、甲方）与盛瀚公司（买受人、乙方）签订《上海市房地产买卖合同》，合同载明：乙方受让甲方自有房屋及该房屋占用范围内的土地使用权，房地产坐落于军工路 2855 号，建筑面积 6 084 平方米，该房屋占用范围的土地面积一栏空白未填；房地产转让价款为 4 600 万元；在 2011 年 9 月 30 日之前，双方共同向房地产交易中心申请办理转让过户手续。

同年 8 月 22 日，系争房地产过户至五心公司名下，房地产权证载明：房地坐落军工路 2855 号；土地状况，权属性质为国有建设用地使用权，使用权取得方式为出让，用途为商业、办公，宗地号为杨浦区殷行街道 376 街坊 20/1 丘，宗地（丘）面积为 2 296 平方米，使用权面积为 2 296.4 平方米，使用期限为 2004 年 12 月 20 日至 2054 年 12 月 19 日；房屋状况，室号或部位为全幢，建筑面积 6 084 平方米，建筑类型为工厂。

原告五心公司诉称，系争房地产原系被告盛瀚公司所有。原告参与拍卖并竞拍成功。之后，在进行产权过户前的土地测绘中，原告得知系争房地产地籍界址点发生变更，宗地面积从 2 437 平方米变更为 2 296.4 平方米，比原先减少了 140.6 平方米。依据诉讼前评估公司的评估方法，系争房地产每平方米使用权价值为人民币 15 854 元，缺失的土地面积为 140.6 平方米，缺失的土地使用权价值为 223 万元。双方协商解决补偿事宜，未果。故诉至法院要求盛瀚公司支付土地补偿款 223 万元。

被告盛瀚公司辩称，拍卖前，被告在拍卖中履行了审慎义务及真实披露义务。原告承诺接受了隐性瑕疵，也就表示其愿意接受该瑕疵产生的损失。原告在得知土地面积减少的情况下，仍然与被告签署房屋买卖合同，证明原、被告就交易标的的相关内容达成了新的约定，故被告不存在违反房屋买卖合同的行为。系争房地产面积减少系因军工路拓宽工程导致，被告未曾获得任何形式的拆迁补偿，原告应向造成该事实的责任人主张补偿而非向被告追偿。原告以评估报告说明书中非本案争议的被占用的土地价值来推算系争土地的价值，没有法律依据。故请求法院驳回原告诉请。

第三人青莲阁拍卖公司述称，第三人按照拍卖法的规定进行公告、披露、拍卖，尽到应尽义务，对于本案争议标的，第三人不发表意见。

一审法院审理中，因五心公司、盛瀚公司对缺失的 140.6 平方米土地价值无法达成一致意见，法院依法委托国衡估价公司出具《房地产估价报告书》，该评估报告书采取价差法与损失资本化法对缺失土地进行评估，价差法体现了土地面积减少导致的容积率增加对土地价格产生的影响，在容积率变化的情况下根据价差法求得估价对象的房地产贬损价格为 748 332 元；损失资本化法根据现场勘察的土地作停车使用的现状，计算面积减少对停车费收益的影响，得出房地产价值贬损为

1 013 000 元；估价公司出具的报告书最终采用损失资本化法，结论为：上海市杨浦区军工路 2855 号于价值时点 2011 年 1 月 4 日因土地面积减少 140.6 平方米造成的房地产价值贬损为 1 013 000 元。五心公司、盛瀚公司均对评估方法以及结论有异议。

审 判

一审法院经审理后认为，首先，五心公司、盛瀚公司于拍卖成交后就系争房屋签订的《上海市房屋买卖合同》系双方真实意思表示，合法有效，应予确认。虽然，该合同仅注明了房屋建筑面积，土地使用面积一栏空白，但双方均认可该合同系根据拍卖内容予以签订，且被告应当交付的土地面积为 2 437 平方米，五心公司据此已支付了相应对价 4 600 万元，盛瀚公司亦应当履行相应的交付义务。

其次，盛瀚公司公示的拍卖价格包含 2 437 平方米的土地使用权价值，五心公司参与竞买并支付了与上述土地面积价值相符的款项，而盛瀚公司交付的房地产土地面积却缺失了 140.6 平方米。究其原因，根据案件查明的事实，系因军工路拓宽工程造成，因该项工程未将系争房地产列入拆迁范围，致当时产权人被告未能获知土地面积减少的情况。另外，盛瀚公司在委托拍卖前，对系争房地产的信息作了核实并根据房地产登记部门记录的信息予以披露，不存在违反相关规定的行为；且在产权过户前的土地测绘中，盛瀚公司得知宗地面积减少后，即将该事实如实告知五心公司，故盛瀚公司对披露面积与实际面积不符不存在过错。然而，根据法律规定，出卖人负有按照合同约定交付标的物的义务，并对交付的标的物负有瑕疵担保责任。盛瀚公司虽无过错，但所交付的房地产土地面积客观上缺失了 140.6 平方米，故五心公司要求盛瀚公司支付土地补偿款，于法有据，应予支持。

再次，国衡估价公司评估师具备相关评估资格，评估程序合法，评估结论系依据客观事实作出，对该评估公司作出的《房地产估价报告书》的合法性，予以确认。《房地产估价报告书》结论采用了价差法和损失资本化法两种方法估算出两个价格，最终结论采用了损失资本化法的估价结论。对此，法院认为原告的诉请是对缺失的土地价值进行经济补偿，而损失资本化法以车位作为价值贬损的计算依据，不具有唯一性及合理性，故对该方法得出的结论，难以采纳。关于土地补偿款的金额，法院将参考评估报告时间节点、评估报告中采用价差法得出的房地产价值贬损结论，酌情予以确定。

综上，一审法院依照《中华人民共和国合同法》第一百一十一条、一百五十三条、一百五十五条之规定，判决被告上海盛瀚投资有限公司应于本判决生效之日起十日内支付原告上海五心家庭服务有限公司土地补偿款人民币 75 万元。

一审判决后，原告五心公司、被告盛瀚公司均不服提起上诉。二审法院经审理判决驳回上诉，维持原判。

点 评

本案系房地产拍卖交易中因土地面积缺失引起的纠纷，由于系争房地产土地缺失是因道路拓宽工程造成，且该项工程未将系争房地产列入拆迁范围，致使当时产权人未能获知土地面积减少情况，此事非因被告行为所致。

据此，审理法院首先认定，在拍卖交易中出卖人、拍卖人、买受人三方均无过错。问题是由谁来承担缺失土地造成的损失。其次，被告公示的拍卖价格包含2 437平方米的土地使用权价值，虽然该合同仅注明了房屋建筑面积，土地使用权面积一栏空白，但双方均认可该合同系根据拍卖内容（房地产拍卖特别说明中载明：土地宗地（丘）面积为2 437平方米）予以签订，原告据此已支付了相应对价，被告亦应当履行相应的交付义务。同时，法院根据事实审理认定被告对拍卖过程中披露面积与实际面积不符不存在过错。但法院认为，根据法律规定，出卖人负有按照合同约定交付标的物的义务，并对交付的标的物负有瑕疵担保责任。被告虽无过错，但所交付的房地产土地面积客观上缺失了140.6平方米，故现原告要求被告支付土地补偿款，于法有据，予以支持。

本案纠纷起源于房地产拍卖交易，根据特别法优于一般法的原则，当然应该适用拍卖法。但是，拍卖法是一般法即买卖合同的特别法，由于本案的具体情况已非拍卖法能够处理，那么适用一般法也是法律适用的规则。而且就个案而言，拓宽道路发生在被告所有期间，损益由其承担也是合法、合理的。

但是，此案带来的问题是，土地规划行政管理部门如何将政府调整土地的信息及时反映到不动产登记信息中去。土地本无界线，除非一些河海，地貌可为自然界限外，一切均为人为划分。如何正确、及时反映真实权利情况，是政府相关机构为市场经济服务的职责，随着不动产登记制度的确立和相应机构的完善，期待类似这样的纠纷不再出现。

案例提供单位：上海市杨浦区人民法院

编写人：陈晓宇　袁甄乙

点评人：段　匡

10. 夏某某诉上海协通鹏骋汽车销售服务有限公司买卖合同纠纷案

——违约责任中赔偿损失额的认定

案情

原告(被上诉人)夏某某

被告(上诉人)上海协通鹏骋汽车销售服务有限公司

2013年12月20日,原、被告签订汽车销售协议一份,约定原告向被告上海协通鹏骋汽车销售服务有限公司(以下简称协通公司)购买君越2.4雅致版黑色轿车一辆,车型价格为235 900元,销售价为187 900元,原告在协议签订当日向被告支付预付款10 000元,但未约定交货地点、交货方式和交货时间。双方签订了增值服务委托协议,约定原告委托被告代为协助办理增值服务项目,并同意按照协议项目金额预付相关费用,包括新车保险6 700元(按保险发票实际金额结算)、新车购置税缴纳20 000元(按国税发票实际金额结算)、新车上牌登记1 500元、其他业务(被告庭审中确认为出库费和PDI检测费)500元,合计费用为28 700元(按各项费用实际发票金额结算);双方明确装潢项目为别克专用膜、凯立德导航一体机、脚垫、香水,均为免费。被告销售人员周某某、销售经理高某某均在销售协议、委托协议和委托施工清单上予以签名,并加盖了被告公司的公章。

协议签订后,原告要求被告交付车辆,被告销售人员告知原告需另行支付1 000元,原告不同意,双方引发纠纷,原告并就此多次通过电话与被告销售人员周某某、销售经理高某某进行沟通、协商均未果。

2014年1月12日,原告与上海冠松汽车普陀销售服务有限公司(以下简称冠松公司)签订汽车销售合同一份,约定原告向冠松公司购买君越2.4雅致版黑色汽车一辆,实际结算价格为182 000元、车辆购置税19 300元、车船税700元、代办保险费(按实结算)7 000元,合同总金额为209 000元;合同签订时,原告向冠松公司一次性付清合同全部价款;预定交车时间为自合同签订之日起3个工作日内。双方签订了委托服务清单,约定代办服务项目为上牌服务1 500元、检测服务费1 000元、代办服务费1 000元、出库费800元、其他费用(沪C上牌押金)5 000元,合计为 9 300 元;选装项目为 DVD 导航、倒车影像、美国优玛膜(全车),合计为 10 400 元;上述项目共计 19 700 元,自沪 C 上牌之日起半年内不得过户转籍,半年后凭未转籍的机动车登记证来退换 5 000 元押金。同日,原告向冠松公司支付了总款项 228 700 元。次日,冠松公司向原告开具了金额为 182 000 元的机动车销售发票。之后,冠松公司按约履行了交付车辆的义务。

原告诉称,2013 年 12 月 20 日,其向被告订购 2013 款君越 2.4 雅致版黑色轿车一辆,双方签订了销售合同,约定车价为人民币 187 900 元(以下币种同)、服务费 28 700 元,合计 216 600 元;预付款 10 000 元。12 月 25 日,被告销售员通知原告该车辆无货,无法履行合同,但原告得知被告的其他分店有同款车型,被告系恶意违约。原告经与被告多次协商未果,只得于 2014 年 1 月 12 日至冠松公司另行购买了同款车辆,因时间延误,错过了年底优惠,车价已涨,原告支付了购车款 223 700 元。原告认为,被告的违约行为导致其多支出了 7 100 元,由此,原告起诉要求判令解除双方签订的汽车销售协议、返还预付款 10 000 元并赔偿经济损失 7 100 元。诉讼中,原告变更经济损失金额为 4 000 元。

被告辩称,根据汽车销售的惯例,签订合同后 1 个月至 1 个半月才能交付车辆,但原告要求立即提车,故被告才要求原告支付加急费 1 000 元;原告不同意另行支付 1 000 元反而至他处以多支付 7 100 元的价格购车不符合常理;被告不存在违约行为,愿意履行合同,故不同意原告诉讼请求。

审 判

一审法院经审理后认为,夏某某与协通公司之间签订的汽车销售协议系双方当事人的真实意思表示,合法有效,对双方均有约束力,双方应按照合同约定全面履行自己的义务,遵循诚实信用原则。双方签订的合同中对于车辆交付时间没有约定,根据我国合同法的相关规定,履行期限不明确的,债务人可以随时履行,债权人也可以随时要求履行,但应当给对方必要的准备时间。通过夏某某与协通公司销售人员间的通话可知,夏某某在合同签订并支付预付款后一定期限内,即要求协通公司按约交付车辆,但协通公司要求夏某某另行支付 1 000 元,在夏某某不同意的情况下,协通公司将原有车辆卖给他人,并告知夏某某将退还其支付的预付款。可见,在协通公司持有现车的情况下,夏某某已给予了协通公司合理的履行期限,而协通公司在双方约定的价款之外要求夏某某加价的行为,显属违约,其在夏某某不同意加价的情况下将车辆卖给他人,并表示要退还夏某某预付款的言行违背了诚实信用原则,已明确表明其不履行交付车辆的义务,在夏某某催告后,协通公司仍无履行合同之意思表示,致使夏某某不能实现合同目的,协通公司的行为已构成根本违约，夏某某据此要求解除合同、返还预付款，合法有据，应予支持。根据我国合同法的相关规定，合同解除后，当事人可以要求恢复原状、采取其他补救措施，并有权要求赔偿损失，而赔偿损失的范围应当相当于因违约所造成的损失，包括合同履行后可以获得的利益，但不得超过违反合同一方订立合同时预见到或者应当预见到的因违反合同可能造成的损失。现夏某某主张的损失为其另行购车的差价，协通公司则辩称夏某某以高于其要求的加价金额另行购车不符常理。首先，协通公司作为专业的汽车销售公司，掌握着汽车销售市场信息，包括车辆的市场供求关系、价格区间等，故其对自身违约可能给对方造成的损失大小应有预见性；其次，在协通公司将原有车辆另行出售并告知夏某某无法提供合同约定车辆的情况下，夏某某至他处购车实属无奈之举，此时，夏某某不仅无法再以加价 1 000 元从协通公司处购买车辆，且在所购车辆可能存在市场供应紧张的情况下，夏某某的选择权已大大受限。由此，法院认定夏某某至他处购买同款同配置车辆而支出的合理价款高出其与协通公司约定价款的差价部分，属于夏某某因协通公司违约产生的损失。从两份合同约定的价款来看，主要由三部分组成，一为车辆本身包括内部装潢的价格；二为汽车销售公司提供代办服务项目的费用，如车辆保险、购置税、上牌费用；三为汽车销售公司收取的其他费用，如出库费、检测服务费、代办服务费。对于车辆价格，夏某某向协通公司购买的价格为 187 900 元，包含免费的装潢项目有车辆贴膜、导航一体机、脚垫和香水，而夏某某向冠松公司购买的价格则由车价 182 000 元和装潢项目 10 400 元组成，装潢项目为车辆贴膜、导航和倒车影像。协通公司认为夏某某至冠松公司购买的车价低于其价格，夏某某表示装潢项目是相同的，只是协通公司将装潢费用计入车价，而冠松公司则将装潢费用和车价分开计算，故造成车价低于协通公司。一审法院认为，汽车销售公司在销售车辆时，附加车辆装潢属行业惯例，对消费者而言，其支付的车辆价款所包括的装潢内容亦是其选择的参考，故在比较车辆价格时，应予以一并考虑，现协通公司以其含装潢的车价与冠松公司提供的不含装潢的车价做对比显然并不合理，法院难以采信。从两份合同约定的装潢项目来看，内容基本相同，协通公司并未提供证据证明冠松公司所约定的装潢项目价格或含装潢的车辆价款明显高于市场价，夏某某所述的向冠松公司购车价格高的原因与年底促销结束有关一节，具有一定的合理性，故法院认定该部分款项的差价应属夏某某的损失。对于代办服务项目费用，非汽车销售公司收取，且均需按实结算，故合同约定价格的差异不能认定为夏某某的损失。对于汽车销售公司收取的其他费用，虽属于各销售公司的自行规定，但如前所述，在夏某某选择权受限的情况下，其至能提供现车的销售公司购买并按该公司要求支付这些费用应属合理，这部分的差价亦应作为夏某某的损失。综上，现夏某某主张的赔偿金额并未超过其因协通公司违约造成的损失，依法应予支持。一审法院依照《中华人民共和国合同法》第六十一条、第六十二条第四项、第九十四条第三项、第九十七条、第一百零七条、第一百一十三条第一款、第一百三十九条之规定，判决：一、解除夏某某与协通公司于2013年12月20日签订的汽车销售协议及附件；二、协通公司应于判决生效之日起十日内返还夏某某预付款10 000元；三、协通公司应于判决生效之日起十日内偿付夏某某经济损失4 000元。

一审判决后，协通公司不服，提起上诉称，上诉人并未表态不履行合同，被上诉人夏某某亦未通知上诉人解除合同，故本案系争合同不应解除；一审根据被上诉人提供的电话录音，认定上诉人表态不履行交付车辆的义务，实属断章取义；被上诉人在冠松公司处加价升级导航系统及贴膜，导致被上诉人多支出了4 000元，这与上诉人无关；被上诉人与上诉人约定投保的商业保险限额为500 000元，而与冠松公司约定投保的商业保险限额为1 000 000元，两者保险费用存在明显差异，该笔差价并非上诉人造成。综上，请求撤销原判，改判驳回被上诉人一审中的全部诉讼请求。

被上诉人夏某某答辩称，不同意上诉人的上诉请求。其在一审中提供的录音能充分证明上诉人在持有现车的情况下提出加价要求，因未获其同意而转卖他人，且在双方沟通过程中明确表示不再履行交付车辆义务，同意返还预付款；其因另行购车而额外支出的费用是客观事实，上诉人理应赔偿。综上，请求驳回上诉，维持原判。

二审法院查明的事实与一审法院查明的事实一致。

二审法院经审理后认为，当事人对自己提出的诉讼请求所依据的事实或者反驳对方诉讼请求所依据的事实有责任提供证据加以证明；没有证据或者证据不足以证明当事人的事实主张的，由负有举证责任的当事人承担不利后果。上诉人与被上诉人签订的汽车销售协议中并未就车辆供应紧张情况下需加价之事宜作出特别约定，讼争双方亦未对此达成补充协议，故上诉人在履约过程中单方面要求被上诉人额外加价的行为，实已构成违约。此后，在双方交涉过程中，上诉人的工作人员又明确表示无法向被上诉人交付车辆、并要求被上诉人提供银行卡号以便退还预付费用等，上述言行足以表明上诉人拒绝履行合同。在此情况下，结合当时的市场环境，被上诉人无奈之下以相近的价格向案外人购买同型号轿车，实属合理；由此造成被上诉人额外的损失，理应由上诉人予以赔偿。上诉人主张其从未表示过不履约、对被上诉人在一审中提供的电话录音不予认可，但上诉人在一、二审期间均未举证可以否定本案所涉电话录音的真实性，故对于上诉人的该项上诉主张，二审法院不予采信。上诉人主张被上诉人在冠松公司处加价升级导航系统及贴膜的费用不合常理，对此，一审法院根据车辆销售市场的实际情况，对被上诉人所作的合理解释予以采信，经核，并无不妥；上诉人的该项上诉主张，缺乏依据，法院不予采信。上诉人主张不同保险限额下的保费差额不应由其承担，但一审已将包括保险费用在内的代办服务项目费用从被上诉人的损失范围中扣除,故上诉人的该项抗辩理由不能成立。综上所述,一审法院认定事实清楚,判决并无不当。据此,二审法院判决驳回上诉,维持原判。

点 评

本案主要涉及合同违约方的认定,以及违约责任中守约方的损失认定问题。《中华人民共和国合同法》第一百一十三条规定,当事人一方不履行合同义务或者履行合同义务不符合约定,给对方造成损失的,损失赔偿额应当相当于因违约所造成的损失,包括合同履行后可以获得的利益,但不得超过违反合同一方订立合同时预见到或者应当预见到的因违反合同可能造成的损失。

原告夏某某与被告协通公司签订的车辆买卖合同,不仅就所购车辆的型号、价款及一些增值服务项目作了约定,还预付了10 000元的预付款,合同依法有效成立。虽然双方对交货时间、交货地点和交货方式没有约定,但并不影响合同的依约履行。当原告要求交货时,被告却要求原告多支付1 000元,在遭原告拒绝的情况下,被告将原本可交付的车辆卖与他人,致双方发生纠纷。被告要求变更合同约定,磋商不成,便拒绝履行,当然是违约方,应当向原告承担违约责任,这是毋庸置疑的。问题在于如何认定损失范围,原告向其他经销商购买了同款车辆,并多支付了7 100元,原告认为这是其损失,要求被告支付,被告则不同意支付。法院根据《中华人民共和国合同法》的相关规定,首先认定被告作为专业的汽车销售公司掌握汽车销售市场信息,因而对于其自身违约可能给对方造成的损失有预见性;其次,法院也未把原告所有多支付的钱款都认定为原告夏某某因被告的违约所造成的损失,而是进行了区分,比如,汽车销售公司提供代办服务项目收取的费用,因最终收取单位非汽车销售公司,且需按实结算,故不计算在原告的损失范围内,但车辆本身包括内部装潢的价格,以及汽车销售公司收取的其他费用,这些费用与合同原约定收取的费用的差额,将其认定为原告的损失,还是很合理的。

在目前汽车销售红火,但汽车销售领域买卖合同还不尽规范的情况下,本案对违约行为的认定、损失范围的确定以及民事责任承担的判决,对于规范汽车市场的健康发展,具有一定的指导意义。

案例提供单位:上海市嘉定区人民法院

编写人:徐　芬

点评人:吴　薇

编者注:《汽车销售管理办法》自2017年7月1日起施行。新规明确规定,经销商销售汽车时,需明示汽车、配件及其他相关产品价格,不得变相加价销售,不得强制搭售;不得收取额外费用,如出库费、PDI检测费等;不得强制购买保险、收取代办服务费等。本案的发生与审判在《汽车销售管理办法》施行前。

《汽车销售管理办法》

第十条　经销商应当在经营场所以适当形式明示销售汽车、配件及其他相关产品的价格和各项服务收费标准,不得在标价之外加价销售或收取额外费用。

第十四条　供应商、经销商不得限定消费者户籍所在地,不得对消费者限定汽车配件、用品、金融、保险、救援等产品的提供商和售后服务商,但家用汽车产品"三包"服务、召回等由供应商承担费用时使用的配件和服务除外。

经销商销售汽车时不得强制消费者购买保险或者强制为其提供代办车辆注册登记等服务。

11. 覃某某诉乔某某买卖合同纠纷案

——违反进口“禁令”的食品为不安全食品

案 情

原告覃某某

被告乔某某

2014年9月21日，原告覃某某在位于上海市长宁区天山路960号的上海市长宁区远志食品店内购买了四盒“天然燕窝”，共计付款6 523元。被告乔某某系该店铺经营者，其为原告开具了以上海市闵行区永英食品店为收款单位的发票。上述燕窝以塑料包装盒密封包装，并盛放在木盒中，包装盒上均标有“启廷保健”、“天然燕窝”等字样。其中，产品标签载明“品名:燕窝;原产地:印尼;经销:上海启廷生物科技有限公司;卫生许可证:SP3101151010004066;地址:上海市浦东新区良欣路456号……”原告购买后发觉燕窝存在异常，故未食用。

原告覃某某诉称，原告购物后，发现燕窝中嵌有黑色动物毛发样异物，故通过互联网查询。经查询，原告得知因亚硝酸盐、禽流感等原因，我国近年来已经禁止从印尼等国家进口燕窝。然而，原告所购燕窝却标明“原产地:印尼”。因该食品存在安全隐患，原告故向食品药品监督管理部门举报。原告认为，被告公开销售不符合食品安全标准的食品，应承担“退一赔十”的责任，故诉至法院，请求判令被告:1.退还原告购物款6 523元;2.赔偿原告十倍购物款65 230元。

被告乔某某辩称，同意退款，但不同意赔偿十倍购物款。被告系个体工商户，具有食品流通许可证。店铺门口虽悬挂“启廷保健”的招牌，但该招牌系被告自行安装的，与上海启廷生物科技有限公司无关。其次，被告所售燕窝系自外地保健品批发市场购得，进货时并无任何包装。被告为了提高销量，自行以标注有“启廷保健”字样的包装盒及包装袋进行包装后出售。再次，被告在进货时，经销商口头告知涉案燕窝产自印尼。被告不清楚涉案产品是否通过我国海关办理进口手续、有无经过进出口检验检疫部门检验，亦不清楚批发商有无食品生产或流通许可证。被告所售产品虽存在标签、标识错误，但并未给原告造成人身或财产方面的实质性损害，故并未违反食品安全国家标准。

审 判

一审法院经审理后认为,根据原告提供的收银条、发票及商品实物,原、被告之间就涉案商品形成买卖合同关系。本案的争议焦点为:涉案商品是否符合食品安全标准?

对此,原告主张涉案产品标签注明其原产地为印度尼西亚,但在原告购物时,国家主管部门明确禁止从该国进口燕窝。并且,产品标签中载明的卫生许可证也早已过期,食品生产和经营应分别申领生产许可证和流通许可证。被告则辩称涉案产品虽系其自行包装但产品质量合格,其从供应商处得知产品原产地为印尼。法院认为,首先,根据《中华人民共和国食品安全法》规定,食品安全标准包括食品生产经营过程的卫生要求以及食品检验方法与规程等。国家对食品生产经营实行许可制度。从事食品生产和流通应当依法取得食品生产许可、食品流通许可。涉案商品作为预包装食品,依法应在标签上注明生产许可证编号以及生产者的名称、地址及联系方式。然而,被告不仅虚构了涉案产品生产者的名称、地址、联系电话等信息,而且以早已不再适用的卫生许可证代替应当标注的食品生产许可证,被告在不具备加工包装食品的资质及条件的情况下自行购买裸装食品后进行加工包装。上述行为不仅是对消费者的恶意欺诈,亦明显违背《中华人民共和国食品安全法》的相应要求。其次,法律明确规定进口的食品以及食品相关产品应当符合我国食品安全国家标准,并经出入境检验检疫机构检验合格后,海关凭出入境检验检疫机构签发的通关证明放行。并且,向我国境内出口食品的出口商或者代理商应当向国家出入境检验检疫部门备案。被告辩称涉案产品原产自印尼,但却未能提供任何证据或合理说明该产品的具体来源、流通渠道以及出口商或代理商信息,更未能提供出入境检验检疫机构签发的产品检验合格证明。直至2014年11月20日,国家质量监督检验检疫总局才以"2014年第121号"公告准予符合相关检验要求的印尼燕窝产品进口,并严格限制加工企业范围、生产过程及检验和审批程序。因此,即便涉案产品确实进口自印尼,其也系在国家监管部门准予进口之前进口到境内并销售的。再次,被告作为食品经营者,根据《中华人民共和国食品安全法》规定,应当查验供货者的许可证和食品合格的证明文件,并建立食品进货查验记录制度,如实记录食品的名称、规格、数量、生产批号、保质期、供货者名称及联系方式、进货日期等内容。然而,被告显然并未尽到上述义务。涉案食品来源不明,亦不具备任何食品合格的证明文件。综上所述,涉案食品明显不符合食品安全标准。原告购买后无法食用,合同目的不能得到实现,故原告要求退还购物款6 523元的诉讼请求,具备事实和法律依据,法院予以支持。因被告销售明知是不符合食品安全标准的食品,原告除有权要求赔偿损失外,还可以要求被告支付价款十倍的赔偿金。并且,销售者承担惩罚性赔偿责任时无需以造成损害后果为前提。现原告要求被告赔偿十倍的购物款65 230元,具备相应的事实和法律依据,法院予以支持。同时,因涉案食品违反食品安全标准,应予以销毁,故本案中原告无需再向被告返还涉案食品原物。

综上所述,为维护当事人的合法权益,一审法院依照《中华人民共和国合同法》第九十四条第(四)项、第九十七条,《中华人民共和国食品安全法》第二十条、第二十九条第一款、第三十九条、第四十二条、第六十二条、第六十五条、第九十六条、《最高人民法院关于审理食品药品纠纷案件适用法律若干问题的规定》第十五条之规定,判决:一、被告乔某某于判决生效之日起十日内退还原告覃某某货款人民币6 523元;二、被告乔某某于判决生效之日起十日内支付原告覃某某赔偿金人民币65 230元。

一审判决后,双方当事人均未上诉,一审判决已经发生法律效力。

点 评

食品安全关涉每一位公民的基本生存权和生命健康权,食品安全问题近年来已经成为社会舆论和国家有关部门重点关注的民生问题。2015年新修订的《中华人民共和国食品安全法》进一步加强了对食品安全问题的依法规制,以立法形式确立了食品原材料追溯制度、严格监管制度和惩罚性赔偿制度等,以空前的力度应对食品安全问题。

本案中,原告在从被告处购买食品后,发现存在异常,并通过查询获知上述食品属于国家禁止进口之列,因此要求被告按照惩罚性赔偿条款承担"退一赔十"的责任,而被告则以出售食品未违反国家食品安全标准为由,拒绝承担上述赔偿责任。综观全案,争议焦点有二,一是被告出售的食品是否符合安全标准,进一步来看,涉及对法律规范的理解适用,即国家明令禁止进口某类食品的"禁令"是否属于国家食品安全标准的范畴。二是被告是否在明知上述情况的前提下向原告销售上述食品。首先,从判决内容来看,对国家"禁令"的解释较为合理恰当。从食品安全标准体系来看,主要包括静态标准体系和动态标准体系,前者为立法确定的经常性标准,后者则是在突发食品安全问题时,临时以"禁令"形式对可能产生食品安全风险的相关对象进行管制。因此,从体系解释的角度来看,将"禁令"列为食品安全标准内容符合法律原则,认定被告出售该食品属于销售不符合食品安全标准行为,准确恰当。其次,对于被告是否在明知情况下销售该食品,通过对被告食品进货与出售情况的详细查明,以及对国家"禁令"的推定明知,一审法院对于被告承担惩罚性赔偿的归责要件认定较为完备准确。

综上，本案对于当前食品安全领域产生的法律纠纷，尤其是涉及《中华人民共和国食品安全法》修订后相关新制度的司法实践，具有较高的借鉴价值和导向意义。同时，法官准确把握案件争议焦点，围绕争议焦点展开法庭调查，恰当的运用法律解释方法对案件的事实认定和法律适用进行了处理，在此基础上遵循法律基本原则作出裁判，充分体现了司法的功能与价值。

案例提供单位：上海市长宁区人民法院

编写人：陈婷婷

点评人：席建林

12. 宋某某诉上海洛夫特投资管理有限公司等追索劳动报酬纠纷案

——连带劳务费用债务的认定

案 情

原告宋某某

被告陈某某

被告上海洛夫特投资管理有限公司

被告陈某某与龚某某于2014年3月19日签订建筑装饰施工合同，约定由陈某某承包位于上海市长宁区茅台路527号原上海五洲服装厂项目装饰施工工程，包工包料，包干价为1 643 000元，施工日期为2014年3月2日至2014年5月10日。

2014年6月27日，上海洛夫特投资管理有限公司（以下简称洛夫特公司）成立，根据工商登记资料显示，该公司投资人为4人，注册资金300万元，其中龚某某出资183万元，其余股东分别出资60万元、30万元以及27万元。龚某某任法定代表人。

2014年8月25日，陈某某与龚某某签订了结算协议，约定甲方龚某某与乙方陈某某就茅台路527号白领公寓装修工程一事，经双方多次决算，最终总结如下：1.茅台路装修合同总额为1 643 000元；2.增加及整修部分为414 955元；3.甲方龚某某已支付乙方陈某某现金1 876 000元；4.甲方龚某某为乙方陈某某垫付材料费、人工费172 095元；5.甲方龚某某为乙方陈某某承诺垫付货款82 300元；6.甲方龚某某应付装修款总额为2 057 955元，龚某某实际支付了2 130 395元；7.甲方龚某某未按原合同扣除乙方质保金，且乙方有诸多工程需整改故未验收。并约定以上各项双方均无异议。根据银行交易信息显示，已经支付给陈某某的现金1 876 000元，由龚某某个人银行账户转账给陈某某个人银行账户。

2014年9月1日，陈某某向包括原告在内的5名组长出具承诺书，承诺先向龚某某借款10万元用于支付各项目代表，由项目代表支付工人工资；陈某某及各项目代表今后不得以任何理由再到洛夫特白领公寓聚集、闹事；陈某某与各项目代表、施工人员及材料商之间的钱款纠纷由陈某某负责，与洛夫特公司无任何关系。陈某某及包括原告在内的 5 名组长均在承诺书上签字确认。嗣后，陈某某向龚某某个人借款 10 万元，并出具了借条。2014 年 11 月 18 日，陈某某在劳务明细表上签字确认欠施工人员不等额劳务费。该明细表无洛夫特公司盖章，亦无龚某某签字。

2014 年 12 月 10 日，原告以下文诉请事项向上海市长宁区劳动人事争议仲裁委员会申请仲裁，该委以申诉对象不符合劳动关系主体资格为由，决定不予受理。原告不服，诉至法院。

原告宋某某诉称，被告洛夫特公司装修其承租的上海市长宁区茅台路 527 号原上海五洲服装厂 4 至 7 层约 2 600 平方米的房屋，施工时间为 2014 年 3 月至 2014 年 5 月。在此期间，被告陈某某组织原告等人到此干活，原告再招用了数名木工、泥水工等提供劳务，与陈某某约定每天工钱为人民币 300 元。原告提供劳务结束后，两被告尚欠原告劳动报酬 2 000 元，原告多次找两被告催讨无果，故请求法院判令两被告共同支付 2014 年 3 月至 2014 年 10 月劳动报酬 2 000 元。

被告陈某某辩称，其与龚某某签订装饰施工合同，约定包工包料。由其招用了包括原告在内的 5 名组长，5 名组长又分别招用了若干工人进行施工。2014 年 8 月 25 日，其与龚某某进行了结算。但在施工过程中，由于洛夫特公司的股东多次要求返工，造成工人工资增加，属于合同外钱款，应由洛夫特公司承担。请求法院判令洛夫特公司支付原告劳动报酬。

被告洛夫特公司辩称，龚某某因筹备成立洛夫特公司，于 2014 年 3 月 19 日与陈某某签订了建筑装饰施工合同，约定由陈某某承包茅台路 527 号工程装修项目，包工包料，工程款 1 643 000 元。2014 年 8 月 25 日，龚某某与陈某某进行了结算，龚某某实际支付陈某某工程款 2 057 922 元，由龚某某个人支付，与公司无关。结算完毕后，工程结束。嗣后，陈某某招募的工人来工地闹事，由龚某某垫付了陈某某 10 万元用于支付工人工资，陈某某出具了借条。龚某某与陈某某已经结清了工程款，陈某某欠付工人工资与其无关，请求法院驳回原告的诉讼请求。

审 判

一审法院经审理后认为，本案的争议焦点是被告洛夫特公司对原告的劳务费是否应当承担支付责任。洛夫特公司提供的《建筑装饰施工合同》，签订的日期为 2014 年 3 月 2 日，合同的主体为甲方龚某某，乙方陈某某，此时，洛夫特公司尚未成立。该合同所涉标的款亦由龚某某通过其个人账户向被告陈某某支付。从洛夫特公司的工商登记资料中尚不能反映龚某某支付的工程款属于其入股投资款的事实。2014年8月25日，陈某某与龚某某签订结算协议，此时，洛夫特公司已经成立，然结算协议的甲方仍然为龚某某，未作变更。而从陈某某以及原告等人所出具的承诺书内容显示，原告及陈某某均知晓系争工程款与洛夫特公司无关的事实。综上，虽然龚某某系洛夫特公司的法定代表人，但其与陈某某所签订的《建筑装饰施工合同》以及结算协议，均系其个人行为，并非属于公司行为，故原告要求洛夫特公司承担劳务费的支付责任，于法无据，法院不予支持。

陈某某根据《建筑装饰施工合同》约定，承揽工程装饰施工业务，并招用了原告等人进行施工，陈某某与原告等人建立了劳务关系，双方因劳务关系所产生的纠纷，应由劳务关系的主体双方承担相关责任。龚某某已经与陈某某签订了结算协议，约定双方已无其他争议，陈某某欠付原告等人劳务费的行为与定作人龚某某无关。陈某某确认欠付原告等人不等额的劳务费，系陈某某个人对其民事权利的处分，法院对此予以尊重，该欠款应由陈某某偿付。

据此，一审法院依据《中华人民共和国民法通则》第一百零八条之规定，判决：一、被告陈某某应于判决生效之日起十日内支付原告宋某某劳动报酬人民币2 000元；二、驳回原告宋某某的其余诉讼请求。

一审判决后，双方当事人均未上诉，一审判决已经发生法律效力。

点评

公司筹备期间，往往存在以发起设立者个人名义实施的合同行为，上述行为的后果是否均由设立后的公司负担，是该类案件必须厘清的争议焦点。

本案就是一起劳务提供者起诉劳务合同相对方以及接受该施工利益且嗣后成立的公司的特殊案件。法院通过对合同主体、合同履行情况、施工合同性质的层层梳理，运用合同相对性原理、法律行为解释等，为该类案件审判提供了参考，具有一定的借鉴意义。

法院认为，从《建筑装饰施工合同》缔约与付款情况看，无法直接判断该合同是系筹备中的公司以其发起设立者名义实施的缔约行为，且劳务债权的直接来源——承诺书上也并没有被告公司的印章，因此被告公司并非合同缔约主体，对原告不承担连带劳务费用债务。另外，从当事人在诸多行为中透露的真意和法律法规对“工程建设”的定义出发，本案所涉《建筑装饰施工合同》并非建筑工程合同，而更符合承揽合同的特征，因此被告公司对原告不承担法定的发包人连带责任。

本案准确识别所涉合同的法律性质及缔约主体，正确判断劳务费用的负担主体，保护了包括劳动者在内的相关主体的合法权益。其中蕴含如何判断公司筹备设立期间发起人为公司利益实施的交易行为在公司成立后是否应归属于公司的规则，对于妥善地处理包括劳动（劳务）纠纷在内的涉公司筹备设立期间交易行为纠纷亦有实践意义。

案例提供单位：上海市长宁区人民法院
编写人：娄　嫦　陈　立
点评人：席建林

13. 上海智造空间家居用品有限公司诉汤某某劳动合同纠纷案

——调岗过程中用人单位是否已尽诚信磋商义务及相关争议证据的审查及认定

案情

原告(被上诉人)上海智造空间家居用品有限公司

被告(上诉人)汤某某

被告汤某某系上海市户籍从业人员,于2008年5月23日进入原告上海智造空间家居用品有限公司(以下简称智造公司)处工作。双方签订有2008年5月23日起至2009年5月22日止、2009年5月23日起至2012年5月22日止的劳动合同。合同到期后,被告继续在原告处工作。原告每月以银行转账形式发放被告上月整月工资。

2014年3月6日,原告向被告发出主题为“岗位撤销后的年假及异动安排”的电子邮件。其中,《年假安排通知书》、《异动通知书》的署名均为原告人力资源部,日期均为2014年3月5日。《年假安排通知书》内容为:汤某某,鉴于公司经营管理需要,目前您工作所负责的岗位已撤销,现安排您于2014年3月6日—2014年3月7日进行年假休息,2014年3月10日后作异动安排。《异动通知书》的内容为:汤某某,鉴于公司经营管理需要,目前您工作所负责的岗位已撤销,现根据您的工作表现情况,由部门主管建议,经审批通过,您由原任职部门:营运部,岗位:督导主管,调任至部门:营运部,岗位:上海东海岸店经理;薪资待遇不变。上述异动生效日:2014年3月10日。2014年3月10日,被告邮件回复原告人力资源部称:对于公司作出的单方面、且不合理的决定,被告本人无法接受。

2014年3月11日,原告向被告发出主题为“汤某某异动通知”的电子邮件,主要内容为:汤某某,鉴于公司经营管理需要,对于目前您工作所负责的岗位已撤销,现根据您的工作表现情况,由部门主管建议,经审批通过,您由原任职部门:营运部,岗位:督导主管,调任至部门:营运部,岗位:上海东海岸店经理;薪资待遇不变。上述异动生效日:2014年3月12日。2014年3月12日,被告邮件回复原告人力资源部称：被告再次请求公司收回此份单方面决定的、且不合理的岗位变更。请依照国家相关法律行事。在我们(原、被告)双方协商一致之前，我将继续在华徐公路888号原告(公司五楼)营运部办公室出勤上班。特此告知。

2014年3月13日，被告日常工作电脑以“岗位变动、资产转移”为由自“营运部汤某某处”变更至“行政部”。当日，被告声明“未经与我(被告)事先商议和通知，行政部将我日常工作电脑搬走”。

2014年3月26日，原告再次向被告发出《异动通知书》一份，主要内容为：汤某某，考虑到您上班路途较远，经公司研究决定，您由原任职部门：营运部，岗位：上海东海岸店店长，调任至部门：营运部，岗位：上海总店样板店店长；薪资待遇不变。上述异动生效日：2014年3月26日。同日，被告在《异动申请表》中签字称：上述通知收悉，但本人(被告)不同意变更工作内容。特此声明。

2014年4月4日，原告向被告发出《解除劳动关系通知书》，内容为：汤某某，鉴于公司经营管理需要，目前您所负责的岗位已撤销，根据您的工作表现及公司内部工作岗位情况，由部门主管建议，及同时多次与您进行协商作出以下异动处理：1. 2014年3月6日及2014年3月12日作出由原任职部门营运部督导主管调任至营运部上海东海岸店任店经理职务、薪资待遇不变的异动通知，您本人提出因上班路途遥远，不接受异动安排。2. 2014年3月26日，按照您本人意愿，考虑到上班中途原因，经公司研究决定，作出异动到上海华徐公路888号公司总部的上海样板店任店长职务、薪资不变决定，您本人提出不愿意变更工作内容，不接受异动处理。3. 2014年3月31日，再次按照您本人意愿，维持原督导的陈列工作内容，您本人再次拒绝异动安排。以上因工作岗位撤销所作出的工作安排，您屡次拒不接受公司依法及依劳动合同所作的岗位调整，及不服从上级主管的工作安排及管理，依据您的行为，根据《员工手册》第三章第三节第四条严重违纪(二)不服从上级主管的工作安排和管理，工作怠慢及效率低下且经提醒拒不改正、(三)拒不接受依法或依劳动所作的岗位调整的。公司对您作出解除劳动关系处理决定，于2014年4月4日解除原告与您双方的劳动关系，请于2014年4月8日到公司总部办理离职手续，若有未结款项或补偿等费用，具体金额待仲裁庭审时确定。上述解除事宜原告已通知公司工会，工会回函同意解除决定。

被告提供的关于异动事项回复原告人力资源部的邮件中被告的邮箱地址均为：tangxxxxxxx@1510.com.cn、人力资源部檀某的邮箱地址均为：tanxxx@1510.com.cn。被告提供的原告公司2011年1月1日发布的《员工手册》第三章第三节第四条严重违纪规定“不服从上级主管的工作安排或管理，工作怠慢及效率低下且经提醒后拒不改正的”、“拒不接受公司依法或依劳动合同所作的岗位调整的”将被视为严重违纪，可适用《中华人民共和国劳动合同法》第三十九条第二款，予以解除合同的处分。

2014年4月16日被告向区劳动人事争议仲裁委员会申请仲裁，要求原告支付其2013年4月16日至2013年5月22日期间未签订劳动合同二倍工资差额、违法解除劳动关系赔偿金、2014年4月1日至8日工资、2013年11月及12月和2014年2月及3月手机通信费、2014年3天未休年休假工资差额；要求原告为被告办理退工手续。2014年7月29日该仲裁委员会作出原告应支付被告2013年4月17日至5月21日期间未签订劳动合同的二倍工资差额人民币4 450.20元（币种下同）、违法解除劳动合同赔偿金49 400.40元、2014年4月工资1 166.89元及对被告的其他请求不予支持的裁决。原告不服该仲裁裁决，遂诉至法院。

原告智造公司诉称，原告不服劳动仲裁裁决书，认为该仲裁裁决书随意否定原告的证据，无理拒绝原告提出的司法鉴定申请，导致事实认定错误，故具状起诉，要求判令：1.原告不支付被告2013年4月17日至5月21日期间未签订劳动合同二倍工资差额4 450.20元；2.原告不支付被告违法解除劳动关系赔偿金49 400.40元；3.原告不支付被告2014年4月工资1 166.89元。

被告汤某某辩称，不同意原告的诉讼请求，对裁决结果无异议，要求原告按照裁决结果履行。被告未获仲裁支持的诉请不再主张。

审 判

一审法院经审理后认为，本案争议焦点有以下三个方面：

一、原告应否支付被告违法解除劳动合同的赔偿金

2014年3月，原、被告间就被告岗位调整进行了一系列沟通。2014年3月10日、12日原告作出将被告由原任职部门营运部督导主管调任至营运部上海东海岸店任店经理职务、薪资待遇不变的异动通知，被告表示不接受此次异动安排。2014年3月26日，原告作出将被告异动到上海华徐公路888号公司总部的上海样板店任店长职务、薪资不变的决定，被告再次表示不接受此次异动处理。2014年4月2日，原告人事行政总监罗某某等人与被告就岗位调整异动进行面谈，明确询问被告原督导、陈列岗位是否愿意接受，被告表示需与家人商量。2014年4月3日，原告人事行政总监罗某某再次与被告就岗位调整异动问题进行面谈，被告对原告询问表示“没法回答做还是不做”。当日，罗某某表示次日再听被告结果。2014年4月4日，被告书面告知原告对公司作出的2013年3月10日、11日、26日的异动安排均不能接受，未回复2014年4月2日、3日的谈话中涉及的原督导、陈列岗位是否愿意接受。至此，原告于2014年4月4日作出解除被告劳动合同的通知。

法院认为，原告就被告的岗位调整多次与被告沟通，在被告明确表示不能接受岗位调整时进行再次调整。现原告询问被告回原岗位是否可以接受，被告或表示“需与家人商量”、或表示“无法回答”，在书面回复内容中对此亦不予回复。综上，法院认为原告在被告岗位调整一事中已尽到用人单位应尽之诚信磋商义务。

关于解除劳动合同的规范性制度依据，原告提供《员工手册》(SSC2008-(人)-R1(F)-001版)、《员工手册》阅读签收(背面附《职位说明书》阅读签收)、《员工手册》公示照片，证明《员工手册》中明确约定“不服从上级主管的工作安排或管理，工作怠慢及效率低下且经提醒拒不改正的”、“拒不接受公司依法或依劳动合同所作的岗位调整的”将被视为严重违纪，可适用《劳动合同法》第39条第2款，予以解除合同的处分；原告《员工手册》经过公示；被告于2008年5月23日签收《员工手册》。另外，原告提供的上述《员工手册》阅读签收中日期有涂改，原告认为系被告本人修改，并就此向法院提起司法鉴定申请。

被告认为，原告提供的公示照片真实性无法核实，无法证明原告的待证事实。原告提供的《员工手册》阅读签收存在日期涂改。据被告所知，原告公司2008年版的《员工手册》已经作废，并当场出示2011年1月1日发布的《员工手册》，并认为根据该版《员工手册》第一章第二节第二条第(二)项明确规定原《员工手册》作废。故被告认为这是伪证。

原告认为被告提供2011版的《员工手册》，证明被告对《员工手册》的内容知晓，该《员工手册》适用于双方劳动关系；且无论2008版的《员工手册》还是2011版的《员工手册》，关于解除劳动合同的规定均一致；原告解除与被告的劳动合同合法有据。

法院认为，被告提供的2011版《员工手册》与原告提供的2008版《员工手册》中均规定有相同内容，即：“不服从上级主管的工作安排或管理，工作怠慢及效率低下且经提醒拒不改正的”、“拒不接受公司依法或依劳动合同所作的岗位调整的”将被视为严重违纪，可适用《中华人民共和国劳动合同法》第三十九条第二款，予以解除合同的处分。现被告可以提供2011版《员工手册》，可知原告公司确有《员工手册》，被告持有《员工手册》并知悉内容。据此，原告认为被告已签收2008年《员工手册》，阅读签收记录中的日期系由被告本人涂改，并就此向法院提起司法鉴定申请，因原告认为应由鉴定确定的情节已非本案争议关键事实且与案件的处理没有直接利害关系，故法院对其司法鉴定申请不予准许。

综上，法院认为，原、被告就被告岗位调整一节已进行多次沟通，原告在被告岗位调整一事中已尽到用人单位应尽之诚信磋商义务；原告以《员工手册》的相关规定解除被告的劳动合同并无不当。原告要求不予支付被告违法解除劳动合同赔偿金的请求可予支持。

二、原告应否支付被告未签订劳动合同的二倍工资差额

原告认为，在被告的劳动合同到期后，原告已通过邮件向劳动合同即将到期的员工群发邮件，要求所涉员工尽快将签好的劳动合同交还公司人力资源部，故双方自 2012 年 5 月 22 日后未签订书面劳动合同的过错不在于原告而在于被告。为此，原告提供邮件打印件一份，该邮件打印件显示：续签合同通知仲某(zhongxxxx@1510.com.cn)、发件时间 2012 年 5 月 2 日(周三)9 时 36 分、收件人 duxxxx@1510.com.cn；tangxxxxxxx@1510.com.cn；wangxxxx……抄送人力资源部檀某，邮件内容：下列人员劳动合同已到期。新的劳动合同公司已盖完章，你们已领取，请及时签订完后交还公司人力资源部。下附表格，分别为行政部崔某某、营运部汤某某、物流部温某某、物流部舒某。另，原告说明称 1510.com.cn 是公司邮箱的后缀。

被告认为，邮件的真实性无法确认，该邮件未经公证，不符合证据的形式要件。

法院认为，被告提供的关于异动事项回复原告人力资源部的邮件中被告的邮箱地址均为：tangxxxxxxx@1510.com.cn、人力资源部檀某的邮箱地址均为：tanxxx@1510.com.cn，故原告称公司邮箱后缀为 1510.com.cn，应属事实，法院予以确认。原告提供的上述邮件打印件中被告的邮箱亦为 tangxxxxxxx@1510.com.cn，亦出现人力资源部檀某等字样，均可与被告提供的邮件对应。同时，本案审理过程中，原、被告双方均提供邮件作为证据，且均未公证，但该些邮件内容与其他证据均可对应，故被告以邮件未经公证为由要求不予采信的抗辩意见法院不予采纳。综上，法院对于原告提供的上述邮件打印件予以采信，根据该份邮件显示的内容可知，原告已于 2012 年 5 月 2 日通知被告等人尽快将公司盖好章且被告已领取的劳动合同签订完后交还公司人力资源部。据此，原告认为原、被告双方未签订书面劳动合同的过错在于被告的意见，法院予以采纳；原告要求不支付被告 2013 年 4 月 17 日至 2013 年 5 月 21 日期间未签订劳动合同二倍工资差额的请求，法院予以支持。

三、原告应否支付被告 2014 年 4 月工资

原告认为，原告在 2014 年 4 月 4 日向被告发出《解除劳动关系通知书》，原、被告劳动关系应在该日已结束。2014 年 3 月、4 月被告分别旷工 30 天、17 天。原告提供电子考勤机考勤记录、数据提取过程照片打印件予以证明。

被告认为，原告上述考勤记录未经公证，不予认可。原告实际是在 2014 年 4 月 6 日通过快递发出的《解除劳动关系通知书》，被告是在 2014 年 4 月 8 日收到，被告实际在原告处工作至 2014 年 4 月 8 日。另外，2014 年 4 月 5 日至 7 日是清明节假期，不是旷工。因此，被告主张的 2014 年 4 月工资应至 2014 年 4 月 8 日。

法院认为，原告虽然于 2014 年 4 月 4 日作出解除劳动关系的意思表示，但就该意思表示到达被告的时间未予举证证明。现被告确认于2014年4月8日方收到原告发出的《解除劳动关系通知书》,故法院认为原、被告劳动关系应自被告收到之日方可解除。2014年3月至4月,原、被告间就岗位调整多次进行沟通,原告并于2014年3月13日将被告日常工作电脑等予以变更,据此可认为系因原告原因导致被告在此期间无法正常提供劳动。现被告向原告主张2014年4月工资,原告应予支付。

关于支付标准。原告认为,被告每月工资并非被告提供的银行账户交易明细清单所显示的金额,且原告每月仅向被告发放一次工资,并非分两笔发放。原告向法院申请调查令,至中国银行上海市徐泾支行进行调查,并提供持令调查所得的2013年4月至2014年3月公司工资发放明细予以证明。其中2013年4月至2013年8月为3 711.94元/月、2013年9月至2014年2月为2 718.50元/月,2014年3月为2 552.99元。

被告对原告上述证据不予认可,认为应按仲裁及法院审理中被告提供的银行账户交易明细清单及工资条为准,原告有时一个月分两笔发放工资。被告出示2008年8月至2014年5月银行账户交易明细清单、工资条5份(三组)予以证明。其中,银行账户交易明细清单显示,2013年3月为3 732.80元、2013年4月至8月为3 711.94元/月、2013年9月至12月为每月1 000元和2 718.50元两笔进账、2014年1月至2月为每月1 700元和2 718.50元两笔进账、2014年3月为1 606.21元和2 552.99元两笔进账。工资条显示第一组为3 711.94元,第二组为1 000元、2 718.50元,第三组为1 700元、2 718.50元。

原告对于被告上述工资条,认为没有反映具体发放日期、制作公司,对真实性不予认可,不是原告公司制作;对银行账户交易明细清单无异议,但明细未明确体现出工资发放情况。

法院认为,被告提供银行账户交易明细清单显示的工资金额历时多年,工资金额前后一致、相差甚微,且与工资条的金额可以对应,法院予以采信。原告作为用人单位,对被告主张的工资金额不予认可,应提供公司发放工资的原始财务凭证予以证明。现原告持调查令调查所得的工资发放明细,与被告提供的每月单笔到账时的工资金额一致,与分两笔进账时的一笔工资金额相同,但较之被告自2008年至2013年8月期间的工资每月相差1 000余元,据此法院认为原告该份证据虽系持调查令所得,但与事实不符,亦无公司财务凭证予以佐证,故对其证明内容法院不予采信。综上,被告2013年4月至2014年3月期间的月平均工资应为3 869.16元,原告应依该标准支付被告2014年4月1日至8日的工资1 105.47元。

一审法院认为,当事人对自己提出的诉讼请求所依据的事实或者反驳对方诉讼请求所依据的事实有责任提供证据加以证明。没有证据或者证据不足以证明当事人的事实主张的,由负有举证责任的当事人承担不利后果。本案中,原告在被告岗位调整一事中已尽到用人单位应尽之诚信磋商义务,原告以《员工手册》的相关规定解除与被告的劳动合同并无不当,原告要求不予支付被告违法解除劳动合同赔偿金,法院予以支持。原、被告虽然自 2012 年 5 月 22 日后未再签订书面劳动合同,但根据原告提供的证据可知被告在 2012 年 5 月初已将盖好章的劳动合同交予被告,并要求被告签订好后尽快交回公司,据此,原告认为原、被告双方未签订书面劳动合同的过错在于被告的意见,法院予以采纳;原告要求不支付被告未签订劳动合同二倍工资差额的请求,法院亦予支持。原、被告间劳动关系于 2014 年 4 月 8 日解除,被告非因自身原因不能提供正常劳动,故原告应按 3 869.16 元/月的标准支付被告 2014 年 4 月 1 日至 8 日的工资 1 105.47 元。综上,一审法院依据《中华人民共和国劳动法》第五十条、《中华人民共和国劳动合同法》第三十九条之规定判决:一、原告智造公司应于本判决生效之日起十日内支付被告汤某某 2014 年 4 月 1 日至 8 日工资 1 105.47 元;二、原告智造公司要求不支付被告汤某某 2013 年 4 月 17 日至 5 月 21 日期间未签订劳动合同二倍工资差额 4 450.20 元的请求予以支持;三、原告智造公司要求不支付被告汤某某违法解除劳动关系赔偿金 49 400.40 元的请求予以支持。

一审判决后,被告汤某某不服提起上诉,二审法院经审理认为,一审认定事实清楚,判决并无不当。对于未签订书面劳动合同二倍工资差额的问题,智造公司提供的电子邮件虽未经公证,但与汤某某提供的电子邮件可以相互印证。一审法院认定公司已履行诚实磋商义务并无不可。二审审理中,智造公司表示愿意一次性支付汤某某 4 000 元,法院对此予以准许。故二审法院判决:一、维持一审判决;二、被上诉人智造公司应自本判决生效之日起十日内支付汤某某人民币 4 000 元。

点 评

本案为一起劳动合同纠纷案,争议焦点在于:1.原告用人单位因员工不同意岗位调动而解除劳动合同,如何认定用人单位调动岗位的合法性和合理性,以及是否已尽诚实磋商义务;2.对于相关争议证据如何审查、采信并据以作为定案依据。

对于前者,审理法院认为,用人单位可以根据本单位的生产经营情况和经济效益合理调动劳动者的工作岗位,且原告就相关岗位调整问题多次与被告进行充分协商并明确被告薪资待遇不变,可以认定原告在被告岗位调整一事中已尽到用人单位应尽之诚实磋商义务;在被告多次拒绝调岗的情况下,原告以《员工手册》的相关规定解除与被告的劳动合同并无不当。原告要求不予支付被告违法解除劳动合同赔偿金的请求予以支持。这一认定对于用人单位在调整员工工作岗位时是否合法、合理，判断是否尽到诚实磋商义务有参考意义。

对于后者，被告对于原告提出的证据存有异议。第一，原告用以证明解除合同依据而提供的《员工手册》阅读签收证据，被告认为其已经作废，并当场出示2011年1月1日发布的《员工手册》加以证明。法院认为，被告提供的2011版《员工手册》与原告提供的2008版《员工手册》中均规定有相同内容。虽然双方对各自提供的证据存有异议，但当事人双方提供的证据内容相互印证，已经足以证明被告知晓公司规则，为此法院作出没有必要再作司法鉴定的裁决。

第二，被告认为原告提供电子邮件证据需要公证，缺乏形式要件不能作为证据。对此法院认为，被告提供的关于异动事项回复原告人力资源部的邮件中被告的邮箱地址均为：tangxxxxxxx@1510.com.cn、人力资源部檀某的邮箱地址均为：tanxxx@1510.com.cn，故原告称公司邮箱后缀为1510.com.cn应属事实。同时，原告提供的上述邮件打印件中被告的邮箱亦为tangxxxxxxx@1510.com.cn，亦出现人力资源部檀某等字样，均可与被告提供的邮件对应一致，为此，法院予以确认。随着社会的技术进步，过去的纸质文件渐渐为电子数据文件所代替。本案审理法院以相互沟通形式一致，电子邮件地址一致，作出了采信的判断，有一定的参考意义。

案例提供单位：上海市青浦区人民法院

编写人：王冰如

点评人：段　匡

14. 上海家化联合股份有限公司诉王某劳动合同纠纷案

——高级管理人员与公司发生争议是否适用劳动法律法规

案 情

原告(上诉人)上海家化联合股份有限公司

被告(被上诉人)王某

1991年7月,王某入职上海家化联合股份有限公司(以下简称上海家化有限公司)担任市场部品牌经理一职。1997年4月,王某辞职。2004年1月1日,王某再次与上海家化有限公司建立劳动关系。当月21日,王某被聘任为副总经理。2012年12月18日,王某被聘任为总经理。2013年11月20日,上海家化有限公司因有违规关联交易行为,被监管部门责令整改。相关会计师事务所审计了上海家化有限公司2013年12月31日的财务内部控制报告后,于2014年3月11日出具了包含否定意见的《内部控制审计报告》。2014年5月12日,上海家化有限公司召开董事会,审议并通过关于解除王某总经理职务及提请股东大会解除被告董事职务的决议。5月13日,上海家化有限公司向王某送达《员工违纪处理通知书》,决定自2014年5月13日15时起辞退王某,王某将不再是上海家化有限公司员工,不再承担总经理职务,不享受公司任何相关权益。其后,王某申请仲裁,提出要求与上海家化有限公司恢复劳动关系等请求。仲裁审理后作出了要求上海家化有限公司与王某恢复劳动关系的裁决。

后原告上海家化有限公司提起诉讼,向法院诉称,上海家化有限公司解除与王某的劳动合同关系与法有据,不构成违法,不应承担责任,且恢复劳动关系在事实上已经不可能。故不同意仲裁裁决,要求法院判决:1.无需与王某恢复劳动关系;2.无需支付王某2014年6月1日至6月24日工资42 355.17元。

被告王某辩称,1991年7月大学毕业后即进入原告公司工作,担任市场部品牌经理,1997年被告辞职,2004年1月仍至原告公司工作。

被告王某认为,责令改正的决定所涉时间段为2008年4月至2013年7月,显然监管部门行政处罚决定中提及的内控缺陷均系历史遗留问题,而在这其中王某任总经理仅 7 个多月(2012 年 12 月 18 日至 2013 年 7 月)。退一步讲,即使王某有责任也不是主要责任。其次,公司的重大事项、经营活动等由董事会决定,王某作为总经理忠实执行董事会决策,并无决定权。根据上海家化有限公司 2004 年以来对王某的每年度考核等级优秀、良好即可证明王某在职期间忠实勤勉,尽最大努力维护上海家化有限公司的利益,没有严重违纪和失职的行为。甚至在 2014 年 3 月,上海家化有限公司五届十一次董事会还通过了《2013 年度总经理工作报告》、《2013 年度内部控制评价报告》(上海家化有限公司自评报告)、《公司股权激励股票符合解锁条件的议案》等,完全证明上海家化有限公司对王某总经理工作持充分认可的态度。故不同意上海家化有限公司所有诉请,要求维持仲裁裁决。

审 判

一审法院经审理后认为,第一,上海家化有限公司对于《内部控制审计报告》中指出的关联交易管理中缺少主动识别、获取及确认关联方信息的机制等三项重大缺陷是由王某个人严重失职、严重违纪造成,并无证据可予证明。第二,王某自 2012 年 12 月 18 日起担任总经理一职,而责令改正的决定认定关联交易所涉时间段为 2008 年 4 月至 2013 年 7 月,历时 5 年 3 个月,关联交易绝大部分又发生于 2012 年 12 月底前,王某任总经理所涉的时间段仅有 7 个月余,所以上海家化有限公司将会计师事务所出具包含否定意见的《内部控制审计报告》之责任完全归咎于王某一人失职,不尽合理。第三,《行政处罚事先告知书》查明上海家化有限公司 2008 年至 2012 年度关联交易信息未按规定披露属违法,而王某自 2012 年 12 月 18 日起才担任总经理,且此告知书并非已生效的行政处罚决定,无法成为证明王某存在违法行为的事实证据,对法院依法认定事实不具有拘束力。第四,上海家化有限公司即使认为王某不适合担任总经理职务,亦应遵照劳动法律的相关规定合理调整王某岗位。王某亦坚决表示愿意从事其他任何工作岗位,双方劳动合同并无不能继续履行之客观情形,故上海家化有限公司认为在董事会解除王某总经理职务后双方劳动关系即行结束的意见,于法无据。因此,一审法院认为上海家化有限公司不同意恢复劳动关系的理由不能成立,其应支付王某 2014 年 6 月 1 日至 6 月 24 日的工资。一审法院判决上海家化联合股份有限公司与王某恢复劳动关系,并支付王某 2014 年 6 月 1 日至 6 月 24 日的工资 42 355.17 元。

一审判决后,上诉人上海家化有限公司不服,提起上诉。

上海家化有限公司上诉称,王某作为总经理是公司内控小组的负责人,应当对此承担责任。且中国证券监督管理委员会上海监管局发出的《行政处罚决定书》亦认定王某是公司年度报告信息披露违法行为的其他直接责任人,并对其处以 3 万元罚款。公司认为其王某存在严重失职行为，在知道公司存在严重内控缺陷问题后，也未进行有效的处理和解决。同时，王某在其供职期间纵容包庇前董事长利用内部控制缺陷而私设小金库，不仅瞒而不报，甚至阻挠相关调查，严重违背了《公司章程》及《员工手册》规定的公司高级管理人员应尽的忠实勤勉义务，使公司遭受了声誉和财产上的双重损失。此外，董事会决议撤销王某的总经理职务后，其原岗位及薪酬已不复存在，双方间劳动合同存续的基础已丧失，且双方历经一年多的劳动争议仲裁和诉讼，已无互信的基础，公司也不存在其他可供王某从事的职位。故请求撤销一审法院判决，支持公司诉请。

王某辩称，其是上海家化有限公司的老员工，并非职业经理人。公司与其签有无固定期限劳动合同，对其作出解除劳动合同的决定就必须符合劳动法规定。王某认为其任职期间忠实勤勉，每年考核等级良好或优秀，公司业绩亦不断上升。公司有内控管理小组、内控管理办公室、审计室处理相关的内控工作，发生内控缺陷问题后，应由审计室、内控管理办公室的相关责任人以及分管领导承担责任。对行政处罚其已提出复议，但行政处罚决定中涉及的原公司财务总监、董事秘书、独立董事等高管都未被公司除名，未受到公司任何的处罚，也未被剥夺公司的股权。公司称其纵容包庇前董事长利用内部控制缺陷而私设小金库并阻挠相关调查并非事实。综上，请求驳回上诉，维持原判。

二审法院经审理后认为，我国目前尚未建立独立于劳动关系外的委任制职业经理人制度。对于建立劳动关系后董事会聘任的高级管理人员而言，董事会通过决议解除其职务应视为对其岗位的变更，并不必然导致劳动关系的解除。董事会决议是否有效应根据公司法的规定进行审查，公司基于劳动法享有的解雇权与其基于公司法享用的对高级管理人员的解聘权虽有牵连，但并不冲突。上海家化有限公司董事会决议撤销王某总经理职务后即与王某解除了劳动合同欠妥，综合王某的工作经历，工作能力和双方合同签订的情况及上海家化有限公司的实际状况，法院认为双方应继续履行劳动合同，但因王某已被撤销总经理职务，仲裁及诉讼期间王某工资支付标准按该公司 2014 年度职工月平均工资支付更符合公平合理原则。综上，二审法院依照《中华人民共和国民事诉讼法》第一百七十条第一款第(一)项之规定，判决维持一审法院民事判决主文第一项；撤销一审法院民事判决主文第二项；改判上海家化有限公司支付王某 2014 年 6 月 1 日至 6 月 24 日的工资人民币 10 520.77 元。

点 评

在当前我国经济加速转型，社会主义市场经济体制进一步确立的大背景下，公司治理制度、职业经理人制度作为市场经济活动中必不可少的两项基础制度，其不断完善是健全社会主义市场经济体制的重要内容。其中涉及公司高管、职业经理人的劳动合同关系，涉及公司法和劳动法两个部门法的有关规定，同时由于我国的职业经理人制度尚在起步阶段，存在一些法律方面的空白，亟待在司法实践中予以解释和弥补。

本案中，原告因不服劳动仲裁关于恢复被告与其劳动关系的仲裁结果，向法院提起诉讼。被告为原告上市公司高管，原告因不当行为被监管部门责令整改，原告认为上述问题出现在被告履职期间，被告对此存失职行为故通过董事会决议解除被告高管职务，同时以违纪为由解除与其的劳动关系。被告则要求恢复劳动关系，经仲裁、一审均获支持。本案争议焦点在于企业对其高管的人事决议能否适用劳动合同法，如何理解公司法和劳动合同法在高管劳动关系与职务变更中的效力问题。从我国当前法律体系来看，劳动合同法律体系中尚未就职业经理人制度作出独立安排，尽管企业可以根据公司法有关规定就高管人员职务安排作出决议，但并不与劳动合同法的相关规定相冲突。因此，一审、二审法院作出认定，认为原告董事会决议解除被告职务应视为对高级管理岗位的人事安排，不能据此直接解除相应人员的劳动关系。此点推论以及对相关法律的概括性理解比较到位，体现了审判人员深厚的法律理论功底。同时，对恢复劳动合同后能否安排相应职务，也没有作出机械的理解，而是依据原告方的状况作出了符合事实和法律的推论，体现了较高的裁判技巧。

本案在市场经济法治化程度不断提升的大背景下，对公司法和劳动法有所交叉的制度空白领域作出了合理填补，依据相应的法律原则和规则进行裁判，对此类案件具有较高的借鉴价值和导向意义，充分体现了法官的理论水平和裁判艺术。

案例提供单位：上海市第二中级人民法院

编写人：乔蓓华　周　嫣

点评人：席建林

15. 上海津照汽车零部件有限公司诉黄某等劳动合同纠纷案

——外包关系和劳务派遣关系竞合之认定

案情

原告(被上诉人)上海津照汽车零部件有限公司

被告(被上诉人)黄某

被告(上诉人)杭州恒兆劳务服务有限公司

2012年7月11日,原告上海津照汽车零部件有限公司(以下简称津照公司)与被告杭州恒兆劳务服务有限公司(以下简称恒兆公司)签订了一份《劳务外包合同》,约定:"原告津照公司将汽车零件加工的劳务外包给被告恒兆公司,期限自2012年7月11日至2013年7月10日,合同期满双方无异议的,合同自动顺延2年。原告津照公司每月根据被告恒兆公司提供的劳务服务情况进行统计,并按当月实际发生的费用总额按时足额支付给被告恒兆公司。劳务外包服务费包括以下项目:服务人员工资薪酬、劳务管理费、生产资料损耗费、基于本劳务外包所发生的其他费用、经双方确认的其他费用。被告恒兆公司安排的服务人员不少于10人,劳务服务过程中人员安排由被告恒兆公司负责。"原告津照公司与被告恒兆公司签订过一份《委托发放工资协议》,约定被告恒兆公司委托原告津照公司向劳务服务人员直接发放工资。

2012年7月2日,被告黄某进入原告津照公司从事操作工工作。当日,被告黄某和被告恒兆公司签订《劳动合同》,约定:"合同期限为2012年7月2日至2013年7月1日,试用期1个月。被告黄某同意根据被告恒兆公司与劳务合作单位签订的劳务外包合同之相关内容,接受被告恒兆公司安排至原告津照公司从事冲压岗位。被告黄某确认接受被告恒兆公司安排至劳务合作单位的行为,不属于劳务派遣关系。被告黄某应当接受劳务合作单位的管理指令,根据劳务合作单位要求,完成任务并接受考核。工作时间执行全日制工作制,实施每周四十小时工作制。每月工资1 450元,试用期工资1 450元。加班费、绩效奖金、与工作岗位相关的福利待遇由劳务合作单位根据有关规定承担。"2013年7月2日,被告黄某和被告恒兆公司续签了《劳动合同》,期限为2013年7月2日至2016年7月1日,每月工资1 620元,其他内容类似上一份劳动合同的约定。原告津照公司与被告恒兆公司业务合作期间,原告津照公司按照每人每月300元的标准向被告恒兆公司支付劳务管理费。被告恒兆公司为被告黄某购买过商业保险。被告黄某在职期间,一直接受原告津照公司的管理,遵守原告津照公司的工作时间,被告恒兆公司未曾派其工作人员对被告黄某实施过管理。

2013年5月4日,被告黄某在工作时右手中指不慎受伤。2013年5月6日,被告恒兆公司向原告津照公司出具《委托书》,大致内容:"我公司员工黄某在2013年5月4日发生工伤,右手不慎被机器压伤,因我公司管理人员都在杭州,无法正常办理工伤认定和工伤鉴定,现委托津照公司前去办理。"2013年7月25日,上海市奉贤区人力资源和社会保障局出具《工伤认定书》,认定被告黄某于2013年5月4日发生的事故为工伤。2013年11月12日,上海市奉贤区劳动能力鉴定委员会出具《鉴定结论书》,鉴定结论为被告黄某因工致残程度九级。被告黄某受伤后一直治疗至2013年10月25日。2013年10月26日,被告黄某回原告津照公司处上班。2013年11月26日,被告黄某以单位未缴纳社会保险、手指受伤、家中又有急事需要回家为由向原告津照公司书面提出辞职申请。原告津照公司于2013年11月27日准予原告辞职。被告黄某最后工作至2013年11月26日。被告黄某在2013年5月4日发生工伤事故时,被告恒兆公司具有劳务派遣资质。原告津照公司和被告恒兆公司均未为被告黄某缴纳过社会保险费。

2014年1月13日,黄某向上海市奉贤区劳动人事争议仲裁委员会申请仲裁,要求津照公司:一、支付一次性伤残补助金36 094.86元;二、支付一次性工伤医疗补助金28 152元;三、支付一次性伤残就业补助金28 152元;四、支付2013年5月4日至2013年10月22日停工留薪期工资差额14 610元。2014年3月3日,上海市奉贤区劳动人事争议仲裁委员会作出奉劳人仲(2014)办字第152号裁决:一、津照公司于裁决书生效之日起五日内一次性支付被告黄某一次性伤残补助金31 168元;二、津照公司于裁决书生效之日起五日内一次性支付被告黄某一次性工伤医疗补助金11 260.80元;三、津照公司于裁决书生效之日起五日内一次性支付被告黄某一次性伤残就业补助金11 260.80元;四、津照公司于裁决书生效之日起五日内一次性支付被告黄某2013年5月4日至2013年10月22日停工留薪期工资差额8 694元。津照公司、黄某均不服仲裁裁决,先后向法院提起诉讼。法院受理后,列先起诉方津照公司为原告,后起诉方黄某为被告,予以合并审理。后法院依法追加恒兆公司为被告。

原告津照公司诉称,原告与被告恒兆公司于2012年7月11日签订了一份《劳务外包合同》,约定原告将汽车零件加工的劳务外包给被告恒兆公司,原告每月按时足额向被告恒兆公司支付劳务外包服务费。2012年7月2日，被告黄某与被告恒兆公司签订了一份《劳动合同》，约定被告黄某在原告发包的劳务工作中提供劳动。2013年5月4日，被告黄某在工作中受伤。被告恒兆公司因管理人员都在杭州，无法为被告黄某正常办理工伤认定和劳动能力鉴定，故书面委托原告代为办理。当时原告与被告恒兆公司口头约定，被告黄某的工伤保险待遇由原告先行代付，待被告黄某的商业保险理赔到位后再返还原告。原告与被告恒兆公司签订的《劳务外包合同》还约定，原告支付给被告恒兆公司的劳务管理费是包含保险费的，故与被告黄某有劳动关系的被告恒兆公司应当为被告黄某缴纳社会保险费。本案中，被告黄某工伤保险待遇无法理赔的责任应当由被告恒兆公司承担。原告不服仲裁裁决，故诉至法院，请求判令：一、原告无需向被告黄某支付一次性伤残补助金人民币31 168元(以下币种同)；二、原告无需向被告黄某支付一次性工伤医疗补助金11 260.80元；三、原告无需向被告黄某支付一次性伤残就业补助金11 260.80元；四、原告无需向被告黄某支付2013年5月4日至2013年10月22日停工留薪期工资差额8 694元。

被告黄某辩称，原告和被告恒兆公司签订了《劳务外包合同》，名义上虽是劳务外包合同，实际是劳务派遣合同，被告恒兆公司是用人单位，原告是用工单位。根据相关法律规定，劳务派遣只适用辅助性、暂时性和临时性的工作，不适用于被告黄某的工作，该《劳务外包合同》无效。根据《上海市工伤保险实施办法》的规定，被告黄某依照《中华人民共和国劳动合同法》第三十八条规定提出解除劳动合同的，一次性工伤医疗补助金和一次性伤残就业补助金不应扣减。被告黄某不服仲裁裁决，故诉至法院，请求判令：一、被告恒兆公司和原告津照公司连带支付被告黄某一次性伤残补助金36 094.86元；二、被告恒兆公司和原告津照公司连带支付被告黄某一次性工伤医疗补助金28 152元；三、被告恒兆公司和原告津照公司连带支付被告黄某一次性伤残就业补助金28 152元；四、被告恒兆公司和原告津照公司连带支付被告黄某停工留薪期工资(未付部分)14 610元。

庭审中，黄某将第一项诉讼请求变更为被告恒兆公司和原告津照公司连带支付被告黄某一次性伤残补助金31 168元；将第四项诉讼请求变更为被告恒兆公司和原告津照公司连带支付被告黄某2013年5月4日至2013年10月22日停工留薪期工资差额8 694元。

被告恒兆公司辩称，被告恒兆公司与原告不是劳务外包关系，被告恒兆公司与被告黄某也不是劳动关系。被告恒兆公司与原告是委托关系，原告委托被告恒兆公司为其员工投保商业保险。被告恒兆公司是基于与原告的协议，为被告黄某投保商业保险。被告黄某的招聘、劳动合同签订、日常管理、请假及辞职都由原告负责，原告支付给被告恒兆公司的劳务管理费就是商业保险费，被告恒兆公司用原告支付的劳务管理费为原告处员工缴纳商业保险费，另《工伤认定书》和《鉴定结论书》上的用人单位是原告，所以原告和被告黄某存在劳动关系。因此，被告黄某主张的工伤保险待遇应当由原告承担。

审 判

一审法院经审理后认为，职工因工作原因受到事故伤害或者患职业病，且经工伤认定的，享受工伤保险待遇。被告恒兆公司作为用人单位未依法为被告黄某缴纳社会保险费，致使被告黄某发生工伤后无法从社会保险基金中获得理赔，被告恒兆公司和原告津照公司应当连带承担相应的替代支付责任。关于被告恒兆公司辩称被告黄某只能就商业保险和社会保险择一主张的意见，法院认为，用人单位为劳动者缴纳社会保险费是其法定义务，用人单位为劳动者购买商业保险不能替代其应缴纳的社会保险费。被告恒兆公司的该辩称意见，于法无据，法院不予采纳。

关于被告黄某主张的一次性伤残补助金 31 168 元，被告恒兆公司和原告津照公司均表示，对该金额无异议，但不应由自己承担。法院认为，基于被告恒兆公司和原告津照公司对该金额无异议，法院予以确认，依法应当由被告恒兆公司和原告津照公司连带承担。

关于被告黄某主张的一次性工伤医疗补助金 28 152 元和一次性伤残就业补助金 28 152 元，根据《上海市工伤保险实施办法》第四十一条的相关规定，工伤人员依照《中华人民共和国劳动合同法》第三十八条规定提出解除劳动合同的，一次性工伤医疗补助金和一次性伤残就业补助金不扣减。经核算，被告黄某主张的一次性工伤医疗补助金和一次性伤残就业补助金金额正确，法院予以确认。

关于被告黄某主张的 2013 年 5 月 4 日至 2013 年 10 月 22 日停工留薪期工资差额 8 694 元，被告恒兆公司和原告津照公司亦均表示，对该金额无异议，但不应由自己承担。法院认为，基于被告恒兆公司和原告津照公司对该金额无异议，法院予以确认，依法应当由被告恒兆公司和原告津照公司连带承担。

据此，一审法院依照《中华人民共和国劳动法》第七十三条第一款第（三）项、第三款，《中华人民共和国社会保险法》第四十一条第一款，《中华人民共和国劳动合同法》第九十二条第二款，《工伤保险条例》第三十三条第一款、第二款，第三十七条，《中华人民共和国民事诉讼法》第六十四条第一款的规定，判决：一、恒兆公司于判决生效之日起十日内支付黄某一次性伤残补助金人民币 31 168 元；二、恒兆公司于判决生效之日起十日内支付黄某一次性工伤医疗补助金人民币 28 152 元；三、恒兆公司于判决生效之日起十日内支付黄某一次性伤残就业补助金人民币 28 152 元；四、恒兆公司于判决生效之日起十日内支付黄某 2013 年 5 月 4 日至

2013年10月22日停工留薪期工资差额人民币8 694元;五、津照公司对上述四项判决中恒兆公司应当清偿的款项承担连带责任。

一审判决后,恒兆公司不服提出上诉。二审法院经审理后认为,一审判决事实认定清楚,法律适用正确,判决驳回上诉、维持原判。

点 评

劳务派遣是近年来用人单位的用工热点,其所引发的纠纷也呈现逐年递增的趋势。实践中存在用人单位将与劳务公司签订的劳务派遣协议替换为劳务外包协议,转移用工风险,规避法律责任的情况。本案系一起因工伤事故引发的纠纷,主要争议焦点在于确认三方是劳务派遣关系,还是劳动合同关系。

该案的审理难点在于,两方公司既签署《劳动外包合同》,又分别与劳动者签订《劳动合同》,此时需要法官通过对合同主要条款、合同签订的目的等解读,从而对劳动关系的实质进行判断。

本案审理中,法院对三方的合同实际履行情况进行了分析,如两公司是按照每人每月的标准支付劳务管理费而非按照总量进行打包;又如被告公司并非直接指挥、监督和管理劳动者而是由原告公司对其直接实施管理;在工资发放方面,被告公司也是委托原告公司代为发放工资。加之在签署《劳务外包合同》时,被告公司具有劳务派遣资质,且原告公司和劳动者陈述该《劳动合同》系原告公司为劳动者办理工伤认定申请而临时签订的辩解意见更具有合理性。因此法官综合上述因素判断三方为劳务派遣关系。

该案判决有利于规范用人市场"名为外包,实为派遣"的现象,并提醒广大用人单位应依法为劳动者缴纳工伤保险。

案例提供单位:上海市奉贤区人民法院

编写人:毛振亚

点评人:席建林

16. 李某某诉上海通用富士冷机有限公司等提供劳务者受害责任纠纷案

——学生在实习中受伤的赔偿归责和赔偿标准

案 情

原告(上诉人)李某某

被告(被上诉人)上海通用富士冷机有限公司

被告(被上诉人)上海工商信息学校

原告李某某系四川省平昌县农业家庭户口,也是被告上海工商信息学校(以下简称工商学校)2011级模具专业学生。2013年7月8日,李某某、工商学校、被告上海通用富士冷机有限公司(以下简称通用富士公司)三方签订《学生实习协议书》,约定李某某到通用富士公司实习,期限一年;实习期间,通用富士公司支付李某某的实习津贴按国家规定的每周不超过40小时计每月人民币1 800—2 000元,超过规定时间的加班及因工作需要安排的中班、夜班和特殊岗位与通用富士公司职工同等待遇;通用富士公司在安排实习生上岗前应先对实习生进行企业文化、岗位要求、专业技能、操作规范、安全生产、劳动纪律等方面的培训教育,安排到相应的部门和岗位从事与国家劳动保护法规相符合的对人身无危害、对青少年身心健康无影响的工作,并指派带教师傅对实习生进行指导评价;对易发生意外工伤的实习岗位,通用富士公司在实习生上岗前除了加强安全生产教育外,还应提供应有的劳动保护措施;等等。

2013年11月2日上午11时许,李某某在通用富士公司处加班操作数控折边机,在更换模具时不慎踩到开关,致使机器截断其右手第2—5指。李某某随即被送至医院手术治疗、住院,出院后多次门诊。其间,通用富士公司向李某某垫付了医疗费等费用78 738.51元。

因赔偿事宜各方无法协商一致,李某某诉至法院,诉称除通用富士公司已垫付费用外,通用富士公司、工商学校还应共同赔偿原告各类损失合计226 144元。

通用富士公司辩称,原告诉请的赔偿金额过高,原告受伤的直接原因是原告操作失误,在更换模具时没有切断电源,原告自身存在过错。原告是农村户口,应按农村户口标准计算残疾赔偿金。希望法院据实计算损失金额,并按过错责任分担损失。

被告工商学校辩称,原告在实习期间由通用富士公司管理使用,工商学校对事故发生没有过错,但接受法院依法裁判。

审理中经司法鉴定,李某某右手部受伤相当于道路交通事故九级伤残,并对休息日、护理日、营养日等给出相关意见。

另在审理中,李某某称,实习前工商学校对李某某作过安全教育培训,上岗前通用富士公司也对李某某作过岗前培训,工作时发放了劳动保护手套,其自2013年8月起开始操作折边机。事发前一晚是周五,李某某上晚班,因通用富士公司规定周六需要加班,李某某选择连着上周六的早班,但原先带教的师傅不加班,于是李某某自己操作折边机,现场有其他班长在,可以指导原告。模具本来应该由班长来换,因李某某上卫生间后急着回来换模具继续工作,就想自己换模具再找其他班长帮忙换模式,结果在更换模具的过程中误踩了开关,模具上抬将李某某的手指夹断。平时师傅要换工作模式会切断电源调整模式再换模具,李某某认为自己尚不能独立操作机器。通用富士公司称李某某受伤时可以独自操作简单的工序,且其他班长在场也与其师傅在场一样进行指导。

审 判

一审法院经审理后认为,通用富士公司作为实习单位,是实习生劳动工具的提供者和工作内容的指挥者,对实习生负有日常管理、保护之责,应尽到必要的安全保障义务。由于通用富士公司提供的工作设备有一定危险性,要求李某某在实习期操作机器却未安排带教师傅在旁指导,对李某某受伤存在过错。李某某作为具有完全民事行为能力的成年人,又经过相关专业知识的学习及实习培训,对操作设备的危险性应具有一定的认知。李某某作为实习生在从事实习劳动时亦应保持必要的谨慎,但李某某在无带教人员陪同指导的情况下自行更换模具,又未遵循正确的操作规程,未尽审慎注意义务,对损害后果的发生也负有一定的过错。现有证据不足以证明工商学校在本起事故中有过错,故对于李某某要求工商学校承担赔偿责任的诉讼请求,难以支持。一审法院确认通用富士公司对李某某本次受伤造成的经济损失承担80%的责任,李某某自负20%的责任。

一审法院计算了李某某的医疗费(扣除少儿学生医疗保障支付)、住院伙食补助费、护理费、精神损害抚慰金、营养费、误工费、残疾赔偿金、交通费、鉴定费、日用品费、家属住宿费等合计180 335.51元,通用富士公司应赔偿80%计144 268.41元,另通用富士公司愿意承担原告律师费5 000元,通用富士公司合计应支付原告

149 268.41 元。扣除通用富士公司已垫付的 78 738.51 元，通用富士公司还应赔偿李某某余款 70 529.90 元。其中对于残疾赔偿金，一审法院认为李某某系农业户口，其未提供证据证明其住在城镇地区并以城镇收入为主要生活来源且满一年以上，故应依照上海市农村人口收入标准计算为 76 832 元。据此，一审法院判决：通用富士公司赔偿李某某因本次受伤的损失 70 529.90 元；二、驳回李某某其余诉讼请求。

一审判决后，李某某不服，提起上诉称，其作为实习生，受到工商学校和通用富士公司的双重管理，通用富士公司安排李某某连续加班且没有带教师傅在场，工商学校与通用富士公司对李某某受伤均负有责任。一审法院认为李某某自身有过错而要求其承担 20%责任不合理。李某某系工商学校在校学生，该校位于上海市青浦区内，故李某某的残疾赔偿金应适用上海市城镇居民标准。故请求二审撤销一审判决，依法改判支持其一审诉请。

二审法院经审理后认为，本案中李某某作为中等职业学校在校学生，其通过与工商学校、通用富士公司签订《学生实习协议书》后到通用富士公司实习，该法律关系的三方当事人除受该协议约定约束外，还应受到中等职业学校学生实习相关法律法规的约束。《中等职业学校学生实习管理办法》、《教育部办公厅关于应对企业技工荒进一步做好中等职业学校学生实习工作的通知》均有规定，学校及相关企业“不得安排学生每天顶岗实习超过 8 小时；不得安排学生加班”。然而本案中，依据三方当事人庭审陈述，事发当日李某某确实系周六加班，且带教师傅未陪同加班。对于李某某在此次加班过程中因操作危险工作设备所受之伤害，各方承担责任如下：

首先，通用富士公司系李某某实习期间的直接管理人，对李某某如何从事实习工作能够支配和安排，并能够对工作过程实施监督和管理。李某某虽为实习生但其所从事的劳动客观上系为通用富士公司创造经济利益，李某某仍然享有劳动保护的权利。李某某此次受伤的危险来源属于其所从事之劳动的正常风险范围内。因此，综合考量通用富士公司与李某某之间支配与被支配的地位、劳动所创造经济利益的归属、通用富士公司应当承担的劳动保护以及劳动风险控制与防范的职责和义务，通用富士公司应当对本案李某某所受之损害承担主要赔偿责任。

其次，工商学校作为李某某实习期间的间接管理人，虽无法直接支配李某某的工作，但其作为职业教育机构应当清楚学生参与实习工作的内容及可能的危险性，可以通过对学生的安全教育以及与企业沟通协商，控制和防范风险。然而，工商学校在清楚实习单位不得安排实习生加班规定的情况下，本可以通过加强对学生的安全教育以及与企业明确约定等方式予以防范，实际上却放任实习生加班情形的存在，因此，工商学校未尽到其职责。考虑到工商学校无法直接支配李某某在通用富士公司的具体工作，故工商学校应当对李某某所受损害承担次要责任。

最后，李某某作为实习生，技能尚处于学习阶段，劳动报酬也区别于通用富士公司正常员工，因此对李某某在劳动过程中的谨慎注意义务不能过于苛求。李某某事发当日在没有带教老师陪同加班的情况下所出现的操作不当尚不足以构成重大过失，相较于通用富士公司、工商学校对风险防范所应承担的义务，李某某的一般过失不能减轻通用富士公司及工商学校所应承担的赔偿责任。故一审判令通用富士公司对李某某的损害后果承担80%的赔偿责任，并无不当；但剩余20%的赔偿责任应由工商学校承担，一审判令李某某自负一定责任存有不当，应予改判。

关于残疾赔偿金，根据《上海市中小学校学生伤害事故处理条例》第二十条的规定，“残疾赔偿金，根据受伤害学生的伤残等级，按照本市上一年度城镇居民人均可支配收入标准，自定残之日起按二十年计算。”本案中，事发时李某某系中等职业学校在册学生，应以上海市城镇居民人均可支配收入计算其残疾赔偿金为175 404元，李某某的经济损失总额应为283 907.51元。一审法院适用上海市农村居民标准存有不当，二审法院一并予以纠正。据此，二审法院依照《中华人民共和国民事诉讼法》第一百七十条第一款第（二）项、《中华人民共和国侵权责任法》第六条第一款、第十二条、第十五条第一款第（六）项、第十六条、第二十二条、《上海市中小学校学生伤害事故处理条例》第二十条第三款之规定，判决：一、撤销一审判决；二、通用富士公司赔偿李某某因本次受伤造成的损失148 387.50元；三、工商学校赔偿李某某因本次受伤造成的损失56 781.50元。

点 评

本案系一起上海中等职业学校就读的外地户籍学生在实习工作中受伤引发的赔偿纠纷。本案涉及归责原则的适用、学校对用人单位的督促义务以及残疾赔偿金标准等问题，是提供劳务者受害责任纠纷中的典型案例。本案处理思路清晰，条理明确，具有一定的参考价值。

本案的第一个争议焦点是：实习劳动期间发生事故致实习生人身损害，应适用怎样的归责原则，该问题是本案的主要争议焦点。我们认为，实习生在实习劳动期间发生人身损害的，应以雇主对雇员在雇佣活动中受伤害的无过错责任为基础，实习生在实习单位工作中因其自身一般性过错致受伤的，不能减轻实习单位的赔偿责任，实习生不因其一般性过错而自担部分责任。这一思路体现了双方的雇佣关系基础，并结合实习生与用人单位劳务关系特点，起到了规范用人单位与实习生间雇佣关系的积极作用。

本案的第二个争议焦点在于，学校在学生实习期间对用人单位安全防范和权益保障的督促义务如何判断。实习过程中，尤其当实习生从事的工作内容具有一定危险性时，学校不仅要对学生做好安全教育和专业技术教授工作，还要积极与实习单位做好协调工作。《中等职业学校学生实习管理办法》、《教育部办公厅关于应对企业技工荒进一步做好中等职业学校学生实习工作的通知》对学生参加实习工作时间都有规定。这些规范性文件虽不宜作为法院裁判的直接法律依据，但可以作为法院评判学校是否有过错的依据。学校对实习单位未尽到应有的督促义务的，应根据其过错程度对实习生所受到的人身伤害承担相应责任。

本案的第三个争议焦点为在上海市就读的外地农村户籍学生的残疾赔偿金标准。当前，外来务工人员有大量随迁子女在父母打工所在的城市读书，对这些青少年伤害事故的相关赔偿标准的适用意义重大。二审法院依据《上海市中小学校学生伤害事故处理条例》规定，认定因教育教学活动发生伤害事故致残的，均按照上海市城镇居民可支配收入标准计算残疾赔偿金。该计算标准的认定符合上海相关地方性条例规定，也保障了该类人员的合法权益。

案例提供单位：上海市第二中级人民法院

编写人：熊　燕

点评人：席建林

17. 唐某诉李某某等民间借贷纠纷案

——P2P 网络借贷平台的法律属性及责任认定

案 情

原告唐某

被告李某某

被告上海拍拍贷金融信息服务有限公司

拍拍贷网站(www.ppdai.com)是被告上海拍拍贷金融信息服务有限公司(以下简称拍拍贷公司)运营的网络借贷平台,原告唐某、被告李某某均为其注册用户。2012 年 12 月 31 日,被告李某某通过平台发布"慧聪优质商家信用贷潍坊 XXXXXX 宾馆经营借款",金额 10 万元,年利率 20%,期限 12 个月的借款需求。原告唐某通过网上投标向被告李某某出借 8 000 元。被告李某某的 10 万元借款由众多网上出借人投标满额后,由拍拍贷公司对借款人即被告李某某提供的材料进行审核评估、收取平台服务费用、并将出借人的借款转入被告李某某的银行账户。2013 年 1 月 1 日,被告李某某与包括原告在内的众多出借人在平台上达成编号为 243816 的电子借款协议,并言明该协议是使用了拍拍贷网站的居间服务,根据拍拍贷网站的《服务协议》、《出借人协议》、《借款人协议》自愿达成并签订的。上述借款协议明确,原告唐某与被告李某某的借款金额为 8 000 元,借款期限 12 个月,年利率 20%,分 12 期还清,每期还款额(含本金、利息)均为 741.07 元,月截止还款日为每月 1 日,若逾期未还款,则借款人应向出借人支付逾期利息,逾期利率为银行同期贷款利率的四倍。截至 2014 年 2 月 28 日,被告李某某归还 2013 年 2 月 1 日、2013 年 3 月 1 日到期的两期债务共计 1 482.14 元,未归还的十期借款情况为:2013 年 4 月 1 日应还本金 628.17 元、利息 112.90 元,逾期利息 418.51 元;2013 年 5 月 1 日应还本金 638.64 元、利息 102.43 元,逾期利息 387.11 元;2013 年 6 月 1 日应还本金 649.28 元、利息 91.79 元,逾期利息 353.38 元;2013 年 7 月 1 日应还本金 660.10 元、利息 80.97 元,逾期利息 319.63 元;2013 年 8 月 1 日应还本金 671.11 元、利息 69.96 元,逾期利息 283.24 元;2013 年 9 月 1 日应还本金 682.29 元、利息 58.78 元,逾期利息 245.66 元;2013 年 10 月 1 日应还本金 693.66 元、利息 47.41 元,逾期利息 208.20 元;2013 年 11 月 1 日应还本金 705.22 元、利息 35.85 元,逾期利息 167.93 元;2013 年 12 月 1 日应还本金 716.98 元、利息 24.09 元,逾期利息 127.66 元;2014 年 1 月 1 日应还本金 728.94 元、利息 12.13 元,逾期利息84.58 元,上述十期借款涉及本金共计 6 774.39 元、利息共计 636.31 元、逾期利息 2 595.90 元。

原告唐某诉称,因被告李某某经营的宾馆未进行 2012 年度工商年检,且已于 2012 年 12 月 31 日终止经营,被告拍拍贷公司未尽职审核,且在出借投标时不直接向出借人提供借款人的材料,造成原告进行错误的借出选择。现原告起诉要求:1.被告李某某归还原告借款本金 6 774.39 元、利息 636.31 元、逾期利息 2 595.90 元(以每期应还款为本金自每期应还款日计算至 2014 年 2 月 28 日按照中国人民银行同期同类贷款利率的四倍计算),共计 10 006.60 元;2.被告拍拍贷公司承担连带还款责任。

被告李某某未作答辩。

被告拍拍贷公司辩称,1.关于借款事实,原告陈述的其与被告李某某之间的借款协议属实,被告李某某确实是仅归还了两期本息到被告拍拍贷公司处,被告拍拍贷公司已按照出借人的借款比例分配还款。2.关于审核信息,被告拍拍贷公司的审核是通过借款人上传的书面材料包括照片等进行书面审核,并要求借款人提供电话和视频进行验证。原告与被告拍拍贷公司的合同上没有注明被告拍拍贷公司有审核义务,但是被告拍拍贷公司为出借人考虑,也会审核借款人的资信、家庭关系以及其他资产状况,但这种审核并不是被告拍拍贷公司的义务。3.关于还款责任。被告拍拍贷公司在协议中均提到对借贷双方的债务不承担担保责任。原告确实向被告拍拍贷公司反映了被告李某某归还了两期还款后再无归还的情况,被告拍拍贷公司不是借款协议的当事人,故不向任何人主张归还借款,被告拍拍贷公司是为借款人提供了借款机会。此外,被告李某某的借款有很多出借人,大多数人都是出借了几百元,因为年利率是 20%,所以风险也较大。被告拍拍贷公司作为平台的提供方,并不是借贷关系的当事人,也不承担保证义务,故原告要求被告拍拍贷公司承担连带还款责任无事实和法律依据。被告拍拍贷公司在提供服务中,也没有过错,故也不应当承担赔偿责任。

审理中,原告唐某与被告拍拍贷公司就本案所涉借款的具体操作细节确认如下:借款人即被告李某某在平台上填写信息、发布借款需求,出借人即原告在平台上进行出借操作,如填写出借金额等,形成出借意向。原告在平台上借出 8 000 元时,只知道有借款需求,并不知晓实际借款人姓名为李某某。被告李某某总的 10 万元借款由众多网上出借人投标满额后,由拍拍贷公司对被告李某某提供的营业执照、户籍资料等材料进行审核,并作为居间人提供网上借款协议,在收取平台服务费用后,将借款转入被告李某某的账户。被告李某某向原告还款后,由被告拍拍贷公司将还款划到原告在平台上的个人账户内，之后原告还可以向被告拍拍贷公司申请将钱款划到原告的银行账户内。被告拍拍贷公司作为平台提供方，按照一定比例向借款人收取服务费。在借款人发生违约情况时，被告拍拍贷向出借人披露违约方的真实姓名以及其他资料。

审判

一审法院经审理后认为，原告与被告李某某之间的民间借贷合同关系有网上借款协议为证，该民间借贷合同关系明确、合法，应受法律保护。本案的争议焦点主要在于被告拍拍贷公司是不是该笔借款的还款主体。依据借款协议及原告及被告拍拍贷公司在庭审中的陈述，被告拍拍贷公司在本起借款关系中主要行为是提供平台、审核信息，其地位应为居间人，而非借款方或保证人，原告关于被告拍拍贷公司应承担连带还款责任的请求无依据，法院不予支持。依据《借出人注册协议》，原告在借出钱款时，对不能知晓借款人的真实姓名和地址的情况应属明知，相应风险由其自行负担。剩余借款本金共计6 774.39元、利息共计636.31元，应由被告李某某予以偿付。关于逾期利息，原告所主张的每期债务的相应逾期利息，加上借期内的利息，已超出法律规定，相应利息由法院依法予以调整。被告李某某不到庭应诉的行为，既是放弃了对原告所主张之事实和证据进行辩驳的权利，也是对自己不负责任的表现，由此所产生的法律后果，应由其自行承担。综上，一审法院依照《中华人民共和国合同法》第一百九十六条、第二百零六条、第二百零七条、《中华人民共和国民事诉讼法》第一百四十四条的规定，判决：一、被告李某某应于本判决生效之日起十日内归还原告唐某借款本金6 774.39元；二、被告李某某应于本判决生效之日起十日内支付原告唐某以借款628.17元为基数自2013年4月1日起至2014年2月28日止按中国人民银行同类贷款利率四倍计算的利息；三、被告李某某应于本判决生效之日起十日内支付原告唐某以借款638.64元为基数自2013年5月1日起至2014年2月28日止按中国人民银行同类贷款利率四倍计算的利息；四、被告李某某应于本判决生效之日起十日内支付原告唐某以借款649.28元为基数自2013年6月1日起至2014年2月28日止按中国人民银行同类贷款利率四倍计算的利息；五、被告李某某应于本判决生效之日起十日内支付原告唐某以借款660.10元为基数自2013年7月1日起至2014年2月28日止按中国人民银行同类贷款利率四倍计算的利息；六、被告李某某应于本判决生效之日起十日内支付原告唐某以借款671.11元为基数自2013年8月1日起至2014年2月28日止按中国人民银行同类贷款利率四倍计算的利息；七、被告李某某应于本判决生效之日起十日内支付原告唐某以借款682.29元为基数自2013年9月1日起至2014年2月28日止按中国人民银行同类贷款利率四倍计算的利息；八、被告李某某应于本判决生效之日起十日内支付原告唐某以借款693.66元为基数自2013年10月1日起至2014年2月28日止按中国人民银行同类贷款利率四倍计算的利息;九、被告李某某应于本判决生效之日起十日内支付原告唐某以借款705.22元为基数自2013年11月1日起至2014年2月28日止按中国人民银行同类贷款利率四倍计算的利息;十、被告李某某应于本判决生效之日起十日内支付原告唐某以借款716.98元为基数自2013年12月1日起至2014年2月28日止按中国人民银行同类贷款利率四倍计算的利息;十一、被告李某某应于本判决生效之日起十日内支付原告唐某以借款728.94元为基数自2014年1月1日起至2014年2月28日止按中国人民银行同类贷款利率四倍计算的利息;十二、驳回原告唐某的其余诉讼请求。

一审判决后,原、被告均未提起上诉,判决已生效。

点 评

本案系一起P2P网络借贷纠纷,借贷双方通过"拍拍贷"网络平台达成借贷合意并交付借款,后出借人逾期未收到还款,起诉网络借贷平台和借款人要求连带归还借款本金及利息。本案的争议焦点主要在于被告拍拍贷公司是否为系争借款的还款主体。审理该案的法院认为,依据借款协议及原告和被告拍拍贷公司在庭审中的陈述,被告拍拍贷公司在本起借款关系中的主要行为是提供平台、审核信息,其地位应为居间人,而非借款方或保证人,判决原告关于被告拍拍贷公司应承担连带还款责任的请求没有依据不予支持。

本案判决当初尚无针对性的法律法规和行业规范,且网络主体具有分散性、陌生性等特点,加大了对本案的审理难度。但审理法院依据《中华人民共和国合同法》的相应规定作出了判决,基本上与嗣后2015年7月18日中国人民银行等十部委发布《关于促进互联网金融健康发展的指导意见》(以下简称《指导意见》)是一致的。该《指导意见》确认了P2P网络借贷的性质,明确该类借贷行为属于民间借贷,个体网络借贷机构定位是信息中介的金融服务,不是信用中介,由《中华人民共和国合同法》、《中华人民共和国民法通则》等法律法规以及最高人民法院相关司法解释加以规范。

案例提供单位:上海市浦东新区人民法院
编写人:杨　柳
点评人:段　匡

18. 刘某某诉上海市民办协和双语尚音学校责任纠纷案

——关于受教育权的民事可诉性及相关法律问题

案 情

原告(上诉人)刘某某

被告(被上诉人)上海市民办协和双语尚音学校

原告刘某某自 2013 年 9 月起进入被告上海市民办协和双语尚音学校(以下简称协和尚音学校)某班就读。

2014 年 4 月 18 日起,原告法定代理人因原告语文期中考试成绩下降,而在原告班级家长微信群中与其他家长发生争执。

2014 年 4 月 24 日,该班共计 15 名家长向被告提交请假条,其中 13 份请假条的主要内容均为:因该班刘某某家长对该班孩子及家长进行公然威胁与恐吓,故为孩子人身安全考虑而向学校请假一周。其中倪某某家长请假条中载明刘某某家长在 4 月 23 日放学后对其及其孩子进行恶意跟踪。

2014 年 4 月 25 日,该班部分家委会成员进入教室协助进行学生安全保障工作。此外,被告召开行政会议并就该事件决议如下:1.刘某某家长对其他家长和学生进行人身攻击,劝其离开学校,并对学校老师、学生进行书面、当面道歉;2.建议刘某某同学回原户籍所在地就学,本学期后学校将按照学籍管理规定不再为其保留本校学籍;3.学校将拟告知书,送达家长(当面送达、挂号信)告知学校决议。当日,被告将上述决议当面口头告知了原告法定代理人。

2014 年 4 月 28 日,被告安排一位心理老师替代家委会成员在教室内协助学生进行安全保障工作,直至该学期结束。当日,原告法定代理人在学校门口散发传单,该传单主要内容如下:左上角的照片中,李某某的妈妈说道"请为这张终身龅牙包子脸点赞",这是一位就职于幼儿学前教育机构的家长对自己儿子同学的恶语攻击;由于无法得知究竟是李某某之父还是李某某之母所说言论,所以将这对父母的照片一起公布,希望他们好自为之,也提醒那些参加××学校幼儿学前教育的家长们提高警惕;我留下自己的电话号码,欢迎大家拨打,也请大家为这样虚伪可耻的父母点赞。

2014年4月29日，该班家长陆某至上海市公安局闵行分局莘光派出所报警，主要内容如下：其女儿所在班级学生刘某某母亲因对自己女儿期中考试成绩不满而迁怒老师，要求撤换班主任兼教语文课的张老师，并在该班的微信群中与该班大多数家长发生言语冲突，后刘某某母亲又多次发微信和短信威胁骚扰陆某及其他家长，造成家长们心里担忧；4月24日，该班27名学生中25名请假未到学校上课；现陆某及其他家长到派出所报案。

2014年6月6日，被告作出告知书，主要内容如下：鉴于本学期两位家长的以下行为，如威胁、恐吓家长及学生、非法散发传单、在公开场合辱骂教师等，严重破坏了安定团结，而且危害到家长、学生、教师及学校安全，学校正常的教育教学秩序也受到严重影响，经学校行政会议讨论作出如下决议：自2014学年起，协和尚音学校将不再接受刘某某同学的注册，该生学籍学校将按照学籍管理规定处理。

另，原告法定代理人在与该班班主任张某以及该班数学老师的短信交流中均有辱骂、恐吓的内容。此外，原告法定代理人在与被告法定代表人的短信交流中亦有大量辱骂、恐吓内容。

原告诉称，其法定代理人因其成绩下降在班级微信群中向班主任张某了解上课情况、交流个人看法，未料遭到其他家长群攻、讽刺和谩骂，而张某未作任何表示，任由事态发展，故而原告法定代理人只得进行反击。2014年4月24日，原告班内学生集体请假，仅原告及另一学生共两人上课。4月25日，约十名学生家长进入教室坐在原告身旁干扰正常教学，原告法定代理人在接到原告的求助短信后赶到学校，却被被告告知因原告家长在微信群中言语过激而将不再为原告注册学籍。4月28日起，被告安排一位老师坐在原告身旁，直至学期结束。当日，原告法定代理人还得知学生集体请假系受张某挑唆，原告法定代理人遂多次要求被告更换班主任并解决原告学籍注册问题，但被告始终拒绝沟通。6月6日，被告出具通知，正式告知不再为原告注册学籍。故原告诉至法院要求被告停止侵害原告的受教育权利、为原告恢复学籍注册并在公开场合就4月25日及之后的过错行为向原告进行道歉。诉讼中，原告明确提出被告的行为侵犯了原告的受教育权，并要求按照侵权之诉处理本案。

被告辩称，不同意原告的诉讼请求。被告与原告之间系合同法律关系，现原告提起侵权之诉，对此被告认为，其系民办教育机构，不承担义务教育职责，其享有自主招生权利，有权决定是否接受原告进行学籍注册，故不存在侵害原告接受义务教育的行为，就学籍注册事宜，原告可至教育行政主管部门申诉，而非至法院起诉。此外，原告法定代理人在原告就读被告学校期间，不但不配合校方工作，还经常提出无理要求、对校方工作横加指责，多次干扰学校正常教育教学秩序，并有侮辱、威胁老师、校长、学生家长等过激行为，严重影响学校正常教育教学工作的开展，故校方依照程序作出校内决议，决定不再为原告进行学籍注册、拒绝原告在被告处继续就读，并在合理时间内提前通知原告将不再履行双方之间的教育培训合同，已尽提前告知义务，合理合法，未侵犯原告任何权利。另外，4月24日某班学生集体请假事件，系因原告法定代理人在微信群中的不当言论以及跟踪学生等不当行为所致，并非张老师挑唆，亦与校方无关。之后，由于学生家长要求，并且出于安全的考虑，校方同意家委会部分成员协助维持教学安全和秩序。自4月28日起，学校安排心理老师替代家委会成员在教室内维持教学秩序直至学期结束。此事件中，校方不存在任何过错。综上，被告请求驳回原告的诉讼请求。

审 判

一审法院经审理后认为，本案被告系民办教育机构，并不承担义务教育职责，根据《中华人民共和国民办教育促进法实施条例》第二十七条之规定，其可以自主确定招生的范围、标准和方式，故民办教育机构与其学生之间系双向选择关系，现被告根据原告2013学年入学后其法定代理人的种种表现，决定2014学年不再为其注册学籍，并将上述决议于2014年5月25日口头告知及于2014年6月书面告知原告法定代理人，该行为并未侵犯原告的受教育权，根据《中华人民共和国义务教育法》第十二条之规定，原告仍可在其户籍所在地学校就近入学。此外，原告因其法定代理人与校方以及学生家长发生冲突，而被校方告知不再为其注册学籍，进而提起侵权之诉，要求被告停止侵害其受教育权并为其注册学籍，然而，原告主张的受教育权虽为公民基本权利之一，但不属于民事法律关系的标的范畴，亦不在民事诉讼的调整范围之内。而且，被告作为具有办学主体资质的事业法人单位，享有对受教育者进行学籍管理的权利，被告的学籍管理行为究其性质，属学校内部自主管理权限范围，原告对此提出异议，可根据《中华人民共和国民办教育促进法》第四十二条之规定向教育行政部门和其他有关部门进行申诉，或另觅合法途径予以解决。综上，原告主张被告侵犯其受教育权之请求，法院难以支持。至于原告要求被告为4月25日部分家委会成员以及4月28日起心理老师进入教室协助学生进行安全保障工作而向原告赔礼道歉，对此法院认为，赔礼道歉作为侵权民事责任之一，是指违法行为人对侵害他人的人身、财产权益所造成的法律后果应当承担的民事法律责任，民事责任的一般构成要件包括财产或者人身的损害事实、违法行为、损害事实与违法行为之间有因果关系、行为人有过错。然而，根据本案在案证据，无法证明上述事件对原告财产或者人身造成损害，反之却能证明上述事件与原告法定代理人之不当言行有所关联，故原告要求被告向其赔礼道歉，缺乏事实及法律依据，法院不予支持。据此，一审法院依照《中华人民共和国民法通则》第二条、《中华人民共和国侵权责任法》第二条之规定，判决驳回原告刘某某的诉讼请求。

一审判决后，原告不服，提起上诉，因上诉人刘某某经合法传唤，无正当理由拒不到庭，故二审法院根据《中华人民共和国民事诉讼法》之规定，裁定按上诉人刘某某撤回上诉处理。

点 评

本案原告的诉请涉及两个法律问题：一是受教育权的民事可诉性；二是被告的行为应否承担民事侵权责任。

《中华人民共和国宪法》第四十六条规定，"中华人民共和国公民有受教育的权利和义务"，可见受教育权是我国公民的基本权利，但是这种基本权利是不是民事权利，能否纳入民事诉讼的范畴，适用民事法律进行调整，答案是否定的。因为民事法律所调整是平等主体，即公民之间、法人之间、公民与法人之间在从事民事活动中所形成的人身关系和财产关系。而受教育权是指公民有从国家获得接受教育的机会以及获得接受教育的物质帮助的权利，它是宪法所赋予公民的一项基本人身权利，既非民事法律关系中的人身权，也非财产权。当公民因受教育权利与学校发生争议时，应当通过向教育主管部门进行申诉的方式予以解决，当然，也有观点认为受教育权之争议具有行政可诉性，可以通过行政诉讼途径解决。无论持上述哪一种观点，都不认为是可通过民事诉讼途径解决的争议。因此，当原告以其受教育权利受到侵害为由，向法院提起民事诉讼，因其诉请不属于民事法律关系所调整的范围，故难以得到法院的支持。退一步而言，即便假设原告的诉请属于民事诉讼的范围，由于原告就读的是民办学校，而民办学校并不承担义务教育职责，《中华人民共和国民办教育促进法实施条例》规定，民办学校可以自主确定招生范围、标准和方式。因而被告根据原告及其代理人的行为，决定不再接受原告为其学生，即解除双方的教育合同，其行为在法律允许的范围内，具有合法性，也有正当的理由和事实依据，该行为也并未侵犯原告受教育的权利，事实上原告仍可以在其户籍所在地学校入学就读，原告的受教育权利客观上也不可能存在受侵害的问题。

至于被告允许家委会成员进入教室协助学生进行安全保障工作，以及安排心理老师协助维持教学安全和秩序的行为，是否构成对原告民事权利的侵害，原告虽然在诉讼中明确要求被告按侵权之诉承担民事责任，但是由于原告既未明确侵犯的是何种具体民事权利，也未就损害事实客观存在以及上述行为与损害事实存在因果关系进行举证，因而其要求被告承担赔礼道歉民事责任的诉请，就变成了空中楼阁，无事实依据和法律依据，当然得不到法院的支持，因而法院最终驳回了原告的诉讼请求。这样的处理是妥当的。

案例提供单位：上海市闵行区人民法院

编写人：归　鸿　王　苑

点评人：吴　薇

19. 胡某某诉王某某等名誉权纠纷案

——法庭审理中名誉侵权的豁免认定

案情

原告胡某某

被告王某某

被告葛某某

被告王某某系原告胡某某的妻子，被告王某某系双方离婚纠纷案（另案处理）中原告，被告葛某某系被告王某某在离婚案中的代理律师，原告胡某某系离婚案中被告。2014 年 7 月 8 日，法院就该离婚案进行开庭审理，庭前询问双方当事人是否申请不公开审理，双方均无相应要求。被告葛某某作为被告王某某的代理律师在诉讼请求及事实理由部分陈述“诉讼请求：1.请求判令王某某、胡某某离婚……2.判决胡某某赔偿精神损害抚慰金 2 万元人民币。事实和理由与诉状一致。补充胡某某除了家庭暴力之外，还有性虐待……”；在举证部分陈述“……补充证据……3.照片 4 张，证明胡某某性变态，要求王某某穿着丝袜并撕破……”在法庭辩论部分陈述“胡某某多次对王某某进行家庭暴力，双方感情完全破裂，两次分居均因胡某某家庭暴力。胡某某的性变态行为给王某某造成了严重的心理伤害”，“丝袜的情况并非王某某杜撰，如果没有这种情况，王某某不可能身心受到伤害”。

原告胡某某诉称，两被告伪造证据指称原告存在性虐待、性变态、婚内强奸、性暴力行为，对原告进行侮辱、诽谤，原告认为两被告的上述行为侵犯了其名誉权，故诉至法院，要求判令两被告停止侵害原告名誉权；要求判令两被告向原告书面赔礼道歉，以消除影响，恢复原告名誉；案件受理费由两被告承担。

被告王某某辩称，当事人在离婚案件诉讼中提供证据是法律赋予的权利，被告王某某除了向法院提供证据外，并未以其他途径向其他个人、机构提供证据，故并无侵权事实。且被告王某某在离婚案件中提供的证据均是真实的，并无伪造行为。要求驳回原告的诉讼请求。

被告葛某某辩称，首先，两被告在离婚案件中并未伪造证据，被告王某某提交的四张黑丝袜照中黑丝袜确系被告王某某曾经所穿，系王某某事后整理东西时找到并拍摄的。其次，根据《中华人民共和国律师法》第三十七条第二款的规定，律师在法庭上发表的代理、辩护意见不受法律追究，被告葛某某在离婚案件中系被告王某某的代理律师，其在庭审中发表代理意见系履行职务，且其在庭审中未发表危害国家安全、恶意诽谤他人、严重扰乱法庭秩序的言论，故其行为并未侵犯原告名誉权。最后，在离婚案件中，鉴于原告不同意离婚，故为证明原告与被告王某某感情已破裂，被告葛某某将被告王某某提供的证据整理后提交法庭，且根据被告王某某的陈述，称原告有“性变态”行为，并未超出认知合理范畴，且原告在开庭前即已收到两被告提交的证据副本，其未作出不公开审理的申请，应视为其放弃相关权利，应由原告自身承担不利后果。故其行为并未侵犯原告名誉权，要求驳回原告的诉讼请求。

审 判

一审法院经审理后认为，本案的主要争议焦点为：两被告的行为是否存在主观过错，是否构成对原告名誉权的侵害。

被告王某某提起离婚诉讼的目的在于解除与原告之间的婚姻关系，根据婚姻法的规定，夫妻双方的感情是否破裂是判决是否准予离婚的重要因素，对夫妻感情、夫妻生活这类事物的评价并无客观标准可循，其存在于人的主观感受中，在对这类主观感受客观化的过程中必定会融入当事人较多成分的主观认识，被告王某某基于其对夫妻生活的感受对原告的行为予以评价，其主要目的是为了证明其与原告之间的感情已经破裂而非借此侮辱、诽谤原告。原告在离婚案中的答辩意见称其与被告王某某之间矛盾的起因一方面主要在于被告王某某经常拒绝履行妻子的义务，以致原告婚后长期陷入性苦闷状态并引发双方争执乃至打架。因此被告王某某在庭审中的表述系在于反驳原告的辩称意见，从而证明并非因其个人原因导致夫妻感情的破裂。被告王某某与原告同属离婚纠纷一案中地位相当的当事人，被告王某某在阐释其对夫妻生活的感知时，亦是将其个人最为隐私的一面在人前加以呈现，其以该种方式作出陈述系为实现其最终的诉讼目的，即解除双方的婚姻关系，而非恶意损害原告的名誉权，故综上，被告王某某并无侵害原告名誉权的主观过错，其行为不构成对原告的名誉侵权。

关于被告葛某某的责任认定，根据律师法的规定，律师除在法庭上发表危害国家安全、恶意诽谤他人、严重扰乱法庭秩序的言论外，其在法庭上发表的代理、辩护意见不受法律追究。本案中，被告葛某某在法庭上的陈述，系以被告王某某代理律师的身份发表代理意见，目的在于证明原告与被告王某某之间的感情已破裂，属于为被告王某某提供法律服务的行为。被告葛某某除作为被告王某某的代理律师与原告在离婚纠纷案中存在特定的利益对抗关系外，其与原告并无其他基于个人利益的冲突，故其在法庭上的陈述系其履行代理人职责的职务行为，不能认定系对原告的恶意诽谤。其并无侵害原告名誉权的主观过错，据此一审法院认为被告葛某某的行为亦不构成对原告的名誉侵权。

据此，一审法院依照《中华人民共和国民法通则》第一百零一条、《中华人民共和国律师法》第三十七条第二款的规定，判决驳回原告胡某某的全部诉讼请求。

一审判决后，双方当事人均未提起上诉，一审判决已发生法律效力。

点 评

本案原告所诉名誉权受侵害发生在一个特殊的场合，即法庭审理过程中，是涉案当事人及其代理人律师提交证据、法庭陈述的行为。对于该行为是否涉及名誉侵权，审理法院认为，法庭审理过程中名誉侵权需满足主观过错这一构成要件，法院围绕该案两被告在法庭审理中的诉讼行为是否存在侵害名誉权的主观过错作出了判断。审理中涉及这样几个主要问题：1.本案被告作为离婚诉讼当事人在庭审过程中，为主张其离婚诉求所为的言行是否存在侵害原告名誉权的主观过错；2.本案被告作为代理律师在庭审过程中，辩护言行豁免责任的认定。

对于前者，审理法院认为，被告提起涉案离婚诉讼的目的在于解除与原告之间的婚姻关系，依据婚姻法的规定，判断夫妻双方感情是否破裂是判决准予离婚的构成要件。而对夫妻感情、夫妻生活的评判并无客观标准可循，其存在于人的主观感受中，在对这类主观感受具体化的过程中必定会融入当事人较多成分的主观认识，被告基于其对夫妻生活的感受对原告的行为予以评价，其主要目的是为了证明其与原告之间的感情已经破裂而非借此侮辱、诽谤原告。原告在离婚案中的答辩意见称其与被告之间矛盾的起因一方面主要在于被告经常拒绝履行妻子的义务，以致原告婚后长期陷入性苦闷状态并引发双方争执乃至打架。因此被告在庭审中的表述系在反驳原告的辩称意见，从而证明并非因其个人原因导致夫妻感情的破裂。被告与原告同属离婚纠纷一案中地位相当的当事人，被告在阐释其对夫妻生活的感受时，亦是将其个人最为隐私的一面在人前加以呈现，其以该种式陈述系为实现其最终的诉讼目的，即解除双方的婚姻关系，而非以此故意损害原告的名誉权，为此，法院认定被告王某某并无侵害原告名誉权的主观过错，其行为不构成对原告的名誉侵权。据此，可以这样理解本案判决：为达到诉讼目的所为的诉辩属于被告自身对婚姻生活感受的言行，没有构成侵害名誉权的主观过错。

对于后者，审理法院认为依据律师法的规定，律师除在法庭上发表危害国家安全、恶意诽谤他人、严重扰乱法庭秩序的言论外，其在法庭上发表的代理、辩护意见不受法律追究。本案中，被告作为当事人的代理律师在法庭上的陈述，系以被告代理律师的身份发表的代理意见，目的在于证明原告与被告之间的感情确已破裂，属于为被告提供法律服务的行为。被告律师除作为当事人的代理律师与原告在离婚纠纷案中存在特定的利益对抗关系外，其与原告并无其他基于个人利益的冲突，故其在法庭上的陈述系其履行代理人职责的职务行为，不能认定系对原告的恶意诽谤。其并无侵害原告名誉权的主观过错，故其行为亦不构成对原告的名誉侵权。本案判决被告律师的言行乃代理行为，没有侵害他人名誉权的故意，亦不构成对原告的名誉侵权。该案的判决对于如何把握律师在法庭审理过程中自身责任豁免提供了一定的参考意义。

案例提供单位：上海市徐汇区人民法院

编写人：王朝莹

点评人：段　匡

20. 龚某某诉北京天盈九州网络技术有限公司名誉权纠纷案

——网络服务提供商的侵权责任与监管义务认定

案情

原告(上诉人)龚某某

被告(上诉人)北京天盈九州网络技术有限公司

2013年6月6日上午,原告乘坐上海地铁2号线从唐镇站上车到4号线浦电路站下车,在此过程中,原告遭遇不法分子性骚扰。当时该过程被同车厢的其他乘客以视频的方式拍摄。2013年6月7日15时18分,网友在被告北京天盈九州网络技术有限公司(以下简称天盈公司)的凤凰网视频频道上发布了题为《实拍男子上海地铁内偷摸女子胸部》的视频,网页信息显示该视频来源为凤凰播客,视频时长43秒。凤凰网系被告所有、经营、管理的网站。2013年6月12日0点2分,原告在被告凤凰网网站的视频中回复评论,要求被告删除视频或对原告的脸部等特征做马赛克处理,同日,原告通过凤凰网意见反馈页面和凤凰网各地办事处的联系电话联系被告,要求删除视频。2013年7月30日,原告委托律师向被告发出律师函,要求被告立即停止对原告的侵权行为,删除相关视频。被告收到原告发出的律师函后对涉及原告的视频进行了删除。现原告以被告的上述行为已经侵犯其名誉权为由起诉至法院。

原告龚某某诉称,原告遭遇不法分子性骚扰的过程被同车厢的其他乘客以视频的方式拍摄,被告在其网站凤凰网视频频道上发布了题为《实拍男子上海地铁内偷摸女子胸部》的视频,网页信息显示该视频来源为凤凰播客,视频时长43秒,至起诉时点击率已达到1 434 397次,评论数479次。该视频内容反映了原告在2013年6月6日在上海地铁2号线内被猥亵的过程,该视频是高清的,没有进行模糊、马赛克等遮掩的处理,面目特征非常清楚,原告身边的朋友都能认出视频中的受害者即原告。视频上传后,原告曾试图与被告取得联系要求删除视频,但并没有相应的人出面处理,原告在视频的评论中也已经阐明了事件的原委,要求对于视频中的受害人进行模糊处理,也未得到被告的回应,原告后来到网上搜索还存在相关视频且被告没有作任何处理。此次地铁猥亵事件经过包括中央电视台在内的各大媒体报道，在社会上引起了巨大的影响，并一度登上了新浪微博的热门话题。而本案被告作为一家知名的网络媒体，拥有庞大的用户群体，为实现其商业目的，一味追求点击率，对于原告的隐私权和名誉权视而不见，违反基本的法律常识，未对原告的面部进行马赛克处理，导致周围的不特定多数人都知道了这件事情。被告的行为给原告的工作和生活造成了极大的困扰，使得原告身心疲惫、精神遭受了极大的痛苦，且事发后导致原告再乘坐地铁时产生了心理阴影，使得原告的名誉遭受了损害，也影响了原告的正常生活。为维护原告的合法权益，故起诉至法院，请求：1.依法判决被告向原告赔礼道歉并赔偿精神损失费20万元、律师费5 000元、公证费1 500元；2.本案诉讼费由被告承担。

被告天盈公司辩称，公司对于网友上传的视频，按照国务院的规定，针对违宪、政治问题等敏感性社会事件有词库自动排查，排查后会有提示删选，主要是针对文字部分。根据现有的技术力量对于涉暴、涉黄等的视频是能够进行删选的，事实上也是通过删选提示的方式把提示的内容提交工作人员进行审查，确定该内容是否能够在网上继续传播。本案涉及原告的视频，被告通过内部流程等不可能审核出来，被告没有接到原告的有效投诉。直到被告在2013年8月8日收到原告的律师函后知晓有该视频，被告的法务部也在当天通知业务部要求将原告的视频删除，当天业务部也回复已经删除了该段视频，且在凤凰网的其他频道并没有转载该段视频。对于网络用户上传至网络的内容侵害他人民事权益的，应当由网络用户承担侵权责任，网络服务提供者仅在接到通知后未及时采取必要措施的，才对损害的扩大部分与网络用户承担连带责任。就本案所涉及的事件而言，直接对原告实施侵害的是猥亵行为的实施人，将该事件进行传播的是该段视频的拍摄者和将其上传至网络的网络用户，网络用户将涉案视频上传至被告经营的“播客”频道，被告方当时不知情。被告在接到通知后第一时间立即将涉案视频从被告网站删除，原告也未就其发出律师函后在被告经营的网站上继续存在相关视频提供任何证据，不存在损害扩大的部分，因此，被告无从承担侵权责任。被告未实施违法行为，现行法律或行政法规中没有规定要求媒体或者互联网信息服务提供方必须要遮挡视频中涉及的个人肖像。原告没有举证证明其遭受了何种形式的损害后果以及后果的严重程度，有关精神损害赔偿的主张不应予以支持。即便造成了严重后果，这一后果的主要责任人也应当是加害人，次要责任人是视频上传至网络的网络用户。即使认定网络媒体应当与网络用户承担连带次要责任，网络服务提供方的责任也不应大于把涉案视频在网络上传播的用户，更不应大于本次事件的直接加害人。被告认为本次事件应当由视频的上传者承担责任，如果说网站被认定为在侵权行为中存在过错的话，那么网站最多也只是承担补充的连带责任，且损害结果也应当由整个传播的媒体共同承担，不应当由被告一家媒体承担侵权责任。

审理中，被告天盈公司表示，因为凤凰网的用户对龚某某造成的损害，天盈公司愿意对龚某某表示一定的歉意。对此，龚某某也接受了天盈公司的歉意。

审判

一审法院经审理后认为，公民、法人享有名誉权，公民的人格尊严受法律保护。网络用户、网络服务提供者利用网络侵害他人民事权益的，应当承担侵权责任。网络用户利用网络服务实施侵权行为的，被侵权人有权通知网络服务提供者采取删除、屏蔽、断开链接等必要措施。网络服务提供者接到通知后未及时采取必要措施的，对损害的扩大部分与该网络用户承担连带责任。网络服务提供者知道网络用户利用其网络服务侵害他人民事权益，未采取必要措施的，与该网络用户承担连带责任。本案中，原告在公共场所遭遇不法分子性骚扰的视频被案外人拍摄后传到被告提供的网站发布，在当时的媒体上有广泛的报道，且有的媒体还直接指出了视频来源于被告经营管理的网站，作为在社会网络服务中具有较大影响力的被告，应当知道原告主张的该视频在其网络内传播，其应当采取积极的措施及时屏蔽相关内容，以减少对原告的影响。本案中，虽然被告在收到原告书面通知后屏蔽了系争视频，但由于其在用户上传后，未及时注意发现，导致流传的时间较长，造成他人对原告的品行可能产生揣测和怀疑，在客观上对原告的名誉造成了一定范围的影响，使其社会评价有所降低，故一审法院认为被告的行为构成对原告名誉权的侵害。鉴于上述事实，虽然主要的上传视频的网络用户未找到，但被告仍应对损害的扩大部分与网络用户承担连带责任。就原告主张的赔礼道歉被告已经当庭作了表示，且原告也已经接受，自可准许。关于原告要求被告赔偿精神损害抚慰金的主张，应结合侵害人的过错程度、侵害的具体情节、侵权行为所造成的后果、侵权人的获利情况等因素考虑来予以确定。但原告主张，被告因网络点击率高获取了巨额利益，因此认为系争视频也为被告获取较大利益，对此，并无根据，法院不予采纳。根据本案的实际情况，法院酌定由被告赔偿原告精神损害抚慰金2万元。原告过高的赔偿请求，法院不予支持。关于原告要求赔偿律师费、公证费的主张，法院认为，原告为了增加自身诉讼能力而聘请律师代理，因此而产生的律师代理费可以纳入赔偿的范围。但具体的金额由法院根据实际情况酌定。原告为了进行诉讼而花费的公证费用，可以纳入赔偿的范围。现原告主张的公证费尚属合理，法院予以支持。据此，一审法院依照《中华人民共和国民法通则》第一百零一条、第一百二十条及《中华人民共和国侵权责任法》第六条、第三十六条和《最高人民法院关于确定民事侵权精神损害赔偿责任若干问题的解释》第八条之规定，判决：一、被告北京天盈九州网络技术有限公司应于本判决生效之日起十日内赔偿原告精神损害抚慰金人民币2万元;二、被告北京天盈九州网络技术有限公司应于本判决生效之日起十日内赔偿原告律师费3 000元,公证费1 500元;三、驳回原告龚某某的其余诉讼请求。

判决后,龚某某、天盈公司不服,均提起上诉。

上诉人龚某某诉称,一审法院在未查实天盈公司因此次事件获利的情形下,即酌情确定龚某某仅获赔2万元精神抚慰金,明显过低。故龚某某请求撤销一审判决,改判为支持其一审诉讼请求。

上诉人天盈公司诉称,首先,根据《中华人民共和国侵权责任法》的规定,网络用户利用网络服务实施侵权行为的,被侵权人有权通知网络服务提供者采取删除、屏蔽、断开链接等必要措施。网络服务提供者接到通知后未及时采取必要措施的,对损害的扩大部分与该网络用户承担连带责任。本案中龚某某在向天盈公司发送律师函之后,天盈公司立即删除了相应的视频。至于龚某某之前在视频的回复评论中发出要求天盈公司删除视频或者对其脸部等特征予以马赛克处理的要求,因其并未按照天盈公司要求的投诉渠道予以提出,故天盈公司无法知晓该投诉要求。其次,一审法院以涉案视频在当地的媒体上有广泛报道为由,推定天盈公司应当知道龚某某主张的视频在其网络传播,该观点将加重媒体的审查责任,也缺乏可操作性。一审认定缺乏法律依据,故天盈公司请求撤销一审判决,改判为驳回龚某某的全部诉讼请求。

二审法院认定的事实与一审认定一致。

二审法院经审理后认为,根据《中华人民共和国侵权责任法》第三十六条第二款的规定,网络用户、网络服务提供者利用网络侵害他人民事权益的,应当承担侵权责任。网络用户利用网络服务实施侵权行为的,被侵权人有权通知网络服务提供者采取删除、屏蔽、断开链接等必要措施。网络服务提供者接到通知后未及时采取必要措施的,对损害的扩大部分与该网络用户承担连带责任。同时,《中华人民共和国侵权责任法》第三十六条第三款规定,网络服务提供者知道网络用户利用其网络服务侵害他人民事权益,未采取必要措施的,与该网络用户承担连带责任。分析上述两条规范可知,其并非递进关系,更非包含关系,而是并列关系。如果被侵权人能够举证证明网络服务提供者对侵权行为“知道”,可以不发出侵权通知,直接要求网络服务提供者承担该条第三款规定的侵权责任。本案中,二审法院同意一审法院的意见,即龚某某在公共场所遭遇他人性骚扰的视频被案外人拍摄后传到天盈公司提供的网站上发布,在当时的媒体已有广泛的报道。同时,有媒体还直接指出了视频来源于天盈公司经营管理的网站。在此情形下,天盈公司应当知道该视频的存在。因此,一审认定天盈公司承担相应赔偿责任合法有据。就天盈公司是否因该视频获利以及获利的具体数额,并非法院需查明的事实,而是属于龚某某的举证责任范围之列。在龚某某无法对此举证情形下，一审法院根据本案实际情况，酌情确定天盈公司向龚某某承担2万元精神抚慰金、3 000元律师费以及1 500元公证费，亦无不可。综上所述，一审所作判决并无不当，应予维持。上诉人龚某某以及天盈公司的上诉请求，皆缺乏依据，法院不予支持。据此，二审法院依照《中华人民共和国民事诉讼法》第一百七十条第一款第（一）项之规定，判决驳回上诉，维持原判。

点 评

本案是一起涉及网络服务提供者是否侵害他人民事权益，如何承担侵权责任的案件。《中华人民共和国侵权责任法》第三十六条就网络服务提供者的侵权责任列举了三种情况，其一（第三十六条第一款），网络服务提供者自身行为导致他人民事权益受到侵害的；其二（第三十六条第二款），网络用户利用网络服务实施侵权行为，网络服务提供者接到（受害人）通知后未及时采取必要措施的；其三（第三十六条第三款），网络服务提供者知道网络用户利用其网络服务侵害他人民事权益，未采取必要措施的；都应当承担相应的侵权责任。

本案中被告认为，对于涉及原告的视频，被告通过内部流程等不可能审核出来，被告没有接到原告的有效投诉。直到被告在2013年8月8日收到原告的律师函后才知晓有该视频，被告的法务部也在当天通知业务部要求将原告的视频删除，当天业务部也回复已经删除了该段视频。为此，主张适用第三十六条第二款，由于其已经采取了删帖的措施，无需承担侵权责任。

审理本案的一、二审法院根据事实证据认为，原告在公共场所遭遇不法分子性骚扰的视频被案外人拍摄后上传到被告提供的网站发布，在当时的媒体上有广泛的报道，且有的媒体还直接指出了视频来源于被告经营管理的网站，作为在社会网络服务中具有较大影响力的被告，应当知道原告主张的该视频在其网络内传播，其应当采取积极的措施及时屏蔽相关内容，以减少对原告的影响。从应知的角度认定本案被告构成了对原告名誉权的侵害，应对损害的扩大部分与网络用户承担连带责任。值得注意的是，该判决在判断被告是否构成侵权行为上似乎适用的是第三十六条第三款之规定，而在认定承担损害赔偿责任上则适用的是第三十六条第二款的规定，即在“应知”后损害的扩大部分上与网络用户承担连带责任。同时，该判决认定被告“应知”的事实是：1.媒体上有广泛的报道；2.有的媒体还直接指出了视频来源于被告经营管理的网站；3.作为在社会网络服务中具有较大影响力的被告，从而据此作出了被告应当知道的判断。另外，该判决将第三十六条第三款网络服务提供者知道网络用户利用其网络服务侵害他人民事权益，根据本案事实认定为事后“应知”,判决其承担第三十六条第二款的赔偿责任。这些认定判断对今后类似案例的审理具有一定的参考意义。

另外,似乎还有一个今后值得思考的问题,《中华人民共和国侵权责任法》第三十六条规定,被侵权人有权通知网络服务提供者采取删除、屏蔽、断开链接等必要措施。本案中,原告采取了多种手段通知被告,直到发出律师函才为被告所接受;而在被告的辩称中,只认可了律师函,其余均认为不是有效的通知。名誉权等人格权为法律所明文规定,从法理上认其为绝对权,是任何人不得予以侵害的。为此,应该认定提供明示的、便捷的“通知”渠道乃网络服务提供者的法定义务,使得受害人在落实“有权”上有实现的可能,同时亦可避免发生何谓有效通知的纠纷。

案例提供单位:上海市浦东新区人民法院

编写人:杨　柳

点评人:段　匡

21. 上海新世纪机器人有限公司诉北京泡泡信息技术有限公司名誉权纠纷案

——产品网络测评文章侵害名誉权之责任认定

案 情

原告上海新世纪机器人有限公司

被告北京泡泡信息技术有限公司

原告上海新世纪机器人有限公司(以下简称新世纪公司)系新能源智能平衡车的研发、生产和销售企业,被告北京泡泡信息技术有限公司(以下简称泡泡公司)运营的“泡泡网”网站主要发布各类产品的测评类文章、各类产品的最新资讯和经销商信息等内容。2014 年,被告运营的“泡泡网”选择了目前市场上销售的包括原告生产的一款在内的七款自平衡电动车进行测试比较,分别为 Ninebot 九号、Segway12 城市版、骑客、乐行体感车、易步车、新世纪机器人、思维翼。测试内容为外观、便携性、速度、操控性、通过性、续航能力等六个方面。测试完毕后,被告泡泡公司于 7 月 4 日在“泡泡网”上刊登了一篇题为《行走革命! 七款主流自平衡电动车横评》的测评文章,并附测评时相关人物、场景、平衡电动车等照片与视频。该文章在“最大时速”测试中记载原告生产的新世纪机器人的最大时速为每小时 7 千米,评定得分为三颗星,在七款测试车中排名最后。在“续航能力:实际路况 15 千米连续骑行”部分记载:“虽然结果只是一个参考值(我们测试之后的估测值),那是因为七辆车并非全新车辆,而且续航里程跟驾驶速度及通过路面的复杂程度都有关系,所以大家不必太在意数据结果。只享受我们测试的这个过程就好。”在续航能力测试中,新世纪机器人行驶 15 千米后剩余电量显示为零。相应人物、场景图片所配的文字为“新世纪机器人是真不给力啊,第一个就没电了,一直在报警,都失去了平衡能力,根本无法前行,小伙伴只好将其拖回大本营,好遗憾”。该款车在续航能力部分评定得分为一颗星,在七款测试车中排名最后。在该文章最后总结部分,新世纪机器人综合推荐评分为两颗实星一颗空星,排名倒数第二;优劣分析为

“外观看着还可以，小轮胎设计，节省空间，但价格确实贵了，综合性价比并不高，续航时间是硬伤，可能您刚刚玩得来兴致了，它就没电了”；购买建议为“慎重购买，如果只是因为喜欢它的外观设计，那就没必要了，不适合短途代步，更适宜小区内健身娱乐，这样才够安全”。

2014 年 9 月 10 日，原告委托上海市浦东公证处对中国经济网、网易手机网的有关网页内容进行证据保全。(2014)沪浦证经字第 2130 号公证书显示上述两网站对“泡泡网”《行走革命！七款主流自平衡电动车横评》这一测评文章进行了转载。原告为此支出公证费 1 万元。

审理中另查明，2012 年 12 月 28 日，国家轻型电动车及电池产品质量监督检验中心出具《检验报告》，经检验的产品名称为“代步机器人”，规格型号为 i-ROBOT-LA。在检验项目中，最高车速(技术要求为每小时 13—15 千米)检验结果为每小时 13.5 千米、每小时 13.7 千米，续航里程(技术要求为一次充电后的续航里程 326 千米)检验结果为 27.5 千米、27.9 千米。检验结论为“样品经检验，所检项目符合 Q/INSJ002-2012 标准规定的要求”。再查明，原告为本案诉讼支出律师代理费 2 万元。

原告诉称，原告是新能源代步机器人研发、生产、销售的新型科技企业，被中国机器人运动工作委员会授予“中国素质体育机器人运动机器人马球训练基地”，还被授予“中国素质体育机器人运动国际交流中心(宁波)”、“中国素质体育机器人运动指定器材企业”证书。2014 年 7 月 4 日，原告发现被告在其运营的“泡泡网”(http://www.pcpop.com)上刊登题为《行走革命！七款主流自平衡电动车横评》的测评文章，并附有测评时相关人物、场景、平衡电动车等照片和视频，被告在该测评文章“续航能力：实际路况 15 千米连续骑行”章节中将原告产品行驶 15 千米后剩余电量为 0，并配以一名男士在原告产品无电后扫兴地将产品拖回的图片，与其他同类产品潇洒行走于各种场景的图片形成了鲜明的对比，给消费者造成了原告产品续航能力远低于同类产品的错觉，而续航能力是电动平衡车的核心参数指标之一，同时被告对最高行驶速度的描述与检测结果相差甚远，这将直接影响到消费者的消费体验，由此，被告的测评报告已经严重影响了该类产品潜在消费群体对原告产品的信任度和购买欲望。被告在其网站刊登该测评文章后，相继被中国经济网、网易等多家网站转载，已经产生了较广泛的恶劣影响，严重损害了原告及其产品的美誉度，并已直接影响到原告产品的销售，甚至有经销商直接要求撤销订单，给原告造成了巨大经济损失。事实上，根据国家轻型电动车及电池产品质量监督检验中心对原告产品出具的《检测报告》，原告产品一次充电后的续航里程在 27 千米以上。据此，原告诉请法院判令：一、被告立即停止侵权行为，立即删除在其运营的“泡泡网”(http://www.pcpop.com)上刊登的《行走革命！七款主流自平衡电动车横评》及与其相关的侵犯原告名誉权的测评文章；二、被告应要求中国经济网、网易、21CN、飞象网、财经中国网、WAYHOME 网、搜狐网、中国品牌网、第一产经网等网站立即删除其转载的《行走革命！七款主流自平衡电动车横评》及与其相关的侵犯原告名誉权的测评文章；三、被告应在其网站首页醒目位置连续 30 日刊登对原告的致歉声明(声明内容应经原告书面同意)，以消除影响；四、被告应支付原告为制止侵权行为所花费的律师费、公证费合计 3 万元(人民币，下同)；五、被告赔偿原告经济损失 2 万元。

被告辩称，第一，原告诉称的有关机器人基地的事实与本案争议的电动车没有关联性；第二，原告诉称男子扫兴地拖行电动车的情节不符合事实，实际评论文章中未出现“扫兴”字样；第三，原告诉称评论文章被中国经济网等转载，但实际并无这些内容；第四，原告诉称被告所发评论文章直接影响到原告产品销售，被告认为并无直接关系；第五，被告在评论文章中对于续航里程部分已经说明参加测评的七款电动车并非全新车辆，且续航里程与路况等诸多因素有关，并不能说明被告恶意诋毁原告名誉；第六，被告对七款电动车测试的项目包括六个方面，续航里程只是其中一项；第七，原告诉称其生产的该款电动车续航里程在 27 千米以上，可能是全新车辆的测试，同时检测中心只是对送检样品负责。综上，被告不同意原告诉讼请求。

审判

一审法院经审理后认为，本案的争议焦点为：一、被告是否应就其制作并于“泡泡网”发布《行走革命！七款主流自平衡电动车横评》这一测评文章承担对原告名誉权的侵权责任；二、如构成侵权，则如何承担侵权责任。

关于争议焦点一。构成侵害名誉权的责任，应当根据受害人确有名誉被损害的事实、行为人行为违法、行为人主观上有过错以及违法行为与损害后果之间有因果关系来认定。

第一，侵权行为的成立须要求侵害他人权利的行为具不法性。若被告证明有违法阻却事由可不负侵权责任。行为人有正当行使言论自由、批评建议等合法权利的自由，但任何自由均存在界限。首先，评论建议应具公正性。任何一项针对不同品牌产品性能的对比性测试，只有在相同的产品条件和质量标准下进行才具有科学性及正当性。被告测评文章的测试对象为七款不同品牌的自平衡电动车，均非全新车辆，但陈旧度是否一致，该测评文章并未交待。在此背景下进行续航能力、速度、操控性等方面的测试，显然无法真实反映特定自平衡电动车的相关性能。原告所生产的新世纪机器人续航能力及最高车速，根据国家轻型电动车及电池产品质量监督检验中心出具的《检验报告》，均符合相关标准，并非如测评文章所显示的数据参数。因此，在上述测试基础上得出的结论与建议缺乏公正性，易对消费者产生误导作用。其次，评论建议应与公共利益有关。在通常情况下，对产品的评价仅限于对产品性能参数及优劣作出客观描述，消费者根据自身需求及偏好自行判断是否值得购买。被告测评文章虽提示测试结果仅为参考，但却于文章最后进行综合推荐指数评分并提出购买建议，其中针对新世纪机器人作出"慎重购买"的建议，显然已经超出纯粹测评的范畴，转为带有引导性的推荐。综上，一审法院认为，被告于"泡泡网"发布该测评文章之行为缺乏公正、合法性基础。

第二，认定原告名誉权是否存在被侵害之事实，应当以行为人是否确实造成了法人名誉的客观受损，即以法人社会评价的降低为判定依据。首先，作为一名通过网络购物的普通消费者，对七款不同品牌的自平衡电动车均亲身体验与对比后再作出购买决定的几率不大，更多是通过网络途径获取产品信息，被告测评文章通过对市场主流的自平衡电动车进行汇总测评并作出购买建议，无疑会对消费者的购买意向产生更大的心理影响，给原告产品不合理地增加了负面作用。其次，被告测评文章发布于"泡泡网"，并已相继被中国经济网、网易等网站转载，传播范围广泛，足以造成社会公众对原告产品社会评价降低之后果。

第三，被告制作并发布的本案测评文章涉及对原告产品的负面评价，并对消费者作出慎重购买的建议，系建立在缺乏公平、正当性的标准测试基础之上，应认定被告存在主观过错。该文章发布于"泡泡网"后又被多家网站所转载，由此造成原告名誉受损之后果，故被告上述行为与原告名誉受损之间存在因果关系。

综上，一审法院认为，被告制作并于公共网站上发布《行走革命！七款主流自平衡电动车横评》这一测评文章的行为构成对原告名誉权的侵害，应承担相应的侵权责任。

关于争议焦点二。法人的名誉权受到侵害的，有权要求停止侵害、恢复名誉、消除影响、赔礼道歉，并可以要求赔偿损失。第一，原告要求被告立即停止侵害行为、删除"泡泡网"上的该测评文章，于法有据。但其他网站之转载行为并非被告所能掌控，故原告主张被告要求其他网站删除该测评文章的诉讼请求，法院不予支持。

第二，赔礼道歉、消除影响的范围应与侵权行为所造成的不良影响范围相当。原告要求被告在其运营的"泡泡网"上刊登致歉声明，为其恢复名誉、消除影响，法院认为并无不当，予以支持；刊登时间，法院酌定为连续15日。

第三，至于财产损害赔偿的范围，应以实际产生的直接损失确定，具体数额应限定于合理范围之内。原告为保全证据所支出的公证费，以及为本案诉讼支出的律师代理费，均有相关票据为证，且系因被告侵权行为所发生，故法院予以照准。至于具体金额，法院根据案件难易程度及涉诉标的等因素，酌情支持公证费3 000

元、律师代理费4 000元。关于经济损失,原告提供的证据不足以证明其因被告侵权行为所遭受的具体经济损失,法院对其相关诉讼请求不予支持。

综上,一审法院依照《中华人民共和国民法通则》第一百零一条、第一百二十条、第一百三十四条第一、二款,《最高人民法院关于贯彻执行〈中华人民共和国民法通则〉若干问题的意见(试行)》第一百四十条第二款的规定,判决:一、被告北京泡泡信息技术有限公司于本判决生效之日起十日内删除在“泡泡网”(http://www.pcpop.com)上刊登的题为《行走革命! 七款主流自平衡电动车横评》之文章;二、被告北京泡泡信息技术有限公司于本判决生效之日起十日内在“泡泡网”(http://www.pcpop.com)上连续十五日刊登对原告上海新世纪机器人有限公司的致歉声明(道歉声明内容由法院审定);如逾期未履行,法院将公布本判决书内容,相关费用由被告北京泡泡信息技术有限公司负担;三、被告北京泡泡信息技术有限公司于本判决生效之日起十日内赔偿原告上海新世纪机器人有限公司公证费、律师代理费合计7 000元;四、驳回原告上海新世纪机器人有限公司的其余诉讼请求。

一审判决后,双方当事人均未上诉,该案判决现已生效。

点 评

本案是一起侵害法人名誉权之争。根据法律规定,是否构成侵害他人名誉权,应当根据受害人是否确有名誉被损害的事实、行为人行为的违法性、行为人主观的过错,以及违法行为与损害行为之间的因果关系来进行判断。

原告是一家新型科技企业,主营新能源代步机器人研发、生产、销售,其所生产的平衡电动车,作为一项新型技术产品,上市销售后有一个让市场熟悉的过程。互联网时代,许多消费者对于没有使用过的产品,往往都是通过网络搜索他人使用体验来判断产品的优劣,进而决定购买与否。本案中,网购的消费者对于七款不同品牌的自平衡电动车均采取亲身体验与对比后再作购买决定的几率不大,通过网络途径获得产品信息进而决定是否购买,是消费者的主要选择。被告作为一家主要发布各类产品的测评类文章、各类产品的最新资讯和经销商信息等内容的网站,其在发表产品测评类文章时,其测试数据的取得应当采取科学公正合理、得以反映产品真实情况的方法,其对产品所作的评论,也应当是建立在真实事实基础上作出的客观评论。而被告在发布关于包括原告产品在内的七款产品的测试比较报告时,虽然无法说其测评数据是不真实的,但是由于在测评中选用的七款不同品牌的自平衡电动车,并非全新车辆,且无法确定是否具备相同的折旧率,因而根据其测评数据对原告产品作出的“慎重购买”的建议,便不具有客观性。同时,由于该相关测试文章在被告网站上发表后又被多家网站转载,也对消费者购买原告产品产生了不利影响。所以被告的行为与原告的损害后果之间具有因果关系,被告的行为存在过错。法院判定被告构成名誉侵权,应当承担相应的民事责任。

审判实践中,判断此类产品测试文章是否侵害产品生产商的名誉权,应当立足于这类文章的公益性,即行为人主观是否出于维护消费者等公众利益,客观上其意见表述所依据的事实是否真实。在此基础上,如果意见表述尚有不完善、瑕疵之处,产品生产商也有适度的容忍之义务。但是如果并非完全为了公共利益,还掺杂了其他目的,比如不正当竞争、比较广告、误导消费者消费心理等,这就超越了测试类文章的权限,对生产商造成损害的,应当承担相应的民事责任。

案例提供单位:上海市浦东新区人民法院

编写人:徐 俊 俞 硒

点评人:吴 薇

22. 陈某诉邬某名誉权纠纷案

——微博账户之间名誉侵权案件的处理

案情

原告陈某

被告邬某

原告陈某的新浪微博昵称为"6天资国色国妆拟人小店8",被告邬某系新浪微博昵称为"KDS猫面怪"的推定使用者。原告提交的江苏省无锡市锡城公证处出具的公证书、上海市继光高级中学教导处出具的《证明》、上海铁路公安局出具的《证明》及被告的户籍信息,证明昵称为"KDS猫面怪"的新浪微博中所透露的使用者个人信息、生活细节等与被告的相关情况吻合,因此推定被告系该微博的使用者。

2013年6月,原告在新浪微博社区管理中心举报处理大厅对一起举报进行了投票及谴责,招致被告不断至原告的新浪微博中侮辱、谩骂、嘲讽。原告提交的江苏省无锡市锡城公证处出具的公证书载明被告登陆新浪微博后,用微博昵称"KDS猫面怪"发表多条侮辱性评论,污秽词句大量充斥其中。原告为证明自己的主张,支出了多笔公证费、委托费等。

原告诉称,2013年6月初,原告(新浪微博昵称"6天资国色国妆拟人小店8")去新浪微博社区管理中心举报处理大厅针对一起举报进行投票,有位母亲在上海地铁中公开哺乳,有人将其拍照并上传网络进行批判,原告认为虽然在地铁上哺乳不雅观,但就此把妈妈和幼儿的照片放到网络上进行侮辱更加不对,所以支持了哺乳妈妈一方并谴责了偷拍者。然原告的投票及谴责导致了被告(新浪微博昵称"KDS猫面怪")的不满,被告不断至原告的新浪微博中侮辱、谩骂、嘲讽原告,并截取原告微博相册中的照片随意丑化、诋毁。被告的行为已经严重侵犯了原告的名誉权,并影响到了原告的工作与生活。故起诉要求判令被告立即停止侵害,删除新浪微博上所有对原告进行侮辱、嘲讽、谩骂的文字和图片;赔偿原告经济损失(公证费及快递费)2 300元、精神损害抚慰金5 000元。

被告未作答辩。

审 判

一审法院经审理后认为，名誉是社会对公民的品德、信誉、形象等方面的综合评价，公民享有保持、维护自己名誉的权利，任何人不得侵犯。新浪微博是一个被广泛使用的交流平台，在新浪微博中发表评论，浏览该微博的用户均能看到，受众多，传播广，影响力大。被告使用昵称为“KDS 猫面怪”的新浪微博在昵称为“6 天资国色国妆拟人小店 8”的新浪微博中发表评论，直接指向后一微博的使用者即原告，肆意侮辱、谩骂、嘲讽，污言秽语，还将原告描述为影视剧中妓院老鸨的原型，贬低了原告的人格，损害了原告的形象，降低了原告的社会评价。法院认定被告侵犯了原告的名誉权，原告要求停止侵害，删除相关文字和图片，可予准许。

关于原告主张的经济损失，原告在江苏省无锡市锡城公证处办理的两次公证系固定证据所需，两次公证费合计 2 000 元系原告为处理本案纠纷支出的必要费用，法院予以支持。原告权益受到侵害，原告在维护自己权益过程中委托他人代为办理相关事项亦属合理，原告为办理委托手续支出的公证费 200 元系原告的实际损失，法院予以支持。关于快递费，原告居住于河南省，在上海市委托律师，提起诉讼，文书材料流转过程中支出快递费实属必然，然原告提交的快递费票据尚无法证明与案件的关联性，法院酌情确定快递费为 50 元。

关于精神损害抚慰金，被告的行为确实导致了原告精神上的压抑与痛苦，原告主张被告支付精神损害抚慰金可予支持，法院酌情调整金额为 1 000 元。

综上，一审法院依照《中华人民共和国侵权责任法》第二条、第六条第一款、第十五条、第二十二条之规定，判决：一、被告邬某立即停止对原告陈某名誉权的侵害；二、被告邬某于判决生效之日起十日内删除新浪微博上所有对原告陈某进行侮辱、嘲讽、谩骂的文字和图片；三、被告邬某于判决生效之日起十日内赔偿原告陈某经济损失 2 250 元；四、被告邬某于判决生效之日起十日内赔偿原告陈某精神损害抚慰金 1 000 元。

一审宣判后，双方当事人均未上诉，一审判决已生效。

点 评

本案系一起典型的微博用户之间的名誉侵权纠纷。微博名誉侵权区别于一般名誉侵权的最大特点就是网络的虚拟性，在非实名认证的情况下，对于被侵权的用户而言，由于其在网络上的用户名仅仅是一个符号，能否认为其名誉受到了损害？对侵权人而言，因为真实身份信息的缺失，如何认定实际的侵权人？本案判决较好地对这两个问题予以了回应。

首先，如何界定在微博环境下用户名誉权受到侵犯的边界。在行为标准判断上，一般认为，只要发表的言论不属实，或者具有侮辱他人人格的内容，进而导致他人社会评价降低的，就具有违法性。本案主要的争议在于，在非实名认证的情况下，如何判断对一个微博用户的上述行为会对使用该微博的真实世界的个人名誉带来损害。因本案涉及的微博用户是普通私人用户，微博的受众面相对较窄，在侵权与否的判断标准上难以与实名认证的知名人物等量齐观。但这并不意味着普通匿名用户之间不会发生名誉侵权问题，只要言论内容能够为熟悉、了解本人的其他人所获悉，并导致用户在真实世界中的社会评价降低，即可认为这种行为能够导致微博用户的名誉权受损。本案中，被告在原告所使用的微博中进行侮辱性评论，必然能够被原告通过微博进行互动的现实生活中的其他人所知悉，而这部分人中并不能排除原告的亲朋好友以及其他工作生活中所结识的其他人，这会对原告的社会评价带来负面影响，故应认为被告的行为构成名誉侵权。

其次，如何识别侵权行为人。在非实名认证的情况下，要确定侵权人的身份，按照谁主张谁举证的原则，应由原告方对具体的侵权人身份进行举证，但基于网络的虚拟性特点，在事前不了解侵权人真实信息的情况下，原告只可能从微博上有限的信息披露进行逆向推定。本案原告从被告微博中零星的个人信息着手锁定被告身份，并从微博中透露出的生活细节逐一予以印证，在举证能力有限的情况下作出了较为严密的举证，已经达到了证明标准，已足以认定被告侵权人身份并由其承担相应的侵权损害赔偿责任，除非被告提出反对证据。需要指出的是，实务中，有的被侵权人无法向本案原告这样对侵权者的身份进行确定，而不得不通过提起诉讼的方式要求微博等网络服务提供者提供网络用户个人信息，以排除维权障碍，由法院审查后作出是否披露用户信息的认定。

在公开博客等自媒体平台表达言论和意见，与通过广播、电视、报刊等方式表达一样，都应当遵守国家的法律法规，不得侵犯他人的合法权益。本案为非实名认证情况下在他人微博发表评论行为的名誉侵权责任认定提供了较好的裁判理念和思路，具有一定的典型性和参考价值。

案例提供单位：上海市宝山区人民法院
编写人：施丽妍
点评人：席建林

23. 杨某某诉翟某名誉权纠纷案

——私人短信侵犯他人名誉权法律分析

案 情

原告杨某某

被告翟某

原告与被告同为刑事辩护律师,因案外人丁某某涉嫌诈骗一案,被告与证人董某某之间曾有如下短信联系:1.董某某发给被告的短信:"翟某啊:您好!我刚刚知道你作为丁某的代理人参加了他姐姐丁某某刑事诉讼的庭前会。这消息对我是迎头一棒!我对你是那么的信任,上次见面时,毫无保留地将这边的情况,其中甚至一些关于对外保密的事情都告诉你了。这次丁某甲被宝山公安羁押,都准备请你做他的委托人(就是前两天我给你打电话要说的事情)。你现在接受丁某的委托,可以吗?我为此很是心痛和悲哀的。董某某";2.被告回复董某某的短信:"董姐:请您放心,作为一名职业律师,我会有职业操守。您来找我,我答应过您,这都没错。但是您那儿的当事人并没有委托我,而且也没有任何准备委托我的表示,对不?我相信您在跟我的谈话中应当知道我对杨某某这类死磕派的深恶痛绝。跟他对阵,我梦寐以求。基于此,也仅仅基于此,我接受了委托。多包涵,大姐。"

原告诉称,原告对于第二则短信中"我相信您在跟我的谈话中应当知道我对杨某某这类死磕派的深恶痛绝"一句,认为被告侵犯了原告的名誉权,向法院提起诉讼,要求被告停止侵犯原告的名誉权、向原告赔礼道歉并赔偿原告精神损害抚慰金人民币 100 万元。

被告辩称,首先,被告在与他人短信联系中所说的内容属于被告的自由和隐私,被告并未将之公之于众,原告获取短信内容的途径不具合法性;其次,短信联系的内容仅限于被告和接收短信的一方知晓,即使被告在短信中提到了原告,表示对原告"深恶痛绝",也仅仅是表达了自己的观点,不构成对原告名誉权的侵害。

审理中,原告申请董某某出庭作证。证人董某某到庭证明,前述两则短信内容属实,起因是自己原先介绍被告在丁某某涉嫌诈骗一案中担任丁某某的辩护人,但是被告最终却担任了该案中被害人的代理人,自己就给被告发了短信,被告当晚即回复了短信,在短信中提及了"对杨某某这类死磕派的深恶痛绝"。事实上,自己此前在与被告的会面过程中，从未听被告提到过原告，被告也没有对所谓的“死磕派律师”表达过恶意，被告在发给自己的短信中说“对杨某某这类死磕派的深恶痛绝”仅仅是一种托词而已。自己只把这两则短信给丁某某的弟弟丁某和北京的李某某律师看过，李某某律师还将短信内容拍了照。一审法院对原、被告的陈述，原告提供的两则短信，证人董某某的证言等事实予以了查明确认。

审 判

一审法院经审理后认为，名誉是社会公众对公民或法人的品德、声誉、形象等方面的综合评价，是否构成侵犯名誉权，应当根据受害人确有名誉被损害的事实、行为人行为违法、违法行为与损害后果之间有因果关系、行为人主观上有过错来认定。本案中，原告认为被告与董某某之间发送的短信内容侵犯了原告的名誉权，但是，正如原告所言，该则短信是由被告发送给特定对象，即董某某，基于短信联系的特性，该则短信的内容应当只有发信人与收信人才知晓，属于私密内容。从原、被告在本案中的陈述以及证人董某某的证言可知，被告并未将该则短信的内容向社会公众公开或散布，原告获取短信内容的途径与被告并无关联，由此，可以判定被告主观上并没有通过短信内容使原告社会评价降低的意思表示，此其一；其二，就被告在短信中的表述而言，被告将“对杨某某这类死磕派的深恶痛绝”作为其“接受了委托”的理由。“深恶痛绝”一词，系指对某人或某事物厌恶痛恨，属于个人的内心感受和观点，被告虽在短信中提及其“对杨某某这类死磕派的深恶痛绝”，但全文仅此一句涉及原告，且没有任何的细节和事实陈述，联系前后文，并无其他贬损原告的内容，被告显然是向收信人表达其对于原告的个人感受，从而说明其“接受了委托”的原因，而非贬低原告之意，证人董某某的证言亦对此给予了印证；其三，从该则短信内容为社会公众知晓至今，并未有充分的证据可以证明原告的社会评价受到了负面影响，以一个理性社会成员的一般认知标准判定，该短信内容也未对原告的名誉权造成负面的影响，故原告所认为的损害后果事实上并不存在。综上，被告在发给他人的私人短信中谈及其对于原告的个人感受，并不构成对原告名誉权的侵犯，原告认为该则短信侵犯了其名誉权，要求被告停止侵犯原告的名誉权、向原告赔礼道歉，于法无据，法院不予支持。原告撤回要求被告赔偿精神损害抚慰金100 万元的诉讼请求，于法不悖，予以准许。

一审法院依照《中华人民共和国民法通则》第四条、《中华人民共和国民事诉讼法》第十三条第二款、《最高人民法院关于适用〈中华人民共和国民事诉讼法〉的解释》第九十条之规定，判决驳回原告杨某某的诉讼请求。

一审判决后，原、被告均未提起上诉。一审判决已经发生法律效力。

点评

本案是一起私人短信往来，其中有些内容涉及对他人行为评价而引起的侵害名誉权之争。既然是名誉权侵害之诉，就应当从侵权责任的构成要件来进行判断，即原告有无名誉受损之事实、行为人的行为是否具有违法性、违法行为与损害后果之间有无因果关系，以及行为人主观上有无过错。从本案查明的事实来看，对原告杨某某行为的评价，是发生在被告翟某与他人私信往来中，表达的是其自身的一种感受，私信内容也仅为私信往来人知晓，不具有公开性。同时这种个人感受的表达，也是为了向私信对方说明自己行为的缘由，并无贬低原告之用意，行为不具有违法性和主观过错，且原告也未能举证证明其社会评价受到了负面影响，也就是名誉客观受损之事实并不存在，因而法院认定被告翟某的行为并不构成名誉侵权并驳回了原告的诉讼请求，判决是正确的。

本案的判决，其价值意义在于，敦促人们考虑个人言论自由与尊重他人名誉之界限。网络信息时代，新媒体信息传播的特点就是快捷和广泛，但同时也容易将本应很私密的信息泄漏，并造成社会尽知。基于上述特点，法律既要保护人们的言论自由，不能让人的行为动辄被认定为侵权，压缩个人意思表示的空间。同时，也要考虑到名誉对每一个公民的影响，保护公民的人格尊严不受侵犯。对于法院而言，判断行为人的言论是否侵犯他人的名誉，还是要以是否符合侵害名誉权的构成要件入手，当行为人的行为全部符合构成要件的要求时，便构成侵权，需要承担相应的民事责任，反之，任一要件不符合，就不构成侵权，也就无需承担民事责任。因而，名誉侵权的四个构成要件，就是构成个人言论自由与侵害他人名誉之界限，该判决为处理同类名誉权纠纷案件提供了良好的思路和方法。

案例提供单位：上海市虹口区人民法院
编写人：姚卫民　陶　勇　张　宁
点评人：吴　薇

24. 陈某某诉蒋某某等生命权、健康权、身体权纠纷案

案 情

原告陈某某

被告蒋某某

被告蒋某

被告钦某某

被告蔡某浩

被告蔡某志

被告何某某

蒋某某、蔡某浩原系娄山中学初二学生，2014 年 6 月 13 日从上海市某中学古北校区放学后，沿路行至娄山关路人行道口。蒋某某、蔡某浩在步行过程中打闹嬉戏，蔡某浩拿“尖叫”的饮料瓶对蒋某某进行喷射，蒋某某向自身的后侧方进行躲避，在此过程中，年已六旬的陈某某被撞跌倒，并造成左桡骨近端骨折。案件发生后，上海市公安局长宁分局天山路派出所民警对当事人进行调解未果。陈某某受伤后，救治于上海市长宁区中心医院、上海市第六人民医院，共发生医疗费人民币(币种下同)3 173.86 元。

原告陈某某诉称，2014 年 6 月 13 日 16 时左右，被告蒋某某、蔡某浩放学后沿玉屏南路步行至娄山关路人行道口时，恰逢原告从菜场出来沿娄山关路人行道步行至此，被告两人在嬉戏过程中将原告撞倒在地，造成原告左桡骨近端骨折。原告现要求：1.被告蒋某某、蔡某浩两位被告的法定代理人共同赔偿医疗费人民币(下同)3 154.8 元、营养费 1 800 元、护理费 2 400 元、交通费 200 元、调查费 10 元，总计 7 564.8 元；2.本案诉讼费由被告共同承担。

被告蒋某某及其法定代理人被告蒋某、被告钦某某、被告蔡某浩及其法定代理人被告蔡某志、被告何某某辩称，对原告陈某某的伤害发生的时间、地点没有异议，但认为原告的伤害并不是由蒋某某、蔡某浩造成的，不同意原告的诉讼请求。在庭审过程中，被告蒋某某辩称，当时和被告蔡某浩嬉戏时，觉得自己有碰撞，但是没有

看到人摔倒,之后看到离自己三四步的地方原告摔倒在地,就过去问她怎么样,周围的人就指着我说是我撞倒的,于是就打电话了。被告蒋某某的法定代理人钦某某辩称,她当天接到电话,儿子说原告称他撞倒她,我问儿子有没有撞,儿子说没有,我就到现场,原告坚持说是我儿子撞倒的,我就打了 110。

审 判

一审法院经审理后认为,公民的生命健康权受法律保护,行为人因过错侵害他人民事权益,应当承担侵权责任。根据庭审及双方提供的证据材料,本案的争议焦点为原告陈某某的摔倒是否为被告所致。

本案中,根据 2014 年 6 月 13 日蒋某某、蔡某浩在上海市公安局长宁分局天山路派出所所做的询问笔录,蒋某某陈述:“我与同学蔡某浩放学后一路沿玉屏南路南侧的上街沿步行至娄山关路西侧的上街沿,当时蔡某浩和我开玩笑不断用饮料泼我,随后我边转身边往后躲的时候撞到一个人,在我转身的时候我看到我身边的一个阿姨摔倒了。”“我是为了转身躲避蔡某浩泼我,我才撞到了一个人。”蔡某浩陈述:“我和同学蒋某某在回家路上,他走在我前面,我在后面和他玩耍,随后我用饮料泼他,泼到他之后,蒋某某就往右边闪了一下,然后在蒋某某左边的一个老阿姨就摔倒在了地上。”

关于被告何某某的委托代理人提出证人杨某、王某某的调查笔录,因两位证人系未成年人,且未到庭,其证言无法证明本案相关内容的意见,法院认为,根据法律规定,人民法院有权向有关单位和个人调查取证,有关单位和个人不得拒绝。而法律对证人的要求是待证事实与其年龄、智力状况或者精神健康状况相适应的无民事行为能力人和限制民事行为能力人,可以作为证人。且两位证人因要正常学习,未能到庭系合理原因,因此,其证人证言可以采信。

关于原、被告各提交的视频光盘一张,经庭审播放质证,法院认为原告提供的从良友便利店摄像头调取的录像,以及在被告提供的视频中,证明了放学后本案被告蒋某某、蔡某浩在放学路上有嬉戏打闹的事实,但都无法看到原告如何摔倒。

法院认为,虽没有直接证据证明原告摔倒一瞬间是如何发生的,但综合本案的证人证言及原、被告陈述,可以印证被告蒋某某与原告肢体接触后导致原告受伤的盖然性高,同时被告蔡某浩与被告蒋某某在人行道上打闹嬉戏有过错,故法院认为被告蒋某某、蔡某浩与原告陈某某摔倒之间存在因果关系。被告的行为直接侵害了原告的身体权,应当承担侵权责任。原告在正常的行走中遭遇到侵权行为,并没有过错。鉴于被告蒋某某、蔡某浩目前尚未满十八周岁,其赔偿义务应由其监护人承担。综合比较两名被告的过错，法院酌定两名被告各半承担本次纠纷的民事责任。

赔偿范围及数额的确定，本案赔偿数额应基于原告的诉请以及法律法规合理确定。

据此，一审法院依照《中华人民共和国侵权责任法》第六条第一款、第十六条、第三十二条之规定，判决：一、被告蒋某某、蒋某、钦某某应于判决生效后十日内赔偿原告陈某某医疗费、护理费、营养费、交通费、调查费共计人民币 3 732.40 元；二、被告蔡某浩、蔡某志、何某某应于判决生效后十日内赔偿原告陈某某医疗费、护理费、营养费、交通费、调查费共计人民币 3 732.40 元。

一审判决后，被告蒋某某、蔡某浩不服，提起上诉。二审法院经审理后认为，一审法院认定陈某某摔倒受伤系蒋某某碰撞所致的证据充分，对该认定意见法院予以赞同。由于蒋某某是因蔡某浩与其嬉闹泼水，躲避后退时才撞到陈某某，故蔡某浩与蒋某某对陈某某之伤害后果的发生均有过错，一审法院酌定其两人各半承担本次纠纷的民事责任并无不当。关于各项赔偿费用，一审法院的认定具有事实和法律依据，亦无不当。故此，蒋某某、蒋某、钦某某及蔡某浩、蔡某志、何某某的上诉理由不能成立，法院不予支持，一审判决正确，依法应予维持。需要指出的是，蒋某某、蔡某浩两人在马路上嬉闹的行为存在安全隐患，作为家庭和学校，应给孩子加强安全方面的教育，但作为活泼好动的孩子，此种行为有时亦难以完全避免，若因此发生事故时，作为父母也不要过多地给予孩子以指责，而要培养孩子实事求是的精神和勇于担当的人生态度，否则，即便一时回避了责任，也会在孩子内心留下自责愧疚的阴影，从而影响孩子身心的全面健康发展。据此，二审法院根据《中华人民共和国民事诉讼法》第一百七十条第一款第(一)项之规定，判决驳回上诉，维持原判。

点 评

本案系一起因未成年人街头打闹撞倒老人引发的侵权损害赔偿案件。本案的难点在于，在证明是否存在侵权的过程中除了当事人及证人的陈述外没有任何其他证据的情况下，法官如何对老人受伤的损害后果与小孩打闹碰撞行为之间的因果关系作出判断。

本案中涉及侵权过程的证据包括三名当事人的陈述和六名证人的证言，既有事发后在公安机关所做的笔录，也有在庭审阶段所作的陈述或证词，但绝大多数证人证言均指向原告摔倒之前被告之间存在打闹、躲闪行为以及原告摔倒后与被告之间的争执行为，对被告碰撞原告这一要件事实缺少直接有力的证据证明。承办法官抓住了原被告事后发生争执这一细节，从多个证人证言及原被告陈述的情况中，梳理出被告曾向原告解释为何会碰撞到她的原因这一节事实，并根据常理推知被告当场已承认了其碰撞原告的事实。让承办法官进一步形成内心确信的，是其他关联事实都合理地佐证了被告碰撞原告这一要件事实的发生。一是被告在不同场合的陈述中均承认碰到了人，这是侵权发生的先决条件；二是被告陈述碰撞发生时其与原告之间尚隔着一个人，而在证人朱某某的证言中指出其当时正处于原被告之间，并在被告后退时进行了避让并进而导致被告碰撞到原告，两项证据形成了相互印证；三是碰撞发生时原被告之间的位置以及被告的后退方向都不能排除被告碰到原告的可能性。至此，承办法官对案件事实的内心确信已经达到了高度盖然性的程度。最后，根据证据规则，被告不能就其碰撞到其他人或原告的摔倒是其他原因导致进行证明，承办法官根据现有证据已足以对被告与原告之间的侵权事实作出认定。

本案与此前引发“老人摔倒后扶与不扶”讨论的热点案件有一定的相似性，本案的公正审理在一定程度上也对社会关注予以了回应。本案还有一个特别值得关注的地方，即被告及不少证人均为未成年人，本案进行了三次公开开庭审理，通过法官的严谨、慎重梳理和公正判决，较好地发挥了司法过程对未成年人的教育和引导作用，对路面打闹追逐行为的危险性和违法性予以善意的警示，也对未成年孩子养成实事求是和勇于担当的人生态度予以了适当的引导。

案例提供单位：上海市长宁区人民法院

编写人：顾薛磊　冯小琳

点评人：席建林

25. 张甲诉张乙生命权纠纷案

——近亲属间死亡赔偿请求权的支持与限制

案 情

原告张甲

被告张乙

原、被告系兄妹关系。方某系原、被告母亲。2014 年 5 月 31 日 12 时，被告驾驶电动自行车（后乘坐方某）载方某去医院就诊途中，在被告准备停车时，因操作不当摔倒，造成被告、方某受伤。当日，方某入院治疗，2014 年 7 月 11 日方某出院，出院小结中记载诊疗经过：经治疗，患者颅内病情渐稳定，顶叶血肿逐渐吸收，神志有所好转。但患者出现左下肢明显肿胀，经血管超声检查后考虑为深静脉血栓形成，请普外科、介入科等相关科室会诊，建议进一步介入取栓治疗。家属拒绝有创性治疗，要求保守，予以血栓通等扩血管治疗。肝功能增高，予以保肝治疗。目前患者左下肢肿胀明显好转，肝功能较前好转，家属要求出院，拒绝继续住院治疗，予以今日自动出院。出院后，方某由原告照顾。2014 年 8 月 14 日，方某死亡。居民死亡殡葬证中死亡原因载明：各种疾病死亡。

原告诉称，方某系原、被告的母亲。2014 年 5 月 31 日，被告驾驶电动自行车发生交通事故，导致坐在车后的方某受伤，经抢救无效死亡。原告认为方某的死亡系被告造成，被告应赔偿原告死亡赔偿金等损失的一半，共计 31 万余元。

被告辩称，请求法院驳回原告的诉讼请求。根据原告提供的证据，方某死亡原因系各种疾病死亡，并非交通事故造成，同时在方某死亡后也并未进行尸检，故无法确定死因。即使方某的死亡与交通事故有一定关系，原告的诉讼也不符合法律规定，如果作为侵权案件，被告并未侵害原告；如果作为继承案件，原、被告均为法定继承人，同时原告的外婆还健在，也系法定继承人之一。在本案事发前被告去敬老院看望母亲，工作人员告知被告方某摔了一跤，被告是在送母亲去医院检查的路上发生单车事故，母亲摔成颅脑外伤，被告骨折，因为是自己人，所以事发后并没有报警。

审 判

一审法院经审理后认为，本案的争议焦点有两项：1.方某的死亡是否由被告行为所导致？2.原告的请求是否应当得到支持？

原告认为，被告驾驶电动自行车发生交通事故，导致坐在车后的双方母亲方某受伤，经抢救无效死亡，被告应赔偿原告死亡赔偿金等损失的一半。被告认为，母亲方某的死亡并非交通事故受伤造成，即使与交通事故有一定关系，原告的起诉也无法律依据。

关于争议焦点一：法院认为，根据查明的事实，2014年5月31日被告驾驶电动自行车（后载母亲方某）发生单车事故，造成方某受伤。当日，方某入院治疗后于同年7月11日出院，出院小结中记载，经治疗，患者颅内病情渐稳定，顶叶血肿逐渐吸收，神志有所好转。因此方某在单车事故发生以后经治疗，病情稳定身体趋于健康，在方某出院后其一直由原告负责照顾，2014年8月14日方某死亡，但在居民死亡殡葬证中死亡原因载明为各种疾病死亡，同时方某在死亡后也并未进行尸检，故方某的具体死亡原因无法确定。因此，现有证据不能证明方某的死亡系交通事故受伤直接造成。

关于争议焦点二：即使方某的死亡与交通事故所受伤害存在一定的因果关系，原告的起诉亦难以得到支持。被告作为女儿，事发当日系因母亲生病而驾驶电动自行车带母亲到医院治疗，被告的行为系为母亲的健康利益而为。电动自行车载人有一定的不安全性，方某也系自愿乘坐女儿的电动自行车，自身也存在过错，自担这一生活中的风险，不慎发生交通事故摔倒而导致的后果，系被告无心之过，对于发生的损害后果母亲本人应共同承受。同时母亲方某生前也未表达要起诉被告或委托他人起诉被告的意思表示，原告起诉被告要求赔偿死亡赔偿金、精神损害抚慰金等损失，无法律依据。再者，即使母亲死亡与交通事故摔伤有关，作为女儿，被告既是侵权人，也同原告一样系方某的第一顺序继承人，也具有请求权人资格，权利义务同归于一人使损害赔偿请求已无实现可能或必要。

综上，一审法院依照《中华人民共和国民法通则》第五条、《中华人民共和国侵权责任法》第三条、《中华人民共和国民事诉讼法》第六十四条第一款、第一百四十二条之规定，判决驳回原告的诉讼请求。

一审宣判后，原、被告均未上诉，一审判决已经发生法律效力。

点 评

本案涉及直系亲属间因一方的过失行为导致另一方死亡，同为第一顺序继承人的其他近亲属是否享有赔偿请求权。由于法律对此未作明确规定，审判实践中争议较大。本案从侵权民事责任的功能、行为人行为的过错程度、传统亲情伦理的传承和社会公序良俗维护等角度出发，综合考虑了相关的价值取向，最终驳回了原告的诉讼请求。为当前法院处理此类纠纷,提供了很有价值的审理思路。

被告是死者的女儿,驾驶电动自行车载着生病的母亲去医院看病,途中发生单车事故,造成其母受伤,后经医院治疗,病情稳定出院,时隔两个多月后死亡,具体死亡原因不明。原告作为死者的儿子,起诉要求被告承担民事赔偿责任。此类情况要不要赔偿,成为摆在法院面前的一道难题,虽然无证据证明母亲的死亡,是由被告的交通事故行为所直接造成的,但是,被告的行为确实存在过错,也是造成死者死亡的原因之一,据此而言,似乎判决赔偿也有一定的法律依据。但是,原被告是近亲属,均是死者的第一顺序继承人,如果侵权损害赔偿成立,被告既是侵权人,同时也是权利人,权利义务归于一体,也使得赔偿不具有操作性。本案的判决,着重考虑了这是一起特殊的侵权损害赔偿纠纷,从而确定请求权基础,不能局限于侵权损害赔偿的一般构成要件,还需要与侵权人是否具有主观故意的过错、准予赔偿能否体现侵权法的惩罚、教育、预防、补偿功能、是否与社会主义道德风尚相违背等因素相结合,综合考虑确定。通过对侵权民事责任的正义价值及功能价值的充分考虑,并结合本案的实际情况,一审法院认为侵权人因一般过失造成了母亲死亡的损害过果,其他近亲属不得据此提出损害赔偿,这是正确的。审理关于近亲属间的死亡赔偿请求权应该得到限制性支持,应只有在加害人故意伤害直系亲属的情况下,或者加害行为发生在非直系亲属之间,其近亲属才能提起侵权损害赔偿。直系血亲间的生命传承、情感依赖等亲情价值远大于侵权责任中的矫正正义之价值,以及本案原告未积极履行其应尽的赡养义务,反而要求尽了积极赡养义务的被告,因一般过失而造成的后果,支付死亡赔偿金和精神损害抚慰金,也有违社会公德和公序良俗等观点,值得人们思考。本案的处理维护了社会的公平正义。

案例编写单位:上海市金山区人民法院
编写人:陈宝勇　丁秀峰
点评人:吴　薇

26. 张某等诉仲量联行测量师事务所（上海）有限公司生命权纠纷案

——公共场所管理人的安全保障义务及侵权认定

案 情

原告（上诉人）张某

原告（上诉人）刘某

被告（被上诉人）仲量联行测量师事务所（上海）有限公司

2012 年 12 月 18 日 20 时，两原告之女张某某进入上海市南京西路“南证大厦”副楼。次日凌晨，张某某被发现于“南证大厦”附近死亡。公安勘验后认定张某某系从“南证大厦”11 楼平台高坠，勘验结论为：高坠死亡，排除他杀。

“南证大厦”由主、副楼组成，副楼共 10 层，内部经营业态包括商场、办公、餐饮、娱乐，被告系该物业管理者。张某某高坠地点为设备平台区，平台上设置冷却塔和管道等，平台四周设有水泥防护墙和不锈钢栏杆，防护墙和栏杆的总高度约 1.6 米。

2012 年 12 月 18 日下午，原告刘某曾接到一女子电话，该女子要求与张某某母亲沟通，因语言不通，通话未有实质内容，原告刘某将电话挂断。当晚 20 时左右，原告刘某又接到一名自称出租车司机的男子电话，称张某某让其联系家人，但刘某未予理睬而挂断电话。紧接着刘某感到不安，遂按来电显示分别给前述女子和司机去电，女子反映张某某失恋，情绪低落，已由朋友送至上海。司机反映张某某神态有些异常，似乎要寻短见，当原告刘某要求司机采取一些措施时，司机表示张某某已下车较长时间了。

原告诉称，根据监控录像，张某某进入“南证大厦”副楼时已是下班时间，其进出行为明显不正常，被告保安未主动对其进行询问和阻拦；同时，张某某通向设备平台需经过消防通道，被告未将消防通道至平台的房门锁闭；此外，设备平台存在冷却塔和管道，属于危险区域，被告未设置警示标志。上述三点疏忽构成了法律上的过错，且与张某某坠亡之间具有因果关系，据此诉请要求被告承担死亡赔偿金等损失。

被告辩称,“南证大厦”内部存在多业态经营,被告负责管理办公楼。根据现场调查及事后了解情况,被告无法控制或制止该起意外事件发生,对两原告之女的死亡不存在过错,不同意承担赔偿责任。

审判

一审法院经审理后认为,本案涉及不作为侵权之诉,被告是否应当承担赔偿责任,应以其是否违反法定或约定义务为前提。首先,从合同角度分析,被告作为商厦的物业服务提供者,与商厦业主之间存在物业服务合同关系,业主可基于合同约定要求被告在发生安全隐患等异常情况时及时作为,履行有关的安全保障义务,但本案中的张某某并非商厦业主,其与被告之间不存在物业服务合同关系。对被告而言,张某某系不特定的第三人,两原告主张被告未在监控视频中及时发现异常情况并上前询问、劝阻以排除有关隐患,暂不论该主张是否有证据充分支持,仅从权利主体角度来看,即使被告未履行上述义务而引发损害后果,相应的权利人应是遭受利益损害的业主而非不特定的第三人。

其次,从法定义务角度分析,侵权责任法所规定的一般安全保障义务,具体是指宾馆、商场、银行、车站、娱乐场所等公共场所的管理人或者群众性活动的组织者应尽合理限度范围内的使他人免受损害的义务,该义务表现形式为一种积极的作为义务,义务内容包括“人”和“物”两方面,合理限度范围应综合考虑理性人的一般价值观念、场所或活动的性质、义务人与他人之间联系的紧密程度等方面来予以确定。从“人”方面的安全保障义务来看,该义务是指应配备适当的人员为进入公共场所或者群众性活动中的他人提供免受第三人侵害的保障,本案中,事发地为多业态经营的商厦,安全保障义务人为被告,张某某为他人,根据查明事实,并不存在第三人侵害张某某之情形。进一步说,即使存在被告未及时发现张某某数次进出电梯以及出现在平台等两原告认为不应出现的地方,继而未能及时进行询问、劝阻的情形时,要求被告履行该义务的主体是被询问者(本案中为张某某)之外的其余可能遭受侵害的不特定第三人,张某某自身并非上述权利的主体。

从“物”方面的安全保障义务来看,该义务是指对于所控制、管理场所的设施设备等负有保障安全运行和损害防免的积极作为义务。本案中的“物”涉及冷却塔及管道、通往平台的房门、平台四周的安全维护设施。对于冷却塔和管道,原告主张冷却塔属于特种设备,该设备的存在使平台成为危险区域,但未提供相应依据。进一步说,即使该设备属于特种设备以及存在某种危险性,被告未尽警示和劝止义务,由于原告系高坠身亡,其死亡原因与设备本身并不具有因果关系,两原告据此要求被告承担赔偿责任缺乏依据。对于通往平台的房门,因事发地点位于消防通道所连接的平台层,根据我国消防法相关规定,消防疏散通道应保持畅通,原告主张应当将房门锁闭,但未就该主张提供相关法律依据,即使存在该规定,因平台四周建有防护墙,且高坠处加设防护栏杆,已具备相应安全防护条件,张某某进入平台,若正常行走不会发生坠亡,其死亡与房门是否锁闭及平台设施安全性之间不存在因果关系。

综上所述,两原告以被告未尽安全保障义务为由要求其承担赔偿责任缺乏事实和法律依据,法院不予支持。实质上,两原告要求被告保安所履行的询问、劝阻等救助义务属于一种道德义务,根据我国民法理论和实践,本案中的救助义务尚不属于法定义务范畴,不具有可归责性。一审法院根据《中华人民共和国侵权责任法》第六条第一款、第三十七条,《中华人民共和国消防法》第十六条第一款第(四)项,《最高人民法院关于民事诉讼证据的若干规定》第二条之规定,判决:对原告张某、刘某的全部诉讼请求不予支持。

一审判决后,两原告不服一审判决,提起上诉称,被上诉人管理的是多业态经营的大楼,其应当是经营者角色,应对进出该大楼的所有人员都有特定的安全保障义务。根据公安机关提供的视频显示张某某在晚上20时44分至21时3分多次出现在几部电梯里,这有违常理。在短短的时间频繁进出办公区域,被上诉人设有安保措施,可以推定被上诉人当时已经发现了这个情况,但被上诉人没有采取措施,被上诉人的疏漏行为与死者的死亡之间有一定的因果关系。一审法院认定事发平台上有1.6米的栏杆,但1.6米的栏杆没有阻挡死亡结果,是因为通向平台的门没有关闭。事发现场是具有一定危险性的场所,其放置整个大楼中央空调等设施,通常情况下外人不能进入该场所,被上诉人在此方面存在过错,应承担与它管理疏漏相匹配的责任。请求二审法院撤销一审判决,依法改判支持上诉人一审诉讼请求。

被上诉人答辩称,被上诉人在此次事件中不存有过错。作为物业管理人,承担的所谓安全保障义务,是要符合合理理性的价值观念,本商场是多业态经营的场所,是完全对外开放的,经营时间非常不固定,本案被上诉人没有上前询问、劝阻的法定义务。张某某不是业主方,因此不是物业服务的相对方。公安机关的笔录反映张某某在事故发生前有轻生的迹象,不相干的出租车司机在事发前都发现了该现象。本案事发地有1.6米栏杆,本案的发生是张某某故意的行为,侵权责任法规定故意行为发生的损害结果,不应由被上诉人承担责任。上诉人认为张某某进入的是危险区域,但本案是高坠事故,并非相关设备、设施存在的安全隐患所致,被上诉人与受害人的死亡没有因果关系。

二审法院认定的事实与一审法院一致。

二审法院经审理后认为,当事人对自己提出的诉讼请求所依据的事实或者反驳对方诉讼请求所依据的事实,有责任提供证据加以证明。没有证据或者证据不足以证明当事人的事实主张的,由负有举证责任的当事人承担不利后果。一审法院根据双方当事人的诉辩、提交的证据对本案事实进行了认定,并在此基础上依法作出一审判决,合法合理,理由阐述充分,法院不再赘述。上诉人主张一审认定事实不清,请求二审法院撤销一审判决,依法改判其上诉请求,但其在二审中没有新的事实与理由,也没有新证据佐证自己的主张。法院认可原审法院对事实的分析认定及对相关法律法规的理解与适用,上诉人的主张均缺乏事实及法律依据,故对其上诉请求,法院难以支持。综上所述,一审认定事实清楚,判决并无不当。据此,二审法院依照《中华人民共和国民事诉讼法》第一百七十条第一款第(一)项之规定,判决驳回上诉,维持原判。

点 评

本案是一起因原告之女在被告管理的物业内坠落死亡,原告要求被告承担赔偿责任的诉讼,涉及公共场所管理人安全保障义务的界定。

《中华人民共和国侵权责任法》第三十七条规定,宾馆、商场、银行、车站、娱乐场所等公共场所的管理人或者群众性活动的组织者,未尽到安全保障义务,造成他人损害的,应当承担侵权责任。安全保障义务是一项法定的义务,判断公共场所管理人是否因违反该义务而承担侵权责任,应当从管理人是否尽到合理范围内的安全保障义务、损害后果的发生与未尽安全保障义务有无因果关系来进行判断。本案原告之女已死亡,损害后果客观发生,那么被告作为原告之女死亡发生地的场所管理人,有无任何法定应尽义务而未履行,造成了原告的损害后果,是否应当承担侵权赔偿责任?答案是否定的。首先,原告之女的死亡,不是第三人加害,不存在被告疏于防范的过错。也不是被告自身的物品和人员由于管理不当,对原告之女直接造成了损害。从查明的事实来看,损害后果显然与死者自身的行为有关,被告作为一个公共场所的管理人,对于死者自身的过错行为并无法定的义务,无论是劝说还是发现异常后阻止的义务,更何况也无证据证明被告应当发现死者的反常举止。其次,从原告主张的关于被告对场所内存在特种设备的平台未设警示标志,未将消防通道至设备平台的房门锁闭,安全防护不够,客观上使得死者坠亡的行为得以发生,具有侵权损害过错来看,存在特种设备的区域,并非就是危险区域,设备平台四周已建有防护墙且高坠处加设防护栏,安全防护措施已建立。而且,死者的死亡原因与平台设施的安全性不存在任何因果关系,因而,法院判决驳回原告要求被告承担损害赔偿责任之诉请,是完全正确的。

近年来,当事人因发生损害后果,要求相关公共场所管理人承担赔偿责任的纠纷比较多，我国侵权责任法规定了公共场所管理人的安全保障义务，但该安全保障义务的保障程度、责任范围，法律并无明确规定，实践中的情况也是纷繁复杂，本案审判，为该类案件裁判提供了很好的思路。

案例提供单位：上海市静安区人民法院

编写人：杨志刚

点评人：吴　薇

27. 方梓某诉方某赠与财产管理权纠纷案

——离异家庭未成年子女财产监护问题

案 情

原告方梓某

被告方某

2010年10月10日,原告的法定代理人成某某与被告登记结婚,2011年12月17日生育一子方梓某,即本案原告。2012年2月5日,被告至中国建设银行股份有限公司上海南方商城支行给原告开立存折,并办理了以原告为户名的一年期整存整取存单,存款金额为28 000元。2013年2月5日,被告母亲周某某持上述存单办理了到期支取手续,支取存款本金28 000元及利息980元,并另行添加1 020元,在该银行办理了以原告为户名的一年期整存整取存单,存款金额为30 000元。2014年2月8日,被告持该存单办理到期支取手续,支取存款30 000元,利息975.90元。2014年2月22日,被告办理了原告存折的注销手续。2014年8月14日,原告的法定代理人成某某向法院提起离婚诉讼。2014年9月10日,经法院主持调解,成某某与被告达成离婚协议,主要内容为:一、成某某与方某自愿离婚;二、双方所生之子方梓某随成某某共同生活,方某自2014年9月起每月支付方梓某抚养费1 500元,至方梓某18周岁时止;探望方式:方某自2014年9月起每月第一周周六9时起至当周周日18时止探望方梓某,交接地点为成某某住所地;三、现在双方各自处财产归各自所有,现在方某处的成某某个人衣物归成某某所有;四、方某自愿于2014年9月25日之前支付成某某财产补偿款30 000元。成某某与被告离婚后,原告随成某某共同生活至今。

诉讼中,原告提供前述离婚案件的庭审笔录1份,在该案庭审中,成某某提出:"以小孩名义开设的建行卡,账户内28 000元希望归小孩所有。"方某称:"我不清楚这张卡,钱我没有拿过,如果要处理的话另案处理。"成某某则称:"同意。"

原告方梓某诉称,被告在原告母亲成某某不知情的情况下,擅自支取了原告户名下的银行存款及利息,并将银行账号销户,侵犯了原告的合法权益。遂诉至法院,请求判令:1.被告返还原告钱款30 975.90元,以及按30 975.90元计,自2014年2月9日起至判决生效之日止,按中国人民银行同期贷款基准利率计算的利息,上述钱款交由原告的法定代理人成某某保管;2.被告方某书面向原告赔礼道歉,并赔偿精神损害抚慰金20 000元。

被告方某辩称,2014年2月8日,被告支取了以原告为户名的银行账款计30 975.90元,并将其中的20 000元交付成某某保管,余款10 975.90元由被告保管,被告并不存在侵犯原告财产权益的行为。被告认为,原告母亲成某某与被告均为原告的法定监护人,对原告的财产均有保管的权利,故不同意原告之诉请。

审判

一审法院经审理后认为,根据法律规定,父母与子女间的关系,不因父母离婚而消除。离婚后,子女无论由父或母直接抚养,仍是父母双方的子女。未成年人的父母是未成年人的监护人。监护人应当履行监护职责,保护被监护人的人身、财产及其他合法权益,除为被监护人的利益外,不得处理被监护人的财产。监护人依法履行监护的权利,受法律保护。监护人不履行监护职责或者侵害被监护人的合法权益的,应当承担责任,给被监护人造成财产损失的,应当赔偿损失。

本案中,首先,就本案所涉的受赠款28 000元,原告的法定代理人成某某与被告表述一致,系成某某亲属与被告亲属看望作为新生儿的原告而赠与的见面礼金,之后成某某与被告将该礼金存入以原告为户名的银行账户,故该见面礼金应视为原告受赠的财产,该财产权益应归属于原告,但原告尚年幼,故该受赠财产应由原告的法定监护人,即原告的法定代理人成某某与被告代为保管;其次,虽原告的法定代理人成某某与被告就原告受赠礼金保管方式未达成过书面协议,但根据存、取款支取凭条,双方实际对原告受赠礼金的保管方式为:开立以原告为户名的银行账户,办理一年期整存整取,到期后续存的储蓄方式。然2014年2月8日,被告办理了以原告为户名的一年期整存整取存单的到期支取手续后,未再办理续存手续,也未办理其他类型的储蓄方式,而变更为现金方式保管,被告未提供证据证明其变更保管原告财产的方式与原告的法定代理人成某某充分协商一致。也未提供证据证明其将提取的钱款中的20 000元交付成某某,且在成某某与方某离婚案件庭审笔录中,被告既未提及其已到期支取了原告名下银行账款30 000元,也未提及将其中的20 000元交付原告的法定代理人成某某。在本案庭审中,被告未对原告财产保管方式的变更作出合理解释。此外,虽目前法律法规未就法定监护人对未成年人财产的保管方式作出规定,但本着未成年人利益最大化的原则,既要确保未成年人财产的安全性,又要尽可能使未成年人财产保值增值,故对未成年人财产的保管不适宜采取激进的风险投资方式,而应采用稳健的保值、增值的方式,目前普通家庭对未成年子女所受赠的礼金(包括过节礼金、生日礼金等)普遍采用储蓄以获取法定孳息的主要保管方式。本案中，原告的法定代理人成某某与被告就原告的受赠礼金即采取了一年期整存整取，到期续存的方式予以保管。被告擅自于 2014 年 2 月 8 日办理了以原告为户名的一年期整存整取存单的到期支取手续，之后办理了以原告为户名的银行账户注销手续，致使原告的财产权益受到损害。根据中国建设银行出具的原告整存、整取凭单，被告应按中国人民银行一年期整存整取基准利率标准赔偿原告利息损失。现原告要求被告返还其钱款 30 975.90 元，合法有据，法院予以支持，原告要求被告支付按中国人民银行同期贷款利率计算的利息损失，显属不妥，法院予以纠正。

未成年人的财产应由其法定监护人保管，如法定监护人未协商或协商未达成一致的，原则上维持原状，仍由原保管的法定监护人保管，而未保管财产的另一方法定监护人有权对该未成年人财产权益进行监督。本案中，虽原告受赠礼金由被告保管至今，但考虑到原告随原告的法定代理人成某某共同生活，且被告有擅自支取原告钱款，造成原告财产经济损失之不当行为，故法院认定原告的受赠礼金现由原告的法定代理人成某某保管更为适宜。庭审中，成某某亦当庭表示，如原告名下钱款由其保管，其亦将继续采取储蓄方式，被告可以予以监督。

根据法律规定，自然人因人格权利遭受非法侵害可以主张精神损害抚慰金。本案中，原告主张请求权基础为财产权利受到侵害，而非人格权利受到侵害，故原告要求被告赔偿精神损害抚慰金的诉讼请求，于法无据，法院不予支持。

据此，一审法院依照《中华人民共和国民法通则》第十六条、第十八条、《最高人民法院贯彻执行〈中华人民共和国民法通则〉若干问题的解释(一)》第十条、《中华人民共和国婚姻法》第三十六条、《最高人民法院关于确定民事侵权精神损害赔偿责任若干问题的解释》第一条的规定，判决：一、被告方某于本判决生效之日起 10 日内返还原告方梓某钱款 30 975.90 元，该款由原告方梓某的法定代理人成某某予以保管；二、被告方某于本判决生效之日起 10 日内支付原告方梓某以 30 975.90 元计，自 2014 年 2 月 9 日起至本判决生效之日止，按中国人民银行一年期整存整取基准利率标准计算的利息，该款由原告方梓某的法定代理人成某某予以保管；三、驳回原告方梓某的其余诉讼请求。

一审判决后，原、被告均未提起上诉，判决已生效。

点 评

本案涉及离婚父母对未成年子女财产的监护问题。现阶段，未成年子女通过继承、受赠或者以法律所允许的其他方式取得收入，往往名下有不菲的独立财产。对未成年子女名下的独立财产，父母作为监护人，当然有管理和处分的权利，但是这种管理和处分，应当是基于维护未成年子女的合法权益的目的。由于父母是未成年子女的共同监护人，因而父母的任何决定，都应当是双方协商一致后的决定。当父母和好、家庭完整时，上述法律规定实施起来并不难，但对于离异家庭，则要复杂得多。虽然父母对子女的爱是始终的，也是人类的天性，通常父母也都是为子女利益考虑的，但是，当婚姻解体，未成年子女长期随一方共同生活后，特别是当离异夫妻矛盾特别尖锐时，双方的想法往往就不能达成一致，如果离异夫妻不能就子女财产监护达成一致，如何确定未成年子女财产的监护主体、监护内容及监护权行使，是审判实践中需要考虑的问题，本案判决就是在遵循现有法律规定，同时又从子女利益最大化原则出发所作出的判决，具有参考价值。

我国婚姻法规定，父母和子女间的关系，不因父母离婚而消除。离婚后，子女无论由父或母哪一方直接抚养，仍是父母双方的子女。离婚后父母对子女仍有抚养和教育的权利和义务。由此可见，未成年子女的父母是未成年子女的监护人，父母离婚，并不会改变这一基于身份关系而形成的权利义务关系。虽然未成年子女可能只随一方共同生活，但是并不影响父母对未成年子女所拥有的共同监护权。当离异夫妻因矛盾尖锐，难以就未成年子女的事项达成一致意见并诉至法院时，法院在确定双方的监护权行使方式时，应当坚持以下的原则：首先，坚持子女利益最大化原则，无论是确定父或母哪一方为未成年子女财产的保管者，还是判断父或母一方处分未成年子女财产的行为的效力，都要坚持这一原则，要从行为是否有利于子女身心健康，是否保障了子女的合法权益进行考虑。其次，如果未成年子女的财产不可能由双方共同保存、管理和处分，法院可以从父或母一方谁更有利于管理未成年子女的财产这一角度去考虑、确定具体管理人。再次，虽然未成年子女的财产可由父或母一方保存、管理，但是父或母另一方享有监督的权利，如果发现父或母有侵害子女利益的行为，则不仅可以予以制止，也可向法院起诉，要求变更未成年子女财产的管理人。

案例提供单位：上海市闵行区人民法院

编写人：李　欣　张　慧

点评人：吴　薇

28. 秦玉某、周双某与周某关于申请变更监护人案

——法定监护人不尽抚养义务被剥夺监护权

案情

申请人秦玉某

申请人周双某

被申请人周某

秦玉某、周双某系夫妻关系，1978年6月领养了周某。1999年至2000年，秦玉某、周双某因周某吸食毒品屡教不改并偷拿家中财物导致矛盾激化，双方于2000年11月21日经上海市长宁区人民法院主持调解，解除了秦玉某、周双某与周某之间养父母与养女关系，双方就没有了联系。2005年3月23日，周某在外非婚生育一女，取名周某某。2005年6月，周某找到秦玉某、周双某希望能暂时代为照顾周某某。但当老两口接手孩子后，周某每年只是偶尔来看看孩子，也未支付过抚养费。自2013年2月起，周某未再看望过周某某，也未履行抚养义务，经秦玉某、周双某多次电话联系，仍无法联系到被申请人周某。

另查，周某某现就读于上海市某小学四年级，成绩优良，但因被申请人消极履行监护职责，未能办理户籍。

法院在审理期间委托上海市阳光社区青少年事务中心长宁工作站进行社会观护。社会观护员反映：周某某自幼由两申请人照顾，被申请人偶尔回家一次。现一年多没有回家或者联系周某某。平时由申请人周双某负责接送周某某，课余经常带周某某去各种游乐场所和公园，申请人秦玉某负责周某某的饮食起居和学习。周某某明确表示希望和两申请人生活在一起，不喜欢母亲周某。因为周某下落不明以及消极处理周某某的户籍问题，导致周某某目前处于没有户籍、没有医保的状况，亦增加了两申请人的经济负担。社会观护员建议从保障未成年人权益出发，由两申请人担任周某某的监护人为宜。

审 判

一审法院经审理后认为,父母是未成年子女的法定监护人,有保护被监护人的身体健康、照顾被监护人的生活、管理和保护被监护人的财产等义务。当父母不履行监护职责或者侵害被监护人的合法权益时,人民法院可以依据有关单位和人员的申请,撤销监护人的资格,变更监护人。本案中,两申请人虽为年迈老人,且与未成年人周某某无法律关系、无抚养义务,但出于对未成年人的关爱之情,长期抚养周某某,与未成年人周某某形成密切之关系,经所在居民委员会同意,有权向人民法院提出撤销周某的监护人资格。而在周某某的生父尚不明确的情况下,生母周某作为唯一法定监护人不亲身切实履行抚养周某某的义务,不承担抚养费用,甚至在近一年多的时间里,长期不看望周某某,音讯全无,符合了不履行监护职责的情况,未能有效履行抚养未成年人的义务,不宜再担任周某某的监护人。鉴于两申请人长期抚养周某某,具有抚养能力,双方形成亲密抚养关系,且相关证据亦表明未成年人周某某在两申请人的照顾下成长状况良好,学习成绩优良,可以认为两申请人具备监护周某某的资格和条件。从对未成年人"特殊、优先"保护原则和"儿童利益最大化"原则考虑,由两申请人取得监护权后,有利于更好地保护未成年人周某某的生存权、受教育权等权利。因此确认两申请人的申请有事实和法律依据,法院予以准许。

法院在此向周某特别指出,每个孩子成长之路都离不开父母的陪伴,尤其是在父亲缺位的情况下,母亲更应承担更多的抚养义务。在自身抚养能力有限的情况下,亦应尽力多花时间探望孩子,加强沟通交流,陪伴孩子成长。而目前未成年人周某某的身心健康状况,亦表明其需要母亲的陪伴和呵护,故法院希望周某能尽快回到周某某的身边,履行母亲的责任。

据此,一审法院依照《中华人民共和国民法通则》第十六条第一款、第二款第三项、第十八条、《中华人民共和国未成年人保护法》第五十三条、《最高人民法院关于贯彻执行〈中华人民共和国民法通则〉若干问题的意见(试行)》第二十条、《中华人民共和国民事诉讼法》第一百四十四条之规定,判决:一、撤销被申请人周某的监护人资格;二、变更申请人秦玉某、周双某为被监护人周某某的监护人。

由于本案依法适用特别程序审理,一审判决即为终审判决。

点 评

本案是一起监护权纠纷案,也是上海市首例法定监护人因不履行抚养义务被剥夺监护权的案例。长期以来我国将未成年人的监护责任归于父母家庭,国家和社会较少主动干预家庭对未成年人的侵害行为,即使发生法定监护人缺失或者过世的现象，也一般由近亲属或者家族出面干预，国家监护职责的感念相对淡化。父母作为未成年人的法定监护人，《中华人民共和国民法通则》虽然早就规定，监护人不履行监护职责或严重侵害未成年人合法权益的可以依法申请撤销其监护资格，但是实践中囿于传统观念，申请撤销并判决剥夺父母监护人资格的案例在中国还是罕有耳闻的。

近些年来，随着社会经济的发展，文明的进步，法治观念深入人心，未成年人合法权益保护的问题越来越受到社会各界的关心和重视。特别“南京饿死儿童”事件这一社会悲剧的发生，更是引发了大众对在监护人履责缺位情况下未成年人合法权益如何保护这一社会问题的严重关切。在此事件的推动下，2014 年最高人民法院、最高人民检察院、公安部、民政部联合出台了《关于依法处理监护人侵害未成年人权益行为若干问题的意见》（以下简称《意见》）。本案虽然发生在《意见》出台前，但是无论是处理的原则、方法以及审理结果无不符合相关法律以及《意见》的相关规定，特别是在案件审理过程中成功地引入第三方社会关护制度是本案的一大亮点，由社会观护员对涉案未成年人的个人情况、家庭情况、学习情况以及权益保护现状等进行社会调查，案件审结后对未成年人进行回访观护，对本案的正确裁判以及未成年人今后的身心健康成长均发挥了积极作用。整个案件的处理过程彻底贯彻了未成年人最大利益原则，堪称今后此类案件处理的一个典型判例。

案例提供单位：上海市长宁区人民法院
编写人：顾薛磊
点评人：席建林

29. 黄某某诉屠振某等法定继承纠纷案

——法定继承纠纷案件中人民调解协议效力认定之探讨

案情

原告(上诉人)黄某某

被告(被上诉人)屠振某

被告(被上诉人)屠兰某

第三人朱某某

第三人徐某某

第三人张某某

第三人屠某某

原告黄某某与黄金某于1981年12月2日登记结婚,黄金某系再婚。婚后,原告黄某某、黄金某及黄金某与前夫所生一子一女即本案被告屠振某、屠兰某共同生活。之后,四人共同居住在位于上海市奉贤区奉城镇城东村某号的宅基地房屋中,被告屠振某、第三人屠某某结婚后亦居住于上述房屋中,该房屋宅基地使用证户主为黄金某,权利人为黄金某、黄某某、屠振某。上述房屋的部分于2004年第一次拆迁,安置获得位于上海市奉贤区奉城镇某花苑1号202室的房屋一套,于2009年办理产权证,产权人为黄金某。2008年,上述房屋的其余部分再次拆迁,黄金某于2008年3月17日签订了拆迁补偿协议,后安置获得上海市奉贤区奉城镇兰博路某小区4号102室、4号301室、2号301室房屋三套。

黄金某于2010年4月7日死亡后,原、被告三人因房屋分配产生矛盾,遂于2010年5月18日在上海市奉贤区奉城镇城东村人民调解委员会主持下,达成调解协议如下:"某花苑61平方米归屠兰某所有;某小区94平方米(301)归屠振某所有;某小区94平方米(102)归黄某某所有;某花苑61平方米产权过户由屠兰某负责……"协议签订后,被告屠兰某未办理某花苑房屋产权变更手续,该房权利人仍登记为黄金某,现无人居住,由两被告保管房屋钥匙。

后原告黄某某、被告屠振某再次因房产分配产生矛盾,双方及第三人屠某某遂于2011年10月21日在上海市奉贤区奉城镇城东村人民调解委员会主持下达成调解协议如下:"奉城镇某小区2幢4单元301室94.37平方米房屋产权归屠振某所有;奉城镇某小区 1 幢 2 单元 301 室 94.14 平方米房屋产权归黄某某所有;奉城镇某小区 2 幢 4 单元 102 室 94.03 平方米经双方同意折价人民币 47 万元,屠振某付黄某某 23.5 万元,先付 5 万元,余款 18.5 万元保证 11 月底付清给黄某某。但 2 幢 4 单元 102 室预售合同放在黄某某处,等余额款付清后交给屠振某……"协议签订后,被告屠振某支付原告黄某某房屋折价款 50 000 元,尚有 185 000 元折价款未付清。2012 年 9 月,原告黄某某取得奉贤区奉城镇兰博路某小区 2 号 301 室房屋产权,且原告在庭审中表示该套房屋由其与第三人张某某签订房屋买卖协议,后双方产生合同纠纷,现该房屋由第三人张某某居住,两被告对此未有否认。2012 年 9 月,被告屠振某及第三人屠某某取得奉贤区奉城镇兰博路某小区 4 号 102 室房屋产权,现该房由被告屠振某、第三人屠某某家庭共同居住。2012 年 11 月,第三人朱某某、徐某某从被告屠振某处买受取得奉贤区奉城镇兰博路某小区 4 号 301 室房屋产权,买卖合同价款由被告屠振某获得。

原告黄某某诉称,两份调解协议违反继承法规定且侵害自己及被告屠兰某的权益,系无效协议,要求依法继承分割上述四套房产。

被告屠振某辩称,要求按照有居住权的人数分配房屋,其在签订第二份协议后已支付原告黄某某房屋折价款人民币 50 000 元,但不愿再支付剩余款项,请求法院依法处理。

被告屠兰某辩称,2010 年原、被告三人在村里签协议,其分得 2004 年拆迁安置的某花苑房屋,原告黄某某、被告屠振某各分得 2008 年拆迁安置的两套房子中的一套。其未参与 2011 年的调解协议,但其认可黄某某和屠振某的协议,并不主张该三套房子中的权利,只主张 2010 年协议中分给其的某花苑的房屋。原、被告对于相关财产的分割已在村里调解完毕,其同意村里的调解方案。

第三人朱某某、徐某某、张某某未提供书面述称意见。

第三人屠某某述称与被告屠振某辩称意见一致。

审 判

一审法院经审理后认为,当事人有权在法律规定的范围内处分自己的民事权利,民事法律行为从成立时具有法律约束力。行为人非依法律规定或者未取得对方同意,不得擅自变更或者解除。本案被继承人黄金某死亡后,未留有遗嘱和遗赠抚养协议,故作为第一顺序继承人的原、被告应当按照法律规定继承遗产,但必须分清家庭共同财产、夫妻共同财产及遗产的范围。原、被告及第三人屠某某后因分割财产产生纠纷,经基层人民调解委员会调解,先后签订了两份调解协议书,该行为可视为原、被告及第三人屠某某对家庭共同财产分割和遗产继承的合并处分。由庭审查明事实可知,协议内容均是各方真实意思表示,亦不存在协议无效的相关情形，且被告屠兰某对原告黄某某、被告屠振某、第三人屠某某于2011年10月21日签订的协议予以追认，故上述两份协议均合法有效，双方均应依法履行。原告认为协议无效的理由及要求重新依法分割继承相关财产的诉讼请求，因缺乏相应的事实和法律依据，法院难以采信和支持。故一审法院依照《中华人民共和国民法通则》第五十四条、第五十七条、第七十六条，《中华人民共和国继承法》第十五条、第二十六条，《中华人民共和国合同法》第四十四条、第五十一条，《中华人民共和国民事诉讼法》第十三条第二款、第六十四条第一款、第一百四十四条的规定，判决：一、原告黄某某与被告屠振某、屠兰某于2010年5月18日签订的人民调解协议书及原告黄某某与被告屠振某、第三人屠某某于2011年10月21日签订的人民调解协议书均合法有效；二、位于上海市奉贤区奉城镇兰博路某小区2号301室的房屋归原告黄某某所有；三、位于上海市奉贤区某花苑1号202室的房屋归被告屠兰某所有；四、位于上海市奉贤区奉城镇兰博路某小区4号102室的房屋归被告屠振某及第三人屠某某所有；五、位于上海市奉贤区兰博路某小区4号301室的房屋转让价款归被告屠振某所有；六、被告屠振某在判决生效之日起十日内给付原告黄某某上海市奉贤区兰博路某小区4号102室房屋的折价款185 000元。

一审判决后，原告黄某某不服，以一审相同的理由提起上诉。二审法院查明事实与一审相同，判决驳回上诉，维持原判。

点评

人民调解协议是在人民调解组织的组织下，双方当事人自愿达成的协议。2011年1月1日起施行的《中华人民共和国人民调解法》首次以法律形式肯定了人民调解协议的司法确认制度，终结了人民调解协议不具有司法强制执行力的尴尬局面，但是在审判实践中仍然存在着较多的虽经人民调解组织达成调解但未经司法确认的调解协议，对此类调解协议的效力仍需人民法院在具体案件的诉讼过程中根据诉请或案情需要依法进行认定。本案作为一起当事人之间就遗产分割存在调解协议的法定继承纠纷，作出正确判决的前提就是对调解协议的有效与否作出认定，本案法官在依法认定调解协议有效的基础上，并未简单地驳回原告的诉请，而是依据协议对遗产在当事人之间进行了分割，既明确了遗产权利归属，又避免了当事人要求履行协议的讼累。其做法值得称赞。

案例提供单位：上海市奉贤区人民法院

编写人：周艳华

点评人：席建林

30. 凌某某诉李某某离婚纠纷案

——已部分履行的附条件离婚财产分割协议效力认定及适用法律确有错误再审事由的判断

案 情

原告(被上诉人、再审申请人)凌某某

被告(上诉人、再审被申请人)李某某

凌某某与李某某于 1999 年 1 月 22 日登记结婚,婚后未生育子女。双方分居多年后,于 2005 年 9 月 27 日签订《离婚协议书》,对双方婚前、婚后设立的 15 家公司的股权(其中两家公司的股东为凌某某与李某某,其余公司股东涉及案外人)、名下 12 套房产以及其他财产、债权、债务等进行了分割。该协议由凌某某与李某某签名确认,相关公司涉及的案外人股东未签章确认。协议签订后,双方依约变更了明园集团、明光公司、东北明园公司的股权登记,但其余公司未作变更,且离婚手续迟迟未办理。

2012 年,原告凌某某诉至法院称,要求与李某某离婚,依法分割双方名下的不动产,其他财产另案处理。

被告李某某辩称,若离婚,应按照 2005 年双方签订的《离婚协议书》履行,要求对双方名下所有的公司股权和不动产等一并处理,否则不同意离婚。

审 判

一审法院经审理后认为,双方感情已破裂,凌某某要求离婚的诉请应予准许。关于不动产的处理,双方婚前购买的房产应归各自所有;双方婚后购置的不动产,由法院综合双方意见酌情判处。李某某要求按照双方于 2005 年签订的《离婚协议书》将涉及案外人利益的十余家公司的股权在本案中一并处理,因为相关的十余家公司股权的分割涉及案外股东的利益,且众多的股东并未在原、被告达成的《离婚协议书》上签章确认,故李某某的上述主张不予准许,相关的权利人可另行通过协商或诉讼解决争议。对于股东仅为双方当事人的两家公司的股权,因未经必要审计,故亦不在本案中处理。据此,一审法院依据《中华人民共和国婚姻法》第十八条、第三十二条、第三十九条、《中华人民共和国民事诉讼法》第一百四十四条之规定，判决准许凌某某与李某某离婚，对讼争房产依法分割。

李某某不服一审判决，上诉称，双方根据《离婚协议书》已分割的公司股权应予以确认。该协议书系双方真实意思表示，在诉讼中，亦均认可其真实性并对已履行的部分予以确认；协议书充分考虑了双方各自利益、对共同财产的贡献以及公司经营等各方面因素。且该些已分割的股权不涉及案外人的利益，故要求法院确认双方在明园集团、明光公司以及东北明园公司的股权份额。

凌某某辩称，双方签订的《离婚协议书》不能作为财产分割的依据。双方在签订协议后，未按照约定将财产分割完毕再去办理离婚登记。只有在涉及该协议的所有财产都分割完毕后，才能认定该离婚协议履行完毕，现只部分履行，所以不能按该协议予以认定。一审法院判决正确，故要求驳回上诉，维持原判。

二审法院认定的事实与一审基本一致。

二审法院另查明，双方当事人于 2005 年 9 月 27 日签订的《离婚协议书》第三条列出了双方于婚前及婚后设立的公司清单，并就该些公司中由一方/双方持有或与其有关的股份双方就分割比例予以明确。协议签订后，双方名下三家公司分别于 2005 年 12 月 13 日、2006 年 3 月 31 日、2006 年 6 月 20 日出具股东会决议，载明上述公司的股权变更情况，同时明确凌某某与李某某分别占有公司股权的比例，上述股东会决议均已经工商登记备案。

二审法院再查明，涉案五家公司登记设立的相关事实。另外，双方当事人在一审审理期间，就本案涉讼三家公司的股权依变更情况作出一致确认。

二审法院经审理后认为，《最高人民法院关于适用〈中华人民共和国婚姻法〉若干问题的解释（三）》（以下简称《婚姻法司法解释（三）》）第十四条规定，当事人达成的以登记离婚或者到人民法院协议离婚为条件的财产分割协议，如果双方协议离婚未成，一方在离婚诉讼中反悔的，人民法院应当认定该财产分割协议没有生效，并根据实际情况依法对夫妻共同财产进行分割。但双方当事人不仅在《离婚协议书》中约定相关股权变更手续办理完毕后再办理离婚登记，而且已经根据协议就三家公司的股权变更办理了工商登记，故上述司法解释并不适用于本案涉讼相关公司的股权变更。《离婚协议书》签订后，双方因客观因素未办理离婚登记，依现状确认双方三家公司的股权与案外人无涉，故李某某的上诉请求应予支持。至于《离婚协议书》涉及的其他公司股权，当事人可另行予以解决。据此，二审法院除维持一审判决外，还按照《离婚协议书》约定和公司股权变更登记情况对凌某某与李某某在三家公司的股权份额作出增判。

凌某某不服二审判决，申请再审称，系争《离婚协议书》以登记离婚为生效条件，并且约定履行不成时双方均可依据婚姻法的规定提起离婚及财产分割诉讼。现双方实际并未登记离婚，故《离婚协议书》不发生法律效力。二审法院生效判决认定《离婚协议书》不适用《婚姻法司法解释(三)》第十四条的规定系适用法律错误,故请求依据《中华人民共和国民事诉讼法》第二百条第六项之规定对本案再审。

再审审查法院经审查后认为,本案系争《离婚协议书》应当适用《婚姻法司法解释(三)》第十四条的规定。当事人申请再审的理由成立,故本案指令原审法院再审。

再审审理法院对原一、二审查明的事实予以确认。

再审审理法院经审理后认为,系争《离婚协议书》是凌某某、李某某夫妻双方在婚姻关系存续期间达成的以离婚法律事实出现为条件的财产分割协议。根据《婚姻法司法解释(三)》第十四条的规定,该协议因缺乏"离婚"这一前提和基础而不应发生效力。即使实际发生按照协议内容进行财产分割的事实,亦不能认为协议所附生效条件已经成就。二审判决认为《婚姻法司法解释(三)》第十四条规定不适用于本案,显属不当,应予纠正。一审法院查明事实清楚,判处适当,应予维持。关于双方当事人共同财产中的股权分割,应当按照相关法律规定另行解决。据此作出再审判决,维持一审判决,撤销二审增判部分。

点 评

本案涉及对已部分履行的夫妻共同财产分割协议,在诉讼离婚判决分割夫妻共同财产时,是否赋予其法律效力的问题。要厘清这个问题,首先需要对夫妻所达成的对共同财产分割协议的性质有清晰的认识。

夫妻的共同财产,双方有平等的处分权,所以,双方对共同财产所作出的处分意思表示,当然具有法律效力。婚姻法明确规定,夫妻对婚姻关系存续期间所得的财产以及婚前财产的约定,对双方具有约束力。这是对夫妻共同财产处分权应当持有的基本态度。

但是,现实生活中,夫妻对共同财产的处分协议,往往是多种多样的,比较普遍的是双方准备协议离婚,因而签订了离婚协议书,并对共同财产等进行了分割,有的还对子女归谁抚养及抚育费等都作了约定。但是事后,由于种种原因,双方没有至民政部门登记离婚,而是诉讼至法院,要求准予双方离婚并进行财产分割,本案就是这种情况。从双方签订的协议内容及过程不难看出,这是一份以登记离婚为条件的财产分割协议,是附生效条件的民事法律行为约定。在所附条件未成就的情况下,也就是"双方协议离婚未成",应当不发生法律效力,对双方没有约束力。《婚姻法司法解释(三)》第十四条规定,当事人达成的以登记离婚或者到人民法院协议离婚为条件的财产分割协议,如果双方协议离婚未成,一方在离婚诉讼中反悔的,人民法院应当认定该财产分割协议没有生效,并根据实际情况依法对夫妻共同财产进行分割。

本案还具有的特殊之处在于,双方在离婚协议书中约定,办理完股权和房产变更转让、登记手续后办理离婚登记,事后,双方也履行了部分股权变更登记,对此应当如何看待?也有观点认为,财产分割协议中已履行的部分,应当对双方发生法律效力。在实践中,大多数的观点认为,应考虑到离婚协议书是一份集婚姻解除、财产分割、子女抚养等内容为一体的一揽子约定,各部分内容的处分都是相关联的,任何一部分内容的生效与否,都会影响到其他部分的处理。因而,如果登记离婚这一条件未成就,相关财产的变更,也应当无法律效力。当然在实践中,法院处理此类离婚案件,在符合夫妻共同财产分割原则、公平合理的基础上,从成本经济及效率提高的角度出发,也可以考虑将已经变更登记的财产判至登记一方名下,另一方取得其他夫妻共同财产或折价款。但这样的处理,并不是认可已履行部分的效力,而是财产分割的一种方式。

案例提供单位:上海市高级人民法院

编写人:徐文文

点评人:吴　薇

31. 冯某某诉徐某某申请执行人执行异议之诉纠纷案

——基于代持关系的财产权益归属认定

案情

原告(被上诉人)冯某某

被告(上诉人)徐某某

2000年1月,被告徐某某与案外人夏某某签订代持股份协议,约定由徐某某出资,以夏某某名义,购买林芝新豪时投资发展有限公司(以下简称新豪时公司)的股份成员证。之后,徐某某出资1.76万元,取得了以夏某某为成员的股份成员证。夏某某将自己的银行卡交付徐某某,由徐某某直接从卡内支取股份成员证项下的红利。2009年1月,双方产生争议,夏某某挂失银行卡。之后,股份成员证项下的权益由夏某某收取。2012年3月,徐某某以夏某某为被告提起诉讼,请求确认徐某某为系争股份成员证的实际权利人,并要求夏某某办理变更登记事项以及返还2009年至2012年的红利及减持收益合计64万余元。2012年9月,法院作出判决,确认徐某某为系争股份成员证的权益人,并由夏某某返还红利以及减持收益共64万余元。

2010年3月,原告冯某某以夏某某欠其借款90万元为由,向法院提起诉讼。经调解后,进入执行程序。2010年6月,法院作出执行裁定,查封夏某某名下的财产(包括系争股份成员证),并向新豪时公司发出协助执行通知书。2012年6月20日,系争股份成员证项下的全部股份权益份额减持完毕。2012年7月,新豪时公司将前述减持收益61万余元交付法院执行部门。为此,徐某某向法院提出执行异议,认为其是系争股份成员证的实际权利人,请求中止对该股份成员证项下权益的执行措施。2014年8月,法院作出裁定,裁定中止对系争股份成员证项下权益的执行措施。冯某某遂以徐某某为被告,向法院提出申请执行人执行异议之诉,请求许可执行。

原告诉称,法院作出的执行异议裁定缺乏事实与法律依据。首先,被告与案外人夏某某之间存在股权代持关系,在股权变更登记前不得对抗善意第三人;其次,股权减持收益款属于一般债权，案外人夏某某名下的股权已经不存在，股权的收益属于债权范畴，不具备提起执行异议的法定条件，被告依据债权提出执行异议于法无据；最后，原告对于股权收益具有优先受偿权，原告的执行案件立案在先，查封在先，且被执行人曾以其股份及收益向原告作还款担保，并承诺以此抵债，原告的债权属于担保债权依法应优于其他债权受偿。综上，执行异议裁定书缺乏事实与法律依据，对异议人徐某某权利的法律性质认定错误，裁定内容与法院作出的判决相矛盾，损害了原告的合法权益，故要求法院判令：案外人夏某某名下的股份成员证项下权益（人民币 611 569.32 元）许可执行。

被告辩称，不同意原告的诉讼请求，被告是实际的股权人，夏某某股份成员证项下的股份权益是被告的。

审 判

一审法院经审理后认为，本案争议在于徐某某对执行标的是否享有所有权或者有其他足以对抗强制执行的实体权利。首先，执行标的为股份成员证项下的权益，至徐某某提出执行异议之时，该股份成员证项下的股份已经减持完毕，仅为红利收益款和股份减持收益款，该款项属于金钱资产，系种类物，登记在夏某某名下即为其所有。人民法院在执行中，无需考虑该款项的来源与成因，只要确认该款项账户记载的权利人系被执行人，即可对该款项予以执行。其次，在徐某某与夏某某之间的代持合同关系中，徐某某是系争股份成员证的实际权利人，夏某某系记载于该股份成员证上的名义权利人，徐某某可依据该代持合同关系要求夏某某返还股份及相应收益。生效判决也正是基于此，判决夏某某向徐某某返还相应款项。但徐某某与夏某某之间代持合同关系的效力也仅限于徐某某与夏某某，徐某某可依据代持合同向夏某某主张合同之债，徐某某在法律上的地位与夏某某的其他债权人并无区别。在未办理变更手续之前，徐某某不得凭借该代持关系向夏某某之外的人主张权利，当然也不能阻止人民法院对夏某某名下的财产采取强制执行措施。因此，冯某某要求对系争执行标的许可执行的诉讼请求于法有据，法院予以支持。据此，一审法院判决许可冯某某对系争股份成员证项下权益的执行。

一审判决后，被告徐某某不服提起上诉，二审法院判决驳回上诉，维持原判。

点 评

本案是一起典型的基于代持关系（也称借名合同）引发的财产权益归属争议纠纷。争议在于被告对执行标的有足以对抗强制执行的实体权利。审理法院认为，首先，执行标的为股份成员证项下的权益，登记在代持人名下即为其所有，法院在执行中，无需考虑该款项的来源与成因，只要确认该款项账户记载的权利人系被执行人，即可对该款项予以执行。其次，被告与代持人之间代持合同关系的效力也仅限于该合同当事人之间，在未办理名义变更手续之前，被告不得凭借该代持关系向当事人之外的人主张权利，当然也不能阻止人民法院对代持人名下的财产采取强制执行措施。据此，判决支持了原告的请求。

该案例遵循民法外观主义原则，交易行为人的行为意思应以其行为外观为准，凡依法需要登记的权利归属均推定为登记名义人的规则，行为人公示事项与事实不符时，交易相对人可依据外观公示主张权利。这一原则旨在保护不特定第三人的利益和社会交易秩序、安全。由此可见，不违反强制性法律法规的代持合同或者借名合同，一般认定其合同对内可因虚伪表示而撤销，但不能以此对抗善意第三人。本案就是基于这一立场作出判决的。

案例提供单位：上海市青浦区人民法院

编写人：吴小国

点评人：段　匡

32. 付某某诉吕某某案外人执行异议之诉案

——离婚协议对房产归属的约定不可对抗离婚后债务

案 情

原告付某某

被告吕某某

第三人刘某某

原告付某某(女方)与第三人刘某某(男方)夫妻关系存续期间购买了上海市中山二路房屋及北翠路房屋。其中中山二路房屋产权登记在刘某某名下,北翠路房屋产权共同登记在付某某与刘某某名下。北翠路房屋名下尚有银行抵押贷款,主贷人为刘某某。

2007 年 10 月 29 日,付某某与刘某某在民政部门登记离婚;2007 年 10 月 31 日,付某某与刘某某签订离婚协议,约定:大儿子归付某某,小儿子归刘某某;中山二路及北翠路两套房屋归付某某;公司股份刘某某 21.125%、大儿子 21.125%、小儿子21.125%、付某某 16%,大儿子的股份由付某某代管。该离婚协议目前留存于民政部门。上述离婚协议签订后,协议所涉的房屋产权及公司股份均未发生变更登记。

刘某某于 2008 年 3 月 12 日与案外人领取了结婚证,并于 2012 年 10 月 30 日经法院调解达成离婚协议并由法院出具民事调解书。

刘某某因与被告吕某某之间的股权转让纠纷,经法院审理并于 2013 年 3 月 27 日作出一审民事判决,判令刘某某于判决生效之日起十日内归还吕某某人民币 2 000 万元并支付相应的利息,某纺织公司、某材料公司对刘某某的还款义务承担连带还款责任。该案生效后,因刘某某及某纺织公司、某材料公司未履行生效判决所确定的还款义务,故吕某某向法院申请执行。在执行过程中,法院依法查封了上述上海市中山二路房屋及北翠路房屋。

付某某在上述房屋被查封后,向法院执行部门提出异议,主要理由是,其在与刘某某的离婚协议中已约定了上述两套房屋的所有权归原告所有,仅未办理过户手续。故要求法院解除对系争房屋的查封并中止执行。

法院执行部门对此依法组成合议庭进行了听证审查，并于 2014 年 6 月 19 日作出执行裁定书，裁定驳回付某某提出的异议。付某某遂提起本案诉讼。

原告付某某诉称，其与刘某某于 1989 年 10 月登记结婚，婚后于 2000 年购买了中山二路房屋、于 2003 年购买了北翠路房屋。双方于 2007 年 10 月 29 日登记离婚，在离婚协议中约定，该二处房屋的所有权均归付某某所有。但两人为减少按揭贷款转贷手续费和缓缴交易契税，暂未办理不动产变更过户手续。付某某离婚后一直居住于上述中山二路房屋中。尽管上述房屋的所有权尚未变更登记至付某某一人名下，但已有充分证据证明付某某对上述二处房产有合法物权。刘某某对被告的债务是其与付某某离婚后所发生的个人债务，付某某仅是该执行案件的案外人。故请求法院判令：一、确认中山二路房屋、北翠路房屋的所有权属于原告付某某；二、解除对前述两房地产的司法查封，停止对该房地产的执行。

被告吕某某辩称，原告付某某和第三人刘某某在离婚协议中的约定不能对抗《中华人民共和国物权法》第九条和第十四条的规定。房产权利人要以登记为准，不能因当事人的私自约定而改变。故不同意原告的诉讼请求。

第三人刘某某表示其同意原告的诉讼请求。

审 判

一审法院经审理后认为，本案系争房屋是原告与第三人夫妻关系存续期间所购买，根据婚姻法相关规定，系争房屋应属原告与第三人的夫妻共同财产。《中华人民共和国物权法》第九条明确规定，“不动产物权的设立、变更、转让和消灭，经依法登记，发生法律效力；未经登记，不发生法律效力”。双方在离婚协议中约定上述房屋产权均归原告所有，这是第三人对自己在系争房屋产权中所拥有份额的处分，该处分行为未经产权变更登记并不直接发生物权变动的法律效果，也不具有对抗第三人的法律效力。因系争房屋的产权未发生变更登记，第三人刘某某仍为系争房屋的登记产权人，其在系争房屋中的产权份额尚未变动至付某某名下，故在刘某某对外尚存未履行债务的情况下，被告吕某某作为第三人刘某某的债权人要求对刘某某名下的财产予以司法查封并申请强制执行符合法律规定；原告依据《离婚协议书》对系争房屋产权的约定要求确认系争房屋的所有权属其所有并要求解除对系争房屋的司法查封、停止对系争房屋执行的诉讼请求于法无据，法院不予支持。据此，一审法院判决驳回原告付某某的诉讼请求。

一审判决后，各方当事人均未提起上诉。本案判决已生效。

点 评

本案是一起基于离婚协议而引发的案外人执行异议之诉。主要争议焦点在于,离婚协议中已明确约定了房屋产权归属,在未办理产权变更登记手续的情况下,能否直接产生物权变动的法律效果?能否具有对外主张的法律效力?

本案审理法院认为,系争房屋是原告与第三人夫妻关系存续期间所购买,根据婚姻法相关规定,系争房屋应属原告与本案第三人的夫妻共同财产。双方在离婚协议中约定上述房屋产权均归原告所有,这是本案第三人对自己在系争房屋产权中所拥有份额的处分,该处分行为未经产权变更登记并不直接发生物权变动的法律效果,也不具有对抗第三人的法律效力。因系争房屋的产权未发生变更登记,本案第三人仍为系争房屋的登记产权人,其在系争房屋中的产权份额尚未变动至原告名下,故在本案第三人对外尚存未履行债务的情况下,被告作为本案第三人的债权人要求对其名下的财产予以司法查封并申请强制执行符合法律规定;原告依据离婚协议对系争房屋产权的约定要求确认系争房屋的所有权属其所有并要求解除对系争房屋的司法查封、停止对系争房屋执行的诉讼请求于法无据,法院不予支持。

依据我国物权法相关规定,除法律另有规定外,不动产物权的变动采取"登记生效主义",即以登记生效作为权利转移的要件。原告与本案第三人签订的离婚协议中对于系争房屋产权归属所作的约定,未经产权变更登记仅对当事人双方具有约束力,并不具有物权法中基于法律行为发生不动产物权变动的权利归属效果。离婚协议中对于财产分割的约定所产生的直接后果是,原告取得请求本案第三人转移房屋所有权的债权请求权,本案第三人则有交付房屋并协助办理产权变更手续的义务。在系争二套房屋均不存在产权过户障碍的情况下,从2007年双方协议离婚至本案2014年涉讼的7年期间里,原告从未要求对方履行协助物权变动登记义务,其怠于行使自己权利的行为导致了对自身的不利后果。

为此,根据我国物权法所采用的登记公示公信原则,推定登记簿上所记载的名义人为权利人。因系争房屋的产权未发生变更登记,本案第三人仍为登记产权人之一,故在其对外尚存未履行债务的情况下,被告作为本案第三人的债权人要求对其名下的财产予以司法查封并申请强制执行符合法律规定。本案针对离婚协议中有关婚姻家庭财产中房地产的约定,在未依法进行权利变动登记的情况下,认定不具有对外法律效力的判决,对于今后此类案件的审理具有一定的参考意义。

案例提供单位:上海市第一中级人民法院

编写人:周　峰　吴　丹

点评人:段　匡

33. 褚某某诉陈某某等执行分配方案异议之诉案

——执行分配中未经登记利息的抵押对抗效力

案 情

原告(上诉人)褚某某

被告(被上诉人)陈某某

被告(被上诉人)林某

被告陈某某分别于2010年1月28日、2010年6月18日将其所有的坐落于上海市崇明县(现为崇明区)城桥镇学宫路某弄某号房屋向债权人林某、褚某某抵押借款,并分别进行了抵押权登记,抵押债权数额分别为180万元、45万元,上述事实由法院作出的两份生效民事判决书认定。该两份生效判决均确定了陈某某分别负有对林某、褚某某清偿债务本金180万元及利息、本金45万元及利息的义务,且“褚某某案”判决还明确了其抵押权的实现顺位在前一债权人林某之后。其后,因陈某某未向林某、褚某某如期履行上述还款义务,林某、褚某某先后向法院申请强制执行。法院在执行“林某案”过程中,对陈某某名下位于上海市崇明县城桥镇学宫路某弄某号房屋进行了司法拍卖,扣除拍卖费用、安置费用等,剩余可分配金额为2 209 331.17元。法院于2014年9月12日作出《关于被执行人陈某某房屋拍卖款的分配方案》,具体分配方案为:1.清偿第一抵押权人林某主债权利息574 560元(含约定利息6万余元、逾期利息50万余元);2.清偿第一抵押权人林某主债权本金1 634 771.17元;不足部分165 228.83元将作中止执行处理;3.第二抵押权人褚某某无资金受偿。

原告褚某某对执行分配方案提出的异议为:一、被告林某与陈某某间借贷关系虚假,故抵押权也无效;二、被告林某享有优先受偿的抵押债权范围以抵押登记数额为限,未进行抵押登记的前债利息不能先于在后登记的抵押权受偿。

审 判

一审法院经审理后认为,一、被告林某与陈某某间借贷关系已经法院生效判决认定，具有既判效力，且两者间的实体借贷关系不属于本案审查处理的范围。二、依据法律规定，除抵押合同另有约定，抵押担保的范围和顺序依次包括实现债权的费用、主债权的利息、主债权等，该内容已经成为法律意义上的常识，推定为公众所周知。本案涉及的是一般抵押登记，而非最高额抵押登记，登记记载的“债权数额”通常仅指设定抵押时担保的债权本金数额，且经生效民事判决书认定林某享有的债权包括借款本金 180 万元及利息，故林某有权享有的抵押权担保范围应包括该借款本金及利息。即使依据原告褚某某主张抵押担保的范围为抵押登记数额，但根据法律规定，法定利息当然属于被担保债权的范围，应当优先受偿。因债务人陈某某未如期向林某清偿债务，依法将产生迟延利息，迟延利息属于法定利息，是法定的附随性债权，无需当事人特别约定或登记，当然为抵押权的担保范围，应当随同主债权从抵押物中优先受偿。经计算，林某对陈某某享有的约定利息为 6 万余元，扣减后迟延利息为 50 万余元，该笔利息当然属于抵押权的担保范围，应先于林某享有的主债权本金受偿，故本案抵押物拍卖款扣减林某应享有的迟延利息后，余款仍不足以清偿其享有的主债权本金，在后的抵押权人褚某某仍然无资金受偿。据此，一审法院依据《中华人民共和国物权法》第一百九十五条、第一百九十九条、《中华人民共和国担保法》第四十六条、《最高人民法院关于适用〈中华人民共和国担保法〉若干问题的解释》第七十四条、《最高人民法院关于适用〈中华人民共和国民事诉讼法〉执行程序若干问题的解释》第二十五条、第二十六条之规定，判决：驳回原告褚某某的全部诉讼请求。

一审判决后，褚某某不服，以与一审时相同的理由提起上诉。二审法院查明事实与一审相同，判决驳回上诉，维持原判。

点 评

执行分配方案异议之诉是参与分配的债权人、被执行人对分配方案提出异议后，其他债权人或被执行人提出反对意见，异议人在规定期限内向执行法院起诉，要求对执行分配方案的合法性进行审查的诉讼制度。

执行分配方案异议之诉的前置程序是在收到分配方案之日起十五日内在执行程序中提出书面异议，对该异议，如果债权人、被执行人未在异议书送达之日起十五日内提出反对意见，则依据其异议内容修改分配方案，如提出反对意见，则异议人有权提起执行分配方案异议之诉，否则，将按照原执行分配方案进行分配。该异议过程充分体现了“当事人主义”原则的运用，由异议双方自行协调处置其自身权利，在无法达成一致时进入审判程序对执行分配方案的合法性进行审查。虽然法律条文对该诉讼制度的规定较为笼统，但该制度为执行当事人提供了最直接、公正的权利救济路径，且最高人民法院也在制定参与分配的司法解释，以期细化该制度的实施规则。

基于既判力原则和司法效率考量，执行分配方案异议之诉既非对执行当事人的实体权利进行再次审查，也非对参与分配程序中的程序瑕疵予以救济，其审查核心是执行分配方案的内容合法性，即不对“蛋糕”的制作流程、“分蛋糕的人”是否有权参与作认定，仅对切割方法是否正确进行审查。当执行分配方案符合法律规定时，该执行分配方案当然发生法律效力，不必再通过审判权确认执行文件的效力，因此，应判决驳回原告的诉讼请求。因为执行分配方案异议之诉是由审判庭对债权人、被执人之间的实体权利纠纷进行实质性审理并作出有拘束力的裁判，而执行部门对当事人之间的实体权利纠纷并没有审理以及裁判的权力，其只能以审判部门的生效裁判文书为依据加以执行。从审判权力归属的角度看，当执行分配方案存在错误时，应由审判者直接变更方案而不是要求执行庭予以变更。既然审判庭已经对各债权人、被执行人的权利义务进行了实体审查，故由审判庭直接对错误的执行分配方案进行修正更高效便民，也有利于减轻当事人诉累。

执行分配方案异议之诉作为《最高人民法院关于适用〈中华人民共和国民事诉讼法〉执行程序若干问题的解释》所规定的一项新的诉讼制度，在理论上和实践中如何具体运行均缺乏相应研究。本案对执行分配方案异议之诉的审查范围、审查方式、裁判内容均进行了一定的有益探索，对于今后此类案件的正确审理具有较强的借鉴意义。

案例提供单位：上海市崇明区人民法院
编写人：贺宇红
点评人：席建林

34. 陈某某诉伦特薇美容(上海)有限公司侵权责任纠纷案

——经营者欺诈行为的认定

案情

原告(被上诉人)陈某某

被告(上诉人)伦特薇美容(上海)有限公司

被告伦特薇美容(上海)有限公司(以下简称伦特薇公司)系从事美容、减肥等服务的机构,原告系购买其产品及服务的消费者。2011 年 3 月 4 日至原告起诉时,原告与被告共计签订《配套认可书》3 份、《伦特薇合同书》13 份。2011 年 3 月 4 日至原告起诉时,原告通过自己的银行卡向会员卡中充值共计 1 597 110 元,已消费 590 324.50 元,尚余 1 006 785.50 元。2014 年 3 月 7 日,原告填写《退款申请书》,以没有时间再来做护理以及有三次过敏为由,要求被告退款 102 万元。2014 年 3 月 20 日,被告委托律师向原告发送《告知函》,拒绝了原告要求解除合同并退还卡内款项的请求。故原告诉至法院,因本案诉讼,原告花费律师费 60 000 元、公证费 7 000 元,为评估财产保全中担保房产的价值,原告花费评估费 4 500 元。

案外人美晟公司系被告供货商,被告公司提供给原告的产品均未取得特殊用途化妆品批文。“润体舒适胶(Oxy Trimming Gel)”及“海藻精华液(Seaweed Detozy Ampoules 860)”的标识均为全英文,无中文标签。原告提供的被告“弹力紧致护体膜”、“海藻紧肤护体膜”、“身体紧实霜”等产品外包装中有“紧致肌肤”、“紧致玲珑曲线”、“肌肤渐渐变得更紧实,妙曼身段渐渐重现”等字样。在《伦特薇合同书》中,有“特设瘦身护理配套”字样,在“特设瘦身护理”项下,有“海藻紧肤护体膜”、“美体紧致膜”等产品。

本案审理过程中,被告代理人称被告公司已经歇业,根据工商部门的要求,被告公司不能销售新的预付卡,已经销售的预付卡正在整理中。

原告诉称,被告是从事美容行业的服务机构,对外自称“伦特薇国际体重管理中心”,提供美容、减肥等服务。2011 年 3 月 4 日,原告至被告在上海市长宁区长宁路 1018 号的龙之梦购物中心 5 楼设立的店铺(以下简称伦特薇长宁店)接受体验服务。被告销售人员告知原告，被告系国际知名减肥机构，使用的相关美体塑身产品全部为进口产品，且部分产品需配合仪器使用。同时被告又告知原告必须先向被告预付款项，向被告购买相关护理课程（含产品及服务），原告每实际消费一次（即享受被告提供的护理服务一次），由被告从原告会员卡中扣减相应的实际消费金额，双方随后签订了《配套认可书》。从2011年3月4日至起诉时，原告在被告销售人员以店庆、优惠、冲业绩等种种理由的诱导下，先后与被告签订16份合同。截至起诉时，原告已累计向会员卡中充值高达人民币1 597 110元。根据被告出具的消费凭据，原告实际消费金额累计590 324.50元，会员卡内资金尚余1 006 785.50元。原告在接受被告服务的过程中发现，被告提供的美体塑身服务效果并不稳定，而且原告出现了过敏症状。被告实际采用的美体减肥产品根本不是进口产品，而是国产产品。被告以低价的国产产品假冒高价进口产品的服务行为，已构成欺诈。2014年3月7日，考虑到被告的种种欺诈行为，原告向被告正式提出解除合同、退还款项的书面申请。2014年3月20日，被告委托律师向原告发出《告知函》，拒绝了原告提出的解除合同和退还款项之申请。为维护自身的合法权益，原告聘请律师、委托公证、提供财产担保并评估，以上总计发生合理费用71 500元。原告认为，被告在向原告提供产品及服务的过程中，存在隐瞒产品真实来源，以国产产品假冒进口产品并以进口产品的价格向原告销售，且未取得特殊用途化妆品的经营资质，虚构产品的原价和优惠价，以多种恶劣的手段骗取原告预付款并恶意不予退还的行为，上述行为均构成欺诈，且欺诈的数额特别巨大，行为十分恶劣。原告现依照《中华人民共和国消费者权益保护法》及其他相关法律的规定向法院提起诉讼，请求判令：1.被告向原告全额退还1 597 110元的合同款项，并支付逾期利息（以1 597 110元为本金，从2014年3月8日起计算至被告实际清偿日止，按中国人民银行同期贷款利率5.6%计算）；2.被告按照原告所购买商品/服务之价款的三倍赔偿原告因被告欺诈行为而遭受的损失，即1 770 973.50元；3.被告赔偿原告因本案发生的合理费用：律师费60 000元、公证费7 000元、评估费4 500元。

被告辩称，不同意原告的全部诉讼请求。第一，对于原告涉及的本案合同的财务支付情况不明，可能会出现原告以外的实际支付主体。本案涉及的合同款项均通过银行卡支付，涉及各类银行卡共计9张，原告的职业及收入来源不明。通常被告的客户消费金额均在10万元左右，原告在被告处的大额消费一度曾引起被告的怀疑，但原告炫耀自己家里是从事市政工程的建筑承包商，被告对如此重要的客户自然也不敢过多询问其经济收入来源。而首次对原告在被告处大额美容消费提出疑问的系原告丈夫而非原告本人，且提出时间为2014年年初，随后原告才出现在被告公司，并告知现在工程不景气，希望能够提前解除合同。被告再次询问了原告充值款项的来源，并向原告表示可以将合同内容适用于款项所属的其他人员，但是原告对这些款项的来源从不作正面回答，随后不断要求解除合同并退款。被告希望原告能够聘请律师解决，但原告迟迟不肯花费律师费用，而是先找到相关媒体前来交涉，随后又试图通过个人交涉，包括背上悬挂口号标语等过激形式在被告公司内吵闹要求解决。能花上百万元的费用用于美容瘦身，却不肯花费律师费通过法律专家的介入与被告交涉，不符合常理。第二，本案所有合同的签署，均为原告本人的真实意思表示。被告对原告所提供的有关产品照片及手册照片等的真实性及合法性均有异议，需要原告进一步举证证明其真实性及合法性，被告认为原告可能在被告公司离职人员的协助下非法炮制了该证据。被告并未欺骗原告，双方履行合同均是在自愿且意思表示真实的情况下进行的。第三，鉴于原告的主体情况，被告认为本案应当适用合同法的相关规定，不能简单地从美容服务的角度就将其认定为侵权纠纷。原告的保全行为已经给被告公司的正常运营造成损失，被告有权要求原告赔偿相关损失。原告最后一份合同的签署时间为 2013 年 1 月 19 日，本案已经超过诉讼时效。被告公司不存在欺诈消费者的行为，被告公司始终未承诺过自己的产品为进口产品，被告公司一直如实告知消费者其使用的为国产产品。在被告公司的经营范围中，有美容和减肥服务，不存在无经营资质的问题，被告公司在提供减肥服务中使用的产品亦是一般化妆品。对于一般化妆品，根据相关法规规定，生产企业凭营业执照、化妆品生产许可证、全国工业产品生产许可证即可生产销售。化妆品的成本不能仅仅通过原告代理人的一通电话确定，被告不存在价格欺诈的行为。销售价不仅包括成本，还包括办公费用及其他服务的价格，并不能仅仅以成本价格低廉就认为存在欺诈。原告消费 159 万余元用于减肥美容不妥当，优惠价确实存在，被告不否认其存在推销行为，但被告认为，欺诈并非民事案件的受理范围，原告可以向公安部门举报，本案的案由应当为服务合同纠纷。

审 判

一审法院经审理后认为，关于诉讼时效的问题，原、被告前后签订多份合同，合同中均未明确履行期限，且原告已于 2014 年 3 月向被告主张权利，故本案原告起诉并未超过诉讼时效。被告作为从事美容、减肥等服务的机构，原告为生活消费需要购买、使用商品及接受服务，其权益自然受《中华人民共和国消费者权益保护法》等相关法律法规的保护。

《中华人民共和国消费者权益保护法》规定，经营者提供商品或者服务有欺诈行为的，应当按照消费者的要求增加赔偿其受到的损失，增加赔偿的金额为消费者购买商品的价款或者接受服务的费用的三倍。原告认为被告存在隐瞒商品的真实来源、虚假宣传产品功效、虚构产品原价及优惠价、骗取消费者预付卡金额的行为，并认为上述行为均构成对消费者的欺诈，分析如下：

第一，被告是否存在隐瞒商品的真实来源、欺诈消费者的行为。本案中，被告虽否认其曾向原告宣称其使用的产品为进口产品，但在原告代理人询问被告的产品是否为新加坡进口产品时，被告的工作人员赵某某回答“对的”，直接肯定了其产品的进口身份。原告提供的“润体舒适胶（Oxy Trimming Gel）”产品及“海藻精华液（Seaweed Detozy Ampoules 860）”的瓶体标识均为全英文且无中文标识，新加坡为英语国家，极易使消费者相信上述产品为新加坡进口产品，且被告的商号为“伦特微国际体重管理中心”，亦容易使消费者误解其具有国际背景，其使用的产品为进口产品。综上，原告的证据已经形成证据链，根据高度盖然性的证明标准，法院对原告所述被告向其推介产品时将国产产品宣称为进口产品的陈述予以采信，被告存在隐瞒商品的真实来源、欺诈消费者的行为，应承担相应的法律责任。

第二，被告是否存在虚假宣传产品功效、欺诈消费者的行为。根据相关法规规定，生产特殊用途的化妆品，必须经国务院卫生行政部门批准，取得批准文号后方可生产，特殊用途化妆品是指用于育发、染发、烫发、脱毛、美乳、健美、除臭、祛斑、防晒的化妆品。健美化妆品是指有助于使体形健美的化妆品。本案中，被告提供给原告的产品外包装中标有“紧致肌肤”、“紧实肌肤”等字样，《伦特薇合同书》中亦标有“特设瘦身护理配套”字样，在“特设瘦身护理”项下，有“海藻紧肤护体膜”、“美体紧致膜”等产品，被告的上述行为将导致消费者认为上述产品具有减肥瘦身等功效，然上述产品并未取得特殊用途化妆品批文，未经相关行政部门审查并进行人体试用或斑贴试验，无法确认其具有宣称的疗效。被告将未取得特殊用途化妆品批文的产品销售给消费者，其行为显然违反了相关规定，对消费者构成欺诈，应承担相应的法律责任。

第三，被告是否存在虚构产品原价及优惠价、欺诈消费者的行为。原告称被告提供的产品成本价只有20元左右，但销售给原告的价格即便是折后亦高达200元，故被告的行为构成价格欺诈。对此法院认为，化妆品的售价除成本外，还包含品牌价值、渠道、人力成本、广告宣传等其他费用，并不能仅仅以产品零售价与成本价的差额来确定是否存在价格欺诈。且本案中原告称涉案产品的成本价仅为20元左右，但其依据仅为原告代理人与案外人美晟公司销售人员彭某某的电话录音，除此之外并无进货单、发票等其他证据证明产品的成本价，亦无证据证明产品的原价，且彭某某为销售人员，亦不能排除其为招徕生意，故意虚构涉案产品成本价的可能。原告未提供充分证据证明被告存在虚构产品原价及优惠价的行为，对于此点有关欺诈的理由，法院难以认同。

第四，被告是否存在骗取消费者预付卡金额、欺诈消费者的行为。原告认为其于2014年3月7日向被告提出解除合同、退还款项的请求后，被告始终拒绝向原告退还上述款项并称其仍在正常经营中，因此要求原告继续使用会员卡消费，但在短短四个月后，被告即已无力经营，门店陆续关闭，被告具有恶意侵占原告预付款项的主观故意，构成欺诈。对此法院认为，原告现无证据证明被告公司销售人员在向其推销预付卡，及拒绝其退款申请时存在故意隐瞒经营状况的行为，虽然原告申请退款与伦特薇长宁店关闭时间仅相差四个月，但在企业的经营过程中，随时可能遭遇各种经营风险，无法仅仅以该时间差来推断2014年3月被告即已经营不善，并已有关闭门店的计划，也无法以此推断被告存在恶意侵占原告预付卡金额的故意。对于此点欺诈理由，法院难以认同。

综上所述，被告存在隐瞒产品来源、虚假宣传产品功效的欺诈行为，应承担相应的法律责任，赔偿原告陈某某因欺诈行为造成的损失即已支付的产品及服务费用590 324.50元，同时，被告还应依照《中华人民共和国消费者权益保护法》的相关规定，增加赔偿消费者购买商品或者接受服务的费用的三倍，即1 770 973.50元。原告另要求被告退还会员卡中的余额1 006 785.50元，实际即为要求解除其与被告之间的服务合同关系。本案中，被告提供给原告进行美容瘦身的产品为国产产品且未取得特殊用途化妆品批文，导致原告使用进口产品进行美容瘦身的合同目的无法实现且被告代理人在庭审中称被告公司已经歇业，客观上亦无法继续向原告提供服务，故本案中双方之间的服务合同关系应予解除，被告应退还原告会员卡中的余额1 006 785.50元。至于原告所述被告存在违法使用医疗器械的问题，原告仅提供了相关器械的照片，法院无法确定该器械的用途，除此之外原告并无其他证据证明被告存在非法使用医疗器械的行为，且查处非法使用医疗器械行为应属其他行政机关的权限范围，故法院对原告关于医疗器械问题的意见不予采纳。公证费系原告因本次维权证明被告存在欺诈行为所支付的合理费用，该费用应由被告承担。至于利息，鉴于原、被告就预付卡的退款条件及金额存有异议，原告并无证据证明被告系恶意侵占原告的款项，故法院对原告要求被告支付利息的诉讼请求不予支持。律师费系原告为提升自身诉讼能力所支付的费用，评估费系确定担保财产的价值所花费的费用，上述两项费用并非原告维权所必须，故对于原告要求被告支付律师费及评估费的诉讼请求，法院不予支持。

一审法院根据《中华人民共和国合同法》第九十四条第一款第（二）、（四）项、第一百一十三条、《中华人民共和国消费者权益保护法》第二十条第一款、第五十五条第一款、《最高人民法院关于审理民事案件适用诉讼时效制度若干问题的规定》第六条、《最高人民法院关于民事诉讼证据的若干规定》第二条之规定，判决：一、被告伦特薇美容（上海）有限公司应于本判决生效之日起十日内赔偿原告陈某某损失590 324.50元并增加赔偿其所受损失的三倍即1 770 973.50元，合计2 361 298元；二、被告伦特薇美容（上海）有限公司应于本判决生效之日起十日内退还原告陈某某会员卡中的余额 1 006 785.50 元；三、被告伦特薇美容（上海）有限公司应于本判决生效之日起十日内赔偿原告陈某某公证费 7 000 元；四、驳回原告陈某某的其余诉讼请求。

一审判决后，被告不服提起上诉，二审法院判决驳回上诉，维持原判。

点 评

本案是一起美容机构采用各种宣传手段提供虚假信息推销产品及服务造成消费者权益受损的纠纷，争议焦点是，被告作为美容机构是否构成欺诈行为。该案难点在于，在美容美体机构对消费者的宣传中，往往都是推销人员的口头宣传，并不会在合同以及产品说明书等书面材料中明确产品的产地及功效等，导致消费者举证困难。

本案原告主张被告构成欺诈主要集中在四点：(1)产品来源；(2)产品功效；(3)价格欺诈；(4)骗取钱财。对于(1)、(2)两点而言，《中华人民共和国消费者权益保护法》第八条赋予消费者知情权，同时，根据《中华人民共和国消费者权益保护法》、《中华人民共和国产品质量法》第二十七、三十六条规定，产品的生产者和消费者对此有提供正确信息的义务，尤其本案所涉商品功效属于根据相关法规规定生产特殊用途的化妆品，必须经国务院卫生行政部门批准，取得批准文号后方可生产，否则属于无许可产品。为此，法院认为根据原告提出的证据，足以证明被告存在隐瞒商品的真实来源，欺诈消费者的行为；同时，被告将未取得特殊用途化妆品批文的产品销售给消费者，其行为显然违反了相关规定，亦对消费者构成欺诈，应承担相应的法律责任。据此，支持了原告的大部分诉讼请求。

本案的参考意义在于，作为消费者依据法律所赋予的知情权，提出负有法定提供信息义务的生产者、销售者、经营者没有提供正确信息的证据，即可根据高度盖然性的证明标准，认定相应主体就相关重大事项隐瞒或者提供了虚假信息，构成欺诈。

案例提供单位：上海市浦东新区人民法院

编写人：张倩晗

点评人：段　匡

35. 黄某诉岳某侵权责任纠纷案

——“创意”不属于侵权责任法所保护的法益

案情

原告(上诉人)黄某

被告(被上诉人)岳某

2011 年 7 月 30 日,原、被告及案外人孟某某、李某、梁某某签订《投资合作协议》,约定“本投资合作项目由黄某提出最初构想,由孟某某进一步完善,形成了可供执行的商业方案,经梁某某积极参与、协调,协议各方在调研的基础上,进一步共同充实了该项目方案,经郑重考虑,各方决定作为联合创始人就‘店店通’(暂命名)项目的投资合作事宜达成本协议条款,以资信守”。“1.各方决定在浦东发起组建‘店店通信息技术(上海)有限公司’(暂命名以工商核批名称为准,以下简称店店通)。黄某任法定代表人。……4.关于工作职能:岳某任总经理,主持全面工作、孟某某负责技术、李某负责市场销售,具体由岳某分工协调。”2011 年 8 月 31 日,店店通注册成立,原、被告均为该公司股东,公司注册资本为 500 万元,原告持股比例为 40%,被告、案外人李某、孟某某持股比例分别为 20%。后该公司经过股权转让、增资等行为,公司股东发生了一些变化。2013 年 2 月 26 日,原告曾以店店通为被告向法院提起股东资格确认纠纷,岳某等人为该案第三人,经审理,法院在该案中认定 2011 年 9 月原告将其持有的 24%的股权以每股 1 元的价格分别转让给岳某、孟某某、李某、梁某某。2012 年 11 月原告又将其持有的 21%的股权全部转让给岳某,至此黄某的全部股权已通过股权转让的方式丧失。法院认为其要求确认为店店通公司股东并享有 22.20%股权的诉讼请求缺乏事实和法律依据,其诉讼请求经一、二审均被驳回。2013 年 1 月 23 日,泡泡网刊载文章《岳某:店店通灵感来自盛大人士》,内容有“岳某坦承:店店通的灵感来自盛大的老同事”、文章《岳某推“店店通”盛大等巨头或有参与》,内容有“创始者岳某”。2013 年 1 月 18 日、2013 年 4 月 8 日的飞象网、2013 年 4 月 15 日的搜狐网、2013 年 1 月 23 日的中国日报网、2013 年 4 月 18 日的新浪网、2013 年 1 月 29 日的新民网均刊载了类似文章。原告为公证保全上述文章花费了公证费 4 500 元。2013 年 7 月 30 日,原告向被告发送律师函,要求被告撤回在相关网站上发表的不实言论,并要求道歉、说明等。

原告诉称，原、被告签订了协议，被告作为协议一方，对“店店通”商业方案的来源是明知的，却多次在新民网及搜狐网、泡泡网等国内知名网站上发表“店店通”项目的创意、灵感或 idea 等来自所谓“盛大人士”等不实言论。原告发现后，致律师函给被告，要求被告立即删除其在媒体上发表的不实言论，并向公众告知原告才系该商业模式及方案的最初构想者。但被告在收到函后直至原告起诉时都未作任何处理。原告认为被告的行为明显违背社会公德及公序良俗，亦违背诚实信用原则，被告应当承担相应的民事责任。原告依据《中华人民共和国侵权责任法》第二条诉至法院，请求判令：1.被告停止侵权，并撤回刊登在新民网、搜狐网、泡泡网、飞象网、中国日报网、TECHWEB 网上关于“岳某：店店通灵感来自盛大人士”等相关或类似内容；2.被告在上述网站上刊登声明，声明原告才是“店店通”商业项目的最初构想及提议者并公开向原告赔礼道歉；3.被告赔偿原告因保全证据而损失的公证费人民币 4 500 元、交通费 150 元；4.被告赔偿因公开发表不实言论导致原告无法无阻碍地行使自身合法民事权益而产生的社会评价降低及商业机会流失所造成的潜在损失 3 万元；5.诉讼费由被告承担。

被告辩称，原告的诉讼请求无事实依据，也无法律依据。1.原告未就被告的行为具备违法性提供任何事实依据和法律依据。原告未指出被告实施的行为违反哪条法律的禁止性规定或强制性规定以及侵犯了原告的何种权利。对于店店通项目，该项目虽由原告提出最初构想，但并非只是由原告一人促成该项目，而是各方作为联合创始人共同合作的结果。2.原告对其所主张的 3 万元损失并未提供证据予以证明。3.原告未就被告的行为引起了损失这种因果关系提供证据加以证明，原告所主张的所谓违法行为并非被告所为。4.被告主观上没有过错，未接受过相关媒体的采访，对于相关文章的内容亦不知情。故请求驳回原告的诉讼请求。

审 判

一审法院经审理后认为，侵害民事权益，应当依照侵权责任法承担侵权责任。侵权责任法所保护的民事权益既包括民事权利，也包括民事利益。本案原告提出，“对自己创设的并可供执行的商业方案，具有合法的民事权益”，并称其既包括物质性权益内容，又包括人身权益内容，而被告对其构成了侵犯。比照侵权责任法的规定，其并不属于明确列举应予保护的权利。因此，本案需解决的基础性问题便是其主张是否属于侵权责任法所保护的利益，这是本案争议的一个焦点问题。《中华人民共和国侵权责任法》第二条对于受该法保护的利益范围的确定，采取了概括规范的方式，并未确定受到保护的利益的范围和判断的标准。随着社会生活的快速发展，需要纳入法律保护的利益必然会不断出现。然而，由于民事利益的特殊性，并不能不加区分地对任何利益一概予以保护，综合判断时，既要考虑到合法利益的必要保护，又要考虑到社会其他成员的行为自由与社会秩序的安定性。本案原告要求保护的利益尚不能纳入侵权责任法的保护范围，主要理由有：

第一，原告所称利益尚不具有绝对性。侵权责任法所保护的权利和利益一般都应该具有绝对性，即这种利益任何第三人都必须尊重并负有不得侵害的义务。绝对性的一个主要表现就是公开性，即这种利益不限于特定当事人之间，而能够为第三人知道和了解。本案中，原告的"最初构想者"身份仅在原、被告与三名案外人之间签订的内部协议中体现，并未以任何形式向社会宣示，也未以任何形式由社会权威组织认定或确认。换言之，原告依据协议所取得的，仅是被告与三名案外人对其"最初构想者"身份的尊重或认可，这种认可具有相对性，原告并不能基于该内部协议取得一种绝对性的权益。

第二，原告所称利益缺乏侵权责任法上的可救济性。关于原告所称利益的财产方面的内容，原告的这种构想以及此后形成的方案，在原、被告等人成立公司并运作后，原告的财产利益实际上已经得以实现与转化。在此之后，社会公众实际上都能知晓其构想与方案的内容，法律并未禁止他人对于商业运作模式进行模仿，故其所述的丧失潜在的商业机会的理由并不能成立。关于原告所称利益的人身方面的内容，其本质是"店店通""最初构想者"的这种"最初"身份性，以及由此所可能带来的赞誉。本案中的构想虽由原告最初提出，但方案的形成和具体运作均由原、被告及三名案外人共同参与。在现代商业社会，各种商业构想层出不穷，然而构想本身作为一种思想或观念并不属于法律保护的对象，构想者同样也不能依据这种构想享有法律所保护和救济的人身利益。原告依据其"最初构想"虽可能享有特定的收益和赞誉，但显然与《中华人民共和国侵权责任法》第二条所保护的对象不属于同等位阶，尚不能被认定为属于必须进行特别救济的利益。

第三，从行为性质和手段上看，在衡量是否需要对一种利益进行特别保护时，还需要考虑侵权人的主观状态和行为手段。如果行为人以故意并且违反公序良俗的手段进行侵犯，则保护的必要性相应增加。本案的涉案文章多为对于"店店通"经营活动的宣传，并非以侵犯原告为主要目的，原、被告本身均为"店店通"的共同创始人和股东，被告依协议又是"店店通"的总经理，进行营销和宣传是其职责所在。而从本案文章具体内容看，并无任何关于否认原告是"最初构想者"的直接表述，也无任何关于其他人是"最初构想者"的直接表述。这种行为并不能构成直接故意侵犯，其手段也不能被认定为违反公序良俗。

综上，侵权责任法保护的利益范围是一个开放的体系，为了妥善平衡利益保护和行为自由的关系，在将一种法律未明确规定的利益纳入侵权责任法保护范围前，必须秉持审慎的态度进行综合考量。本案中原告要求保护的利益欠缺绝对性和可救济性，被告又非以故意违背公序良俗的方法恶意侵犯，故尚不能将该利益纳入侵权责任法的保护范围，因此原告依据侵权责任法所提出的各项请求缺乏请求权基础，不予支持。故一审法院依照《中华人民共和国侵权责任法》第二条，判决驳回原告黄某的诉讼请求。

一审判决后，原告不服提起上诉称，现有证据可以证明黄某是“店店通”项目的最初构想者，而被上诉人在网上的言论却相反，给黄某造成了诚信污点，因此本案应确定为名誉权纠纷，请求法院撤销一审判决，改判支持黄某一审提出的第一、第二项诉讼请求，以及第三项诉讼请求中的公证费 4 500 元。

被上诉人辩称，黄某在本案中主张岳某对其构成了侵权，缺乏事实及法律依据，要求驳回上诉，维持原判。

二审法院查明，一审法院认定事实无误，依法予以确认。

二审法院经审理后认为，法律规定，以书面、口头形式宣扬他人隐私，或者捏造事实公然丑化他人人格，以及用侮辱、诽谤等形式损害他人名誉，造成一定影响的，应当认定为侵害公民名誉权的行为。然而本案中无证据显示岳某存在上述法律规定的情形，上诉人主张的事实亦明显与侵犯公民名誉权的法律规定不符，故法院对于上诉人要求认定岳某的行为侵犯了其名誉权并要求追究侵权责任的上诉请求难以支持。一审法院认定事实清楚，适用法律正确。二审法院判决驳回上诉，维持原判。

点 评

本案的争议焦点是原告所主张的“可供执行的商业方案”能否纳入《中华人民共和国侵权责任法》第二条规定中所属的人身、财产权益的范畴，并以此寻求相应的司法救济。

一审和二审根据当事人提供的事实证据，从“绝对性”、“可救济性”以及“被告行为主观上是否存在故意”等三个主要方面进行了认定，认为原告主张要求保护的利益尚不能纳入侵权责任法的保护范围，“可供执行的商业方案”不属于法律上值得保护的权益，由此作出了不予支持原告主张的判决。在判决理由中法官对《中华人民共和国侵权责任法》第二条规定从立法宗旨、体例上进行了探讨，对于法律上值得被保护权益的请求权基础的构成作了阐述，进而指出《中华人民共和国侵权责任法》第二条有关权利保护的规定是开放性的体系，同时，亦强调将一种法律未明确规定的权益纳入《中华人民共和国侵权责任法》保护范围时，必须秉持审慎的态度进行综合的利益考量，形成了探讨此类权益请求权构成的要件。这种判断应该说是符合立法思想的。

《中华人民共和国侵权责任法》的立法模式采取了列举加归纳的模式，在规定了各种权利后，再将被列举的种种权利归纳为人身、财产权益两大类，是列举式和概括式的结合，这是兼顾现代社会的需要和我国法治现实环境的产物。列举式把能够固定下来的权利直接一一加以规定，有益于受害人和法官适用的便利，但列举式在一定程度上封闭了权利的结构，显然不符合现代社会权利的发展。而概括式过于抽象，在适用上比较难以统一，需要大量的判例来加以补充、明确，但其对于现代社会出现的新型权利而言则留下了发展的空间。显然单一概括式的规定对于法治不够成熟的中国来说也是很难一步到位的。为此，立足于这种立法模式下的法律适用，首先需比照各种权利寻求法律保护和救济，在无可适用时，还可以在概括性规定的表述人身权益、财产权益中寻求保护和救济的可能。从法律解释中探索立法者保护权利的本意，由此探讨某种新的权益是否值得法律的保护。而本案审理法院则是在原告主张下对此进行探究的事例。

本案在考虑“可供执行的商业方案”有无人身、财产权益的请求权基础时，把是否具有“绝对性”作为一个考量的出发点，原本侵权法上的绝对性是相对债法上的相对性而言的，由于侵权法的前提是侵害了法律保护的权利，由此，保护法定的权利成为侵权法的性质，违法性就成了构成要件之一，那么某种法律规定中没有固定下来的新形态的权益有无值得法律保护的意义，就成了判断的重点。为此根据立法的目的、价值来推断是否该种权益值得保护，这种保护的价值是否取得了社会一定的共识，就是不可回避的。另外，“可救济性”换言之就是是否存在损害，以及这种损害能否得到社会一定的公认，这都是需要加以慎重判断的。行为人的过错(故意)在于其能否认识到、预见到，如果某种权益是获得社会广泛认可的，那么蓄意予以挑战者可能就需要承担相应的责任了。

本案的判决对于今后法院审理中如何认定某种新形态的人身、财产权益提供了有益的参考。

案例提供单位：上海市浦东新区人民法院
编写人：万发文
点评人：段　匡

36. 王仰某等诉孙某某等机动车交通事故责任纠纷案

——道路交通事故社会救助基金追偿权的行使

案情

原告王仰某

原告王宏某

被告孙某某

被告上海喆旭包装材料有限公司

被告中国人民财产保险股份有限公司金华市分公司

第三人上海市道路交通事故社会救助基金管理中心

2015 年 1 月 5 日 19 时 15 分许，受害人彭某某驾驶电动自行车沿姚北公路由东向西行驶，被告孙某某驾驶重型自卸货车违反禁令指示由西向东驶入姚北公路，两车即将交会时，受害人彭某某骑车由北向南斜过姚北公路，被告孙某某在制动并向右避让过程中，车辆车头右前部与受害人车辆右前侧发生碰撞，造成受害人彭某某经医院抢救无效死亡。2015 年 2 月 10 日，交警支队出具交通事故责任认定书，认定受害人彭某某承担主要责任，被告孙某某承担次要责任。涉案重型自卸货车登记在被告上海喆旭包装材料有限公司（以下简称喆旭包装公司）名下，在被告中国人民财产保险股份有限公司金华市分公司（以下简称人保金华分公司）投保交强险和商业三者险。

受害人彭某某的父母已先于其去世，原告王仰某（系其配偶）、原告王宏某（系其儿子）为其法定继承人。

两原告诉称，为维护原告的合法权益，起诉要求被告赔偿医疗费 74 616.86 元，交通费 2 600 元、住宿费 5 400 元、误工费 6 060 元、死亡赔偿金 954 200 元、精神损害抚慰金 50 000 元（交强险内优先赔偿）、丧葬费 32 706 元、律师代理费 10 000 元；要求被告人保金华分公司在交强险责任限额内赔付 120 000 元，超出部分在商业三者险内赔付 40%，计 400 614.62 元；不属于保险赔付范围的由被告孙某某、喆旭包装公司赔偿 10 000 元。

被告孙某某辩称，其在事发时系为被告喆旭包装公司履行职务行为，故应当由被告喆旭包装公司承担赔偿责任。

被告喆旭包装公司辩称，对原告的诉讼请求同意在法律范围内进行赔偿，确认被告孙某某系履行职务行为，该公司愿意承担赔偿责任。该公司已经垫付现金 21 000 元，另外该公司车辆产生修理费 3 300 元，要求在本案中一并处理。

被告人保金华分公司辩称，对事故发生经过和责任认定无异议。确认事故车辆在该公司投保了交强险和保额为 1 000 000 元的商业三者险并附加不计免赔险。同意在保险范围内赔付原告合理的损失。

第三人上海市道路交通事故社会救助基金管理中心（以下简称救助基金中心）诉称，2015 年 1 月 5 日被告孙某某驾驶重型自卸货车在上海市松江区沪亭姚北东 20 米处发生交通事故，造成受害人彭某某受伤并经医院抢救无效死亡。2015 年 1 月 20 日，受害人家属提出道路交通事故社会救助基金垫付抢救费用申请，根据有关规定，该中心于 2015 年 3 月 2 日依法垫付受害人抢救费用共计 55 570.55 元。故救助基金中心要求判令本案的责任人偿还垫付款 55 570.55 元，并从被告人保金华分公司的保险赔付款中支付相应的垫付款。

审判

一审法院经审理后认为，本案的争议焦点在于：一、救助基金中心为行使追偿权能否直接作为第三人参加本案诉讼；二、如可以，救助基金中心能否要求保险公司从应付的保险理赔款中直接返还垫付款。

一、救助基金中心为行使追偿权能否直接作为第三人参加本案诉讼

救助基金管理机构无论是作为公法人抑或是其他组织，是依法核准成立的机构，且其对垫付的费用依法享有向赔偿责任人追偿的权利，故其为交通事故受害人垫付费用后均有权作为民事诉讼的起诉主体向交通事故责任人进行追偿。本案审理中，救助基金中心向法院提出了参加诉讼申请，且本案原、被告对此均无异议，法院经审查认为应当保障救助基金中心依法享有的追偿权，故追加其为本案第三人参加诉讼并无不当。

二、救助基金中心能否要求保险公司从应付的保险理赔款中直接返还垫付款

本案的交通事故赔偿责任人系被告孙某某，但孙某某是被告喆旭包装公司的员工，事发时系职务行为，故其行为所造成的损害应由被告喆旭包装公司承担，被告喆旭包装公司为其车辆在被告人保金华分公司处投保了交强险和商业三者险，被告喆旭包装公司应承担的赔偿款项应由被告人保金华分公司在保险范围内优先承担。救助基金中心请求在保险赔偿款中直接支付垫付款，原、被告对此均无异议,且该垫付医疗费已计入原告主张的医疗费用内由被告人保金华分公司进行理赔,故该款亦应从被告人保金华分公司的保险理赔款中直接支付第三人救助基金中心。

据此,一审法院判决:一、被告中国人民财产保险股份有限公司金华市分公司于本判决生效之日起十日内在交强险责任限额内赔付原告王仰某、王宏某120 000元;二、被告中国人民财产保险股份有限公司金华市分公司于本判决生效之日起十日内在商业三者险范围内赔付原告王仰某、王宏某317 282.57元;三、被告中国人民财产保险股份有限公司金华市分公司于本判决生效之日起十日内在商业三者险范围内支付第三人上海市道路交通事故社会救助基金管理中心55 570.55元;四、被告中国人民财产保险股份有限公司金华市分公司于本判决生效之日起十日内在商业三者险范围内赔付被告上海喆旭包装材料有限公司14 980元;五、被告上海喆旭包装材料有限公司赔偿原告王仰某、王宏某8 000元(已付);六、驳回原告王仰某、王宏某其余的诉讼请求。

一审判决后,当事人均未上诉,本案判决已生效。

点 评

本案是一起机动车交通事故责任纠纷案,其特殊性在于该案系上海市首例法院依据道路交通事故社会救助基金管理中心的申请,依法追加其为有独立请求权的第三人参加诉讼的案件,属于审判实践中的先例,也为今后救助基金管理者如何有效行使追偿权提供了借鉴。

《中华人民共和国道路交通安全法》规定,设立道路交通事故社会救助基金。2009年,财政部、保监会、公安部、卫生部和农业部等联合发布《道路交通事故社会救助基金管理试行办法》(以下简称《试行办法》),对道路交通事故社会救助基金制度作了规定。2012年5月2日,上海市人民政府办公厅转发了上海市财政局等六部门制订的《上海市道路交通事故社会救助基金管理实施细则》(以下简称《实施细则》),同年11月2日,上海市道路交通事故社会救助基金管理中心正式成立。虽然,救助基金管理机构已经运作,但是存在很多操作上的问题。追偿机制不健全就是问题之一,《中华人民共和国道路交通安全法》提出设立道路交通事故社会救助基金,但对基金的法律地位,能否成为独立的民事主体并未作出规定。《机动车交通事故责任强制保险条例》第二十四条也规定了救助基金管理机构有向道路交通事故责任人追偿垫付的抢救费用和丧葬费用的权利,但并未明确基金管理机构能否以独立法人的身份通过诉讼的方式进行追偿。《试行办法》第二十四条规定救助基金管理机构根据本办法垫付抢救费用和丧葬费用后,应当依法向机动车道路交通事故责任人进行追偿。有关单位、受害人或者其继承人有义务协助救助基金管理机构进行追偿。如何追偿,由谁追偿,同样没有规定。前述《实施细则》第十九条的规定与《试行办法》第二十四条的规定如出一辙,只是在发文附件《上海市道路交通事故社会救助基金管理机构成员单位职责分工及工作流程》(三)垫付费用追偿中规定,对逾期未偿还救助基金垫付款的责任人,上海市财政局可以救助基金管理中心的名义,依法向人民法院提起民事诉讼进行追偿。随着基金垫付与追偿工作的开展,现行法律未明确基金管理机构能否以独立法人身份通过诉讼的方式主张权利,这个问题将会日益凸显。

本案审理法院认为本案的第三人系上海市财政局下属的事业单位法人,具有独立法人资格,其申请以第三人身份参加诉讼行使追偿权,应该予以准许。从法的一般原理出发,认可了救助基金管理机构能够通过诉讼,且以第三人身份参加诉讼行使追偿权的权利。该案的判决对于道路交通事故社会救助基金管理机构追偿权的行使具有参考意义。

案例提供单位:上海市松江区人民法院

编写人:吴有良

点评人:段　匡

37. 上海云峰集团国际贸易有限公司与章浩某等申请实现担保物权案

——第二顺位抵押权人申请实现担保物权之诉的处理

案情

申请人上海云峰集团国际贸易有限公司

被申请人章浩某

被申请人方某

被申请人章伯某

2012年11月23日，上海云峰集团国际贸易有限公司（以下简称云峰公司）与债务人上海浦汇贸易有限公司（以下简称浦汇公司）以及方某、章浩某、章伯某签署《房产抵押担保协议》，约定方某、章浩某、章伯某以其共同共有的上海市浦东新区溪兰路某弄某号1—2层房地产（以下简称溪兰路房产）作为浦汇公司偿还云峰公司主债务的抵押担保，担保债权金额为人民币1 500万元（以下币种均为人民币），抵押担保的范围包括但不限于浦汇公司全部债务的本金及利息、违约金、损害赔偿金等费用以及为实现债权、抵押权而支出的差旅费、律师费、诉讼费等全部必要费用。同日，云峰公司与浦汇公司、方某、章浩某以及上海品企实业有限公司（以下简称品企公司）签订《协议书》，确认浦汇公司对云峰公司的主债务为16 659 905.08元，同时按照年息10%向云峰公司支付欠款的利息（自2012年9月30日起计算），浦汇公司应当在协议签署之日起三十日内支付本金50万元及欠款利息，并应当在2014年12月31日前支付全部剩余本金及欠款利息。《协议书》还约定，浦汇公司未能按照本协议约定支付任何一期款项的，视为浦汇公司根本违约，云峰公司有权就本协议项下的欠款全额向浦汇公司和担保方主张债权。2012年12月31日，云峰公司与方某、章浩某、章伯某办理了抵押权登记，抵押的债权数额为1 500万元。

溪兰路房产系花园住宅，建筑面积484.11平方米，权利人为章伯某、章浩某、方某。2011年8月25日，章伯某、章浩某、方某将溪兰路房产抵押给中国工商银行股份有限公司上海市南汇支行（以下简称工行南汇支行），债权数额为800万元。2011年11月30日，章伯某、章浩某、方某再次将溪兰路房产抵押给工行南汇支行，最高额抵押的最高债权数额为1 000万元。2013年4月10日,章伯某、章浩某、方某再将溪兰路房产抵押给东亚银行(中国)有限公司杭州分行,担保债权数额为主债权6 000万元中的1 200万元。溪兰路房产分别于2013年6月9日、2013年9月12日被法院查封,2013年11月18日被浙江省杭州市中级人民法院轮候查封。

2012年11月23日,云峰公司另与章浩某、方某签订《房产抵押担保协议》,约定以章浩某、方某名下的上海市友谊路某弄某号1001室房产(以下简称友谊路房产)为浦汇公司拖欠云峰公司的货款16 659 905.08元提供担保,约定抵押担保的范围包括但不限于浦汇公司全部债务的本金及利息、违约金、损害赔偿金等费用以及为实现债权、抵押权而支出的差旅费、律师费、诉讼费等全部必要费用。2012年12月13日,章浩某、方某办理了抵押权登记手续,房地产抵押权人为云峰公司,抵押的债权数额为200万元。云峰公司为实现担保物权,向上海市宝山区人民法院提出申请。宝山区人民法院经审理,于2014年9月12日作出(2014)宝民二(商)特字第×号裁决:拍卖、变卖被申请人章浩某、方某名下友谊路房产,申请人上海云峰集团国际贸易有限公司对所得款项超出顺位在先的中国建设银行股份有限公司上海宝钢宝山支行的担保债权的部分优先受偿(优先受偿的范围为担保债权本金200万元及以200万元为本金,自2012年9月30日起算至上述房产拍卖、变卖之日止,按年利率10%计算的利息)。

申请人诉称,因浦汇公司未按照《协议书》约定支付欠款,故请求法院裁定拍卖、变卖方某、章浩某、章伯某所有的溪兰路房产,云峰公司就上述房产拍卖、变卖后所得款项在担保债权1 500万元及以1 500万元为本金,自2012年9月30日起至上述房产拍卖、变卖之日止按照年利率10%计算的利息的范围内优先受偿。

三被申请人辩称,对于云峰公司主张的事实、提供的证据以及申请请求均无异议。

审理中,云峰公司变更请求为:裁定拍卖、变卖方某、章浩某、章伯某所有的溪兰路房产,云峰公司就上述房产拍卖、变卖后所得款项在担保债权14 659 905.08元及以14 659 905.08元为本金,自2012年9月30日起至上述房产拍卖、变卖之日止按照年利率10%计算的利息的范围内优先受偿。

审 判

一审法院经审理后认为,债务人不履行到期债务或者发生当事人约定的实现抵押权的情形,抵押权人可以与抵押人协议以抵押财产折价或者以拍卖、变卖该抵押财产所得的价款优先受偿。抵押权人与抵押人未就抵押权实现方式达成协议的,抵押权人可以请求人民法院拍卖、变卖抵押财产。同一财产向两个以上债权人抵押的，如抵押合同以登记生效的，拍卖、变卖抵押物所得的价款按照抵押物登记的先后顺序清偿。同一笔债权有多个担保物的，受偿总额不得超过该笔债权。

云峰公司对浦汇公司的债权合法有效，现章浩某、方某、章伯某以三人共同共有的溪兰路房产为浦汇公司的债务提供担保，并于2012年12月31日办理了抵押登记手续，该抵押亦属有效。章浩某、方某、章伯某对本案主债权、抵押权的真实性均无异议，而浦汇公司未能按约履行到期债务，云峰公司有权要求依照法律规定处理抵押房产，故云峰公司的申请符合法律规定。因工行南汇支行对溪兰路房产的两个抵押登记均先于云峰公司的抵押登记，故云峰公司只能就抵押物价值超出工行南汇支行的抵押担保债权的部分优先受偿。又因云峰公司对同一笔债权已在(2014)宝民二(商)特字第×号案中对担保债权本金200万元以及相应利息实现了担保物权，故本案中其将担保债权变更为14 659 905.08元符合相关规定，法院予以准许。据此，一审法院依照《中华人民共和国物权法》第一百九十五条、《中华人民共和国担保法》第五十四条第(一)项、《中华人民共和国民事诉讼法》第一百九十六条、第一百九十七条的规定，裁定：拍卖、变卖被申请人章浩某、方某、章伯某名下位于上海市浦东新区溪兰路某弄某号1—2层房产，申请人上海云峰集团国际贸易有限公司对所得款项超出顺位在先的中国工商银行股份有限公司上海市南汇支行的担保债权的部分优先受偿(优先受偿的范围为担保债权本金14 659 905.08元及以14 659 905.08元为本金，自2012年9月30日起计算至上述房产拍卖、变卖之日止，按年利率10%计算的利息)。

该裁定现已生效。

点 评

本案是一起第二顺位抵押权人要求变卖抵押物，实现担保物权的诉讼，该案审理涉及两个问题：一是第二顺位抵押权人是否有权提起实现担保物权之诉；二是第二顺位抵押权人实现担保物权的程序和实现担保物权的范围。

担保物权是以直接取得或者支配特定财产的交换价值为内容，以确保债权实现为目的而设立的权利。其具有以下几个特征：一是以确保债权人的债权得到完全清偿为目的；二是具有优先受偿的效力；三是其是在债务人或第三人的财产上建立的权利；四是具有代位性。《中华人民共和国民法通则》、《中华人民共和国物权法》、《中华人民共和国民事诉讼法》都明确规定了担保物权的性质及实现方式。抵押权作为担保物权的一种类型，其有效成立必须具备主债权合法存在、设立的抵押权已经登记等要件。实现抵押权也必须具备一定的实质要件，即债务已届清偿期；债务人未履行或未足额履行债务；抵押权合法有效。由于担保物权的主要目的是为债权人的债权实现提供保障,属于债务人不履行债务的后继债务,鉴于主债务的履行存在不确定性,因而担保债务也具有不确定性,同时,抵押物的价值也可能大于其所要担保履行的债务。法律规定,在抵押物存在担保物权的情况下,只要抵押物的价值大于主债务,抵押物可以进行余额抵押,因而就存在第二顺位乃至于第三顺位抵押权人。

第二顺位抵押权人在其债权未得到实现的时候,能否越过第一顺位抵押权人,要求法院拍卖、变卖抵押物,实现其债权?法律并无限制的规定,从现实需要而言,当第二乃至第三顺位抵押权人有实现债权的现实需要,但是第一顺位抵押权人并未提出实现抵押权,如果不允许第二顺位抵押权人实现抵押权,则不利于在后顺位抵押权的债权实现,不利于保护后顺位抵押权人的利益。

法院审理第二顺位抵押权人实现担保物权之诉,需要注意以下这些问题:一是需要为在先抵押保留足够的份额。因为在先抵押权人具有优先受偿权,只有在先抵押权人的债权得到充分保护后,第二乃至于第三顺位抵押权人才能优先受偿。二是只能明确优先受偿的债权范围而不能判定优先受偿的具体数额。因为在第一顺位抵押权人未提起实现担保物权之诉的情况下,其具有优先受偿权的债权并不明确,因而后顺位抵押权人可实现债权的具体数额也是不明确的,只能明确各自优先受偿的范围。

案例提供单位:上海市浦东新区人民法院
编写人:俞　波　万发文
点评人:吴　薇

商　事

38. 张某某诉吴江中成物流投资发展有限公司等借款合同纠纷案

——借款人在放款前支付利息是否构成“砍头息”

案 情

原告张某某

被告吴江中成物流投资发展有限公司

被告王某某

2014 年 3 月 11 日，原告张某某与被告吴江中成物流投资发展有限公司（以下简称吴江物流公司）签订《抵押借款合同》。该合同约定，被告吴江物流公司向原告张某某借款，并愿将其合法拥有的房屋所有权抵押给原告张某某，作为借款及合同约定利息、违约金及相关费用的担保；借款金额为 1 200 万元（人民币，下同），利息为年利率22.40%（月利息 18.66‰），月利息支付方式为每月提前 1 日内支付当月利息，利息按月计算，不足一月，按一个月计算；借款期限自 2014 年 3 月 11 日起至 2014 年 9 月 10 日止，借款发放的具体时间、金额以借款收据或银行转账记录为准，借款应在合同约定的房地产抵押登记办妥后发放，如实际借款放款日与上述借款起始日不一致的，以实际放款日为借款期限起算日，借款到期日则相应顺延；被告吴江物流公司提供其名下所有的位于上海市浦东新区浦明路某弄某号某室、某弄地下车库地下一层某车位作为抵押物，抵押担保范围包括但不限于借款本金、利息、违约金、诉讼费、财产保全费、律师费、公证费等费用；抵押期限自 2014 年 3 月 11 日起至 2014 年 9 月 10 日止；合同签订之日起 5 个工作日内，原告张某某与被告吴江物流公司按照抵押房地产登记管理权限至相应的房地产登记部门申请办理房地产抵押登记，并申领相应的抵押登记凭证；借款到期 2 日内，如被告吴江物流公司不履行债务或不能完全履行债务的，房地产抵押权即实现，原告张某某有权行使抵押权，处分抵押房地产；如被告吴江物流公司未能按约支付利息的，原告张某某有权宣布全部借款立即到期应偿，并提前终止合同，要求被告吴江物流公司立即归还到期的全部借款本金和支付借款利息；被告吴江物流公司应在收到原告张某某宣布全部借款立即到期或提前解除合同通知后的 1 日内向原告张某某归还全部借款本金和支付利息；被告吴江物流公司逾期还款超过 5 日，除应向原告张某某归还本金外，还应按月支付利息（按月利率 18.66‰计算）、按未还款总额的每日 3‰支付违约金、原告张某某在催讨本金期间发生的包括但不限于律师费等；所有通知的事项应寄往本合同首页所列的联系地址，自通知以上述方式发出的 10 日后，视为收件方已收悉（合同首页被告吴江物流公司联系地址为上海市浦明路某弄某号某室）。同日，由上海市普陀公证处出具了（2014）沪普证经字第××5 号《具有强制执行效力的债权文书公证书》，对上述《抵押借款合同》进行公证并赋予该合同强制执行力。

同日，被告王某某与原告张某某签订《保证合同》，就原告张某某基于上述《抵押借款合同》对被告吴江物流公司的债权的实现提供连带责任保证；保证期间为借款期限届满之次日起 2 年，如原告张某某宣布提前到期或提前收回的，则保证期间为原告张某某向被告吴江物流公司通知的还款日之次日起 2 年；担保范围包括但不限于本金、利息、违约金和实现债权的费用（包括但不限于诉讼费、保全费、公告费、律师费等）等；被告吴江物流公司或任何第三方就担保债务提供了物的担保的，被告王某某愿意就本合同项下被担保的全部债务先于物的担保履行保证责任。被告王某某与原告张某某签署上述《保证合同》事宜由上海市普陀公证处予以公证，并出具了（2014）沪普证经字第××6 号《公证书》。

2014 年 3 月 13 日，被告吴江物流公司就上海市浦东新区浦明路某弄某号某室、某弄地下车库地下一层某车位房屋办理了抵押登记手续，房地产权人为被告吴江物流公司，抵押权人为原告张某某，债权数额为 1 200 万元，债务履行期限为 2014 年 3 月 11 日至 2014 年 9 月 10 日止。当日，被告吴江物流公司通过中国农业银行网上银行向原告张某某账户转账支付 46 650 元，附言标注为“利息”，作为 250 万元自 2014 年 3 月 14 日起至 2014 年 4 月 13 日止的借款利息。

2014 年 3 月 14 日，原告张某某通过广发银行网上银行向被告吴江物流公司转账支付 250 万元，附言标注为“房产抵押款”。

2014 年 3 月 17 日，被告吴江物流公司通过中国农业银行网上银行向原告张某某账户转账支付 74 640 元，附言标注为“利息”，作为 400 万元自 2014 年 3 月 17 日至 2014 年 4 月 16 日止的借款利息。同日，原告张某某通过广发银行网上银行向被告吴江物流公司转账支付 400 万元，附言标注为“房产抵押款”。

2014 年 4 月 30 日，被告吴江物流公司通过中国农业银行网上银行向原告张某某账户转账支付 60 645 元，附言标注为“往来”，作为 650 万元的借款利息，其中包括：250 万元自 2014 年 4 月 14 日至 2014 年 4 月 28 日止（共计 15 天）的借款利息 23 325 元，以及 400 万元自 2014 年 4 月 17 日至 2014 年 5 月 1 日止（共计 15 天）的借款利息 37 320 元。此后，被告吴江物流公司未再向原告张某某账户支付任何款项。

此外，被告吴江物流公司还分别于 2014 年 3 月 13 日、2014 年 3 月 17 日、2014

年 4 月 30 日向案外人冯某账户转账汇款 20 850 元、33 360 元、27 105 元(共计 81 315 元),附言备注分别为"服务费"、"服务费"、"往来"。

2014 年 6 月 4 日,上海市普陀公证处按上海市浦明路某弄某号某室的地址向被告吴江物流公司发送《关于核实债权文书履行情况的函》,表示根据涉讼借款合同约定,被告吴江物流公司未按约偿还本金并支付利息,已构成违约,现原告张某某向该处申请出具执行证书,要求向有管辖权的人民法院申请强制执行。执行标的:本金 650 万元,暂计至 2014 年 6 月 3 日计算的利息 13 814 元,违约金 66 600 元,律师费 380 000 元,至上述借款清偿之日止的全部利息及违约金,以及原告张某某为实现债权而发生的全部费用,或处分抵押物的价款抵偿。该函件于 2014 年 6 月 5 日经被告吴江物流公司单位收发章签收。

2014 年 7 月 4 日,原告张某某与案外人某律师事务所(以下简称某所)签订《聘请律师合同》,约定就本案聘请该所律师为其代理人,该所接受原告张某某委托指派陈某律师为原告张某某代理人,原告张某某同意按照固定收费的方案,一次性支付律师代理费 200 000 元。2014 年 7 月 22 日,原告张某某通过广发银行向某所转账支付了 200 003 元,其中 3 元为手续费。2014 年 7 月 23 日,某所向原告张某某开具金额为 20 万元的增值税发票。

原告张某某诉称,2014 年 3 月 11 日,原告与被告吴江物流公司签订《抵押借款合同》。该合同约定,被告将位于上海市浦东新区浦明路某弄某号某室、某弄地下车库地下一层某车位作为担保物,向原告进行抵押借款,借款本金为 1 200 万元,月息为 1.866%,借款期限为六个月。合同对抵押担保的范围以及违约责任均作了约定。同时,原告与被告王某某签订《保证合同》,约定被告王某某对被告吴江物流公司的全部债务向原告承担连带保证责任。上述两份合同均经公证处公证。此后,原告按被告吴江物流公司的要求于 2014 年 3 月 14 日、2014 年 3 月 17 日共向被告吴江物流公司交付了借款 650 万元。但自 2014 年 4 月 28 日起,被告吴江物流公司一直未向原告归还本金和支付利息,已构成严重违约,故请求判令被告吴江物流公司归还原告借款本金 650 万元并支付利息。

被告吴江物流公司、王某某共同辩称,涉讼借款尚有本金 6 324 500 元未归还,而非原告主张的 650 万元,差额部分被告吴江物流公司在原告要求下,已以预先支付利息的方式返还原告,包括 2014 年 3 月 13 日、2014 年 3 月 14 日打入原告账户的两笔共计 121 290 元,以及于 2014 年 3 月 13 日、2014 年 3 月 14 日打入案外人冯某账户的两笔共计 54 210 元。另利息计算基数应以 6 324 500 元为准,对合同约定的利息计算标准无异议。

审 判

一审法院经审理后认为,本案争议焦点主要涉及借款本金和利息问题。

关于借款本金。第一，利息为资金时间价值的表现形式，只有实际取得并使用资金后方产生利息。因此，利息的支付应以借款人实际占有借款为前提，在借款期限届满时或借款合同履行期间内按约分批支付。而本案中，被告吴江物流公司于2014年3月13日、17日支付的两笔款项均发生在原告放款前或放款同时，彼时被告吴江物流公司尚未能使用支配该资金。因此，预先支付利息虽能确保原告提前收回利息，但却从本质上背离了借款合同的实质特征，损害了被告吴江物流公司的利益，使得被告吴江物流公司实际得到的借款减少，影响被告吴江物流公司作为借款人的资金使用。第二，涉讼借款合同原约定由原告出借1 200万元，但原告实际仅分别于2014年3月14日、17日放款250万元、400万元，并于2014年3月13日、17日收取被告吴江物流公司46 650元及74 640元作为上述两笔放款一个月的利息。结合原告、被告吴江物流公司的庭审陈述及被告吴江物流公司预先支付两笔款项的数额来看，虽目前并无证据证明双方是否就原告放款安排有过合议，但从被告吴江物流公司支付的利息金额可以推定，双方就原告即将放款的金额和时间存在事先合议。一审法院认为，作为借款人，其签订借款合同的主要目的系为了在一定期限内从出借人处受让约定数额货币的所有权，并以支付相应利息作为代价。因利息数额与借款金额成正比，借款金额往往与借款人的实际资金需求密切相关，借款人通常不会过分超出自身实际需求向他人借款。反观本案，被告吴江物流公司原计划借款1 200万元，并为此向原告提供了足额的抵押物及保证人作为担保，而此后被告吴江物流公司仅分批从原告处获得650万元，该金额远不能满足被告吴江物流公司当时的资金需求。因此，在资金缺口仍然较大的情况下，被告吴江物流公司不可能自发性地向原告预先支付利息，以进一步减少其可支配资金。据此，就被告吴江物流公司提出原告要求提前支付利息系变相从本金中预先扣除利息的抗辩，一审法院予以采纳。综上，为了体现合同公平的原则，原告预先收取的2笔利息共计121 290元应从借款本金中扣除。而就两被告关于应在本金中扣除服务费的主张，因两被告无法提供证据证明该钱款支付与本案的关联性，亦未能提供案外人冯某的身份信息供法院调查，故一审法院不予采信。就上述款项，可由被告吴江物流公司另案向案外人冯某主张。据此，一审法院依法认定本案涉讼借款本金为6 378 710元。

关于利息问题。鉴于两被告对原告主张的利息计算标准及起算点均无异议，被告吴江物流公司应以一审法院认定的借款本金（即6 378 710元）为基数，按合同约定的月利率1.866%向原告支付利息。其中，就截至2014年5月1日的利息，因原告当庭表示，本案利息按整月主张，不再拆分至个别日，且两被告亦对此无异议，故扣除已支付的利息共计60 645元后，被告吴江物流公司还应向原告支付利息117 895元。

综上，一审法院依照《中华人民共和国合同法》第一百零七条、第二百条、第二百零五条、第二百零六条、第二百零七条，《中华人民共和国担保法》第十八条、第三十一条、第五十三条,《中华人民共和国民事诉讼法》第一百四十四条的规定,判决:一、被告吴江中成物流投资发展有限公司应于判决生效之日起十日内归还原告张某某借款本金人民币 6 378 710 元;二、被告吴江中成物流投资发展有限公司应于判决生效之日起十日内支付原告张某某截至 2014 年 5 月 1 日的借款利息人民币 117 895 元,以及自 2014 年 5 月 2 日起至本判决生效之日止的逾期还款利息(以人民币 6 378 710 元为基数,按月利率 1.866%的标准计付);三、被告吴江中成物流投资发展有限公司应于判决生效之日起十日内支付原告张某某逾期还款违约金(自 2014 年 6 月 7 日起至本判决生效之日止,以人民币 6 378 710 元为基数,按年利率 2%的标准计算)。

一审宣判后,双方当事人均未提出上诉。本案判决已生效。

点 评

基于借款合同为实践性合同的属性,我国合同法和以往有关民间借贷的司法解释均规定,预先在本金中扣除利息的,以实际出借的金额作为本金认定。但在实务中也存在一些情况,出借人虽然在交付本金时未作扣除,而是足额交付,但同时甚至提前通过其他方式或者名义向借款人收取部分钱款,这就给实际交付的本金数额认定带来一定争议。本案是当事人约定每月预先支付利息,双方对第一个月预付的利息是否应当计入本金发生争议,法院对本案的裁判为此类情况的认定和处理提供了一种可供借鉴的思路。

一、借款合同本金数额应当以实际交付的金额确定

借款合同关系中,借款数额和借款利息系构成借款合同的主要内容。借贷双方在订立借款合同时,通常要对借款数额、利息计算方式及支付期限作出明确的约定。一般而言,借款利息是根据借款本金占用期间,在借款期限届满时或者合同履行期间按照约定分批偿付给出借人的,支付借款利息是借款人应当承担的正常合同义务。然而,由于借贷双方在资金供求关系上的地位不平等,有的出借方为牟取高利和保障资金安全,支付借款时预先扣除高额利息,使得借款人实际取得的借款本金金额低于约定的数额,但却以全额本金作为计收利息的依据。出借人这种预先扣除利息的行为俗称"砍头息",或者称为"坐扣利息",由于借款人实际取得的借款金额小于合同金额,根据借款合同的实践性特征,依照《中华人民共和国合同法》第二百条规定,按照扣除该预扣利息之后的金额作为实际借款本金。

二、对交付本金同时又采取变通方法从借款人处收取款项的,须抓住行为实质

为规避上述法律规定,一些民间借贷合同在履行过程中出现了花样繁多的异

化操作手法,一方面向借款人全额支付借款本金,另一方面通过刻意设计的其他途径,再几乎同时将借款的一部分予以收回。如:有的出借人虚构咨询、服务等交易关系,以咨询费、服务费等名义向借款人收回部分借款本金;有的出借人强制借款人将收到的部分本金再支付给其指定的第三方,等等。由于从账面上看借款人取得了全额本金,支付出去的款项又涉及其他法律关系或者主体,表面上具有相应的法律依据,对此能否认定为预先扣除的利息,给司法认定带来一定困难。对此,还是需要透过现象看本质,对法条中"预先扣除"的字眼,不能仅从狭义理解为出借人具有"扣除行为",眼光局限于其是否少交付了本金,而是应该避开当事人之间操作手法的干扰,从实质上审查其是否存在少交付本金的主观愿望,以及该行为在经济上是否产生了少交付本金的实际效果。

三、约定的预付利息也不应计入本金

本案中,虽然被告吴江物流公司收到了全额借款本金,看似并不存在违反上述法律规定的情况,双方当事人也明确约定利息采取按月预付的方式,但对原告预先收取的月息,产生一些认识分歧。一种意见认为,《中华人民共和国合同法》第二百条适用借款人自行在借款本金中预先扣除利息再予放款的行为,但本案出借人不存在预先扣除利息的行为,借款人预先支付月息也符合合同中有关利息支付方式的约定,故本案案情不构成借款人预先扣除"砍头息"的情形,不适用《中华人民共和国合同法》第二百条的规定。另一种意见认为,借款人作为资金需求方,提前支付利息缺乏合理性,出借人预先收取利息应系其同意放款的条件,如此造成借款人实际得到的借款少于约定数额,加重借款人的负担,故出借人预先收取的两笔利息应从借款本金中扣除。根据前述的判断方法,鉴于争议的两笔利息均在本金交付当日甚至提前一天就已支付给出借人,究其实质,借款人实际获得的借款本金少于汇款当日收到的金额,这在经济上与扣除利息后再交付剩余本金的效果没有区别。此外,由于利息的产生依据是资金占用的成本,与实际占用资金的数额和时间有关,因此在资金尚未占用时即要求借款人预付利息的约定,也背离了利息的经济与法律属性,缺乏合理性。因此,本案中被告吴江物流公司提前支付的款项可以认定为是"砍头息",适用《中华人民共和国合同法》第二百条的规定,不应被计入本金。

案例提供单位:上海市长宁区人民法院
编写人:陈宇琦
点评人:姜　山

39. 唐某诉上海感帅实业有限公司网店运营委托合同纠纷案

——电子商务中委托运营合同的履行

案 情

原告(反诉被告)唐某

被告(反诉原告)上海感帅实业有限公司

2013年,原告唐某与被告上海感帅实业有限公司签订《网店代运营协议》,约定被告将旺旺名"感帅服饰专营店"交给原告经营,经营期限自2013年9月1日起至2014年9月1日止;被告签订协议之日起,将店铺ID、密码等重要信息交给原告,被告负责平时店铺订单处理发货及协助处理售后,被告提供详细准确真实的产品资料,协助原告作产品编辑,被告负责原告工作前三月的工作指导,被告负责支付淘宝网店所需的推广、消保、旺铺、店铺辅助软件、刷信誉等店铺经营费用;原告全权负责该网店所有经营销售活动、维护店铺利益、使店铺正常顺利运营、负责店铺运作、积极提供店铺销售额和利润、参与管理及建议仓库发货方面问题、售后问题跟进、经营销售该公司产品、分析市场、寻求开发新产品;感帅服饰专营店所含品牌形象及利益,原告只能在协议授权范围内合理使用,原告定期向被告汇报店铺运营情况及营销策略,被告有知悉权;准备期可能涉及的费用为产品拍摄和产品页面设计制作;托管期间,双方遵循天猫托管通用规则,且不可严重违规,不可删除原店人气宝贝(下架可以)等。

协议签订后,原告唐某运营本案所涉网店,被告分别于2013年9月10日支付原告备用金4 000元,同年10月3日支付原告9月店铺基本管理费6 853元,同年11月15日支付原告10月店铺基本管理费6 925元。2013年11月,被告曾提出中止协议,后经双方沟通,原告继续运营本案所涉网店。2013年12月初,原告向被告催讨11月运营费(即店铺基本管理费),被告于12月3日回复原告拒绝支付该款项,被告于12月7日再次提出解除协议,原告表示不同意,同日被告修改网店登录密码,后原告无法再登录网店进行运营,其间,原告曾两次为网店操作刷信誉。2013年11月,为刷信誉而形成的虚假交易金额为14 445.90元,2013年12月1日至 6 日的虚假交易金额为 966 元。

原告唐某诉称，原、被告签订《网店代运营协议》，约定原告为被告的天猫感帅服饰专营店进行经营销售活动，有效期自 2013 年 9 月 1 日起至 2014 年 9 月 1 日止。经过三个月的努力，店铺销售额逐渐增长，但被告为获得该店铺的既得利益和后期收益，先后以各种理由企图与原告终止合作，直至 2013 年 12 月 7 日，被告强行更改店铺登录密码，剥夺了原告的店铺经营权，给原告造成损失。故原告诉至法院，请求判令：1.被告支付 2013 年 11 月运营费 18 481 元（即 3 000 元＋8%销售额提成＋操作刷信誉费用 460 元）、2013 年 12 月 1 日至同年 12 月 6 日共计 6 天的运营费 1 800 元；2.被告赔偿原告可得利益损失 96 777 元；3.被告赔偿原告办公费损失 2 300 元、网费损失 630 元、误工费损失 6 000 元、交通费损失 90 元；4.被告赔偿逾期支付 11 月运营费的利息损失 554 元。

被告上海感帅实业有限公司答辩并反诉称，原告在 2013 年 11 月运营网店的相关操作行为不符合约定，给被告造成了损失，故不同意支付 11 月运营费，且对于原告依据量子恒道计算销售金额亦不予认可，因为该金额中未扣除交易关闭或退款的金额，故应当按照支付宝的财务明细为准；被告曾于 11 月多次向原告提出终止协议，后被告于 2013 年 12 月修改了网店登录密码，故原告无法再进行网店操作，且密码修改前原告登录网店的行为不代表其对网店进行了运营；原告除与被告存在交易外，还与其他第三方存在交易关系，故不同意支付原告诉请的相关损失；被告曾支付原告备用金 4 000 元，用于支付第三方专业人员设计文字介绍和图片制作的费用，但被告未收到第三方专业人员制作的相关产品描述；因原告存在消极运营或不运营以及违规操作的行为，很多商品未上架，造成大量库存积压，导致被告网店的销售额比往年同期下降很多，造成被告损失，故被告提起反诉，请求判令：1.确认原、被告签订的《网店代运营协议》于 2013 年 12 月 1 日解除；2.原告退还产品文字介绍和图片制作设计的费用 4 000 元；3.原告赔偿网店运营负增长的损失 250 000 元。

原告唐某对被告上海感帅实业有限公司的反诉请求辩称，同意解除《网店代运营协议》，但解除时间有异议，在被告于 2013 年 12 月 7 日修改密码前，原告一直为被告经营网店；备用金 4 000 元的性质为产品描述费用（包括产品的文字介绍和图片介绍），是被告另行委托原告完成的一项设计服务，且当时并未约定该产品描述必须由第三方专业人员完成，原告于 2013 年 11 月已经完成了全部 15 个产品的描述，已花费 3 900 元，同意偿还被告差额即 100 元；原告在网店经营期间，并未造成负增长，实际销售额在逐月增加，双方亦未约定网店要达到何种销售标准，且市场行情一直在变化，无法与前一年进行比较，不同意赔偿负增长的损失。

一审法院向支付宝公司调取了本案所涉网店自 2013 年 11 月 1 日至 2013 年

12月7日的支付宝后台数据，其中账务明细显示自2013年11月1日至30日入账的销售金额为160 370.35元(未扣除刷信誉的虚假交易金额)，同年12月1日至6日入账的销售金额为38 819.49元(未扣除刷信誉的虚假交易金额)。

审 判

一审法院经审理后认为，原、被告间的委托合同关系依法成立、生效，双方均应按约履行各自的义务。本案有四个争议焦点：一、被告依据法定解除权要求确认原、被告签订的《网店代运营协议》于2013年12月1日解除是否有相应事实依据；二、原告要求被告支付运营费(即店铺基本管理费)是否有相应依据，及原告依据量子恒道计算销售额是否准确；三、原告要求被告赔偿实际损失和可得利益损失，以及被告反诉要求原告赔偿网店运营负增长的损失是否有事实和法律依据；四、被告要求原告偿还备用金4 000元是否有相应依据。

对于争议焦点一，被告为证明原告存在违约行为并造成重大损失故而其有权行使法定解除权的主张，提供了证据材料如财务交易记录、排名下降记录、统计表、销售汇总等。法院认为，首先，排名下降记录是2013年10月的销售量排名，而被告已经支付了10月的运营费，再以此作为其于12月行使法定解除权的依据缺乏关联性，法院不予认定。其次，交易记录、统计表、销售汇总证据因不符合证据的形式要件，法院不予认定，不利后果应由被告承担，退一步讲，《网店代运营协议》中并未约定每月需要达到的销售额，且2011年、2012年销售额与2013年的同期销售额缺乏关联性，被告亦未提供其他证据证明双方曾口头约定每月的销售额，加之《网店代运营协议》约定“被告负责原告工作前三月的工作指导，原告全权负责该网店所有经营销售活动，维护店铺利益，使店铺正常顺利运营，负责店铺运作，不可严重违规，不可删除原店人气宝贝(下架可以)”，虽然原、被告在网店运营操作中存在摩擦，但考虑到网店代运营涉及产品上架等诸多问题，且本案所涉网店亦包含诸多产品，原告亦有权全权负责网店经营销售，故不能仅因个别产品未上架就认定原告在运营网店过程中存在根本违约，被告亦未提供其他证据证明原告存在根本违约，故被告主张行使法定解除权缺乏事实依据，法院不予认定。根据相关法律规定，委托人可以随时解除委托合同，本案中，被告作为委托人于2013年12月再次提出解除合同，系行使任意解除权。第三，关于合同解除的具体时间，应结合本案的实际情况而定。被告曾于2013年11月提出解除合同，但经双方沟通，由原告继续运营本案所涉网店，原告于2013年12月曾两次为网店操作刷信誉，被告于同年12月7日再次提出解除合同，原告表示不同意，同日被告修改网店登录密码，后原告无法再登录网店进行运营，故法院确认原、被告签订的《网店代运营协议》于2013年12

月 7 日(即被告修改网店登录密码之日)解除。

对于争议焦点二,根据相关法律规定,受托人完成委托事务的,委托人应当向其支付报酬;因不可归责于受托人的事由,委托合同解除或者委托事务不能完成的,委托人应当向受托人支付相应的报酬。正如前文所述,被告于 2013 年 12 月 7 日行使任意解除权解除合同,在合同解除前,原告为被告运营网店,被告应当根据协议约定支付原告相应的报酬。原、被告对于协议中约定的运营费(即店铺基本管理费)计算方式中提及的销售额系实际销售额均不持异议,且原告系根据销售额提成,结合网店运营中存在交易关闭、退款等款项未实际支付至卖家的情形,亦存在为刷信誉的虚假交易金额,故协议约定的销售额系扣除上述金额的实际销售额亦与常理相符。原告主张实际销售额是量子恒道记载的金额扣除虚假交易金额,被告认为量子恒道未扣除退款等金额,并认为应当按照支付宝财务明细记载的金额扣除虚假交易金额进行计算。诉讼中,法院向支付宝公司调取了本案所涉网店的支付宝后台数据,其中账务明细记载了每笔入账的销售金额,原、被告对于依据后台数据账务明细记载的销售金额扣除虚假交易金额得出协议约定的实际销售额均不持异议,结合协议中关于运营费(即店铺基本管理费)的计算方式,法院认定,被告应当支付原告 2013 年 11 月运营费 14 673.95 元,对于原告要求被告支付 2013 年 12 月 1 日至 6 日共计 6 天运营费 1 800 元的诉讼请求,并无不当,法院予以支持。对于原告要求被告支付操作刷信誉费用 460 元的诉讼请求,因原告并未提供证据证明该费用已实际支出,且原、被告亦有专款用于操作刷信誉等事宜,故不利后果应由原告承担,对于原告的该项诉请,法院不予支持。被告未按约支付 2013 年 11 月运营费,原告有权要求被告赔偿相应逾期付款利息损失,考虑到协议并未约定运营费的付款期限,但原告曾于 2013 年 12 月初向被告催款,且催款后应当给予被告合理期限履行义务,但被告于 2013 年 12 月 3 日明确表示拒绝付款,故法院认定 11 月运营费的逾期付款利息损失的起算时间应为 2013 年 12 月 3 日,现原告主张计算至 2014 年 3 月 1 日止,且计算标准并无不当,但计算基数有误,故法院认定被告应当支付逾期偿付 2013 年 11 月运营费的利息损失(以 14 673.95 元为基数,自 2013 年 12 月 3 日起算至 2014 年 3 月 1 日止,按照中国人民银行同期贷款利率计算)。

对于争议焦点三,根据相关法律规定,委托人或者受托人可以随时解除委托合同;因解除委托合同给对方造成损失的,除不可归责于该当事人的事由以外,应当赔偿损失;有偿的委托合同,因受托人的过错给委托人造成损失的,委托人可以要求赔偿损失。本案中,被告作为委托人依据任意解除权解除合同,应当赔偿原告相应损失,但该损失应为实际损失,而非可得利益损失,原告要求被告赔偿可得利益损失 96 777 元的诉讼请求,于法无据,法院不予支持。为证明存在实际损失,原告提供了证据材料租赁合同、收据、转账凭证、照片。法院认为，首先，租赁合同、照片与本案均缺乏关联性，租赁合同无法看出与代运营本案所涉网店存在关联，被告亦未提供证据证明押金损失已经实际发生，不利后果应由原告承担；其次，证据收据、转账凭证不符合证据的形式要件，退一步讲，即使存在原告为运营网店聘请员工并支付了 2013 年 10 月、11 月工资，但被告并未委托原告聘请员工，且被告已经支付了 2013 年 10 月运营费，法院亦支持了原告要求被告支付 2013 年 11 月运营费的诉讼请求，故原告再次要求被告赔偿 10 月、11 月支付员工工资损失的诉请，于法无据，法院不予支持；再次，原告未提供证据证明网费损失、误工费损失和交通费损失已经实际发生，亦未提供证据证明该些损失与本案网店代运营间存在关联性，不利后果应由原告承担。综上，原告要求被告赔偿可得利益损失及实际损失的诉讼请求，缺乏事实和法律依据，法院不予支持。如前文所述，被告未提供证据证明双方曾就每月销售额达成合意，且 2011 年、2012 年销售额与 2013 年的同期销售额缺乏关联性，被告亦未提供证据证明因原告存在违约行为造成网店损失及相关损失金额，不利后果应由被告承担，故对于被告要求原告赔偿网店运营负增长损失 250 000 元的反诉诉请，于法无据，法院不予支持。

对于争议焦点四，根据相关法律规定，当事人对自己提出的诉讼请求所依据的事实或者反驳对方诉讼请求所依据的事实有责任提供证据加以证明。本案中，原、被告对于备用金 4 000 元的用途为产品描述均不持异议，但原告认为该款项系被告委托原告用于制作 15 个产品描述，且其已经履行完毕，扣除费用 3 900 元后，同意偿还被告 100 元，而被告认为该款项系针对 20 余个产品的描述设计，必须经由专业第三方制作，而非原告进行制作，且必须达到爆款的效果等。法院认为，就备用金 4 000 元，原告已经提交了 15 个产品描述的光盘 1 张，且经核对，该些产品描述设计时间均早于合同解除的时间，被告亦认可该些产品描述系针对本案网店的产品且均系原告创建，但被告坚持认为该 15 个产品描述不符合双方对于备用金使用的约定，在该种情况下，被告对于双方如何约定产品描述的数量、制作方的要求、达到何种效果等负有举证责任，但被告未提供证据证明其主张，不利后果应由被告承担，现原告自愿偿还被告备用金余款 100 元，并无不当，法院予以准许。

综上，一审法院依照《中华人民共和国合同法》第九十四条、第一百零七条、第四百零五条、第四百零六条、第四百一十条、《中华人民共和国民事诉讼法》第十三条和《最高人民法院关于民事诉讼证据的若干规定》第二条的规定，判决如下：

一、确认原告、被告签订的《网店代运营协议》于 2013 年 12 月 7 日解除；二、被告于判决生效之日起十日内偿付原告 2013 年 11 月的运营费 14 673.95 元、2013 年 12 月 1 日至 6 日的运营费 1 800 元；三、被告于判决生效之日起十日内赔偿原告逾期支付 2013 年 11 月运营费的利息损失(以 14 673.95 元为基数，自 2013 年 12 月 3

日起算至 2014 年 3 月 1 日止，按照中国人民银行同期贷款利率计算）；四、原告于判决生效之日起十日内偿还被告备用金 100 元；五、驳回原告的其余本诉诉讼请求，驳回被告的其余反诉诉讼请求。

一审宣判后，原、被告双方均未提起上诉，一审判决已发生法律效力。

点 评

本案涉及电子商务中真实网络销售金额的认定问题。原告和被告签订一份网店代运营协议，约定原告为被告的网店进行经营销售活动。不久，被告提出解除合同，因双方发生争议而诉讼到法院。本案从三个方面给我们提出了思考。

首先，互联网的不断发展，对商法的一些基本问题提出了挑战。例如，关于商主体。传统的观点认为，商主体是指从事商事活动的主体，通常要进行商事登记；经过登记之后，才取得主体的资格，可以开展经营活动。但是，在电子商务语境下，一些自然人直接在交易平台上登记，然后在网上开展销售活动。更有甚者，最近几年发展火爆的微商，就是利用手机的移动互联网，层层发展线下销售人员，仅销售某些特定的小商品。有些产品所发展的微商人数已有数万名，构成了庞大的销售网络，且不需要经营场所等基本设施。这些微商都是自然人，所从事的是经营活动，都没有进行工商登记，理应纳入商主体的范畴，但是实践中却游离于商事登记之外。

其次，本案所涉及的根本，还是一个关于委托合同的履行问题。委托合同规定在合同法之中，有两方当事人，即委托人和受托人。主审法官准确地归纳了本案的争议焦点，包括是否存在违约行为、是否享有合同的解除权、是否涉及有偿支付报酬、如何赔偿损失等。

目前，有一类委托合同引发了广泛的关注，即资产管理计划。委托人通常与信托公司、证券公司或基金公司签订一份资产管理合同，委托人将资金委托给后者进行管理，从中收取一定的报酬。资管计划是委托理财的升级版，现在全国的规模已经达到数十万亿元。对于资管计划的性质，一般的认识是委托合同，但是有些观点认为，应当将其定性为信托。委托和信托性质不同，两者在所涉当事人、事务管理的性质、财产独立性、以谁的名义、设立和解除等诸多方面存在差异。

再次，本案的争议焦点之一是，对网店运营中实际销售额进行确定，从而计算出原告可主张的运营费。量子恒道是淘宝官方的数据产品，秉承数据让生意更简单的使命，致力于为各个电商提供精准实时的数据统计、多维的数据分析、权威的数据解决方案，是淘宝卖家的店铺运营工具。同时，本案网店交易也使用第三方支付平台支付宝。对这两种数据不同特点的分析，可能都存在无法真实反映全面交易的情况。法院后来与支付宝公司进行了沟通,对其后台数据进行统计,因为后台数据明确记载了每笔入账的销售金额。交易总金额的确定,对于定分止争具有重要意义。在一个合同中,货物的种类、数量和价格都是主要条款,也是确定各方权利义务的主要依据。

案例提供单位:上海市松江区人民法院

编写人:顾凌之

点评人:葛伟军

40. 绍荣钢铁有限公司诉上海奥旎斯国际贸易有限公司等委托合同纠纷案

——委托合同中共同受托的认定标准及责任承担

案 情

原告(被上诉人)绍荣钢铁有限公司

被告(上诉人)上海奥旎斯国际贸易有限公司

被告(上诉人)源龙实业有限公司

被告(上诉人)张某某

绍荣钢铁有限公司(以下简称绍荣公司)与上海奥旎斯国际贸易有限公司(以下简称奥旎斯公司)、源龙实业有限公司(以下简称源龙公司)、张某某自2005年起一直有业务往来。2007年7月18日,绍荣公司作为委托方(甲方)与作为受托统筹方的源龙公司(乙方)及作为组织实施方的奥旎斯公司(丙方)签订了《委托购坯加工螺纹钢协议》。该协议约定:1.根据乙方、丙方与宝钢集团上海第一钢铁有限公司上海三冠钢铁有限公司(以下简称加工方)签订的钢坯加工螺纹钢协议,甲方作为对应的境外委托加工方负责提出加工需求计划,并出资委托乙方统筹,丙方负责按照甲乙方认可的价格等要求组织实施国内购坯并通过加工方加工成螺纹钢按甲方需求计划出口或内销。2.合作期限自2007年10月1日起至2008年9月30日止。3.原则上每月加工1.3万—2万吨,超过或低于上述加工数量,需在征求加工方意见基础上三方另行协商,全年加工15.6万—24万吨。4.内贸螺纹钢加工费不含税每吨人民币170元,含税每吨人民币198.9元;出口螺纹钢加工费不含税每吨人民币180元,含税每吨人民币210.6元。5.甲方负责提前报出需求计划,乙方统筹协调;丙方按照计划实施国内购坯、运输到加工方工厂场地,落实加工生产,成品运输到码头,海运租船订舱,码头堆放、装船,出口商检报关/缴纳关税,出口核销等所有相关工作和办理手续,落实5万吨免堆存费的坯料场地和1.5万吨的成品周转场地;若甲方自行进口钢坯,则由丙方负责码头接货并运至加工方,后道程序仍按照上述条款。6.钢坯采购及至加工方的运费,原则上随行就市,但须经甲方认可;加工费按照协议所定加工费执行,若乙方与加工方调整加工费,则应相应调整;

加工成品出厂到出口装船费用,详细见加工方目前费用参考;海运费原则上随行就市,但须经甲方认可。7.钢坯资金由甲方预付,其他费用可按每一单合同一次性支付,也可在不影响加工进度情况下分期支付;资金安全与风险规避,甲方可在丙方的银行开设专用账户,即本协议所发生费用专款专用,须有甲方代表签字后方能使用,甲方对专款有使用决定权和过程监督权;结算可以按照出口装船批量分别结算,若内贸也可按月结算。

上述协议签订后,绍荣公司与奥旎斯公司、源龙公司即按约履行。每一单交易前,奥旎斯公司会通知绍荣公司采购钢坯的数量、单价以及绍荣公司需要支付给奥旎斯公司中国银行港币专用账户的港币金额,绍荣公司收到付款通知后会将指定的港币金额汇入前述专用账户,并由绍荣公司方代表庞某某签字同意结汇后,划入奥旎斯公司在中国银行的人民币账户,由奥旎斯公司对外支付采购钢坯的货款。之后,源龙公司会将该单交易所需要的其他费用通知绍荣公司,绍荣公司接到通知后会将相关费用支付给源龙公司,由源龙公司与奥旎斯公司进行费用结算。

2008 年 6 月 16 日,源龙公司向绍荣公司发出通知,要求绍荣公司于 2008 年 6 月 30 日前支付 08HK-07 合同项下 2.2 万吨螺纹钢的出口关税费用人民币 20 396 161 元。2008 年 7 月 4 日,绍荣公司向源龙公司汇款港币 23 246 137.45 元。

2008 年 7 月 8 日,奥旎斯公司向绍荣公司发出《付款通知书》。该《付款通知书》载明:经协商,决定向金恒公司购钢坯 1.3 万吨,用于 2008 年 7 月生产螺纹钢,需支付钢坯款人民币 77 974 000 元;中国银行账户余款港币 150 505.33 元,绍荣公司实际需电汇人民币 7 844 000 元,请于 2008 年 7 月 14 日前向奥旎斯公司电汇以上款项。2008 年 7 月 9 日,绍荣公司分两次电汇港币 4 660 万元和港币 4 200 万元到奥旎斯公司在中国银行上海分行大柏树支行的专用账户,汇款用途为“用于日期为 2008 年 7 月 7 日合同项下购买 1.3 万吨钢坯”。奥旎斯公司在收到上述港币 8 860 万元后,连同该账户余额港币 150 505.33 元,由绍荣公司方代表庞某某签字确认将上述款项分 2 笔结汇共计人民币 77 672 542.06 元,转入奥旎斯公司在中国银行上海分行大柏树支行的人民币账户,其中 2008 年 7 月 10 日结汇金额为人民币 18 404 400 元,7 月 11 日结汇金额为人民币 59 268 142.06 元。

2008 年 7 月 16 日,奥旎斯公司通过中国银行的人民币账户向金恒公司支付采购钢坯货款人民币 5 900 万元,采购钢坯的数量为 1 万吨。之后,奥旎斯公司将加工完成后的 1 万吨螺纹钢按绍荣公司的要求出口报关,但未交付剩余的 3 000 吨螺纹钢。

2008 年 7 月 17 日,奥旎斯公司收到源龙公司和张某某发出的传真,该传真件注明收件人为绍荣公司,张某某在该传真件中代表源龙公司签字。该传真件载明:绍荣公司 2008 年 7 月 9 日汇入奥旎斯公司账户的港币 8 860 万元及原账面余额港币 150 505.33 元，共计港币 88 750 505.33 元。考虑到外汇管理将按新的通知实施可能带来不便，故将上述港币分两笔全部结汇共计人民币 77 672 542.06 元。其中支付其他公司 1 万吨货款为人民币 5 900 万元，尚余人民币 18 672 542.06 元在奥旋斯公司账户，若今后不发生新的支付货款等用途，则该余款随时由源龙公司负责偿还绍荣公司。

2008 年 7 月 18 日，奥旋斯公司通过中国银行的人民币账户向吴淞海关支付出口关税人民币 17 584 849.05 元(最后第二单 08HK07 合同项下的关税)。

2010 年 12 月 1 日，绍荣公司分别发函给奥旋斯公司和源龙公司，要求立即归还剩余 3 000 吨货物的货款即人民币 18 672 542.06 元。2010 年 12 月 10 日，奥旋斯公司复函绍荣公司，称该公司与绍荣公司之间所有业务往来的账目均清晰、完整，且双方的账目在 2008 年 12 月底前全部结清，绍荣公司来函中提到的人民币 18 672 542.06 元系在 2008 年 7 月中旬为履行合作目的而支付，对该笔款项的使用，绍荣公司当时也是完全清楚的。

2011 年 1 月，绍荣公司就系争款项向上海市公安局经济侦查总队报案。2011 年 1 月 31 日，张某某在公安部门出具了一份《承诺函》。该函载明：绍荣公司于 2008 年 7 月曾汇款港币 8 860 万元至奥旋斯公司，实际发生货款人民币 5 900 万元，奥旋斯公司尚欠绍荣公司人民币 1 860 万元。现该笔债务由张某某个人偿还，并愿意提供相关资产作担保以保证绍荣公司的相关债权得以实现。

之后，奥旋斯公司、源龙公司和张某某均未向绍荣公司归还系争货款。绍荣公司遂诉至法院，诉请判令奥旋斯公司、源龙公司和张某某共同归还货款人民币 18 672 542.06 元，并以上述货款数额为基数按中国人民银行基准贷款利率计算自 2008 年 12 月 3 日起至实际清偿之日止的利息。

被告奥旋斯公司辩称，1.2008 年 7 月，被告奥旋斯公司作为协议项下的实施方，系按照协议约定的受托统筹方即被告源龙公司的指示，将原计划向金恒公司采购的 1.3 万吨钢坯数量变更为采购 1 万吨。鉴于原告已经于 2008 年 7 月 17 日得到被告源龙公司的通知，被告知钢坯采购数量变更为 1 万吨，专用账户内的剩余款项将由被告源龙公司负责与原告结算，原告当时明知并同意钢坯数量变更，因此，应由被告源龙公司负责归还系争剩余款项。2.鉴于原告同意剩余款项由被告源龙公司负责归还，而当时被告奥旋斯公司正在安排系争协议项下前一批钢材的装船事宜，急需支付该批钢材的运杂费、出口关税等费用，被告源龙公司要求被告奥旋斯公司将系争款项用于缴纳该批货物的出口关税及其他费用。因此，被告奥旋斯公司系为确保原告利益，在得到被告源龙公司指示并与原告当时经办人电话确认后，将系争款项用于支付了前一批钢材的出口关税等费用。故被告奥旋斯公司不应承担还款义务。同时，在系争协议项下所有钢材业务结束后，原告与被告奥旋斯公司之间也进行了对账确认,原告委托的香港毕马威会计师事务所于2009年6月在代表原告与被告奥旎斯公司对账时,也确认了原告与被告奥旎斯公司之间已无未了的债权债务。3.系争协议的最后履行期限为2008年9月30日,原告至少在2008年10月1日即应知道其权利受到侵犯,故原告现在起诉已经超过诉讼时效。综上,被告奥旎斯公司请求法院驳回原告的诉讼请求。

被告源龙公司和被告张某某共同辩称,1.被告源龙公司仅是系争协议的统筹方,没有任何义务,也不存在违约的事实,故被告源龙公司和被告张某某与本案没有利害关系,不应成为本案的被告。2.系争协议的签约各方为资金安全和风险规避,在协议中特别约定了设立专用账户并专款专用,根据业务操作模式,系争协议项下钢材货款均系由原告直接汇付给被告奥旎斯公司,被告奥旎斯公司违反系争协议约定,未经原告同意擅自挪用系争款项,理应由该公司负责偿还。同时,被告源龙公司已经将协议项下约定的其收到原告所支付的各项费用支付给被告奥旎斯公司,故不存在被告奥旎斯公司所称的为原告利益必须挪用系争款项的事实。3.被告源龙公司和被告张某某从未于2008年7月17日和2008年12月2日向原告出具同意还款的承诺书。4.被告张某某在上海市公安局经侦总队出具的承诺书,是被告张某某向公安部门表示"如欺诈成立"其愿意还款的意思表示,故该承诺书出具的对象是公安部门,而不是原告。后经公安部门调查并不存在欺诈犯罪的事实,故该承诺书亦失去了效力。5.同意被告奥旎斯公司关于本案诉讼时效的抗辩意见,认为原告现在向其提起诉讼也已超过了诉讼时效。综上,请求法院驳回原告对其全部诉讼请求。

审 判

一审法院经审理后认为,绍荣公司系委托方,奥旎斯公司和源龙公司均是受托方,均接受绍荣公司委托从事有关购买钢坯并加工成螺纹钢等事宜。从三方的交易习惯来看,绍荣公司将购买钢坯的货款汇入奥旎斯公司的港币专用账户,而协议项下除货款外的其他费用,则由绍荣公司支付给源龙公司,再由源龙公司与奥旎斯公司进行结算。本案中,奥旎斯公司未经绍荣公司同意,擅自将剩余3 000吨钢坯的货款人民币18 672 542.06用于支付08HK07合同项下的出口关税,违反了系争协议中有关专款专用的约定,显属不当,理应向绍荣公司返还系争货款并赔偿由此给绍荣公司造成的损失。源龙公司先后两次向绍荣公司承诺由其负责归还系争货款,故源龙公司应承担系争货款的返还义务并赔偿损失。张某某作为源龙公司的法定代表人及股东出具了还款承诺书,该承诺系其真实意思表示,具有约束力,故其作为债务的加入方,亦应承担返还系争货款的责任。综上,一审法院判决:奥旎斯公司、源龙公司和张某某共同向绍荣公司支付人民币 18 672 542.06 元，并偿付自 2008 年 12 月 3 日起至判决生效之日止的利息（按中国人民银行同期贷款利率计算）。

判决后，奥旎斯公司、源龙公司、张某某不服，提起上诉。

奥旎斯公司上诉称，一、根据三方协议约定，源龙公司作为绍荣公司的受托人，应及时将除钢坯资金外的其他费用支付给奥旎斯公司，否则，不利后果应由委托人绍荣公司承担，一审判决错误认定三方之间的权利义务和结算关系，导致判决不公。二、奥旎斯公司作为受托人，在紧急情况下，为了绍荣公司的利益，将系争款项用于支付出口关税等费用，符合合同约定和法律规定，也得到了绍荣公司的认可，其不应承担还款责任。三、绍荣公司起诉要求奥旎斯公司返还系争货款，不符合三方协议关于绍荣公司应承担所有费用的约定，一审判决不利于矛盾的解决，并将引起当事人之间新的诉讼。四、本案争议的发生，系由绍荣公司自身在履行三方协议时疏于监督、约束源龙公司，以及源龙公司利用其统筹方的地位侵占绍荣公司款项所导致，应由绍荣公司和张某某承担责任。故请求二审法院撤销原判，改判驳回绍荣公司对奥旎斯公司的全部诉讼请求。

源龙公司上诉称，一、系争协议的实际履行方是绍荣公司和奥旎斯公司，源龙公司不存在任何义务，也不存在违约事实，不应承担责任。二、系争协议特别约定设立专用账户并专款专用，根据业务操作模式，钢材货款均由绍荣公司直接付给奥旎斯公司，并经绍荣公司授权代表签字才能使用，源龙公司未参与上述资金流转过程，不应承担钢材货款的返还义务。三、源龙公司已将协议项下收到的绍荣公司支付的各项费用全部支付给奥旎斯公司，其已无金钱给付义务。四、源龙公司致绍荣公司的函并非是对偿还系争款项的承诺，只是说明在专用账户有余款且不发生新的支付用途的情况下，源龙公司将余款返还给绍荣公司。故请求二审法院撤销一审判决，改判驳回绍荣公司对源龙公司的全部诉讼请求。

张某某上诉称，其在上海市公安局所作的还款承诺仅针对当时公安部门调查的刑事案件，与本案争议无关。其他上诉意见同源龙公司第一、二、三点上诉意见。故请求二审法院撤销一审判决，改判驳回绍荣公司对张某某的全部诉讼请求。

绍荣公司抗辩称，不同意源龙公司和张某某的意见。源龙公司作为统筹方，在收取绍荣公司的其他费用后，没有按照约定向奥旎斯公司支付，源龙公司和张某某多次表示还款但是没有兑现。请求驳回上诉，维持原判。

二审法院经审理查明，一审认定的事实正确，二审法院予以确认。

二审法院经审理后认为，作为本案的主要争议，奥旎斯公司、源龙公司和张某某对系争货款是否应当承担共同还款责任，应根据绍荣公司的权利请求基础，并结合各方当事人在委托协议中的地位、作用、合同实际履行情况以及各自过错等综合分析判定。

奥旎斯公司和源龙公司虽然均接受绍荣公司的委托，但两者分工明确，各自的受托事项也不相同，实际履行中，它们也是按照合同约定的事项各自独立处理委托事务，因此，奥旎斯公司和源龙公司之间并不构成《中华人民共和国合同法》第四百零九条所指的共同处理委托事务，其在处理委托事务时违反合同约定的，应根据各自的过错分别对绍荣公司承担责任。源龙公司在2008年7月4日即已收到绍荣公司支付的08HK-07合同项下关税费用，但其并未按照惯例将上述款项及时支付给奥旎斯公司，其直接后果是奥旎斯公司在未收到款的情况下不得以用系争货款支付关税，由此造成绍荣公司就同一笔关税先后支付了两笔费用，故源龙公司的违约行为是导致绍荣公司损失、进而引发本案纠纷的根本原因，其应承担返还系争款项的违约责任。奥旎斯公司未经绍荣公司同意动用系争货款支付出口关税的行为，虽然与三方之间资金结算的交易惯例不符，但并未造成绍荣公司的损失，故不应承担返还全部系争款项的责任。鉴于奥旎斯公司在合同履行中未全面尽到受托人的合理注意义务，存在一定过错，故其应承担相应的补充责任。张某某作为源龙公司的法定代表人，就系争款项向绍荣公司出具还款承诺，是其真实意思表示，具有法律约束力，故其作为债务加入人，应与源龙公司共同向绍荣公司承担还款责任。综上，一审判决认定事实正确，但责任承担处理不当，据此，二审法院依照《中华人民共和国涉外民事关系法律适用法》第三条、《中华人民共和国合同法》第四十四条第一款、第六十条第一款、第一百零七条、第三百九十九条、第四百零六条、第四百零九条之规定，判决：一、撤销一审民事判决；二、源龙公司和张某某共同向绍荣公司支付人民币18 672 542.06元及其利息(利息自2008年12月3日起计算至判决生效之日止，按照中国人民银行同期贷款利率计算)；三、奥旎斯公司对源龙公司和张某某上述债务中不能清偿的部分承担补充责任。

点 评

本案一、二审法院的分歧主要涉及委托合同中共同受托的认定标准及其责任承担。根据合同法原理，共同受托关系的认定，应根据各个受托人在委托合同中的地位、作用以及受托事项的范围和权限等综合分析判断。

一、多个受托人各自处理不同委托事务的，不构成共同受托关系

共同委托是指委托人委托两个或两个以上的受托人，共同处理同一委托事务。所谓共同处理，是指数个受托人对委托事的处理享有共同的权利与义务，即委托合同对于各受托人就委托事务的范围和处理权限未作出划分，各受托人对委托事务均享有平等的处理权。即使一个委托人同时委托了数个受托人，但该数个受托人

各自独立处理事务的，则不产生共同委托的问题。从本案委托协议中三方当事人的地位看，绍荣公司是委托方，源龙公司作为受托统筹方，负责统筹协调，并依交易习惯向奥旎斯公司支付除货款之外的其他费用，奥旎斯公司作为组织实施方，负责钢坯的购买以及货物的生产、运输和出口报关等事宜。可见，源龙公司和奥旎斯公司虽然均接受绍荣公司委托，但两者分工明确，各自的受托事项也不相同，实际履行中，它们也是按照合同约定的事项各自独立处理委托事务。因此，源龙公司和奥旎斯公司之间并不构成共同受托。一审法院未能具体分析和考量源龙公司和奥旎斯公司在处理委托事务中的不同地位和作用，简单地将两者认定为共同受托关系，认定事实有误。

二、非共同受托人应根据各自过错对委托人承担相应责任

根据传统的民事责任理论，共同责任一般分为按份责任与连带责任。《中华人民共和国合同法》第四百零九条规定了共同受托人对委托人承担连带责任，这是基于共同受托人合同义务的共同性与不可分性，符合连带责任的法理基础与正当性要求。本案中，由于源龙公司和奥旎斯公司并非共同受托人，因此其在处理委托事务时违反合同约定的，不应承担连带责任，而应根据各自过错承担相应责任。源龙公司未按照交易惯例将已从绍荣公司处取得的关税款项及时支付给奥旎斯公司，其直接的后果是奥旎斯公司在未收到款的情况下不得已用系争款项支付关税，由此造成绍荣公司就同一笔关税先后支付了两笔费用。因此，源龙公司的违约行为是导致绍荣公司损失，进而引发纠纷的根本原因，其应承担返还系争款项的责任。奥旎斯公司在未收到源龙公司关税款的情况下，为了避免绍荣公司的更大损失，选择动用系争货款支付关税，符合一个理性商人的行事规则，其行为并不具有可责难性，一审法院判令奥旎斯公司对绍荣公司损失承担全部赔偿责任，系责任分担错误。

须注意的是，虽然奥旎斯公司在处理受托事务时未能全面尽到受托人的合理注意义务，存在一定过错，但是其过错行为与源龙公司的违约行为之间存在牵连关系，换言之，如果源龙公司及时将款项支付给奥旎斯公司，也就不会发生奥旎斯公司动用货款的行为。正是基于上述牵连性事实的存在，决定了奥旎斯公司对绍荣公司的损害应承担补充性质的赔偿责任，即对源龙公司不能清偿的部分承担责任。二审法院改判奥旎斯公司承担补充责任，在充分保护债权人利益的前提下，兼顾债务人的利益，使其承担责任的范围与其过错相适应，合理解决了债务人之间的责任分担问题，最大限度体现了司法的公平和公正。

案例提供单位：上海市高级人民法院

编写人：徐　川

点评人：姜　山

41. 上海立鑫金融外包服务有限公司诉鼎和财产保险股份有限公司上海分公司诉讼、仲裁、人民调解代理合同纠纷案

——违反民事诉讼公民代理限制性规定的代理合同无效

案 情

原告(上诉人)上海立鑫金融外包服务有限公司

被告(被上诉人)鼎和财产保险股份有限公司上海分公司

2012年9月,被告鼎和财产保险股份有限公司上海分公司(简称鼎和保险公司)作为甲方,原告上海立鑫金融外包服务有限公司(简称立鑫公司)作为乙方,双方签订《委托代理协议》一份,约定在鼎和保险公司与案外人盛某因机动车交通事故责任纠纷一案中,甲方委托乙方作为该案件的代理人。双方自愿达成以下协议内容:1.乙方接受甲方的委托,指定孙某、高某为该委托案件的代理人,经甲方书面许可,乙方可另行指派甲方认可的法医、律师或其他人员办理。2.如案件涉及调解,应先征得甲方书面同意,乙方应严格按照授权委托书上明确的代理权限行使相应权利,履行代理义务。3.乙方未经甲方书面或口头同意,不得进行调解或放弃权利的行为。如甲方出具的授权委托书与本协议授予的权限存在冲突,以授权委托书为准。4.代理期限:甲方委托乙方代理调查取证、诉前调解、一审、二审阶段。……5.代理权限,甲方授权乙方代理立案、起诉、应诉、提供证据、申请财产保全、证据保全、代为申请回避、申请调取证据、出庭参加诉讼、申请重新鉴定;代为承认、放弃、变更诉讼请求,进行和解、调解,提起反诉或者上诉;代为签署、收取法律文书。……6.为使乙方高效开展工作,甲方应为乙方提供必要的支持,诸如办理工作服务卡或出具相关的授权委托书、介绍信等,为乙方开展工作提供有关的便利条件。甲方为乙方的工作人员提供上述便利仅是为了提高乙方的工作效能,方便其开展工作,并不表示乙方的工作人员与甲方存在劳动合同关系或类似的劳务合同

关系。……合同约定通过乙方的服务，使得甲方对被保险人的赔付或对伤者的赔付数额得以减少，应当支付给乙方相关的服务费：调查取证费 800 元（人民币，下同）、案件代理费1 500 元，减损奖励费计算公式为（A－B）×20%，其中 A 为案件预判赔付金额，B 为经过立鑫公司服务后，鼎和保险公司最终赔付的金额。

立鑫公司经营范围不包含与法律服务相关的项目，也未取得司法行政机关关于可以从事诉讼代理业务的审批或许可。孙某、高某在道路交通事故纠纷案诉讼及本案诉讼期间均为立鑫公司的员工，工作岗位均为管理，两人均未取得律师或法律工作者执业资格。本案庭审中，立鑫公司认可曾多次代理鼎和公司参与调查或诉讼业务，并多次代理其他保险公司的案件。

合同签订后，鼎和保险公司分别于 2012 年 9 月、2013 年 1 月向孙某、高某出具授权委托书，孙某、高某以鼎和保险公司员工身份代理该案件的一审、二审，系争案件二审判决确定的鼎和保险公司事故车辆与盛某交通事故中应最终赔付的金额为 445 580.93 元，最终实现减损金额为 395 900.83 元。

原告立鑫公司诉称，原告立鑫公司受被告鼎和保险公司委托，代理被告应诉相关案件。其代理的案件经过一审及二审，最终判决被告赔偿案外人盛某各项费用合计 445 580.93 元，减损金额 395 900.83 元。因代理案件结案后，被告未支付服务费，双方对服务费金额协商不成，故请求法院判令被告支付原告服务费 81 480.10 元（其中调查取证费 800 元、案件代理费 1 500 元、减损奖励费 79 180.10 元）。

被告辩称，1.据双方签订的委托代理协议以及原告实际的履约过程，原告指派员工实际履行的是诉讼代理行为，且代理行为为公民代理，违反了《中华人民共和国律师法》第十三条禁止没有取得律师执业证书的人员从事诉讼代理业务的强制性规定，故委托代理协议无效；2.公民代理无权收取诉讼代理费用，故不同意按照协议约定支付服务费；3.考虑到被告确实为案件诉讼付出了一定劳务，自愿补偿原告劳务费 2 300 元。

审 判

一审法院经审理后认为，原告立鑫公司依据《委托代理协议》主张服务费，双方当事人对协议约定的服务费项目及金额均无异议，本案争议的焦点在于《委托代理协议》是否有效，能否作为原告主张服务费的依据。

我国的法律服务市场实行资格制度，由相应的市场准入机制加以规范。原告立鑫公司工商登记的经营范围显然不包含与法律服务相关的项目，也未取得司法行政机关准予从事诉讼代理业务的审批或许可，且因现司法主管部门不再设立对除律所和法律服务所以外其余单位从事诉讼代理业务的许可事项，立鑫公司客观上也不具备从事诉讼代理业务的资格。从本案系争协议关于代理权限及委托期限、双方权利义务等约定的内容来看,指派孙某、高某作为代理人提供的服务实际上属于诉讼代理行为。同时,从原告提供的证明双方有合作惯例且已经实际履行的证据可以看出,原告曾多次指派员工代理被告参与民事诉讼,并按约定收取报酬,已经构成从事诉讼代理业务的行为。

虽然律师法未直接禁止单位接受委托从事诉讼代理业务,但从我国民事诉讼法关于可以作为代理人参与诉讼的主体范围的规定来看,修改前、后的民事诉讼法规定的代理人均限于个人,即在民事诉讼中,诉讼代理行为的实施必须以个人行为来实现,本案系争协议中明确约定由原告方不具备律师及法律工作者资格的孙某、高某作为该委托案件的代理人,可知双方当事人在签署协议时主观上是明知盛某案件的诉讼代理将由孙某、高某以公民代理的行为实现。为了实现合同的目的,双方在协议中约定由被告为原告提供必要的支持,诸如办理工作服务卡或出具相关的授权委托书、介绍信等。尤其是在二审中,在2012年民事诉讼法的修改已经开始实施,关于公民代理的主体范围限制为当事人的近亲属或者工作人员或者当事人所在社区、单位以及有关社会团体推荐的公民的前提下,被告仍虚构高某为被告公司员工并向二审法院出具了授权委托书,高某得以以公民代理的身份从事诉讼代理,以实现合同目的,并据此主张相关费用。关于公民代理收费问题,《司法部关于公民个人未经批准不得从事有偿法律服务的批复》以及《中华人民共和国律师法》第十三条的规定已经确立公民代理不得以牟取经济利益为目的的规则,结合本案系争协议的内容、目的以及履行过程等情况,法院认定原、被告双方有明显规避法律法规的故意,且一方面该合同的履行以损害国家民事诉讼制度为条件,有损司法机关的权威性、严肃性,另一方面以获取减损奖励费为主要目的非律师或法律服务所的诉讼代理业务,也妨碍了规范有序的法律服务市场的建立,进而有可能影响司法公正,不应为判决所倡导和鼓励。故法院认定双方所签协议扰乱了社会公共秩序,损害了社会公共利益,属无效合同。协议无效,原告无权依据约定的收费标准获得相关费用,但考虑到原告确实为履行该协议付出了一定的劳务成本,尽管原告未提供其实际付出的劳务成本的证据,但被告鼎和保险公司自愿给付原告立鑫公司2 300元以弥补其实际支出,于法不悖,法院予以准许。据此,一审法院判决被告鼎和保险公司应于判决生效之日起十日内支付原告立鑫公司服务费人民币2 300元;对原告立鑫公司的其余诉讼请求不予支持。

一审判决后,立鑫公司不服,提起上诉。

二审法院认定的事实与一审相同。

二审法院经审理后认为,一审判决认定事实清楚、适用法律正确,应予维持。二审法院依照《中华人民共和国民事诉讼法》第一百七十条第一款第(一)项的之规定,判决驳回上诉,维持原判。

点 评

本案涉及违反民事诉讼公民代理限制性规定的代理合同。原告和被告签订一份委托代理协议,约定因被告与案外人机动车交通事故责任纠纷一案,被告委托原告作为该案件的代理人,并相应地向原告支付服务费。本案在三个方面值得关注。

第一,委托合同的效力。作为有名合同的一种,合同法对委托合同作出了规定。委托合同是指受托人为委托人办理委托事务,委托人支付约定报酬或不支付报酬的合同。

其特征包括:委托合同是典型的劳务合同;受托人以委托人的费用办理委托事务;委托合同具有人身性质,以当事人之间相互信任为前提;委托合同既可以是有偿合同,也可以是无偿合同;委托合同是诺成、双务合同。委托合同又称委任合同,是指委托人和受托人约定,由受托人处理委托事务的合同。既然受到合同法的规制,那么本案委托合同的效力,也要从合同法的角度进行审视。一旦满足合同无效的要件,委托合同不产生法律约束力。

第二,对经营范围的认识。经营范围,又称公司目的,是在公司章程中规定的公司开展经营活动的范围。尽管该范围可以由股东在章程中自由约定,但是一旦作出约定,对公司的经营活动具有一定程度的制约。

本案原告的经营范围不包括与法律服务相关的项目,也未取得司法行政机关关于可以从事诉讼代理业务的审批或许可。因此,原告超越经营范围的行为,是存有疑问的。传统上,将公司超越经营范围的行为,称为越权行为。公司法的发展经历了一系列变化,从最初的越权行为无效,到后来的越权行为可撤销,再到现在英美法彻底抛弃了越权行为,认为公司的行为不因章程的任何限制而无效,反而公司的行为都应当是有效的,无论其是否越权。

第三,公民的有偿诉讼代理行为,不受法律保护。这是目前我国的一个强制性规定。有偿的诉讼代理活动,只能由取得资格的主体进行,例如律师。根据民事诉讼法,公民也可以代理诉讼活动,但必须是无偿的,公民不得从中牟利。例如,当事人的家属或朋友也可以代理诉讼活动,前提是不得向当事人收费。

上述关于越权行为发展的理论,并不是说任何越权行为都是有效的,至少有一种情况除外,即违反了法律强制性规定的越权行为,仍然是无效的。从另一个角度看,《中华人民共和国合同法》第五十二条规定了合同无效的情形,其中包括违反强制性规定。如果允许任何人都可以进行有偿诉讼代理,势必会损害国家民事诉讼制度,严重影响法律服务市场的管理秩序。因此,本案中的原告作为一家普通的公司，不具备诉讼代理资格，不得以牟取报酬为目的接受其他公司的委托请求，从事诉讼代理活动。法院最后判决酌情给予一定的劳务补偿，是合理的。

案例提供单位：上海市杨浦区人民法院
编写人：程建婷　徐进峰　王笑怡
点评人：葛伟军

42. 上海朗月物流有限公司诉中国人民财产保险股份有限公司上海市徐汇支公司财产保险合同纠纷案

——禁止性规定作为免责事由的保险条款的效力认定

案情

原告(上诉人)上海朗月物流有限公司

被告(被上诉人)中国人民财产保险股份有限公司上海市徐汇支公司

2011年12月29日5时17分,案外人周某驾驶原告上海朗月物流有限公司(以下简称朗月物流)挂靠车辆沪B49×××重型半挂牵引车牵引的沪D85××挂重型自卸半挂车行驶时发生交通事故致罗某某死亡、丁某某等两人受伤、三车受损。周某承担事故次要责任。后原告赔偿罗某某家属131 416元(人民币,下同),赔偿丁某某38 097元。涉案车辆沪B49×××重型半挂牵引车在被告中国人民财产保险股份有限公司上海市徐汇支公司(以下简称人保徐汇公司)处投保了商业第三者责任保险(以下简称三者险,责任限额为100万元)、商业机动车损失保险(以下简称商业车损险,责任限额为196 500元)等,上述险种均投保了不计免赔;保险期间为2011年9月29日起至2012年7月25日止。周某初次领取驾驶证日期为2000年1月,准驾车型为A2,其驾驶涉案保险车辆沪B49×××在事故发生时,驾驶证违法记分为15分。

原告朗月物流诉称,2011年12月29日5时17分,周某驾驶原告公司挂靠车辆沪B49×××、沪D85××挂重型牵引车行驶时发生交通事故,致挂靠车辆外的罗某某死亡、丁某某、张某某受伤、三车受损。该起事故经交警部门认定,周某承担事故次要责任。后原告根据另案生效判决赔偿罗某某家属131 416元、丁某某38 097元,同时,本次事故给原告车辆沪B49×××、沪D85××挂重型牵引车造成了损坏,其中,主车沪B49×××的损失经被告定损为42 800元,现该车辆已修理完毕。涉案车辆沪B49×××、沪D85××挂重型牵引车在被告处投保了三者险(责任限额为100万元)、商业车损险(责任限额为196 500元)。本起事故发生于保险期间内。原告根据保险合同约定,要求被告支付理赔款 182 053 元,但遭拒绝,故诉至法院,要求判令被告支付保险理赔款 182 053 元。

被告人保徐汇公司辩称,事故发生时原告的驾驶员驾照被扣 15 分,属于违法驾驶,根据道路安全法及保险法司法解释的相关规定,被告在商业险内不应承担赔付责任,对此被告已在保险条款第六条第(七)款第 6 项中用黑体加粗文字尽到了提示义务。若须承担赔偿责任,对原告主张的赔偿金额亦有异议。

审判

一审法院经审理后认为,根据《中华人民共和国道路交通安全法实施条例》第二十八条规定"机动车驾驶人在驾驶证丢失、损毁、超过有效期限或者被依法扣留、暂扣期间以及记分达 12 分的,不得驾驶机动车"。该条款属于行政法规中的禁止性规定,虽保险公司出具的保险条款中未明确记载驾驶证记分累计满 12 分属于保险公司责任免除事由,但保险条款第六条第(七)款第 6 项约定,依照法律法规或公安机关交通管理部门有关规定不允许驾驶被保险机动车的其他情况下驾车的情形,保险人也不负责赔偿。显然原告驾驶员的驾驶证被违法记分 15 分属于不允许驾驶被保险机动车上路的情形,保险公司制定保险条款时不可能将所有不允许驾驶的情形全部一一列明;《最高人民法院关于适用〈中华人民共和国保险法〉若干问题的解释(二)》第十条规定:"保险人将法律、行政法规中的禁止性规定情形作为保险合同免责条款的免责事由,保险人对该条款作出提示后,投保人、被保险人或者受益人以保险人未履行明确说明义务为由主张该条款不生效的,人民法院不予支持。"第十一条第一款规定:"保险合同订立时,保险人在投保单或者保险单等其他保险凭证上,对保险合同中免除保险人责任的条款,以足以引起投保人注意的文字、字体、符号或者其他明显标志作出提示的,人民法院应当认定其履行了保险法第十七条第二款规定的提示义务。"纵观保险条款,上述为免除保险公司责任的条款,保险公司以黑体加粗文字区别于其他条款,文字内容清晰,不存在歧义。可见,保险公司以适当的方式提请投保人充分注意免责条款,已尽到合理提示义务,故上述条款应为有效。同时,法院也注意到,庭审中原告称其未收到过保险条款一说,对此法院认为,因在保单的重要栏中明确记载"本保险合同由保险条款、投保单、保险单、批单和特别约定组成"。且庭审中原告也自认其未就保险条款向被告进行催要,故原告的说法不符常理,法院难以采信。

综上,被告有权依据保险条款的约定,不承担理赔责任。一审法院依照《中华人民共和国保险法》第十七条、《最高人民法院关于适用〈中华人民共和国保险法〉若干问题的解释(二)》第十条、第十一条第一款、《中华人民共和国道路交通安全法实施条例》第二十八条的规定，判决：原告上海朗月物流有限公司要求被告中国人民财产保险股份有限公司上海市徐汇支公司支付理赔款182 053元之诉讼请求，不予支持。

原告朗月物流不服一审判决，提起上诉。

二审法院经审理确认一审法院查明的事实。

二审法院认为，本案的争议焦点是事发时驾驶员扣分已达15分，保险公司可否以此为由拒赔。第一，保单正面重要提示栏载明"保险合同由保险条款、投保单、保险单、批单和特别约定组成，收到保单后应立即核对，如有不符或疏漏应在48小时内通知保险人"，据此可以认定投保人应当收到保险条款。第二，保单正面重要提示栏载明"请详细阅读保险条款，特别是免责条款"，而且免责条款用黑体加粗文字印制以区别于其他条款，故可以认定保险公司已就免责条款尽到了提示义务，免责条款具有法律效力。第三，《中华人民共和国道路交通安全法实施条例》第二十八条规定驾驶员扣分达12分时不得驾驶机动车，本案的商业车损险和三者险条款均规定"违法违规驾驶机动车"属于免赔事项，而本案事发时周某扣分已达15分，其不能驾驶机动车，故人保徐汇公司有权依据上述免责条款拒赔。原判正确，应当维持。据此，二审法院依照《中华人民共和国民事诉讼法》第一百七十条第一款第(一)项和第一百七十五条之规定，判决驳回上诉，维持原判。

点评

法院受理的保险纠纷案中，绝大部分案件都涉及两类争议：一是损失金额确定，二是保险条款效力。后者的表现形式通常是保险人依据合同条款拒赔，被保险人、受益人则认为该合同违反《中华人民共和国保险法》第十七条或第十九条而不产生效力或无效。本案即属典型。合同明确约定了依法不允许驾驶之人驾驶的情形不予赔偿，且用黑体加粗文字提示，但被保险人认为因未提示和明确说明，该条款无效。判决就此争议分三层加以分析认证。

首先，判决就"记分达12分不得驾驶机动车"是否属于法律、行政法规中的禁止性规定进行了判断。在判断法律法规的具体条文是否属禁止性规定时，主要应考量法律法规的措辞。法条使用了"不得"、"禁止"来规范义务主体的作为(或不作为)时，一般可认定为禁止性规定。法条使用"应当"一词的，还需要结合规范目的、处罚措施等，综合判断。《中华人民共和国道路交通安全法实施条例》系法规，该条例第二十八条使用了"不得"驾驶机动车的表述，故应认定"记分达12分不得驾驶机动车"属法规中的禁止性规定。

其次，就此类条款是否应履行明确说明义务。《中华人民共和国保险法》第十七条第二款规定:"对保险合同中免除保险人责任的条款,保险人在订立合同时应当在投保单、保险单或者其他保险凭证上作出足以引起投保人注意的提示,并对该条款的内容以书面或者口头形式向投保人作出明确说明;未作提示或者明确说明的,该条款不产生效力。"一份保险合同中,除当事人名称和承保风险外,其他条款通常都是用以描述哪些损失不予理赔和哪些风险不予理赔的。根据上述法律,保险人需要就合同中的绝大部分条款履行明确说明义务,营销成本、缔约时间成本都会因此发生激增。保险法自颁布后,此条即遭到保险业界一致质疑。为适当减轻保险人的说明义务,《最高人民法院关于适用〈中华人民共和国保险法〉若干问题的解释(二)》第十条特规定,以法律、法规禁止性规定作为免责事由,保险人可免于明确说明,仅提示即可。本案原告关于保险人未就此条款履行明确说明义务导致不生效的理由,与司法解释不符,法院不予采纳。

第三,就此条款的提示义务是否履行。"提示义务"又称"醒示义务",指保险人就保险条款采用足以引起投保人注意的方式。在判断方法上,法院一般可以根据文本是否足以引起通常人注意为判断标准。比如条款文本采用加粗、改变字号、颜色等方式进行印制的,通常就应当认为属于履行了提示义务。本案中保险人采用黑体加粗文字将系争条款特别标注出来,可以认定其履行了提示义务。根据前述司法解释,系争条款因已履行提示义务,即可以发生法律效力。原告关于该条款无效的理由,与司法解释不符,法院不予采纳。

另需指出,系争条款属危险状态事故免责条款。即保险人对某种特定危险状态下所发生的保险事故免责。酒后驾车、无证驾驶免责条款都属于典型的危险状态免责。此种条款的特点是强调事故发生时被保险人处于该责任免责条款所规定的危险状态之下,保险人即可免除其保险责任,而无需证明保险事故是由该危险所产生的。所以,如投保人以事故与扣分已满之间无因果关系进行抗辩的话,法院也不应予以采纳。同理,由于合同条款强调的是事故发生时有无约定的免责危险存在,所以即使事故发生后补办了手续、取得新驾驶证、计分清除等,也都不会妨碍保险人援引此条款拒赔。

案例提供单位:上海市徐汇区人民法院
编写人:孙建伟
点评人:杨　路

43. 上海谊桥餐饮管理有限公司诉中国农业银行股份有限公司上海虹口支行银行结算合同纠纷案

——特约商户未进行结算操作须自行承担外币卡请款不能的风险

案情

原告上海谊桥餐饮管理有限公司

被告中国农业银行股份有限公司上海虹口支行

上海谊桥餐饮管理有限公司(以下简称谊桥公司)经营咖啡酒吧服务,于2009年在中国农业银行股份有限公司上海虹口支行(以下简称虹口支行)开设商户账户,双方签订《特约商户受理VISA/MASTERCARD外币卡业务协议书》(以下简称《协议书》)和《VISA/MASTERCARD特约商户使用动态货币转换服务补充协议》(以下简称《补充协议》),约定谊桥公司同意虹口支行可就其商户账户实施由星汇易(香港)有限公司在中国支持的动态货币兑换服务(以下简称DCC),星汇易(香港)有限公司的系统能使持卡人根据适用的VISA和MASTERCARD规则选择用本币就发生在中国境内的交易向其信用卡账户清算;特约商户承认并同意按照从获得的汇率折算成核准货币与持卡人进行消费结算,并以人民币为结算币种与银行进行清算;特约商户应明白及时结算的重要性,每项使用DCC的外币收费必须在该外币收费完成后的二十四小时内向银行提出结算要求或通过EDC终端发送结账信息,若特约商户并未在指定时间内提出结算要求或发送结账信息,则商户将全额承担由此产生的各项风险等。之后,虹口支行就机具操作、账务处理、风险防范、签购单保管、外卡受理、DCC操作等邀请"DCC公司"、银联公司对谊桥公司等特约商户进行培训,谊桥公司法定代表人张某某多次参加培训、座谈,并对培训课程的评估意见为非常满意。

谊桥公司使用虹口支行提供的P60-S1分体针打POS机刷卡经营,2010年4月28日前POS机刷卡消费结算使用正常,2010年4月29日至2010年11月24

日没有结算信息，2010年11月25日将之前自2010年8月19日至11月16日的外币卡消费全部予以结算，并收到了款项，但2010年5月至7月的外币卡消费未结算。谊桥公司与虹口支行交涉未果，并发现部分签购单的钱款未能结算回款，认为虹口支行存在过错，遂诉至法院，并提供187张签购单(共计19 301.62元)，且诉称其于2011年11月提交了4万元签购单至虹口支行大名支行，现要求被告归还6万元、补偿损失1万元。

审理中，谊桥公司无法提供POS机结算清单。

被告辩称，其未收到原告提供的签购单原件，且由于银行监控录像资料数据庞大，而规定录像资料保留时间只要不少于30天即可，而原告所称的时间2011年11月距起诉时已有两三年，录像数据早已覆盖，故无法提供当时的录像资料；其中2 220元单据，是因为刷卡消费发生在半年之内，从减少客户损失的目的出发，被告通过手动请款方式从持卡人处将钱款清算回来，而其他签购单发生时间已超过半年，无法通过手动请款方式清算；由于原告没有在规定的时间内及时结算，以致外币卡刷卡消费后钱款未扣到，过错不在被告，故被告不同意原告诉请。

审 判

一审法院经审理后认为，原、被告签订了《协议书》、《补充协议》，原告作为被告银行的特约商户选择使用DCC，《补充协议》对DCC的定义、结算汇率、签购单的保管、及时结算的重要性及风险承担等作了约定。作为一般商户并不知晓动态货币转换服务其中的清算流程、风险防范等，故被告于2010年4月22日对包括原告在内的特约商户邀请“DCC公司”、银联公司进行培训、座谈，原告对于培训课程评估意见为非常满意。故《补充协议》条款对合同双方均具有约束力。

作为外币卡的消费，其结算流程与本币卡有所区别，外币卡持卡人在特约商户处持卡消费，除POS机有自动结账功能外，刷卡仅是“授权”，需要“结算”才能完成交易，特约商户的收单行依据“结算”信息向持卡人的发卡行清算钱款。特约商户没有发送“结算”要求，其收单行无法向持卡人的发卡行清算，所以也不能收到款项。根据国际卡业务规定，收单行最长在30天内需对交易进行清算，超过时限发卡行有权拒绝付款；超过30天收单行还向发卡行作请款清算，虽然有可能将钱款清算回来，但如发卡行或持卡人作拒付操作，该款项还是会被扣回。

所谓“结算”操作，是特约商户向银行提出结算要求或通过EDC终端发送结账信息，除POS机有自动结账功能外，都要在POS机上进行点击操作，即在POS机手机屏上点击结算快捷按钮进行结算，确认后会打印结算清单，清单上有交易类型、笔数和交易总金额等。

在原告的实际经营中，从 2010 年 2 月 25 日开始至 2010 年 4 月 28 日止，在原告处消费的外币卡都进行了结算，原告也收到了相应钱款。2010 年 5 月开始，原告没有在 POS 机上进行结算操作，直至 2010 年 11 月 25 日，原告才在 POS 机上进行结算操作，该日的结算操作将之前 2010 年 8 月 19 日至 11 月 16 日的外币卡刷卡消费全部予以结算，原告因此收到了结算钱款。对于原告诉请的 2010 年 5 月至 7 月的外币卡刷卡消费并未在该日予以结算。对此，POS 机厂家百富计算机技术(深圳)有限公司的夏某某、维萨信息系统上海有限公司的朱某两证人均判断该三月数据可能被覆盖或清除，以致没有发出结算要求。原告认为其知道须向银行发送结算信息，而且是每天进行结算，就诉称的 2010 年 5 月至 7 月的外币卡刷卡消费也向银行发送了结算要求，但由于时间长久，现不能提供 POS 机打印的结算清单。

对于未进行结算操作的外币卡消费数据，发生在半年内，虹口支行从减少当事人损失的角度出发，通过手动请款方式从持卡人处清算到 2 220 元。剩下的 24 592 元，发生时间已超过半年，虹口支行无法通过手动请款方式清算。

法院认为，第一，当事人对自己提出的诉讼请求所依据的事实有责任提供证据加以证明，原告未能提供证据证明其就 2010 年 5 月至 7 月的外币卡刷卡消费向银行发送了结算要求，应当承担举证不能的法律后果；第二，从 2010 年 11 月 25 日将之前 2010 年 8 月 19 日至 11 月 16 日的外币卡刷卡消费向银行发送结算要求看，原告并未如其所称每天进行结算操作；第三，从星汇易公司提供的交易流水、结算记录、已清算的交易记录看，2010 年 5 月至 7 月的外币卡刷卡消费，被告银行未能从发卡行清算到相应钱款；第四，根据国际卡公司的查询时限规定，由于已过查询时限，现也无法查询到 2010 年 5 月至 7 月的外币卡刷卡消费金额已从外币卡中扣出。故原告 2010 年 5 月至 7 月的外币卡刷卡消费，现尚无证据证明被告银行收到了相应钱款，而未能结算到钱款系原告未能按照《补充协议》约定在外币卡收费完成后的二十四小时内向银行提出结算要求或通过 EDC 终端发送结账信息，以致银行未能从消费者外币卡中清算到钱款，按照《补充协议》的约定，应由原告自行承担该损失。

对于原告关于 4 万余元外币卡消费也未收到钱款的主张，第一，原告称其于 2011 年 11 月将 4 万余元的签购单原件交给了被告大名支行工作人员，现大名支行工作人员否认收到签购单原件，由于银行监控录像资料保存时间规定仅不少于 30 天即可，故原告在超过 30 天后要求被告提供录像资料，而被告无法提供，并不能就此认定被告收到原告的签购单原件；第二，即使原告未能提供签购单，因星汇易公司提供的交易流水明细包括原告所有使用 DCC 通道的交易明细，如原告主张的 4 万余元交易存在，也应包含在内，但经本院释明，原告仍未能指出系哪些消费记录；

第三，从星汇易公司提供的交易流水、结算记录、已清算的交易记录汇总计算，原告实际未结算回来的刷卡消费金额仅 24 592 元，包括之前的 19 301.62 元。故原告未能对自己的主张予以明确，也未提供相应证据证明，其主张法院不予支持。被告并无过错，原告要求被告补偿原告损失 1 万元，无法律依据，法院不予支持。

综上，一审法院依照《中华人民共和国合同法》第八条、第六十条第一款、《最高人民法院关于民事诉讼证据的若干规定》第二条、第七十六条的规定，判决：对原告谊桥公司的诉讼请求不予支持。

宣判后，原、被告均未提起上诉，一审判决生效。

点 评

随着我国改革开放的力度进一步加大，金融市场主体对外经济往来的需求大幅增加，如跨国消费、结算等，商业银行提供的外币卡服务很好地满足了这一需求。由于外币卡的交易结算流程与国内银行卡的交易结算流程存在一定差异，因此应当按照外币卡的业务协议书的约定来认定交易流程中各方的权利义务。本案是由一起外币卡刷卡消费、结算业务所引发的诉讼，法院通过司法裁判界定了外币卡刷卡消费中特约商户的结算操作，并结合国际卡规则认定了结算操作的法律效力，为外币卡银行结算所引发的类案提供了裁判标准，具有一定的典型性意义。

一、外币卡结算流程

外币卡结算流程是指持卡人在特约商户持卡消费，特约商户向收单行提出结算要求，或通过 EDC(电子数据捕获器)终端发送结算信息，收单行需在 30 日内通过交易结算系统向发卡行传递交易数据，对交易进行清算，发卡行收到清算数据后，直接划扣借记卡持有人账内钱款或者收取信用卡持卡人所偿还的交易款项后，将交易款项划拨给收单行的交易方式。结算流程涉及的主体包括收单行、发卡行、持卡人、特约商户以及交易结算系统(如 VISA、MasterCard 等)。

与普通银行卡交易存在差异的是，外币卡的持卡人在特约商户刷卡消费后，特约商户需要进行结算操作方可完成交易流程，而非外币卡交易中，持卡人授权和特约商户是同时完成的。其原因在于，外币卡消费牵涉到刷卡地货币兑换成结算币种的汇率问题，而结算的汇率是按照当天汇率进行结算，滞后结算因汇率变动，可能产生盈亏，因此要求特约商户需要及时(一般约定在二十四小时内)进行结算，否则将全额承担因该迟延提交交易产生不利的利率变动导致的损失。所谓结算操作，是特约商户向银行提出结算要求或通过 EDC 终端发送结账信息，除 POS 机有自动结账功能外，都要在 POS 机上进行点击操作，即在 POS 机上点击结算快捷按钮，屏幕会提示是否进行结算操作，确认后打印结算清单，清单上有交易类型、笔数和交易总金额等。综上可见，如果特约商户没有发送结算要求，其收单行就无法向持卡人的发卡行清算，因此，结算操作是外币卡交易流程中的关键一环。

二、外币卡交易中各方主体权利义务的界定

由于外币卡交易流程中的主体较多，各自承担不同的职能，造成了其所含法律关系的复杂性与多重性特点。中国人民银行《银行卡业务管理办法》等监管文件未对外币卡交易中各方的权利、义务作出具体界定，故司法实践中仍应以各方主体之间订立的相关协议作为法院认定各方权利义务的依据。

本案中，谊桥公司与虹口支行之间的《协议书》和《补充协议》约定：特约商户即原告（谊桥公司）同意银行即被告（虹口支行）可就特约商户的商户账户实施由星汇易（香港）有限公司在中国支持的动态货币兑换服务（DCC）；DCC指特约商户可用人民币对服务和货物标价，星汇易的系统将能使特约商户可让持卡人根据适用的VISA和MASTERCARD的规则选择用本币就发生在中国境内的交易向其信用卡账户清算；利用DCC，可让银行特约商户的客户即持卡人，在消费结算时将签购金额在核准货币内直接折算为该信用卡的计值货币作为结算金额，汇率从星汇易获得；特约商户承认并同意按照从星汇易处获得的汇率折算成核准货币与持卡人进行消费结算，并以人民币为结算币种与银行进行清算；特约商户必须妥善保管交易签购单及其他相关文档资料，并在发卡行提出调阅签购单的要求后于5个工作日内提供，否则因此产生的风险将由特约商户承担；特约商户应明白及时结算的重要性，每项使用DCC的外币收费必须在该外币收费完成后的二十四小时内向银行提出结算要求或通过EDC终端发送结账信息，若特约商户并未在指定时间内提出结算要求或发送结账信息，则商户将全额承担由此产生的各项风险。从上述约定可见，谊桥公司系结算操作履行的义务主体，应在完成外币收费后的二十四小时内提出结算要求，并妥善保管交易签购单，否则将按照约定承担由此造成损失的相应风险。

三、履行结算操作的举证责任分配

对于本币卡刷卡，持卡人"授权"和特约商户"结算"是同时完成的，入账发生争议后，特约商户将持卡人消费后的签购单拿到收单行进行结算即可得到签账金额。按照涉案相关合同的约定，外币卡刷卡仅仅是持卡人"授权"，还需要特约商户完成"结算"操作才能完成交易，因此特约商户需在指定时间内提出结算要求或发送结账信息，否则将全额承担由此产生的各项风险。

根据举证规则，当事人对自己提出的诉讼请求所依据的事实有责任提供证据加以证明，因此，谊桥公司在本案中应对其已经履行结算操作手续加以证明。法院通过对举证责任的合理分配后查明了本案所有由DCC通道进行操作的POS机使用记录，谊桥公司2010年4月28日前POS机刷卡消费结算使用正常，2010年4

月29日至2010年11月24日没有结算信息，2010年11月25日将之前自2010年8月19日至11月16日的外币卡消费全部予以结算，并收到了款项，但2010年5月至7月的外币卡消费未结算。另，谊桥公司提供的P60-S1分体针打POS机，根据其生产厂家证明，该POS机无自动结算功能，不进行结算操作无法向银行发送指令，也无法进行清算。谊桥公司参加过DCC操作培训，应明白及时结算的重要性，其不能提供2010年5月至7月的外币卡刷卡消费POS机打印的结算清单，对外币卡刷卡消费后钱款未扣到，应由谊桥公司承当承担举证不能的法律后果。

案例提供单位：上海市虹口区人民法院

编写人：张　毅　姚依哲

点评人：杨　路

44. 应某某诉嘉美德公司(上海)商贸有限公司等其他合同纠纷案

——一人有限责任公司法人人格否认的举证责任分配及财产混同的证明标准

案情

原告(被上诉人)应某某

被告(上诉人)嘉美德公司(上海)商贸有限公司

被告(上诉人)陈某某

嘉美德公司(上海)商贸有限公司(以下简称嘉美德公司)为注册在上海的一人有限责任公司(以下简称一人公司),股东为陈某某。2012年8月2日,应某某与嘉美德公司签订《投资合同》,约定:应某某向嘉美德公司投资人民币1 000万元(以下币种同)并取得嘉美德公司51%的股权;应某某分三期付款,在汇入第一期投资200万元后即行使股东权利;签约后三个月内,若应某某对于嘉美德公司在签约前或签约后所提供的财务报表和经营报表有不同意见,且双方无法协调取得共识或嘉美德公司违反本合同条款时,应某某保留撤销此投资合同的权利;若应某某书面通知嘉美德公司撤销此合同,嘉美德公司同意无条件将应某某所汇资金予以退还并终止合同。2012年8月6日,应某某向嘉美德公司支付投资款2 081 633元,同时委托审计机构对嘉美德公司的财务进行审计。2012年9月29日,应某某向嘉美德公司发函,以审计后嘉美德公司财务报表和会计凭证缺失、数字不符为由终止合约并要求嘉美德公司退还投资款。2012年11月21日,陈某某回复应某某,表示尊重应某某的退股选择,并表示将于周五退还应某某投资额所剩现金40万元,50万元已用于购买货物,只能退还货物,其余110万元已用于支付各种费用,只能保留5%股权给应某某。当日,嘉美德公司将40万元款项退还给应某某。

原告应某某诉称,其多次致电、致函嘉美德公司和陈某某要求退还余款,均遭到拒绝;又由于陈某某与嘉美德公司之间存在财产混同,陈某某应对嘉美德公司的上述付款义务承担连带清偿责任,故请求法院判令:1.嘉美德公司返还其投资款168万余元及其相应的利息损失;2.陈某某对上述付款义务承担连带清偿责任。

被告嘉美德公司辩称，应某某要求抽回出资违背我国公司法之规定，应属无效，应某某未与嘉美德公司进行任何协商就发出通知要求抽回出资缺乏法律依据。

被告陈某某辩称，陈某某在《投资合同》上签字只是嘉美德公司授权其所为，其并非本案当事人，不应当对嘉美德公司的债务承担连带清偿责任。

审 判

一审法院经审理后认为，本案争议焦点有二：一、嘉美德公司是否应返还应某某投资款余额；二、陈某某是否应承担连带清偿责任。

首先，应某某向嘉美德公司提出解除投资合同、返还投资款的行为符合合同约定，其要求返还投资款的请求于法不悖。

其次，陈某某作为嘉美德公司唯一的股东，代表嘉美德公司与应某某就投资事宜进行磋商，签订投资合同，还代表嘉美德公司就应否返还投资款事宜向应某某发送电子邮件，其与嘉美德公司的意思表示一致，并不是相互独立的。陈某某未能提供证据证明嘉美德公司的财产独立于其个人财产，又因嘉美德公司坚持不进行审计，故无法证明应某某所交付的投资款已用于嘉美德公司而排除另做他用的可能性。为防止一人公司的唯一股东滥用公司独立人格，增强对公司债权人的保护，陈某某应对嘉美德公司的债务向应某某承担连带清偿责任。故一审法院判决：一、嘉美德公司返还应某某投资款 168 万余元并承担相应的利息损失；二、陈某某对嘉美德公司的上述债务承担连带清偿责任。

一审判决后，嘉美德公司、陈某某均不服，提起上诉称，一、应某某无权根据无效的审计报告终止合同；二、系争投资合同与陈某某个人无关，陈某某以嘉美德公司法定代表人的身份签署合同，应某某的款项汇入嘉美德公司账户而非陈某某个人账户，陈某某与嘉美德公司之间不存在财产混同，不应当对嘉美德公司的债务承担连带责任。

被上诉人应某某辩称，嘉美德公司、陈某某的上诉缺乏事实及法律依据，请求二审驳回上诉、维持原判。

二审法院经审理查明，一审认定事实正确，依法予以确认。

二审法院另查明：2011 年至 2013 年间，嘉美德公司委托有关会计师事务所对公司的财务报表等分别进行了审计、审核，相应《财务报表及审计报告》确认，嘉美德公司财务报表在所有重大方面按照小企业会计准则的规定编制，公允地反映了嘉美德公司的财务状况以及经营成果和现金流量；2012 年度至 2013 年度的《外商投资企业外方权益确认表审核报告》及 2011 年度《外汇收支情况表审核报告》确认，嘉美德公司的外方权益确认表及外汇收支情况表的编制在所有重大方面符合国家外汇管理的有关规定。

嘉美德公司和陈某某陈述，嘉美德公司对案外人均岱公司有实际控制，故可以保证按照《投资合同》的约定将均岱公司的所有业务转移给嘉美德公司。

二审法院经审理后认为，首先，应某某要求嘉美德公司返还全额投资款的诉讼请求符合合同约定，在应某某通知嘉美德公司解除投资合同后，嘉美德公司对应当全额返还投资款的要求也未提出异议，至于投资款是否已经用于经营以及嘉美德公司是否无力还款的事实并不能改变双方的合同约定，也不能免除嘉美德公司的还款义务。其次，一人公司的股东应将个人财产与公司财产相分离。陈某某提供了嘉美德公司的审计报告，可以反映嘉美德公司有完整的财务制度，且未见公司财产与股东个人财产相混同的迹象，可以基本反映嘉美德公司财产与陈某某个人财产相分离的事实。嘉美德公司在收到应某某的投资款后，虽有部分用于案外公司的支出，但并无款项转入陈某某个人账户的记录，且案外公司的业务支出与应某某的投资项目直接相关。应某某提出的异议不能反映嘉美德公司财产与陈某某个人财产有混同的迹象，不足以否定陈某某的举证。一审法院判定陈某某对嘉美德公司的债务承担连带责任不当。故二审法院依照《中华人民共和国民事诉讼法》第一百七十条第一款第（二）项之规定，判决维持一审判决第一项，撤销一审判决第二项，驳回应某某要求陈某某承担连带责任的诉讼请求。

点评

本案涉及一人公司法人人格否认的举证责任分配及财产混同的证明标准。原告与嘉美德公司之间签订投资合同，事后原告反悔，要求嘉美德公司返还投资款，并要求嘉美德公司唯一的股东对返还投资款承担连带清偿责任。

首先，看一下原告投资入股的模式。根据投资合同的约定，原告向嘉美德公司投资人民币1 000万元，并取得嘉美德公司51%的股权；原告分三期付款，在汇入第一期200万元后即行使股东权利。对于投资者而言，向被投资公司缴纳股款，作为对价所取得的股权，有两个获取途径：一个是被投资公司增加注册资本，增加的股权即由投资者取得；另一个是在不改变现有注册资本的情况下，由投资者从其他股东手中取得股权，其本质是股东和投资者之间的股权转让。但是，对于第二个途径，一般转让价款是向转让人股东支付的，而不是向被投资公司支付的。

其次，对一人有限责任公司的认识。即使在公司法发展了数百年的英国，一人公司的引入，也是20世纪90年代的事情。传统的观点是，股东至少要2个人以上，而股东会会议也需要2个人以上，面对面交流，也构成会议。但是，一人公司的出现，突破了公司的社团性，公司只有一个承担有限责任的股东，也可以设立。

再次，本案的核心问题是，一人有限责任公司的股东，对公司债务如何承担责任。我国公司法对此已有明确规定。在涉及揭开面纱的案件中，适用举证责任倒置，即一人有限责任公司的股东，要证明自己的财产独立于公司财产，否则股东和公司将被视为同一人，这意味着股东要对公司债务直接承担责任。一人有限责任公司的好处是，虽然股东只有一个，但是也可享受有限责任的保护。如果面纱被揭开，股东的承担一下子就变得沉重了。之所以要采取举证责任倒置，是因为这样分配责任更加公平，因为股东对公司最了解，而且完全控制。要公司债权人直接、正面去证明存在揭开面纱的情形(包括欺诈、控制或混同等)是困难的。反过来，让股东去承担举证责任，则可以大大降低整体成本，有利于案件的审理以及结果的处理。

案例提供单位：上海市第一中级人民法院

编写人：黄　英　任明艳

点评人：葛伟军

45. 万谷某某诉广川某某等股权纠纷案

——外商投资企业股权受让方可要求股权转让方和目标公司履行报批义务

案 情

原告（被上诉人）万谷某某

被告（上诉人）广川某某

被告（上诉人）上海广万东建筑设计咨询有限公司

被告上海广万东建筑设计咨询有限公司（以下简称广万东公司）原名称为“上海广川建筑设计咨询有限公司”，成立于2002年，系被告广川某某依据我国法律在上海市登记设立的外商独资企业。该公司的章程第十条规定公司的投资总额为12 000美元；第十一条规定公司的注册资本为12 000美元，全部以美元现汇方式投入；第十四条规定公司注册资本的增加、转让，须报原审批机关批准，并向工商行政管理机关办理变更登记手续等。2003年年底，原告与被告广川某某口头达成股权转让协议，内容涉及：被告广川某某将占上海广川建筑设计咨询有限公司注册资本三分之一的股权转让给原告，转让款为4 000美元。2004年，原告向被告广川某某交付了股权转让款4 000美元。2006年9月，上海广川建筑设计咨询有限公司变更为现名称。2007年，被告广万东公司修改了公司章程，将投资总额和注册资本均变更为20万美元，其中增资部分188 000美元系以税后利润转增。被告广川某某仍为被告广万东公司在工商机关登记的唯一股东，其认缴和实缴的出资额均为20万美元。

原告万谷某某诉称，2003年，原告加入了被告广万东公司，并与被告广川某某达成股权转让协议，约定由原告受让被告广川某某的三分之一股权，成为被告广万东公司的隐名股东，该部分股权名义上仍由被告广川某某持有。2007年8月，被告广万东公司以未分配利润增资，注册资本和投资总额均变为20万美元，原告的出资金额也变为66 666.66美元。嗣后，被告广川某某和被告广万东公司于2010年5月向原告签发了股东出资证明书，并将原告记载于股东名册。之后，被告广万东公司向原告派发了2008年和2009年的分红款。因原告与被告广川某某在经营上存在分歧，希望变为公司的显名股东并办理相应的变更登记手续，但被告一直不予配合。因外资企业确认股东资格纠纷需经过前置审批程序，故原告诉至法院，请求判决：1.两被告共同向外商投资审批机关履行股权转让的报批义务；2.若两被告在生效判决确定的期限内不履行相关报批义务，原告可自行报批；3.本案诉讼费用由被告承担。

两被告共同辩称，不同意原告的诉讼请求。第一，原告与被告广川某某之间的口头转让协议应属无效合同。2003年年底原告与被告广川某某口头约定由被告广川某某转让其在被告广万东公司的三分之一股权给原告，转让款为4 000美元，同时约定无需向审批机关报批，也无需向工商机关办理股权变更登记。这样的约定违反了有关法律规定，应属无效合同。第二，即便该口头协议有效，由于双方约定不需要报批和变更登记，因此被告也无需履行报批义务。现在原告要求履行报批义务，属于单方面要求变更交易条件，但双方未就此达成过一致意见。第三，原告和被告广川某某仅就股权转让达成了口头协议，没有书面协议，不具备向审批机关申请报批的条件。根据有关规定，报批时应当提交书面的股权转让协议。第四，被告广川某某将股权转让给原告的一个重要前提就是原告与被告广川某某共同经营被告广万东公司，但是现在原告已经离开，并自行成立了设计公司，且原告与被告之间存在多个诉讼，股权转让的基础已经丧失。

审判

一审法院经审理后认为，原告万谷某某与被告广川某某均为日本国籍，本案具有涉外因素，但因双方系争的公司股权登记地在中华人民共和国境内，原告系依据中华人民共和国法律的有关规定提起本案诉讼，依据最密切联系原则，应当适用中华人民共和国法律处理本案纠纷。

原告万谷某某与被告广川某某对双方之间存在口头股权转让合同这一事实均予以确认，且对于股权转让的标的、份额和价款均无争议，原告也已经将股权转让款4 000美元支付给了被告广川某某。对于该股权转让合同的形式，根据《中华人民共和国合同法》第十条的规定，“当事人订立合同，有书面形式、口头形式和其他形式。法律、行政法规规定采用书面形式的，应当采用书面形式。当事人约定采用书面形式的，应当采用书面形式”。法律法规并未规定股权转让合同必须采用书面形式，原告与被告广川某某也未约定采用书面形式。对于两被告辩称，依照原对外贸易经济合作部和国家工商行政管理局于1997年5月发布的《外商投资企业投资者股权变更的若干规定》，在履行报批手续时必须提交书面股权转让协议的意见，该规定并非法律法规的强制性规定。因此，双方以口头形式达成股权转让合同并不违反法律法规的规定，也不违反双方约定，原告与被告广川某某之间就被告广万东公司股权转让的合同已经成立。

被告广万东公司系依据中华人民共和国法律在中华人民共和国上海市登记设立的外商独资企业，根据《中华人民共和国外资企业法实施细则》（以下简称《外资企业法实施细则》）第二十二条之规定，“外资企业注册资本的增加、转让，须经审批机关批准，并向工商行政管理机关办理变更登记手续”。被告广川某某将占被告广万东公司注册资本三分之一的股权转让给原告，应当经审批机关批准，而原告与两被告均未就该股权转让事宜向审批机关报批，审批机关也未批准该股权转让合同，故双方之间的口头转让合同未生效。现原告起诉要求两被告共同履行该合同的报批义务，符合有关法律规定，法院予以支持。原告同时请求如两被告在生效判决确定期限内不履行报批义务的，由原告自行报批，亦符合法律规定，法院也予以支持。

对于被告广川某某辩称与原告在股权转让合同中有“不向审批机关报批”的约定，并无证据佐证，原告也予以否认，法院不予采信。即便双方有该项约定，该约定也违反了法律法规的强制性规定，同时也违反了被告广万东公司章程的规定，应属无效。根据《中华人民共和国合同法》第五十六条的规定，合同部分无效，不影响其他部分效力。因此，假设双方有此约定，该项约定无效也不影响整个股权转让合同的成立。故法院对被告广川某某的上述意见不予采纳。

据此，一审法院依据《中华人民共和国涉外民事关系法律适用法》第四十一条、《中华人民共和国合同法》第十条第一款、《最高人民法院关于审理外商投资企业纠纷案件若干问题的规定（一）》第六条第一款之规定，判决：一、被告广川某某和被告上海广万东建筑设计咨询有限公司应于判决生效之日起十日内共同就成立于2003年有关被告广川某某以4 000美元向原告万谷某某转让被告上海广万东建筑设计咨询有限公司三分之一注册资本的股权转让合同向审批机关履行报批义务；二、如被告广川某某和被告上海广万东建筑设计咨询有限公司在第一条判决指定的期限内不履行报批义务，原告万谷某某可向审批机关自行报批。

一审判决后，两被告不服提起上诉。

二审法院经审理后认为，一审判决认定事实清楚、适用法律正确，判决驳回上诉，维持原判。

点评

本案是一起外商投资企业股权转让纠纷，涉及受让方要求转让方和目标公司履行报批义务等问题。本案的目标公司是一家外商独资企业，原来股东只有一个外籍自然人广川某某，现在另一个外籍自然人万谷某某和原股东之间发生股权转让，从而引发了本案的纠纷。

第一，股权转让合同的形式。本质上，这是一个合同法问题。合同既可以采取书面形式,也可以采取口头形式。如果是后者,关键的问题是如何去证明存在一个口头合同。我国法律并没有规定股权转让合同一定要采用书面形式。本案中,原告万谷某某和被告广川某某对于存在口头股权转让合同这个事实是没有异议的,并且也实际发生了股权转让款的支付。

第二,本案的核心问题是,外商投资企业的股权转让,要经过行政审批。合同法对于合同生效的要件作出了详细规定。合同有可能成立即生效,也有可能在成立后、满足生效条件或者期限到来后才生效。如果法律规定要经批准的,只有经过批准才生效;在批准之前,合同经各方签署已成立,但是未生效。我国关于外商投资企业注册资本的增加、转让,规定必须经审批机关批准,并向工商行政管理机关办理变更登记手续。这是法律规定的生效事由,所以必须经过批准,股权转让合同才发生法律效力。

但是,上述规定不适用于自贸区的区内企业。根据我国现行的法律框架,外商投资企业的法律法规在自贸区内调整适用。换而言之,自贸区内企业已经从核准制改成备案制,外商投资企业的股权转让合同已经不需要报请行政机关审批。更进一步说,自贸区内的企业在设立、退出等机制上,应当享有与外商投资企业同等的法律地位。

第三,报批是转让方和目标公司的法定义务。需要批准后才生效的合同,虽然在批准之前未生效,但是为了批准能够顺利进行,转让方和目标公司向行政机关履行报批义务,是一种强制性要求。在实践中,通常由目标公司作为申请人,向审批机关提出申请,因此报批义务的申请主体是目标公司。

本案中,值得注意的一个细节是,原告早在要求目标公司报批之前,就和被告广川某某达成股权转让合同,并且约定原告成为隐名股东,表面上仍由被告广川某某持股。目标公司也曾向原告签发出资证明书,并将原告记载于股东名册。虽然未经审批机关批准以及工商部门登记,但是从原告与被告广川某某之间的内部关系而言,原告可以对抗被告广川某某,主张自己已经是目标公司的股东。股东资格认定的问题上,采内部登记生效主义和外部登记对抗主义,是我国公司法学界比较一致的观点。根据原告的表述,目标公司还曾经给原告派发了分红,如果这些主张成立,原告可以对抗被告广川某某,对内主张自己的股东权利。

案例提供单位:上海市浦东新区人民法院

编写人:张宏毅

点评人:葛伟军

46. 中静实业(集团)有限公司诉上海电力实业有限公司等股权转让纠纷案

——国有企业股权转让中股东优先购买权保护

案情

原告(被上诉人)中静实业(集团)有限公司

被告(上诉人)上海电力实业有限公司

被告(上诉人)中国水利电力物资有限公司

第三人上海新能源环保工程有限公司

第三人上海联合产权交易所

第三人上海新能源环保工程有限公司(以下简称新能源公司)成立于1999年3月16日,股东为上海电力实业总公司(后更名为上海电力实业有限公司,以下简称电力公司)、上海工业投资(集团)有限公司、上海环保工程成套有限公司、中静能源投资有限公司(以下简称中静能源),各方持股分别为45%、10%、6.8%、38.2%。

2010年2月10日,被告电力公司和中静能源签订《关于新能源公司之增资及股权调整框架协议》,协议约定,双方共同收购上海工业投资(集团)有限公司、上海环保工程成套有限公司的股份,使电力公司和中静能源股权占比分别为51%和49%;中静能源将其持有的股权转让给原告中静实业(集团)有限公司(以下简称中静公司)。

2010年5月,原告中静公司取代中静能源成为新能源公司股东。同年8月6日,电力公司与中静公司签订补充协议书,协议约定,由电力公司先行出资受让上海工业投资(集团)有限公司和上海环保工程成套有限公司的股权计16.8%,电力公司与中静公司在新能源公司的股权占比分别为61.8%、38.2%;电力公司受让股权后,在同样条件下将新能源公司10.8%的股权转让给中静公司,或在增资过程中,由双方针对具体情况将股权比例调整为电力公司占51%,中静公司占49%,并根据框架协议的规定,将双方股权比例调整为各占50%。同年12月1日,上海联合产权交易所(以下简称产交所)出具产权交易凭证,电力公司受让上海工业投资(集团)有限公司和上海环保工程成套有限公司持有新能源公司16.8%的股权。

2012 年 2 月 15 日,第三人新能源公司通过股东会决议,同意电力公司转让其所持 61.8%股权,转让价以评估价为依据,中静公司不放弃优先购买权。

2012 年 5 月 25 日,第三人新能源公司将股权公开转让材料报送产交所。同年 6 月 1 日,产交所公告新能源公司 61.8%股权转让的信息:挂牌期为 2012 年 6 月 1 日至 2012 年 7 月 2 日;"标的企业股权结构"一栏载明老股东未放弃行使优先购买权;"交易条件"为挂牌价格人民币 48 691 000 元……标的公司其他股东拟参与受让的,应在产权转让信息公告期间向产交所提出受让申请,并在竞价现场同等条件下优先行使购买权,否则视为放弃受让。被告电力公司通过手机短信、特快专递、公证等方式通知了中静公司相关挂牌信息。

2012 年 7 月 2 日,原告中静公司向产交所发函称,根据框架协议及补充协议,系争转让股权信息披露遗漏、权属存在争议,以及中静公司享有优先购买权,请求产交所暂停挂牌交易,重新披露信息。

2012 年 7 月 3 日,被告中国水利电力物资有限公司(以下简称水利公司)与被告电力公司签订产权交易合同,内容为:合同交易的标的为电力公司持有的新能源公司 61.8%股权;合同标的产权价值及双方交易价款为 48 691 000 元;价款(包括保证金)在签订合同后 5 个工作日内一次性支付等。次日,产交所出具产权交易凭证,水利公司履行了股权转让款以及债务承担的合同义务。同日,产交所发出不予中止交易决定书给中静公司称,经审核,股权转让程序符合产权交易相关规定,故决定不同意中静公司的申请。9 月 11 日,新能源公司向水利公司出具出资证明书,并将其列入公司股东名册,但未办理工商登记变更手续。

原告中静公司诉称,其和电力公司为新能源公司股东,两公司分别持股 38.2%、61.8%。2012 年 6 月 1 日,电力公司未经中静公司同意擅自将其持有的股份在产交所挂牌交易,中静公司于 7 月 2 日向产交所提出异议,明确表示保留优先购买权,要求暂停交易重新进行信息披露,但电力公司为避免中静公司行使优先购买权,在水利公司未缴纳保证金的情况下于 7 月 3 日与水利公司签订了产权交易合同,而且整个交易是在中静公司异议审查期间完成的,产交所于 7 月 6 日才向中静公司送达交易不予中止决定通知书。中静公司认为,电力公司擅自转让股份侵害了其优先购买权,水利公司和产交所以中静公司未进场交易为由认定中静公司放弃优先购买权没有法律依据,故请求判令:1.中静公司对电力公司与水利公司转让的新能源公司 61.8%的股权享有优先购买权,并以转让价 48 691 000 元行使该优先购买权;2.电力公司、水利公司承担本案全部诉讼费用。

被告电力公司辩称,对外转让股权由新能源公司 2012 年 2 月 15 日的股东会决议通过,中静公司亦表示同意。电力公司属集体所有制企业,按相关法律规定其股权转让须进产权交易所挂牌交易,中静公司收到挂牌交易通知后未至产交所行权，等于放弃了优先购买权的行使，故其诉讼请求不能成立。

被告水利公司辩称，中静公司怠于到产交所行权，已经放弃了优先购买权的行使。水利公司与电力公司的股权交易过程合法公平公正，且水利公司已经支付股权转让款并完成了股权转让的附随条件，其善意第三人的合法权利应当得到法律保护。故不同意中静公司的诉讼请求。

第三人新能源公司发表意见认为，产交所的交易过程合法，水利公司已经取得新能源公司的股东资格。

第三人产交所发表意见认为，交易所完全遵循交易规则，项目信息披露真实、准确、完整。中静公司在挂牌截止的最后一天仅以电力公司提交材料存在重大遗漏和权属存在争议为由要求暂停交易，经核实其所述不实，水利公司取得股权合法有效。《中华人民共和国企业国有资产法》规定国有资产转让应在产权交易场所公开进行，中静公司行使优先购买权的前提条件是“在同等条件下”，既包括程序上的同等也包括实体上的同等，国有产权交易的程序是交易主体应当进场交易，中静公司拒绝进场交易，视为其放弃了优先购买权，否则有违同等条件中程序同等的规定。

审理中，中静公司表示愿意接受电力公司、水利公司签订转让合同的条件。

审 判

一审法院经审理后认为，首先，股东优先购买权是公司法赋予股东的法定权利，《中华人民共和国公司法》仅在第七十三条规定了在法院强制执行程序中，享有优先购买权的股东被通知后法定期间内不行权，视为放弃优先购买权，公司法及司法解释并未规定其他的失权情形；其次，根据《最高人民法院关于贯彻执行〈中华人民共和国民法通则〉若干问题的意见（试行）》的规定，不作为的默示效果只有在法律有规定或者当事人双方有约定的情况下，才可视为意思表示；再次，产交所作为依法设立的产权交易平台，法律并未赋予其判断交易标的是否存在权属争议和交易一方是否丧失优先购买权这类法律事项的权力。综上，在法律无明文规定，且中静公司未明示放弃优先购买权的情况下，中静公司未进场交易，并不能得出其优先购买权已丧失的结论。从商事交易的角度来说，商事交易尽管要遵循效率导向，也要兼顾交易主体利益的保护。并且，享有优先购买权的股东未进场交易，产交所可通知其在一定期限内作出是否接受最后形成价格的意思表示，不到场并不必然影响交易的效率。片面强调享有优先购买权的股东不到场交易则丧失优先购买权，无疑突出了对产交所利益和第三人利益的保护，弱化了对优先购买权股东利益的保护，必将导致利益的失衡。

原告中静公司在股权交易前提出了异议，产交所应及时答复。参照《企业国有产权交易操作规则》的相关规定，信息公告期间出现影响交易活动正常进行的情形，或者有关当事人提出中止信息公告书面申请和有关材料后，产权交易机构可以作出中止信息公告的决定。对于提出异议的优先购买权股东而言，其在未被产交所及时答复异议前不知交易是否如期进行，不到场不能视为其放弃受让。故在中静公司未明确放弃优先购买权的情况下，电力公司与水利公司的股权转让合同不生效。

由于对优先购买权的行使除公司法规定的“同等条件”外，法律尚无具体规定，司法实践中亦无参考先例。考虑到新能源公司目前的实际状况，同时为防止股东优先购买权的滥用，即确权后不行权，导致保护优先购买权成空文或对股权出让人和受让人的利益造成损害，因此，需要确定股东的优先购买权的行权期限、行权方式。比照《中华人民共和国公司法》第七十三条的规定，法院认为，可以要求中静公司在确权生效后二十日内行权，否则视为放弃行权。只有中静公司放弃行权，电力公司与水利公司的股权转让合同才生效。关于行权方式，中静公司应按照国有资产转让的规定办理。综上所述，中静公司主张其对电力公司与水利公司转让的新能源公司61.8%的股权享有优先购买权并要求行权的诉讼请求，于法有据，应予支持，其行权内容、条件与电力公司、水利公司之间签订的产权交易合同相同。

据此，一审法院依照《中华人民共和国公司法》第七十二条第三款、第七十三条、《中华人民共和国企业国有资产法》第五十四条第二款、《最高人民法院关于贯彻执行〈中华人民共和国民法通则〉若干问题的意见（试行）》第六十六条之规定，判决：中静公司对电力公司与水利公司转让的新能源公司的股权享有优先购买权；中静公司应当在判决生效之日起二十日内行使优先购买权，否则视为放弃；中静公司优先购买权的行使内容、条件，与电力公司和水利公司签订的产权交易合同相同。

一审判决后，电力公司、水利公司不服，提起上诉。

二审法院认定的事实与一审认定一致。二审法院经审理后认为，一审判决并无不当。据此，依照《中华人民共和国民事诉讼法》第一百七十条第一款第（一）项之规定，判决驳回上诉，维持原判。

点 评

根据相关法律法规规定，国有产权的转让原则上必须在依法设立的产权交易机构内挂牌进行交易。由于进场交易一般按照交易机构的交易规则进行，而规则主要针对不特定交易主体，而对相关产权的优先购买权人应如何参与场内交易、如何行使优先购买权，往往规则不甚明确，容易产生争议甚至纠纷。本案的审理，为此类纠纷的裁判作出了有益的探索。

一、国有资产进场交易的制度价值

根据《中华人民共和国企业国有资产法》第五十四条以及《企业国有产权转让管理暂行办法》第四条、第五条、第三十二条的规定，除按照国家规定可以直接协议转让的以外，企业国有产权转让应当在依法设立的产权交易机构中公开进行，转让方式包括拍卖、招投标、协议转让等。未按本办法有关规定在产权交易机构中进行交易的，国有资产监督管理机构或者企业国有产权转让相关批准机构应当要求转让方终止产权转让活动，必要时应当依法向人民法院提起诉讼，确认转让行为无效。可见，企业国有产权的转让，原则上须在产权交易机构进行，即通常所说的"进场交易"。进场交易是国家规定的企业国有资产转让监督的重要措施，其意图在于，让国有资产转让和重大资产处置在依法设立的产权交易机构中公开进行，凭借产权交易市场网络平台功能强大、信息覆盖面广、交易效率高的优势，充分发挥公开市场发现价值、决定价格的功能，使国有资产在公平竞争中实现价值最大化，防止暗箱操作导致的国有资产流失。对于未依法采取进场交易方式订立的国有产权转让合同，司法实践中亦通过若干案例明确了合同无效这一司法规则。

二、进场交易与优先购买权行使的协调困境

目前理论界和实务界对于国有产权对外转让必须进场交易这一规则并无疑问，但国有产权的优先购买权人行使优先购买权的方式却存在协调困境：如果直接进场交易就必须自己参与竞价，只能以最高出价人的身份成交，这实质上失去了在他人的成交条件下自由决定是否优先购买的权利；如果不参与场内交易，而是等待场内竞价结果形成后再决定是否购买，则又往往与交易规则不符，没有行权机会。有些交易场所的规则要求国有产权优先购买权人也必须进场交易，否则将视为其主动放弃优先购买权。对此，存在两种截然不同的观点：一种观点认为，股东优先购买权是《中华人民共和国公司法》赋予股东的法定权利，非经法律明文规定和当事人明确表示放弃，不得剥夺。产权交易机构作为产权交易平台，职能在于组织、管理交易，但无权剥夺当事人的固有权利。交易规则中有关优先购买权人"未按规定到场或没有在规定期限内书面确认的，视为放弃受让"的内容超出了其职能范围。另一种观点认为，产权交易机构制定的交易规则目的在于促进交易、提高效率，且经事先公示，只要规则不违反法律的禁止性规定，即使交易任何一方对规则有异议，在规则修改之前交易参与人均应遵守。如轻易否定产权交易机构规则的效力，可能影响国有资产处置的秩序，损害善意第三人的信赖利益，引发一连串的失序。

三、除非权利人明示放弃，交易机构不能仅依其交易规则限制或剥夺其优先购买权

第一，从私权保护的角度来看，优先购买权是《中华人民共和国公司法》赋予有限责任公司股东的一项重要商事权利，是用以维护有限责任公司“人合性”基础、保障投资者合法权益的重要法律内容。股东优先购买权作为公司法赋予股东的法定权利，除法律明文规定或其自行放弃外，他人无权予以剥夺。与之相比，企业国有产权进场交易规则作为一套程序规范，它的效力不应影响在商法中优先购买权的内容和效力。又根据《最高人民法院关于贯彻执行〈中华人民共和国民法通则〉若干问题的意见（试行）》第六十六条，一方当事人向对方当事人提出民事权利的要求，对方未用语言或者文字明确表示意见，但其行为表明已接受的，可以认定为默示。而不作为的默示只有在法律有规定或者当事人双方有约定的情况下，才可以视为不作为的意思表示。现行法律法规未对股东放弃优先购买权的方式作出明确规定，当事人双方也没有特别约定，因此，不进场交易这一不作为的方式不应该视为其放弃优先购买权的意思表示。第二，从产权交易机构本身的功能、权限来看，其是经政府部门批准设立，不以盈利为目的，仅为产权交易提供场所设施和市场服务，并按照规定收取服务费的事业法人。作为依法设立的产权交易平台，其具有组织、管理产权交易的功能，其专业能力应限于与交易平台相关的完成交易登记、竞价、交割等常规性事项及维护交易所日常管理所需的能力，虽然可以对交易参与人进行资格审查，但不具备利用交易规则限制甚至剥夺交易参与方优先购买权等固有权利的能力。因此，交易所设置的“其他股东竞买人没有按规定到场，或没有在规定期限内书面确认的，视为放弃受让”的交易规则，与现行法律规定相冲突。第三，从本案中交易所适用其规则的情况来看，享有优先购买权的股东已在挂牌公告期内、股权交易前提出了异议，产权交易机构应当及时答复，并按照《企业国有产权交易操作规则》的相关规定，及时暂停挂牌交易，待新能源公司股东之间的纠纷依法解决后再恢复交易更为合理、妥当。对于提出异议的优先购买权股东而言，其在未被产权交易机构及时答复异议前不知交易是否如期进行，因而不到场，不能视为其放弃受让。交易所适用其规则视为失权，存在不当之处。

案例提供单位：上海市黄浦区人民法院

编写人：李　剑

点评人：姜　山

47. 上海文汇出版社读者服务部诉吴某某等与破产有关纠纷案

——清算义务人怠于履行义务致无法清算的连带责任承担

案 情

原告(被上诉人)上海文汇出版社读者服务部

被告(上诉人)吴某某

被告(上诉人)潘某

上海鹰杰图书有限公司(以下简称鹰杰公司)于2002年11月29日核准注册成立,原股东为郑某某和汤某,注册资本为50万元。后期经过一系列股权变动、股东变更及注册资本增资,截至2011年2月19日,公司注册资本为200万元,现任股东为吴某某和潘某,其中吴某某占有5%的股份并担任公司的监事,潘某占有95%的股份并担任法定代表人及执行董事。2011年3月9日,因本案原告与鹰杰公司其他与企业有关的纠纷一案,法院判决鹰杰公司向本案原告上海文汇出版社读者服务部支付图书款及利润款合计542 912.75元。嗣后,鹰杰公司不服上述判决提起上诉,后撤回上诉。因鹰杰公司未履行生效判决,本案原告于2011年9月8日向法院申请执行,2012年3月27日,法院作出执行裁定书,因不具备强制执行的条件,裁定暂时退出执行程序。

2013年6月8日,鹰杰公司债权人上海文汇出版社有限公司(以下简称文汇公司)向法院提出申请,请求法院裁定鹰杰公司破产清算以偿还相关债务。法院作出民事裁定书,裁定书载明管理人"由于上海鹰杰图书有限公司无任何资产可支付破产费用,且上海鹰杰图书有限公司提供的账册、财务凭证等资料不全,导致不能对其资产、负债及所有者权益状况发表审计意见,请求本院终结上海鹰杰图书有限公司破产清算程序"。法院基于上述情况认为"管理人在依法办理接管过程中,未接管到上海鹰杰图书有限公司的任何资产,且破产企业的出资人或者其他利害关系人不愿意垫付破产费用,破产程序已无继续进行的必要",故裁定终结了鹰杰公司的破产程序。

原告上海文汇出版社读者服务部诉称,被告潘某为鹰杰公司的法定代表人及执行董事，被告吴某某为公司的监事及实际控制人。鹰杰公司经增资及股权转让，现实收资本为 200 万元，股东为两被告。根据上海永得信会计师事务所有限公司于 2009 年 2 月出具的验资报告，鹰杰公司已收到足额出资 200 万元，然而鹰杰公司拒不履行生效判决，也不对相关财产进行申报，也无法提供账册、重要文件资料等进行清算，直接导致了文汇公司及原告的债权无法实现。保管公司的主要财产、会计账册、重要文件等资料并积极履行破产清算义务是有限责任公司股东、高管及实际控制人的法定义务。进入破产程序后，鹰杰公司的股东及实际控制人也就是本案两被告未履行提供公司关键财务资料和缴纳破产费用的法定义务，由于两被告的消极不作为，导致鹰杰公司破产程序的终结，并最终损害鹰杰公司债权人的合法权益。故原告向法院起诉，要求判令两被告共同赔偿原告根据前述 2011 年 3 月 9 日民事判决中所确认的鹰杰公司应支付给原告的图书款及利润款和由此应加倍支付的迟延履行期间的债务利息。

两被告共同辩称，不同意原告的诉请。第一，原告与鹰杰公司的民事案件判决生效后进入执行程序，因为鹰杰公司没有财产，故退出执行程序；第二，案外人文汇公司向法院提出对鹰杰公司的破产申请，被告吴某某作为鹰杰公司的经理和股东依法向管理人移交了鹰杰公司的所有资料，并无任何隐瞒遗漏；第三，由于法院在执行过程中已依职权审查过鹰杰公司并认为鹰杰公司没有财产，故破产终结是正常程序，且在终结破产程序的民事裁定中，法院认为破产程序无法继续的原因是无法收到破产费用，但法律并没有明确规定出资人必须承担相应的破产费用；第四，关于鹰杰公司财务账册缺失的问题，在案外人文汇公司与鹰杰公司合作的时候，文汇公司在没有与鹰杰公司商量的情况下，擅自接管了合作经营场地，导致鹰杰公司财产流失和财务账册遗失，故两被告只整理了一部分财务账册提交了破产管理人，账册和财务资料不全是事实，但原因在于原告的关联公司即文汇公司。综上，原告主张的事实多为原告的猜想，并没有充分的证据证明两被告应对鹰杰公司的债务承担连带责任，故请法院驳回原告的诉讼请求。

审 判

一审法院经审理后认为，根据本案两被告的庭审陈述及相应证据，鹰杰公司“2005 年至 2010 年的财务账册和部分其他财务凭证”于 2010 年 11 月即已遗失，两被告虽举证认为相关遗失系文汇公司造成，但相关的民事判决书及庭审笔录并未确认这一事实，退一步讲，即便两被告所述遗失原因属实，与本案原告亦无关联。两被告辩称相关法院在执行过程中已依职权审查过鹰杰公司并认为鹰杰公司没有财产，故破产终结是正常程序。但一审法院认为，若无账册遗失在先的事实，在无相反证据的情况下，法院尚可推定鹰杰公司的财产于退出执行程序时即已被执行完毕。但查明的事实是相关法院作出退出执行程序的时间晚于两被告账册遗失时间，基于上述情况，两被告的辩称意见法院实难采信。基于两被告遗失账册在前、退出执行程序在后，在之后的破产程序中破产管理人“上海鹰杰图书有限公司提供的账册、财务凭证等资料不全，导致不能对其资产、负债及所有者权益状况发表审计意见，请求法院终结上海鹰杰图书有限公司破产清算程序”的陈述，一审法院认为，本案两名被告作为鹰杰公司的股东因遗失公司账册、重要文件，导致公司无法进行清算的事实成立。原告作为鹰杰公司债权人主张两被告对公司债务承担连带清偿责任合法有据，法院予以支持。据此，一审法院依照《最高人民法院关于适用〈中华人民共和国公司法〉若干问题的规定(二)》第十八条第二款、《中华人民共和国民事诉讼法》第六十四条第一款之规定，判决被告吴某某、被告潘某应对上海鹰杰图书有限公司因前述2011年3月9日生效民事判决中所负债务(本金及依据《中华人民共和国民事诉讼法》规定的迟延履行期间的债务利息)向原告上海文汇出版社读者服务部承担连带清偿责任。

一审判决后，吴某某、潘某不服，提起上诉。

二审法院经审理后认定事实与一审一致。二审法院认为，一审认定事实清楚，判决并无不当，判决驳回上诉，维持原判。

点 评

本案系对《最高人民法院关于适用〈中华人民共和国公司法〉若干问题的规定(二)》(以下简称《公司法司法解释二》)第十八条第二款理解与适用的典型案例。在实践中，涉及清算义务人因怠于履行义务承担无限连带责任的案例并不常见，但本案在深入解析法条的基础上，对清算义务人的怠于履行行为与最终无法清算以清偿债务之间是否存在因果关系作出了恰当、准确的裁判，对于此类案件的处理具有十分积极的示范意义和导向作用。

一、股东未尽清算义务的民事责任

公司出现解散事由、申请注销登记的过程中，依法清算是公司厘清债权债务、合法退出市场的必要程序。《中华人民共和国公司法》第一百八十三条明确规定，有限责任公司的股东、股份有限公司的董事和控股股东有义务及时启动清算程序对公司进行清算。然而，由于清算义务人责任长期难以得到落实，实践中存在大量未经清算而人去楼空的“植物人公司”、“空壳公司”、“三无公司”，有的公司甚至在经营不善的情况下恶意转移资产、隐匿账册，假借解散之机逃废债务。为督促公司的清算义务人依法履行清算义务，2008年颁布的《公司法司法解释二》进一步明确了有限责任公司的股东、股份有限公司的董事和控股股东因怠于履行清算义务所应承担的责任，旨在通过强化清算义务人不履行清算义务的法律责任，保护债权人合法利益不受侵害，建立健康有序的法人退出机制。根据《中华人民共和国公司法》和《公司法司法解释二》关于清算责任的规定，公司解散后，清算义务人履行清算义务存在瑕疵的，所导致的民事责任主要可以分为三种类型：一是清算责任，即指清算义务人在公司解散后，未依照法定程序和期限实施清算的，应承担强制履行清算义务的责任。由于清算责任具有一定的人身性，在清算义务人不履行的情况下，要求其承担的责任只能转化为其他性质的法律责任，比如赔偿责任或指定清算组进行清算。二是清算赔偿责任，即指清算义务人未尽清算义务给公司造成损失，最终导致债权人经济损失而应承担的赔偿责任。三是清偿责任，即指一定情况下由清算义务人对公司债权人承担依法清偿债务的责任，如清算义务人不履行、不适当履行清算义务，或是恶意处置、私分公司财产的情况。

本案中，两被告股东因怠于履行义务，导致鹰杰公司主要账册和财务凭证遗失，致使鹰杰公司在破产清算程序中无法进行清算，债权人主张两被告股东承担连带清偿责任，符合《公司法司法解释二》第十八条第二款所规定的构成要件。审理法院在全面理解《公司法司法解释二》及相关法理基础上，准确区分不同条文所规定的不同行为要件，适用法律正确。

二、怠于清算与财产、账册灭失导致“无法清算”之间的因果关系认定

根据《公司法司法解释二》第十八条第二款规定，股东作为公司清算义务人如未依法履行清算义务导致公司主要财产、账册、重要文件等灭失，无法进行清算，应对公司的债务向债权人承担赔偿责任。在实务中，对“怠于清算”与“损害后果”间的因果关系认定，往往成为此类案件审理的一大难点。对此，上海市高级人民法院民二庭于 2011 年制定的《关于审理公司强制清算案件及相关纠纷若干问题的解答》第八条中曾明确提出，要“注意审查股东消极行为与无法清算结果之间是否存在因果关系的要件事实。股东对此提出抗辩的，需对其行为与结果之间不存在因果关系承担举证责任，如公司账册因火灾毁损灭失等不可责难情形。如果股东无法证明的，应推定因果关系成立。”也就是说，在审查“因果关系”这一构成要件时，应由被告股东承担举证责任。之所以对主张免除责任的股东规定了较严格的证明标准，一方面是基于《公司法司法解释二》旨在强化清算义务人依法履行清算义务的立法初衷；另一方面，从举证能力上，公司以外的债权人并不掌控公司财产、账册等材料及公司运营管理情况，如要求债权人对怠于清算行为与无法清算后果之间的因果关系举证显然较难，由负清算义务的股东负举证责任更为合理。

本案中，账册丢失与“无法清算”之间的因果关系亦是主要争议焦点。两被告辩称鹰杰公司在执行程序中已无财产可供执行，故破产终结原因并非账册丢失所致,并以此阻却因果关系的成立。一审法院通过审查发现,账册丢失的时间早于执行程序终结的时间,这对判断因果关系的成立与否非常重要:如果该公司经强制执行程序确认已无可供执行的财产之后,才发生了财务账册丢失的事实,而则公司即使清算也无法满足债权人的利益诉求,债权人的损失与财务账册丢失之间实质上没有因果关系。但是,本案中是先发生了财务账册丢失的事实,而执行程序的终结以及破产程序的终结均发生在后,不排除与账册丢失、公司财产无法查清有关。在此情况下,被告以执行终结作为阻断因果关系的辩称意见,缺乏证据支持。因此,法院最终认定两名被告作为鹰杰公司的股东因遗失公司账册、重要文件等灭失,导致公司无法进行清算的事实成立,支持了债权人的诉讼请求,维护了债权人的合法权益。

案例提供单位:上海市嘉定区人民法院
编写人:杨　磊
点评人:姜　山

编者注:2011年上海市高级人民法院民二庭制定《关于审理公司强制清算案件及相关纠纷若干问题的解答》,全文如下:

为正确审理公司强制清算案件及相关纠纷,现根据《中华人民共和国公司法》(下称公司法)、《中华人民共和国企业破产法》(下称企业破产法)、《最高人民法院关于适用〈中华人民共和国公司法〉若干问题的规定(二)》(下称公司法司法解释二)、《最高人民法院关于审理公司强制清算案件工作座谈会纪要》(下称强制清算座谈会纪要)的有关规定,结合审判实践,就下列问题进行解答。

一、申请人申请对公司进行强制清算,法院经审查发现确有证据证明公司财产已经明显不足清偿债务的,应当如何处理?

企业破产法第七条第三款规定,企业法人已解散但未清算或者未清算完毕,资产不足以清偿债务的,依法负有清算责任的人应当向人民法院申请破产清算。根据该规定精神,公司解散后出现资不抵债等破产原因的,应当直接进行破产清算。

申请人申请对公司进行强制清算,法院在受理前应当按照上海市高级人民法院沪高法[2010]289号《关于下发〈公司强制清算案件立案受理的若干规定〉的通知》的规定,对申请进行审查并在必要时召开听证会。经审查发现确有证据证明公司财产已经明显不足清偿债务,符合企业破产法规定的破产原因的,或者出现最高人民法院法释[2008]10号《关于债权人对人员下落不明或者财产状况不清的债务人申请破产清算案件如何处理的批复》规定情形的,法院应当向申请人进行释明,告知其应按照企业破产法的规定申请公司破产清算，并将释明情况记录在案。申请人经释明后坚持申请强制清算的，裁定不予受理。

二、债权人依照公司法司法解释二规定对公司申请强制清算，但债权人持有的债权已经超过诉讼时效，应当如何处理？

债权超过诉讼时效的，债权人丧失依法保护的请求力和执行力，除债务人自愿履行外，不能通过司法程序获得救济。强制清算程序是人民法院依照法律、司法解释的规定，对公司财产进行强制清理的司法程序。因此，债权人依照《公司法司法解释二》规定申请强制清算的，法院经审查发现债权人持有债权已经超过诉讼时效的，对其申请不予受理。

三、股东申请对公司进行强制清算，但无法提供公司账册及其它重要文件，应当如何处理？

根据公司法第一百六十四条之规定，公司应当依照法律、行政法规和国务院财政部门的规定建立本公司的财务、会计制度，并对相关账册及其他重要文件予以妥善保管。因此，股东在申请对公司进行强制清算时，有义务提供公司的账册及相关的重要文件，以协助清算组履行清理公司财产，编制资产负债表和财产清单等职权。

申请股东不能提供公司账册及相关重要文件等清算必需材料，且不能说明合理理由的，法院对其强制清算申请不予受理，但申请股东有确切证据证明未参与公司经营，非公司实际控制人的除外。

四、法院以无法清算为由终结强制清算程序后，股东申请对公司再次进行强制清算的，应当如何处理？

根据强制清算座谈会纪要第二十八条之规定，对于公司主要财产、账册、重要文件灭失，或者公司人员下落不明的强制清算案件，经向公司股东、董事等直接责任人员释明或采取民事制裁措施后仍然无法进行清算的，应当以无法清算为由终结强制清算程序。强制清算程序终结后，股东申请对公司再次进行强制清算的，法院不予受理。

但是，如果法院终结强制清算程序存在通知、释明等程序不符合相关规定的，且股东确有证据证明能够依法清算，不进行强制清算将导致相关权利人权益受损的，可再次受理。

五、强制清算案件中，法院对清算方案主要应审查哪些内容？

根据公司法司法解释二第十五条之规定，公司强制清算的清算方案应当报人民法院确认。未经确认的清算方案，清算组不得执行。因此，法院审理强制清算案件，应当对清算方案进行审查。审查内容一般包括：1.清算组编制的公司资产负债表；2.清算组编制的公司财产清单；3.公司债权债务清单及处理办法；4.公司财产变价及清偿方案;5.公司剩余财产分配方案;6.清算组关于制定清算方案的决定;7.其它法院认为应当审查的事项。

法院认为有必要的,可以听取相关利害关系人对清算方案的意见。法院经审查确认清算方案的,应当出具裁定。

六、公司强制清算期间,清算组怠于向公司债务人主张债权的,公司债权人能否起诉主张?

依据公司法第一百八十五条之规定,清算组在清算期间行使清理债权债务等职权。公司债权人发现清算组怠于向公司债务人主张债权,可能造成公司资产减损的,可以请求法院进行审查,督促清算组向债务人主张债权。若清算组拒绝主张应当依法清收的债权,存在《公司法》及其相关司法解释规定的应承担赔偿责任情形的,债权人可依法予以追究。

七、债权人依据公司法司法解释二第十八条第二款的规定起诉请求公司股东对公司债务承担连带清偿责任,是否必须以经过法院强制清算或者破产清算为前置条件?

根据公司法司法解释二第十八条第二款之规定,债权人主张公司股东对公司债务承担连带清偿责任的构成要件,是其怠于履行义务,导致公司主要财产、账册、重要文件等灭失,造成公司无法进行清算。故对于"无法进行清算"的认定,不以必须事先经过强制清算或者破产清算程序为前提,应从公司清算义务人、会计账簿和公司财产状况等方面进行审查后作出认定。

但是,债权人在起诉时应当对公司无法进行清算的事实承担举证义务。债权人提供初步证据证明公司主要财产、账册、重要文件等系因股东怠于履行义务而灭失无法清算的,法院对债权人的起诉应当予以受理。

八、债权人依据公司法司法解释二第十八条之规定,要求有限责任公司股东承担赔偿责任或连带清偿责任,该股东以其非公司控股股东无法召集其他股东成立清算组进行清算为由进行抗辩的,应当如何处理?

根据公司法第一百八十四条及公司法司法解释二第七条之规定,有限责任公司的股东应当在公司解散事由出现之日起十五日内成立清算组,开始自行清算。公司逾期清算的,股东可以申请对公司进行强制清算。因而,有限责任公司的股东无论其是否处于控股地位,均系公司清算义务人,有义务在公司解散后组织自行清算。如果股东确因非控股等原因无法组织自行清算,仍有义务申请对公司进行强制清算。

因此,有限责任公司的股东即使处于非控股地位,清算义务并不免除。股东仅仅以其为非控股股东提出抗辩的,不能作为免责理由。但股东是否应承担法律责任,法院需根据公司法司法解释二第十八条规定,注意审查股东消极行为与无法清算结果之间是否存在因果关系的要件事实。股东对此提出抗辩的,需对其行为与结果之间不存在因果关系承担举证责任,如公司账册因火灾毁损灭失等不可责难情形。如果股东无法证明的,应推定因果关系成立。

九、公司自行清算时对争议债权的债权人未予通知,现债权人依据公司法司法解释二第十九条关于虚假清算规定,要求相关责任主体承担相应赔偿责任的,应当如何处理?

根据公司法解释二第十九条之规定,虚假清算应是指股东、董事以及实际控制人恶意处置公司财产或未经依法清算,以虚假的清算报告骗取公司登记机关办理注销登记的严重恶意行为。因此,构成虚假清算的要件是相关责任主体未经依法清算,并以积极作为的方式编造虚假清算报告,欺骗公司登记机关办理注销登记。

如果公司股东成立清算组对公司进行了清算,只是某项清算工作存在瑕疵尚不构成欺骗的,则不能认定为虚假清算。因此,公司自行清算时对有争议债权的债权人未予通知,不宜简单认定为公司法司法解释二第十九条规定的虚假清算情形。

十、债权人依据公司法司法解释二第十八条第二款、第十九条、第二十条第一款之规定,要求股东对公司债务承担责任,股东以公司解散时的实际财产已不能清偿全部债务为由进行抗辩的,应当如何处理?

公司法司法解释二第十八条第二款、第十九条、第二十条第一款之规定,对股东应承担的公司债务责任,并不以公司解散时的实际财产为限;且司法解释规定的目的应是督促股东在公司解散后及时清理公司财产和债权债务,保障债权人债权的依法实现。故股东对外责任范围应是公司全部债务,其以公司解散时的实际财产已不能清偿全部债务为由提出免责抗辩的,法院不予支持。

48. 苏州天相湛卢九鼎投资中心诉周某某等公司增资纠纷案

——“对赌协议”纠纷的裁判规则及法律适用分析

案 情

原告（被上诉人）苏州天相湛卢九鼎投资中心

被告（上诉人）周某某

被告（上诉人）施某某

被告（上诉人）浙江凯迪药业有限公司

被告（上诉人）仙居凯迪投资有限公司

被告（上诉人）上海新华联制药有限公司

2011 年 12 月，原告苏州天相湛卢九鼎投资中心（以下简称苏州天相）与其他七家公司为甲方、被告上海新华联制药有限公司（以下简称新华联）为乙方、被告浙江凯迪药业有限公司、仙居凯迪投资有限公司（二被告公司以下简称凯迪公司）为丙方、周某某与施某某为丁方共同签署了《增资扩股协议》。根据协议约定，甲方共同出资以增资方式投资于被告新华联，成为被告新华联的股东，甲方即共同出资共计 150 000 000 元。

针对《增资扩股协议》，甲乙丙丁四方又签订了一份《补充协议》，约定在增资完成后，乙方、丙方和实际控制人（即丁方）对乙方未来一定时间内的经营业绩进行承诺：乙方 2012 年实现净利润 60 000 000 元，……如果乙方 2012 年未实现业绩承诺水平，实际控制人需对甲方予以现金补偿，对甲方的业绩补偿款应在 2013 年 4 月 30 日前实施完毕；乙方、丙方和实际控制人对补充协议约定的相关责任和义务承担连带责任，甲方之各方对相关责任和义务按份承担责任。之后，包括原告在内的甲方按《增资扩股协议》的约定完成了对新华联的增资，并经工商变更登记，正式成为新华联的股东。

新华联目前注册资本为 73 714 286 元，另有一股东“浙江大红袍股权投资有限公司”认缴出资额 4 422 857 元。

2013 年 6 月 5 日，天职国际会计师事务所出具的新华联 2012 年审计报告，新华联 2012 年实现净利润为 553 351.30 元，扣除非经常性损益后的净利润为 16 905.68 元。

原告诉称，被告新华联 2012 年的业绩远未达到《补充协议》中约定的净利润目标 60 000 000 元，故于 2013 年 8 月 16 日向众被告发出律师函，要求被告周某某、施某某按照《补充协议》的约定，向原告等甲方公司支付共计 59 983 094.32 元的业绩补偿款及迟延付款的利息，其中按原告在甲方所占的出资比例，原告应获得的业绩补偿款为 4 598 703.90 元。被告凯迪公司、新华联对此承担连带付款责任。因被告未向原告支付补偿款，故诉至法院。

被告周某某、施某某共同辩称，不同意原告的诉讼请求。本案涉及的估值调整协议中有不合法的部分，两被告作为公司的法定代表人、股东，其法律责任是涵盖在公司责任中，不应当由其个人承担责任；且合同相对方均为公司，与两被告个人无关。

被告凯迪公司、新华联共同辩称，不同意原告的诉讼请求。由于原告存在重大违约，且在公司经营过程中存在过错，严重阻碍了新华联的发展，新华联无法完成业绩目标，原告应承担部分责任。

审 判

一审法院经审理后认为，本案所涉的《增资扩股协议》及《补充协议》是一种估值调整协议，即股权投资中投资者根据融资企业未来经营情况，对企业估值及投资价格所进行调整的机制。根据合同当事人意思自治、诚实信用的原则，双方均应信守协议约定，履行协议义务。

本案双方主要争议焦点有两点，分述如下：

一、双方签订的《增资扩股协议》及《补充协议》是否存在显失公平而应被撤销？

首先，估值调整协议作为一项新型的投资机制，其创设的风险和回报虽然较高，但对于双方而言亦是相对均等的；对于融资方，其需要资金注入以获得更大的经营空间，而对于投资方，其可以依赖注资企业的经营以实现高额的利润；因而估值调整协议实质满足了交易双方对于实现投资利益最大化的营利性要求，系双方真实意思表示。

其次，在签订估值调整协议时，从常理而言，双方均会对企业经营状况及业绩目标的可行性作出全面的调查、评估和判断；尤其对融资方而言，应具备专业的判断能力、分析能力和交易能力，融资企业系其经营管理，较之投资方更能了解企业现状，而对投资风险更具有预见能力。

一审法院有理由相信，在被告作出业绩目标承诺时，亦系经过审慎仔细的计算和判断的，因此被告辩称该协议显失公平，一审法院不予采信。

二、被告责任应如何认定？

首先，被告周某某、施某某是否应由其个人承担责任？两被告称其仅代表新华联，不能由其个人承担责任。但两被告作为新华联实际控制人，在《增资扩股协议》、《补充协议》中以丁方的身份参与签约，并自行承诺如果新华联业绩不能达到目标业绩，则业绩补偿款由其承担。该协议真实有效，对其具有约束力。两被告承担的责任与公司其他股东所承担责任并不冲突或者重叠，因此两被告承担的责任也无法替代公司其他股东应承担的责任，故一审法院对两被告的辩称意见不予采纳。被告周某某、施某某应按协议约定，向原告承担给付业绩补偿款的责任。

其次，被告新华联是否承担连带责任？在《补充协议》中，双方约定被告新华联需对被告周某某、施某某给付补偿款承担连带清偿责任。估值调整协议虽然是投融资方的真实意思表示，但也必须遵守公司法和合同法的规定。被告新华联作为公司法人，如果投融资方的协议使得投资者因取得收益而直接或间接地损害公司利益和公司债权人利益的，则该约定违反了法律、行政法规的强制性规定，应认定为无效。据此，《补充协议》要求被告新华联承担连带责任的约定系无效约定，故对原告要求被告新华联承担连带责任，一审法院不予支持。

最后，被告凯迪公司是否承担连带责任？本案中凯迪公司作为协议丙方应为被告周某某、施某某的付款责任承担连带责任，故被告凯迪公司应为被告周某某、施某某的付款义务承担连带责任。

综上所述，一审法院认为原告苏州天相要求被告周某某、施某某向其支付业绩补偿款的诉讼请求依法应予支持。对于业绩补偿款的计算方式，根据《补充协议》约定的计算公式，被告周某某、施某某应向甲方公司支付业绩补偿款共计 59 983 094.32 元。根据协议约定，甲方各公司根据投资比例按份承担相应的权利义务，故根据原告投资款 11 500 000 元在甲方总投资金额 150 000 000 元中所占的比例，原告要求其应取得的业绩补偿款为 4 598 703.90 元计算无误，一审法院予以支持。《补充协议》中对于业绩补偿款的支付时间也作出了明确的约定，故被告应在约定的期限内及时向原告付款，否则应当向原告承担偿付逾期付款利息的违约责任，根据协议约定，法院将利息起算日期调整为 2013 年 5 月 1 日。对原告要求被告凯迪公司承担连带责任，一审法院予以支持；对原告要求被告新华联承担连带责任，如前所述，一审法院不予支持。

据此，一审法院依照《中华人民共和国公司法》第二十条第一款、第一百七十六条、《中华人民共和国合同法》第五十二条第(五)项、第六十条第一款的规定，判决：一、被告周某某、施某某于判决生效之日起十日内给付原告苏州天相湛卢九鼎投资中心(有限合伙)业绩补偿款4 598 703.90元;二、被告周某某、施某某于判决生效之日起十日内偿付原告苏州天相湛卢九鼎投资中心(有限合伙)上述款项自2013年5月1日起至实际履行日止按中国人民银行同期贷款利率计算的利息损失;三、被告浙江凯迪药业有限公司、仙居凯迪投资有限公司对上述第一、二项被告周某某、施某某的付款义务承担连带清偿责任;四、驳回原告苏州天相湛卢九鼎投资中心(有限合伙)的其余诉讼请求。如果未按判决指定的期间履行给付金钱义务,应当依照《中华人民共和国民事诉讼法》第二百五十三条之规定,加倍支付迟延履行期间的债务利息。

一审宣判后,五被告不服提起上诉。二审法院经审理后,驳回上诉,维持原判。

点 评

随着国内多层次资本市场的不断完善,中小企业融资渠道逐渐拓宽,私募股权投资领域也日益本土化,估值调整协议(俗称对赌协议)作为一项创新性投融资手段被越来越多地运用于投资实践中,围绕对赌协议引发的诸多争议也越来越多地反映在司法过程中。本案属估值调整法律关系中较为典型的投融资双方以业绩为目标进行对赌的模式,从本案的事实和争议焦点出发可以引发三个方面的思考。

首先,有关对赌主体中融资方因素的判断。估值调整法律关系主体可大致分为投资方与融资方,其中投资方可能是专业的私募股权投资机构,抑或是普通投资公司或自然人投资者。代表融资方进行签约的主体可以有下列几种模式:一是融资公司本身,二是融资公司控股股东,三是融资公司包括控股股东、中小股东在内的全体股东。在股权投资实践中,投资者与融资公司控股股东作为合同主体是较为成熟的投资模式,由于控股股东与融资公司经济利益紧密相关,承担责任能力较强,更宜实现估值调整协议具有的经营激励效应,且由控股股东对投资者承担补偿责任一般不违反法律法规的强制性规定,故引发争议情形也较少。引发争议最多的是投资方与融资公司本身作为合同主体的情形,如在本案中,《增资扩股协议》及《补充协议》中约定,若融资公司未能于2012年实现净利润6 000万元,周某某、施某某作为实际控制人需对投资方予以现金补偿,融资公司及融资公司股东对现金补偿金额需承担连带责任。根据上述约定,融资公司本身已成为对赌主体,需要向投资方承担补偿义务时,无论这种补偿以本案中约定的现金方式,还是以其他形式,只要涉及公司以自己的资产向股东进行分配,如通过公司赎回其股份、回购其股份、减资、利润分配和清算后的剩余财产分配等途径,均要受公司法关于公司资本维持制度的强制性法律规范约束。融资公司必须在满足法定条件、履行了法定程序后,才能承担估值调整协议约定的补偿义务,否则将会损害融资公司及其股东和债权人利益，导致合同无效。而本案中显然融资公司并未满足一系列法定要件，因此，一、二审法院对投资方要求融资公司承担连带责任的诉请均未予支持。这也从一个侧面反映出，司法实践对估值调整协议中融资公司作为合法签约主体的资格越来越多地持否定态度，已形成了一定共识。

其次，实际控制方或控股股东的补偿义务承担。股权投资实践中，多数投资者并不直接参与被投资企业的日常经营管理，因此不能对融资方的企业经营状况作有效参与和监督。加之投融资之间信息不对称的客观存在以及社会诚信机制的缺失，极易导致融资方为了实现自身利益最大化而不惜损害投资方的利益。为了防止融资方偏离投资方风险控制的目标，估值调整协议设计了业绩目标和相应权益调整的手段，以约束和激励融资方改善企业经营状况，提升企业盈利能力。由于控股股东与融资公司经济利益紧密相关，承担责任能力较强，更宜实现估值调整协议的经营激励效应，因此，融资公司控股股东或实际控制人作为合同主体是较为成熟的投资模式。本案中，周某某、施某某作为融资公司的实际控制人，按照协议约定应在业绩目标未完成时承担相应的补偿义务，其虽辩称仅系个人身份，不应对公司债务承担责任，但无论从估值调整机制的设计原理来看，还是从周某某、施某某以个人身份签订《增资扩股协议》、《补充协议》的立约意图来看，均能体现承担补偿义务系其真实意思表示，未能实现预定目标，则必须“愿赌服输”向投资方支付巨额补偿。

再次，投资方是否具有过错以及是否因过错免除融资方的补偿义务。从本案中，我们可以看到估值调整协议适用法律机制的复杂性，除了在法律性质及效力认定上存在分歧外，履行过程中也会产生不少争议。融资方未完成业绩目标时，投资方是否对此具有过错？是否因过错而免除融资方的补偿义务？本案中融资公司上诉提出由于投资方未及时释放质押的股权，使得其向金融机构融资困难，进而陷入经营困境、导致难以完成业绩目标，以此作为不履行补偿义务的理由。结合本案案情，由于系争《增资扩股协议》及《补充协议》上并未约定不及时释放股权质押，则融资方可相应免除补偿义务，两者之间并不存在法律上的因果关系，融资方的业绩亏损不应因此而归咎于股权质押，投资方对此不具有过错。但在投资实践中也存在另一种情形，如投资方注重对融资公司采取“投后管理”模式时，若投资方委派董事出现人为导致融资公司业绩亏损行为的，则协议中有关融资方承担补偿义务的约定不应发生效力，即不应认定融资公司履行补偿义务。

案例提供单位：上海市奉贤区人民法院

编写人：王　蕾

点评人：姜　山

49. 柴某某诉上海仪电控股(集团)公司证券虚假陈述责任纠纷案

——证券虚假陈述揭露日的认定及损失计算方式

案情

原告(上诉人)柴某某

被告(被上诉人)上海仪电控股(集团)公司

2007 年 2 月始,原告在其证券账户内买卖案外人上海华鑫股份有限公司(原名上海金陵股份有限公司,以下简称金陵公司)股票,其公开发行的 A 股股票代码为 600621。

2010 年 3 月 31 日,金陵公司发布 2009 年年度报告,其中“股东和实际控制人情况”部分载明,被告为其第一大股东,持股比例为 20%。2010 年 5 月 11 日,金陵公司发布《关于公司第一大股东增持股份的提示性公告》,该公告载明,2010 年 5 月 7 日公司的第一大股东上海仪电控股(集团)公司(以下简称仪电公司)通过上海证券交易所大宗交易系统增持股份,增持后,仪电公司占金陵公司总股本 26.62%。2010 年 9 月 7 日,金陵公司发布公告称,该公司及仪电公司于 2010 年 9 月 2 日接到《中国证监会上海稽查局调查通知书》,调查事项涉嫌未按规定披露信息。

2013 年 8 月 2 日,中国证监会作出(2013)33 号行政处罚决定书,该决定书确认被告存在以下违法行为:2008 年 6 月 2 日,被告与案外人合计持有金陵公司股权比例 7.59%(其中被告直接持股 0.43%),超过上市公司总股本的 5%,被告应当予以披露。2008 年 6 月 3 日,上海市国资委将所持金陵公司股权转至被告名下后,被告与案外人合计持有金陵公司股权比例为 24.95%(其中被告直接持股 17.71%),被告仍未对合计持股情况进行披露。中国证监会据此对被告予以了行政处罚。

原告柴某某诉称,原告因对金陵公司披露信息的信赖,购买了该公司股票,但被告虚假陈述了相关信息,导致原告损失。金陵公司发布相关公告的 2010 年 9 月 7 日为披露日,2010 年 11 月 30 日为基准日,该日系争股票基准价为 7.13 元。请求判令被告赔偿原告经济损失 38 638.80 元(其中佣金损失 328.80 元,印花税损失 10 元)。

被告仪电公司辩称,对原告陈述的有关被告虚假陈述事实不认可,且原告主张的损失计算方法有误,故不同意原告的诉讼请求。

审 判

一审法院经审理后认为,本案的争议焦点是:1.被告是否需要承担赔偿责任;2.虚假陈述的揭露日如何确定;3.投资者损失如何计算。

首先,关于被告是否需要承担赔偿责任。2013年8月2日,中国证监会作出(2013)33号行政处罚决定书,该决定书确认被告存在未正当信息披露的违法行为。中国证监会既已作出行政处罚决定书,并对被告进行了行政处罚,则可据此认定被告存在虚假陈述的过错。结合《最高人民法院关于审理证券市场因虚假陈述引发的民事赔偿案件的若干规定》(以下简称《若干规定》)第十七条之规定,可进一步认定被告实施的虚假陈述行为属不正当披露行为,被告应就此承担相应的民事责任。

其次,关于虚假陈述的揭露日的确定。2010年5月11日,原金陵公司发布《关于公司第一大股东增持股份的提示性公告》,该公告载明了2010年5月7日仪电公司通过上海证券交易所大宗交易系统增持公司股份以及增持前后的持股情况。该公告向证券市场公示了被告的有关持股状况,此举已足以达到在全国范围内公开揭示系争虚假陈述行为的效果,而金陵公司的投资者对于上市公司就特定事项发布的公告亦应尽其注意义务,投资者通过阅读该公告完全有条件知悉被告的相关持股事实,并进而对系争股票的价值予以重新评估,故应以2010年5月11日作为系争虚假陈述行为的揭露日。

最后,关于投资者损失的计算。如原告在虚假陈述行为实施日至揭露日的证券买入平均价与其卖出平均价或基准价存在差额的,就相应的投资差额损失,被告应承担相应的赔偿责任。在2008年6月3日至2010年5月11日的时间区间内,原告买入总股数为40 400股,买入总成交金额为330 714元;卖出总股数为48 700股(其中7.06元卖出18 700股、8.87元卖出10 000股、11.21元卖出20 000股)。买入证券平均价格系指投资人买入证券的成本,故投资者在虚假陈述被揭示之前,即揭露日之前卖出股票而收回的相应资金,属于投资者提前收回的投资成本,应当在总投资成本中予以扣除,据此计算所得原告买入系争股票的平均价格为1.50元/股。鉴于原告买入平均价1.50元低于上述基准价7.03元,故原告在本案中并无投资差额损失,被告无需向其承担赔偿责任。

综上,一审法院依照《最高人民法院关于审理证券市场因虚假陈述引发的民事赔偿案件的若干规定》第七条、第十七条、第十八条、第二十二条第二款、第三十条、

第三十二条及第三十三条第(一)项之规定,判决驳回原告柴某某全部诉讼请求。

一审判决后,柴某某不服,提起上诉称,1.一审判决对揭露日的认定有误,本案虚假陈述揭露日应为金陵公司披露被中国证监会立案调查的日期即2010年9月7日。一审法院确定的揭露日为2010年5月11日,而该日金陵公司发布的公告中披露的并非合计持股数,与中国证监会认定的信息披露违规事实存在出入。2.一审判决的损失计算方法有误。揭露日之前卖出股票的盈亏情况与投资者损失之间欠缺因果关系。实践中有的信息披露违规从实施日至揭露日长达十年,如果要求股民全部举证存在困难。

被上诉人仪电公司辩称,1.关于本案虚假陈述的揭露日,被上诉人认为金陵公司发布年度报告的日期即2010年3月31日应为揭露日。2.关于损失计算,同意一审法院的计算方式。请求二审法院驳回上诉,维持原判。

二审法院认定的事实与一审认定一致。

二审法院经审理后认为,本案在二审阶段的争议焦点是虚假陈述的揭露日如何确定以及投资者的损失应如何进行计算。

关于虚假陈述的揭露日,二审法院认为,虚假陈述被揭示的意义就在于其对证券市场发出了一个警示信号,提醒投资人重新判断股票价值,进而对市场价格产生影响。因此,本案中确定虚假陈述揭露日应当着重考虑两个因素:1.揭露的内容应与中国证监会行政处罚所确定的被上诉人的虚假陈述行为相一致;2.揭露的力度应当足以引起市场内一般理性投资者的警示。依据该标准,一审法院认定的原金陵公司发布《关于公司第一大股东增持股份的提示性公告》的日期即2010年5月11日为虚假陈述揭露日,具有合理性,其理由如下:1.从揭露的内容看,上述提示性公告载明了被上诉人系原金陵公司的第一大股东,并披露其持股比例及增持股份的相关情况。该公告披露的内容虽未体现合计持股情况,与行政处罚决定书中确定的虚假陈述行为略有区别,但已经包含了被上诉人虚假陈述行为的实质性内容,故该公告与被上诉人的虚假陈述行为具有内容上的一致性。2.从揭露的力度和警示作用来看,该提示性公告系针对被上诉人的持股情况所作的专门性公告,并在标题中采用了明确的提示性文字。作为证券市场中的理性投资者,在对该股票作出投资决策时,应能注意到该份公告,并对其披露的内容予以充分重视。

关于证券虚假陈述中投资者的损失计算,本案争议主要在于投资者买入证券平均价格的计算方法。对此二审法院认为:1.对于投资者在虚假陈述实施日和揭露日之间的多次买入、卖出证券的情形下,买入证券平均价格的具体计算方法,《若干规定》及其他相关法律法规均无明确规定。法院可以根据案件的具体情况,以保护投资者利益为原则,选用适当的计算方式。2.一审法院采取的损失计算方式较为简明,易于为大多数投资者理解和接受。同时,根据该计算方式,只要投资者在揭露日保有一定数量的证券，即可要求虚假陈述行为人赔偿其在投资过程中的大部分乃至全部经济损失，有利于保护多数投资者权益。3.上诉人认为在实施日和揭露日间隔时间较长的情况下，一审法院采用的计算方法有可能导致投资者在诉讼过程中举证困难。但目前证券交易数据多采用电子化存储形式，存储时间较长，当事人调取其交易记录通常并不困难。此外，即使采用上诉人主张的计算方法，在投资者始终持有该证券的情况下，亦需要对其从实施日开始的交易记录进行审查，举证难度并无区别。

综上，一审法院认定的虚假陈述揭露日及其采用的损失计算方法于法有据，应予认可。据此，二审法院依照《中华人民共和国民事诉讼法》第一百七十条第一款第（一）项之规定，判决驳回上诉，维持原判。

点 评

随着我国资本市场的快速发展，证券交易日益活跃，加之证券监督管理部门对市场违法违规行为的打击惩处力度不断加大，虚假陈述、内幕交易等民事纠纷也越来越多进入法院。这些案件所带来的法律问题新颖复杂，往往涉及专业金融知识，给相关司法裁判工作带来不小的挑战，本案就鲜明地体现了这一点。

证券虚假陈述揭露日如何确定是此类诉讼的焦点问题，法律规定不尽明确，长期以来争议不断。本判决对该问题进行了深入分析，说理充分，逻辑清晰，环环相扣。判决理由中提出的"揭露的内容应与虚假陈述行为相一致及揭露的力度应当足以引起市场内一般理性投资者的警示"两项揭露日的判断标准，具有一定的合理性，为类似案件的处理提供了有益参考。关于投资者损失的计算，本判决综合考量了计算的简明性、最大程度保护投资者利益原则以及举证难易程度等因素，采取的处理方式亦较为妥当。本判决体现的上述法律适用规则有利于明确市场参与者的合理预期，妥善化解证券类矛盾纠纷，保护中小投资者权益，促进资本市场的规范发展。

案例提供单位：上海市高级人民法院
编写人：许晓骁
点评人：杨　路

50. 张某某诉中国建设银行股份有限公司信用卡中心信用卡纠纷案

——尊重意思自治与保护金融法律关系弱势方利益之间的平衡

案 情

原告(上诉人)张某某

被告(被上诉人)中国建设银行股份有限公司信用卡中心

原告张某某于2011年11月30日申请中国建设银行龙卡信用卡(以下简称信用卡),约定适用《中国建设银行财政预算单位公务卡领用协议》(以下简称《领用协议》)、《中国建设银行龙卡信用卡章程》(以下简称《信用卡章程》),并以卡号为4367421215784513***储蓄卡作为约定账户绑定还款,后原告一直使用被告发行的卡号为6283660029646***的龙卡信用卡,账单日为每月的10日,到期还款日为每月的30日。2013年8月10日的信用卡账单显示原告应于2013年8月30日前全部应还款额为40 762.10元。原告绑定还款的中国建设银行储蓄卡(以下简称储蓄卡)账户内尚余3 289.03元,原告遂于2013年8月30日21时41分至55分之间分7次通过ATM向信用卡账户内存入共计38 300元,并当场收到由95533发送的还款短信通知。2013年8月31日8点9分被告系统自动将储蓄卡内的3 289.03元予以划扣用以还款。原告认为还款后应有826.93元剩余在储蓄卡账户内,遂与被告交涉,被告于9月2日将自信用卡账户划转的826.93元划至原告储蓄卡账户。2014年5月4日被告向原告储蓄卡账户内转账0.4元。

《信用卡章程》第五条约定,“账单日”指本行每月对持卡人的累计未还消费交易本金、取现交易本金、费用等进行汇总,结计利息,并计算出持卡人当期应还款额的日期;“到期还款日”指本行规定的持卡人应该偿还其全部应还款额或最低还款额的最后日期。《信用卡章程》第二十六条约定,“持卡人选择约定账户还款方式的,本行将于到期还款日从其指定的在本行开立的存款账户中扣收相应的款项,用于归还其龙卡信用卡账户欠款”。第五十三条约定,“持卡人应在本行核定的信用额度内用款,并在到期还款日(含)前以欠款的相应币种偿还全部应还款额或最低还款额。持卡人选择约定账户还款方式的,应当在指定还款账户中保留足够的余额”。《领用协议》“还款”第一条约定“甲方使用信用卡发生的欠款，可选择到乙方营业网点或使用其自助设备、或通过网上银行等方式主动以相应币种偿还，也可选择约定账户还款方式偿还。甲方选择约定账户还款（含约定账户购汇还款）时，即授权乙方每月在对账单所列到期还款日按约定方式扣款。若约定账户可用余额不足扣款金额，乙方有权按可用余额扣款或拒绝扣款”。《龙卡信用卡使用指南》（以下简称《使用指南》）“还款服务”约定“我行为您提供约定账户、自助终端、网上银行、手机银行、95533 电话银行、网点等多种还款渠道，让您充分享受还款的便利快捷”，并详细介绍了上述各种还款方式，其中约定账户还款介绍显示“若约定还款账户中余额不足支付本期应还款款额，我行将采用有多少扣多少的方式进行扣款”。

原告诉称，原告系中国建设银行龙卡信用卡的持卡人（卡号：6283660029646＊＊＊），原告每月应按照账单规定的还款金额及到期还款日清偿欠款。同时原告将该信用卡与本人的储蓄卡进行了绑定，即在到期还款日次日从本人储蓄卡账户中扣划相应的人民币进行还款。依据被告提供的 2013 年 8 月 10 日的信用卡账单，原告应于 2013 年 8 月 30 日清偿当月还款额，计人民币 40 762.10 元。原告因绑定的储蓄卡账户余额不足以清偿欠款，便于 2013 年 8 月 30 日 21 时 41 分至 53 分，通过自动柜员机向原告信用卡内存入了共计 38 300 元用于还款，连同原告储蓄卡账户内的 3 289.03 元，共计 41 589.03 元，足以支付当月信用卡还款金额。但原告于次日获悉被告不仅扣划了信用卡内的 38 300 元，还将原告储蓄卡账户内的余额 3 289.03 元一并扣除，扣减当月原告应清偿的欠款 40 762.10 元，被告多扣划了 826.93 元。原告遂向被告询问情况，但被告却坚持银行并无过错，并不与原告沟通还款事宜。后经原告多次与被告交涉，被告于 9 月 2 日向原告储蓄卡账户内退还了无故扣划的 826.93 元。原告认为，被告无故扣划原告账户余额 826.93 元的行为严重侵犯了原告的财产权，并且在原告多次交涉后，被告才退还原告款项，故原告诉至法院，请求判令：1.被告支付多扣划存款金额部分的三天利息 0.4 元；2.被告承担诉讼费用。后原告变更诉讼请求：1.被告支付多扣划存款金额部分的三天利息 0.4 元以及占用资金的三倍即 2 478.90 元；2.被告书面赔礼道歉；3.被告修改信用卡划拨系统以避免类似恶意侵占本人和其他客户资金的现象再次发生，避免造成不特定公众的类似侵害；4.被告通过此类恶意侵占公众储蓄的行为中已经从不特定公众处获取了非法利益，请求法院处予惩罚性赔偿；5.被告承担诉讼费用和原告应承担的律师费 3 000 元。审理中，原告明确本案起诉的请求权基础为侵权关系。

被告辩称，1.主体方面，原告提出的纠纷是履行合同的纠纷，《领用协议》是原告与中国建设银行上海市分行（以下简称建行上海分行）达成的条款，所以被告应变更为建行上海市分行；2.原告存款时已经超过了银行当天营业时间，造成欠款逾期，银行当日的营业终了和次日营业终了是一天的计算周期，所以原告无法形成当日还款，资金在途时间是客观常态，原告应该知晓，且被告对于原告逾期还款没有要求原告承担逾期还款责任；3.原告没有将款项存入约定账户中，约定账户还款是排除其他账户的约定，如果原告要取消约定账户的还款应该与银行联系修改，且从诚信原则原告应该履行注意义务，在最后还款日提前一天还款；4.原告对于其信用卡账户内的资金可以随时支取，被告不构成侵权，但被告在诉调中心调解时已经支付了 0.4 元利息；5.对于原告增加的诉讼请求，要求被告支付 2 478.90 元，被告认为，被告没有占用原告的资金，《中华人民共和国消费者权益保护法》中提到的遭受损失的三倍，与本案情形不一致，本案原告没有遭受损失；6.对于本案律师费被告不予认可。

审 判

一审法院认为，本案第一个争议焦点是被告是否是适格的主体。被告认为，《领用协议》是原告与建行上海分行达成的协议，本案被告应变更为建行上海分行。对此，法院注意到，通过被告提交的申请表及账单等证据材料可知，原告申请信用卡的受理机构为建行松江支行，但信用卡的核准及实际发卡人均为本案被告，且涉及本案的信用卡扣款行为由被告作出，原告以侵权行为为请求权基础起诉，法院认为被告可作为本案的起诉对象。

本案的第二个争议焦点是被告应否承担侵权责任。

法院认为，应当考量以下两点：

第一，原告的还款行为是否符合合同约定。1.从还款方式来看，本案中，原告为归还信用卡当期欠款，于最后还款日 21 时多通过自助终端的方式向信用卡账户上存入部分钱款；但被告认为，原告既已选择约定账户还款，即是排除了其他还款方式，原告向信用卡账户存钱的行为不是归还钱款，而是为了提高信用卡额度。法院认为，首先，《领用协议》约定，“甲方使用信用卡发生的欠款，可选择到乙方营业网点或使用其自助设备，或通过网上银行等方式主动以相应币种偿还，也可选择约定账户还款方式偿还。甲方选择约定账户还款(含约定账户购汇还款)时，即授权乙方每月在对账单所列到期还款日按约定方式扣款。若约定账户可用余额不足扣款金额，乙方有权按可用余额扣款或拒绝扣款”，《使用指南》中还款服务“我行为您提供约定账户、自助终端、网上银行、手机银行、95533 电话银行、网点等多种还款渠道，让您充分享受还款的便利快捷”，从中均可获知，多种还款方式并存，选择约定账户还款并不排除其他还款方式。被告于庭审中表示原告向信用卡账户存款的行为是为了提高信用额度，对此法院并不采信，存款只是恢复了等同于存款金额的额度，但并未提高原有的信用额度，且法院认为，按一般普通人的理解，因信用卡账户内的余额不计利息、取现收取手续费等因素，向信用卡账户中存钱的本意一般都是为了归还信用卡欠款，原告所提供的由 95533 发送的短信提醒也显示，原告当时向信用卡账户存款的行为称之为“还款”。因此，原告在选择约定账户还款的同时，也可通过自助终端主动还款。2.从还款时间来看，原告于到期还款日最后一天即 8 月 30 日 21 时 41 分至 55 分向信用卡账户还款；而被告认为，该时间点已超过银行营业网点的当天营业结算时间，以至于该笔款项于第二日到账，因此实际上原告未于当日还款已造成欠款逾期。法院认为，《信用卡章程》第 5 条约定“到期还款日”指本行规定的持卡人应该偿还其全部应还款额或最低还款额的最后日期。本案中，信用卡最后还款日为每月的 30 日，但未约定最后还款日的最后时间节点，也未约定被告所述的“应在营业网点的营业时间之前”还款。对于普通持卡人而言，在合同没有约定、被告也未提请其注意的情况下，不可能清楚了解营业时间以及资金在途未到账等银行内部规则，原告在 30 日当天 24 时以前任意时间还款即是完成了还款行为。

第二，被告的扣款行为是否符合合同约定。《信用卡章程》第二十六条约定，“持卡人选择约定账户还款方式的，本行将于到期还款日从其指定的在本行开立的存款账户中扣收相应的款项，用于归还其龙卡信用卡账户欠款”；第五十三条约定，“持卡人应在本行核定的信用额度内用款，并在到期还款日（含）前以欠款的相应币种偿还全部应还款额或最低还款额。持卡人选择约定账户还款方式的，应当在指定还款账户中保留足够的余额”；《使用指南》约定，“若约定还款账户中余额不足支付本期应还款款额，我行将采用有多少扣多少的方式进行扣款”。由此可知，在储蓄卡账户、信用卡账户内均有余额但各自的余额均不足以归还全部应还款额的情况下，原、被告双方所约定的上述合同内容并未约定应先扣划哪个账户内的资金，因本案中原告于信用卡账户存款时已是最后还款日的晚间 21 时后，考虑到实际操作中确有后台资金未到账的情况存在，被告对于储蓄卡账户内的余额“有多少扣多少”的方式进行扣款并未违反合同约定。但法院也注意到，被告于 8 月 31 日早上 8 时 9 分扣划储蓄卡账户内余额，如若被告自知有资金在途时间的问题存在，被告设置系统自动扣款时应自前一日 24 时开始预留一定时间，待确定资金有无到账之后再进行扣划，或者应于合同中明确告知信用卡持卡人最后还款日的最后还款时间点。现被告已按原告要求将三天利息 0.4 元支付给原告，该行为出于被告自愿，于法不悖，法院予以确认。被告在此争议事件之中，未以更有利于信用卡持卡人的方式进行划扣款，存在一定瑕疵。

本案的第三个争议焦点是被告应否承担原告诉请的各项责任。

关于占用资金的三倍即 2 478.90 元，原告依据《中华人民共和国消费者权益保护法》第五十五条"经营者提供商品或者服务有欺诈行为的,应当按照消费者的要求增加赔偿其受到的损失,增加赔偿的金额为消费者购买商品的价款或者接受服务的费用的三倍",要求被告赔偿826.93元的三倍即2 478.90元。法院认为,原告无证据证明被告有欺诈行为,本案不适用该条规定,对于原告该项诉请,法院不予支持。关于书面赔礼道歉,法院认为,被告未对原告人身及精神造成损害,不适用赔礼道歉的责任承担方式,对原告该项诉请,法院不予支持。关于信用卡重复扣款条款无效,法院认为,原、被告双方所提交的有关于信用卡的条款中并无"重复扣款"的条款,原告该项诉请不存在,法院不予支持。关于修改相应系统及对被告处予惩罚性赔偿,法院认为,根据《中华人民共和国民事诉讼法》第五十五条"对污染环境、侵害众多消费者合法权益等损害社会公共利益的行为,法律规定的机关和有关组织可以向人民法院提起诉讼",法院对于原告该项诉请不予支持。因原告所提出的上述诉讼请求,法院均不支持,原告应自行承担本案律师费用。但原告诉讼的行为值得肯定,本着对信用卡持卡人的便利考虑,在技术可行的情况下,应对相应扣款系统在制度和方式上加以改进,以更有利于持卡人的方式发展信用卡业务。

综上,原告诉请缺乏事实和法律依据。一审法院依照《中华人民共和国侵权责任法》第三条、第六条、第七条、《最高人民法院关于民事诉讼证据的若干规定》第二条、《中华人民共和国民事诉讼法》第六十四条第一款之规定,判决驳回原告张某某的诉讼请求。

一审判决后,原告不服,提起上诉,二审法院判决驳回上诉,维持原判。

点 评

本案由信用卡持卡人的还款方式与发卡行发生争议所引发,审判难点在于,原告已选择绑定储蓄卡账户自动还款,其通过自助终端ATM机主动还款,而被告仍按双方合同约定于绑定储蓄卡账户内扣款,在双方均无过错的情况下,法院较好地平衡了尊重意思自治与保护弱势方利益之间的关系。

一、金融合同格式条款对意思自治原则的适用与限制

随着经济社会的发展,格式条款已在银行交易等金融领域内得到广泛应用。从金融机构角度来说,格式条款简化了业务程序、降低了缔约成本、提高了交易活动的效率,可以预先分化风险、维护交易安全、预估潜在的法律责任。格式条款打破了金融消费者身份、地位的负面影响,不会因当事人的合同地位、履行能力以及社会地位的不同而修改条款,它为不同条件的人提供了自由交易的公平机会,体现了法律的公平价值。但同时,从金融消费者角度来说,由于格式条款排除了消费者协商的可能性,在事实上形成了对消费者的强制。而意思自治原则是私法领域最

为重要的基本原则，其具有淡化个体差异、强调主体地位平等和意思自由的优势。从本质上说，意思自治原则和格式条款都是为了交易的顺畅和便捷而服务的，两者的出发点一致。

具体到金融合同领域，意思自治原则表现为契约自由，包括合同内容决定的自由；相对人选择的自由；是否缔结合同的自由；缔结方式的自由。也即金融消费者有权根据自己的意志决定是否缔约、与何人缔约、订立何种合同等。尽管从形式上，金融消费者概括地接受了金融机构所提供的合同条款，这种接受本身就是其意思自治的体现，其自愿接受合同约束。但是，在这种自愿受约束的背后，却存在着金融消费者被迫屈服于金融机构强大优势地位的现实。

本案中，格式条款对意思自治原则的适用与限制极为典型，表现在：涉案《领用协议》、《信用卡章程》、《使用指南》等相关合同条款均为被告单方提供的格式条款，而原告选择使用被告发行的信用卡即是其意思自治的表现，概括接受了上述合同条款对其的约束。在还款方式方面，上述合同条款约定，原告可以通过约定账户、自助终端、网上银行等多种方式归还信用卡欠款，虽然原告已选择了约定账户还款方式，但上述合同条款均未明确作出类似选择约定账户还款方式即排除其他还款方式的约定，故本案中原告通过自助终端还款的行为符合合同约定。而被告以上述合同条款约定“甲方选择约定账户还款时，即授权乙方每月在对账单所列到期还款日按约定方式扣款”、“若约定还款账户中余额不足支付本期应还款款额，我行将采用有多少扣多少的方式进行扣款”，在原告已通过自助终端还款的情况下，仍扣划了约定还款账户中的余额。

二、金融法律关系中尊重意思自治与保护弱势方利益的平衡

如前所述，本案看似原、被告双方在还款与扣款上均未违反合同约定，但被告仍按原告诉请要求支付了0.4元利息，法院对此也予以肯定。究其原因在于，越来越多的司法实践已充分注意到金融合同格式条款对意思自治原则进行了限制，作为合同相对方的金融消费者理应得到保护。

（一）司法注重保护金融消费者权益的理由

双方地位不平等。在金融领域，交易的平台、合同条款、清算系统等均由金融机构提供和设定，金融机构的强势地位会导致权力滥用的发生，规定有利于自己的条款、片面保护自己的利益、追求自己利益的最大化、权利义务应对等。金融机构通过自行制定条款而享有更多权利，自然应该承担与权利对等的义务。

（二）我国金融消费者保护现状

我国缺乏专门的金融消费者权益保护立法体系。目前，我国建立的是以《中华人民共和国消费者权益保护法》为主体，以《中华人民共和国产品质量法》、《中华人民共和国广告法》、《中华人民共和国价格法》、《中华人民共和国反垄断法》、《中华人民共和国人民银行法》、《中华人民共和国商业银行法》、《中华人民共和国银行业监督管理法》等法律为补充，法院在解决金融消费者纠纷案件时，不仅现有的法律存在适用障碍，而且还可能面临着无法可依的尴尬局面，更多的是依靠金融监管部门所设立的金融消费者保护机构依照其部门规章和监管规定来进行。因此，法院在金融消费者保护上的作用尚有待进一步加强。

（三）司法实践中的平衡

格式条款在金融交易中广泛应用，金融机构与金融消费者之间的纠纷也逐渐增多，既要尊重格式条款所体现的意思自治，又要特别保护金融消费者以维护实质的公平。

首先，应保护金融消费者的知情权。结合本案，知情权为被告的内部清算系统运行规则，被告认为其清算系统在营业网点的营业时间结束后开始识别各张卡内的余额，因原告在该时间节点后通过自助终端还款，各系统之间未实时对接导致第二日才识别到该笔金额。被告若以口头或书面方式告知原告系统的上述运行规则，或明确约定最后还款日的最后时间节点为营业网点的营业结束时间，此案纠纷即不会发生。其次，应注重司法的规范成本效应。本案中，若判定原告还款的方式和时间存在错误，那么只能对原告个人起到相应作用，对被告无任何规制作用；若判定被告的行为存在不公平之处，则会让被告注意到自身的清算系统和服务存在的问题，加以改进后，所有客户均为受益者。通过本案的判决，被告已有针对性地明确信用卡合同条款、变更短信通知模板、改进系统清算运行、培训客服专业服务等内容，原告的相关诉请虽未获得法院支持，但其诉讼行为促进了金融机构加强公平交易意识，为客户提供更加优质的金融服务。

案例提供单位：上海市浦东新区人民法院
编写人：黄宗琴
点评人：杨　路

51. 王某某诉李某某等财产损害赔偿纠纷案

案情

原告(上诉人)王某某

被告(被上诉人)李某某

被告(被上诉人)中国工商银行股份有限公司上海市古美路支行

2012年1月19日,刘某在中国工商银行办理卡号为6222081001014658 *** 的银行卡,并开立1001120801002 *** 个人银行结算账户。刘某签署的《个人银行结算账户管理协议》第十四条载明:对于预留密码的账户,凡使用正确密码进行的交易均视为本人行为。

望宇公司于2003年4月7日成立,股东为刘某及其父亲刘文某,法定代表人为刘文某。

刘某与李某某共同设立宇恩公司。2012年11月2日,李某某分五笔向刘某6222081001014658 *** 号银行卡中共计汇入100万元。

刘某于2013年8月15日因病去世,其生前未婚无子女。其父刘文某已于2011年10月4日死亡。原告为刘某母亲,系刘某第一顺序继承人。原告与刘文某共生育四个子女,分别是刘宝某、刘曰某、刘某(女)和刘某。刘文某去世后,望宇公司股东并未变更,望宇公司实际由刘某控制。刘某去世后,其葬礼由李某某举办,葬礼用品均由李某某购买。

2013年8月17日,李某某与刘某的外甥王海某、侄子刘坤某签订协议,协议内容为:刘某系望宇公司合伙人之一,现刘某因病去世,生前有口头遗嘱将公司内刘某名下的200万元分别遗赠给外甥王海某50万元、侄儿刘坤某50万元、母亲王某某100万元,委托另一合伙人李某某代为给付;李某某承诺于2013年9月15日付清,双方再无经济瓜葛。协议由王海某、王某某(王海某代)、刘坤某及李某某签名。

2013年8月27日,李某某持刘某身份证与前述6222081001014658 *** 银行卡在中国工商银行股份有限公司上海市古美路支行(以下简称古美支行)柜面以刘某名义将刘某账户内的300万元存款转账至望宇公司1001120819000016 *** 账户内。同年8月30日，李某某在古美支行柜面以代理人名义持其本人身份证和刘某身份证、6222081001014658＊＊＊银行卡，从该卡中提取现金10万元。古美支行柜员在办理上述两笔业务时对刘某及李某某的身份证信息进行了联网核查。同年8月27日至同年8月30日，望宇公司陆续向李某某账户内汇款合计300万元。

同年9月13日，以王某某、王海某、刘坤某、刘曰某、刘宝某、刘某（女）为甲方（遗嘱继承人、受遗赠人及法定继承人）、以李某某为乙方（遗嘱执行人）签订《遗产继承执行协议》，协议内容为：一、被继承人刘某生前当着王海某、刘曰某、刘宝某的面订立处置其200万元存款的口头遗嘱1份，并委托其事业合作伙伴及好友李某某代为执行，其遗产分配方案具体如下：唯一法定继承人即母亲王某某分得100万元，外甥王海某（大姐刘曰某之子）分得50万元，侄儿刘坤某（哥哥刘宝某之子）分得50万元。二、根据甲方陈述，王某某系刘某母亲，刘曰某系刘某大姐，刘宝某系刘某大哥，刘某（女）系刘某二姐，刘某未婚且无子女。因此甲方人员王某某、刘曰某、刘某（女）、王海某特别确认：除甲方上述四人外，被继承人刘某再无其他任何法定继承人。刘某已于2013年8月15日因病不幸去世，其遗嘱已生效并由乙方执行。现乙方已于2013年9月15日前向甲方相关人员付清上述遗产，至此，甲方即刘某家人确认刘某名下房产（上海市闵行区古龙路某弄某号某室）、存款、公司股份（望宇公司、宇恩公司中刘某名下出资）等全部遗产分配完毕，在甲方人员王某某、王海某、刘坤某收到上述遗产后甲方任何人员不再就刘某的任何遗产向乙方主张权利。该协议甲方签章栏内由王某某（王海某代）、刘曰某、刘宝某、王海某、刘坤某签名。2013年9月12日，李某某向王某某账户支付100万元、向王海某账户支付50万元、向刘坤某账户支付50万元。

原告王某某诉称，原告之子刘某生前在工商银行留有存款人民币310万元。2013年8月15日刘某因病死亡，后经原告查询得知，上述存款被被告李某某在古美支行分多笔多次取走。原告系刘某唯一合法第一顺序继承人，两被告上述行为侵犯了原告的合法权益，故起诉要求两被告返还原告应得财产310万元。

庭审中，原告明确表示其提起本案诉讼的请求权基础为侵权损害赔偿，两被告未经过刘某继承人同意的情况下擅自将刘某名下钱款由李某某取走，侵犯了原告的合法权益。

被告李某某辩称，原告诉请之310万元中的200万元由其根据刘某的遗嘱于2013年9月12日在山东分配给原告及刘某的两个侄子，100万元系用于归还刘某生前向其所借款项，10万元用于刘某的丧葬费用。故原告诉讼请求缺乏事实依据，要求驳回原告诉讼请求。

被告古美支行辩称，原告起诉的请求权基础是侵权损害赔偿，而其在本案中不存在共同侵权行为。被告李某某在办理两笔银行业务时证件齐全，密码正确，其业务办理合法有效。另两笔系争业务办理过程中李某某未告知银行工作人员刘某已经死亡的事实,其已经尽到充分的谨慎注意义务,不存在任何过错。故原告要求其承担侵权法律责任没有事实及法律依据,要求法院驳回原告的诉讼请求。

审 判

一审法院经审理后认为,原告提起本案的请求权基础是侵权损害赔偿,原告认为两被告在没有经过刘某继承人同意也没有授权委托的情况下,擅自将刘某名下310 万元由李某某取走,导致原告未能取得刘某遗产,侵犯了原告的合法权益。原告以侵权损害赔偿为由向两被告追偿损失,厘清两被告的行为是否构成侵权行为是原告诉请能否成立的关键。

关于李某某的行为是否构成侵权行为,法院认为:2013 年 8 月 17 日、同年 9 月13 日李某某与刘某家人签订的两份协议表明,李某某系刘某遗嘱的执行人,有权清理刘某的账户并提取账户内的款项用以分配。故李某某将刘某账户内 300 万元转账至望宇公司账户用以分配并无不当,并未侵害原告的权益。刘某生前留有口头遗嘱将其在望宇公司内的 200 万元赠予原告及王海某、刘坤某,从李某某先将款项从刘某账户转至望宇公司账户,再由望宇公司将款项转至李某某账户,再由李某某支付给王某某、王海某、刘坤某的资金走向来看,李某某确实在履行其遗嘱执行人的职责。故李某某作为刘某遗嘱执行人提取刘某存款,且已将提取的刘某存款进行了分配,该行为符合刘某生前意思表示,并未侵犯原告的继承权。如果刘某家人认为李某某作为遗嘱执行人在分配刘某遗产过程中存在不妥之处,可另循合法途径寻求救济,但该诉与本案侵权损害赔偿之诉是两个不同的法律关系,不能通过本案侵权损害赔偿之诉予以解决。关于刘某口头遗嘱之外的 100 万元,因李某某并非将该款转至其个人账户,而是将该款转至望宇公司,而望宇公司系刘某与其父刘文某共同设立。至于望宇公司此后将该款如何处分,系望宇公司内部治理问题,不属于侵权范畴,不应在本案中处理。至于李某某与刘某生前是否有资金往来,亦不属本案侵权法律关系审理范围。关于李某某提取的 10 万元现金,李某某称该款系用于刘某丧葬费用,原告对刘某丧葬费用由李某某支付亦不持异议,仅认为应凭发票据实结算,故该 10 万元属于丧葬费用的结算问题,与本案侵权法律关系亦无关。

关于被告古美支行是否构成侵权。侵权行为必须具备四个要件,即行为的违法性、有损害事实存在、行为与损害结果之间有因果关系及行为人主观上有过错。本案中古美支行的行为有两个:即 2013 年 8 月 27 日由李某某从刘某账户转账 300万元的行为和 2013 年 8 月 30 日由李某某从刘某账户取现 10 万元的行为。2013

年8月30日李某某持其本人身份证和刘某身份证以代理人名义办理刘某账户取现事宜，古美支行对两个身份证进行了核查，均无异常，故同意办理。李某某代理刘某取现10万元符合相关规定，古美支行在该付款行为中并无过错。在2013年8月27日李某某持刘某身份证和银行卡至柜面以刘某名义转账300万元时，古美支行只是审查了刘某身份证的真实性，未发现实际办理人李某某人证不符的情况，未尽到严格审查义务，故古美支行在李某某该次转账行为上存在过失。然法院认为，基于李某某转账取款的正当性，原告并无实际损害后果产生，且刘某身份证原本就由李某某持有，如古美支行在李某某办理此次转账业务时识别出人证不符并拒绝李某某以刘某名义办理该笔业务，李某某完全可以换一个方式，凭其身份证与刘某身份证以刘某代理人的名义办理相同的业务，实际转账行为亦能完成。故古美支行该过失并非导致原告损失发生的必然原因，即使将古美支行视为间接侵权人，其过失行为也与损害结果构不成侵权法上的因果关系。

综上，李某某系作为刘某遗嘱执行人提取刘某存款，古美支行在转账业务中虽有过失，但该过失行为与原告的财产损失并无侵权法上的因果关系，故原告的诉请不符合《中华人民共和国侵权责任法》第六条第一款关于侵权担责的规定，法院难以支持。据此，一审法院依照《中华人民共和国侵权责任法》第六条第一款，《最高人民法院关于民事诉讼证据的若干规定》第二条规定，判决驳回原告王某某的诉讼请求。

一审判决后，王某某不服，提起上诉称，一审法院认定被上诉人李某某系死者刘某的遗嘱执行人，其有权对刘某的个人存款作出分配，属认定事实不清，定性不正确；一审法院既已认定了被上诉人古美支行在涉案的转账行为中存在过失，却并未令其承担侵权损害的法律后果，明显适用法律有误。故请求撤销原判，依法改判支持上诉人王某某的全部一审诉求。

被上诉人李某某辩称，上诉人王某某的上诉理由不成立。本案中，李某某系根据刘某的生前安排处分其个人财产，李某某无权处置望宇公司的公司财产，只是处理了刘某的财产。一审法院认定事实清楚，适用法律正确。故请求驳回上诉，维持原判。

被上诉人古美支行辩称，不同意上诉人王某某的上诉理由。本案中，被上诉人李某某持刘某的身份证、银行卡及密码进行取款的行为，符合相关规定，古美支行在办理相关业务时并无过错。一审法院认定事实清楚，适用法律正确。故请求驳回上诉，维持原判。

法院认为，上诉人王某某以侵权损害赔偿为提起本案诉讼的请求权基础，一审法院根据本案已查明的事实，依照我国侵权责任法的相关规定，从侵权行为所必须具备的四要件，即行为的违法性、是否存在损害的事实、行为与损害结果之间是否存在因果关系以及行为人主观上是否存在过错等，充分分析了两被上诉人李某某及古美支行各自的行为并不构成侵权损害，在事实认定和法律适用上，均不存在错误。一审法院依据李某某与刘某家人所签署的两份协议，认定李某某系死者刘某的遗嘱执行人，有权按照刘某的口头遗嘱清理及分配其个人财产，并已实际履行完毕，对此，包含王某某在内的死者家属已表示认可，一审法院的相关认定并无不当，李某某的转账行为并未侵害上诉人王某某作为继承人的合法权益，亦未违反相关的法律规定，故不构成侵权。一审法院认为，若上诉人王某某等刘某家人认为被上诉人李某某作为遗嘱执行人在分配刘某遗产的过程中存在不妥之处，可另循合法途径寻求救济，但该诉与本案侵权损害赔偿之诉是两个不同的法律关系，不能通过本案侵权损害赔偿之诉予以解决，符合法律的规定。至于涉及案外人望宇公司的股权继承问题，同样不属于本案的管辖范畴，被上诉人李某某同样无权处置公司财产。就用于刘某丧葬费的10万元现金，争议双方当事人可另行结算。至于被上诉人古美支行在涉案转账过程中的行为是否构成侵权，一审法院认定，古美支行在2013年8月27日李某某持刘某身份证和银行卡至柜面以刘某名义转账300万元时，只是审查了刘某身份证的真实性，未能发现实际办理人李某某存在人证不符的情况，未尽到严格审查义务，存在过失，亦无不妥。然一审法院认为，基于李某某转账取款行为的正当性，以及王某某并无实际损害后果发生，故古美支行的该过失行为并非导致王某某损失发生的必然原因，该过失行为与损害结果亦不构成侵权法上的因果关系，并不违反法律的规定。因此，上诉人王某某的上诉理由，缺乏事实依据和法律依据，二审法院难以采信。一审法院认定事实清楚，适用法律正确，处理结果并无不当。

据此，二审法院依照《中华人民共和国民事诉讼法》第一百七十条第一款第(一)项及第一百七十五条之规定，判决驳回上诉，维持原判。

点 评

本案系由行为人持开户人身份证前往银行柜面，将开户人银行账户内资金划转所引发的侵权之诉，法院以侵权责任的四要件为切入点，结合因果关系理论，对行为人划账行为是否构成侵权、银行的过错与损害之间的因果关系作出了合理判断，具有相当的典型性意义。

一、关于行为人李某某是否存在过错的认定

本案中，原告王某某向两被告追偿损失，两被告行为是否存在过错是认定是否承担赔偿责任的关键因素。原告主张，两被告在没有经过刘某继承人同意也没有授权委托的情况下，擅自将刘某名下310万元由李某某取走，导致原告未能取得刘

某遗产，侵犯了原告的合法权益。

根据法院查明的事实，行为人李某某系刘某遗嘱的执行人，具有清理刘某账户、提取账户款项的权限。故李某某将刘某账户内 300 万元转账至望宇公司账户用以分配并无不当，并未侵害原告的权益。刘某生前留有口头遗嘱将其在望宇公司内的 200 万元赠予原告及王海某、刘坤某，从李某某先将款项从刘某账户转至望宇公司账户，再由望宇公司将款项转至李某某账户，再由李某某支付给王某某、王海某、刘坤某的资金走向来看，李某某确实在履行其遗嘱执行人的职责，并未侵犯原告的继承权。

二、关于被告古美支行是否存在过错的认定

本案的特殊之处在于，被告古美支行存在两次资金操作行为，即 2013 年 8 月 27 日的转账与 8 月 30 日的取现，被告古美支行在两次操作中，对行为人李某某和开户人刘某的身份审查采用了不同的标准，因此对银行是否存在过错的评判应当有所区分。

2013 年 8 月 27 日，李某某持刘某身份证和银行卡至柜面以刘某名义转账 300 万元时，古美支行只是审查了刘某身份证的真实性，未发现实际办理人李某某人证不符的情况，未尽到严格审查义务，故古美支行在李某某该次转账行为上存在过错。

同年 8 月 30 日，李某某持其本人身份证和刘某身份证以代理人名义办理刘某账户取现事宜，古美支行对两张身份证进行了核查，均无异常，故同意办理。李某某代理刘某取现 10 万元符合相关规定，古美支行在该付款行为中并无过错。

三、本案中因果关系的判断

因果关系是判断行为人是否应当承担法律责任的必要前提，但由于因果关系本身就是一个抽象的哲学概念，因此侵权法的适用就是将这个抽象概念实现具体化的过程。由于侵权行为的各项因素本身就具有不确定性，因此在理论上很难适用统一的因果关系判断标准，导致了目前因果关系理论相当复杂的局面，如条件说、原因说、相当因果关系说等。在立法层面上，因果关系理论的选择也是一大难题，对立法者的立法技术提出了相当高的要求，而正是由于因果关系本身的高度抽象化和侵权行为形态上的多样性，法律无法涵盖所有的侵权行为模式，一般只能采用较为笼统的、原则化的因果关系判断标准。《中华人民共和国侵权责任法》便采取了这样一种立法模式，即法律并未明确因果关系判断标准，而是给予法官一定的自由裁量空间，法官在审判实践中从自身经验出发，结合社会一般认知，来判断侵权行为与损害结果之间的因果关系是否成立。

本案中，被告古美支行虽然在办理 300 万元转账的操作中存在过错，但与原告损失之间并无因果关系。理由在于，开户人刘某的身份证原本就由李某某持有，如古美支行在李某某办理此次转账业务时识别出人证不符并拒绝李某某以刘某名义办理该笔业务，李某某完全可以换一个方式，凭其身份证与刘某身份证以刘某代理人的名义办理相同的业务，实际转账行为亦能完成。故古美支行的过错系导致原告损失的充分条件，而不是必然的、唯一的条件，其过错行为与损害结果之间尚不足以构成侵权法上的因果关系。

案例提供单位：上海市闵行区人民法院

编写人：朱　祺

点评人：杨　路

52. 上海华丰国际集装箱仓储公司诉上海汇德丰国际金融中心房地产有限公司票据追索权纠纷案

——清偿票据贴现担保之债务无法取得票据追索权

案 情

原告(被上诉人)上海华丰国际集装箱仓储公司

被告(上诉人)上海汇德丰国际金融中心房地产有限公司

1996年12月10日,被告上海汇德丰国际金融中心房地产有限公司(以下简称汇德丰公司)签发一张金额为400万元的汇票,收款人为原告上海华丰国际集装箱仓储公司(以下简称华丰公司),付款人为汇德丰公司并已承兑,到期日为1997年4月10日,交易合同号码载明为096-00157。1996年12月25日,华丰公司持该汇票向招商银行申请贴现,并填写《承兑汇票贴现申请书》一份,申请书中载明商品交易品名及合同编号为胶合板096-00157(华丰公司、汇德丰公司均承认不存在对应的胶合板交易,填写上述交易编号是基于银行贴现要求),上海农工商集团东风总公司(以下简称东风公司)在该申请书中盖章承诺为华丰公司的贴现进行担保。招商银行贴现后到期请求付款,因汇德丰公司账户余额不足而被退票。为此,招商银行以汇德丰公司、华丰公司及东风公司为被告提起诉讼,要求汇德丰公司偿付票据款400万元及相应滞纳金;华丰公司及东风公司承担连带责任。法院最终判决汇德丰公司偿付招商银行票据款400万元及相应利息,华丰公司承担连带责任;东风公司的贴现担保不属于票据纠纷处理范围,不应在该案中承担责任。

在执行过程中,因汇德丰公司和华丰公司均无财产可供执行,法院裁定中止执行。此后,2002年招商银行以东风公司为被告提起贴现担保合同纠纷案,法院判决东风公司承担担保责任。东风公司履行了上述判决。

东风公司履行义务后,提起了多起诉讼以追回所付款项。2010年东风公司起诉汇德丰公司要求归还其代偿的票据款及利息,法院认为东风公司应向华丰公司追偿债务,以主体不适格为由裁定驳回起诉。2011年东风公司又以华丰公司及汇德丰公司为被告行使追偿权。法院经审理后判决，东风公司有权以贴现担保关系向华丰公司追偿 688 万余元(票款加利息)，但不能直接向汇德丰公司行使票据法上的追索权。华丰公司通过案外人代偿的方式，于 2014 年 3 月履行了该判决。

原告华丰公司履行判决之后，以票据追索权为由起诉汇德丰公司，请求判令，1.汇德丰公司支付华丰公司票据追索款 6 881 900 元；2.汇德丰公司支付华丰公司以上述 6 881 900 元为基数按照中国人民银行规定的同期贷款利率标准计算自 2014 年 3 月 7 日起至判决生效之日止的利息。

被告汇德丰公司辩称，华丰公司无票据原件，无权追索；票据追索权时效已过；华丰公司取得票据无对价，当时签发票据完全是为了从银行融资。

审 判

一审法院经审理后查明，东风公司、华丰公司、汇德丰公司原为关联企业，其中华丰公司为东风公司全资子公司，1996 年签发票据时，华丰公司与汇德丰公司的法定代表人均为王某，后汇德丰公司改制后脱离关联关系。另外，为认定对价问题，一审法院组织双方对账，发现自 1996 年至 1997 年 6 月期间，华丰公司与汇德丰公司之间有数十笔银行转账往来，经对账后华丰公司流入汇德丰公司的资金额为 1 600 余万元。

一审法院认为，首先，《中华人民共和国票据法》(以下简称《票据法》)规定持票人对前手的再追索权，应自清偿日或者被提起诉讼之日起 3 个月内行使，但根据《最高人民法院关于审理票据纠纷案件若干问题的规定》中第十八条规定《票据法》第十七条第一款第(三)、(四)项规定的持票人对前手的追索权，不包括对票据出票人的追索权，故华丰公司对汇德丰公司的票据再追索权没有消灭。华丰公司向东风公司清偿债务的行为发生在 2014 年 3 月 7 日，此后华丰公司才能向汇德丰公司行使票据再追索权，因此华丰公司向汇德丰公司行使票据再追索权，没有超过诉讼时效期间。其次，关于对价问题，经对账显示的资金差额 1 600 余万元足以构成华丰公司取得该汇票的对价，汇德丰公司向华丰公司开具金额为 400 万元的定期汇票具有合理性。

综上，一审法院依照《中华人民共和国票据法》第七十一条第一款、《最高人民法院关于审理票据纠纷案件若干问题的规定》第十八条、《中华人民共和国民事诉讼法》第六十四条第一款、《最高人民法院关于民事诉讼证据的若干规定》第二条、第七十六条之规定，判决：一、汇德丰公司支付华丰公司已清偿的全部金额 6 881 900 元；二、汇德丰公司支付华丰公司以上述 6 881 900 元为基数按照中国人民银行规定的同期贷款利率标准计算自 2014 年 3 月 7 日起至判决生效之日止的利息(如汇德丰公司提前清偿，则计算至实际清偿之日止）。如果未按判决指定的期间履行给付金钱义务，应当依照《中华人民共和国民事诉讼法》第二百五十三条之规定，加倍支付迟延履行期间的债务利息。

一审判决后，被告汇德丰公司提起上诉。

二审法院经审理查明，确认一审查明的事实。另查明，双方系争承兑汇票上载明交易合同号码为 096-00157。在汇票贴现申请书中，载明商品交易品名及合同编号为胶合板 096-00157。在二审庭审中，双方当事人均承认当时不存在对应的胶合板交易，填写上述交易编号是基于银行贴现要求。

二审法院认为本案的主要争议焦点在于：一、华丰公司能否因对东风公司清偿债务的行为而取得对汇德丰公司的票据再追索权；二、华丰公司对汇德丰公司主张票据权利是否已超过时效。对此，逐一作如下分析。

第一，关于华丰公司能否因对东风公司清偿债务的行为而取得对汇德丰公司的票据再追索权。

首先应区分不同的法律关系。综观本案事实，本案涉及两种不同的法律关系，一是在汇德丰公司、华丰公司以及招商银行上海分行之间形成了票据法律关系，其中汇德丰公司系出票人，华丰公司系收款人，招商银行上海分行系持票人；二是在华丰公司、招商银行上海分行以及东风公司之间形成的票据贴现担保法律关系，其中华丰公司系贴现申请人，招商银行上海分行系贴现人，东风公司系贴现担保人。

基于不同的法律关系，各主体之间的权利义务关系以及行为法律后果均存在差异。在票据法律关系中，票据是文义证券，票据行为是要式法律行为。基于法律对票据的特殊规定，在票据记载、票据时效方面有其独特的规则，不符合这些规则，无法行使票据权利。在符合这些规则的情况下，持票人有追索权和付款请求权，被追索人有对其前手的再追索权。而贴现担保法律关系，系由贴现申请人提出贴现申请，贴现担保人另行签订担保合同，并未在票据上有任何记载，其本质上是担保法律关系，担保人承担担保责任后，依法取得担保追偿权。追索权与追偿权虽仅有一字之差，但法律要求及后果并不相同。

本案中，因东风公司承诺为华丰公司的贴现提供担保，招商银行上海分行在向汇德丰公司、华丰公司追索票据权利未获清偿后，转而要求东风公司承担贴现担保责任。为此，东风公司以其土地使用权折价转让的形式履行了生效判决确定的连带责任义务，并取得了向贴现申请人华丰公司追偿的权利。基于履行判决的案号以及相关证据材料判断，无论是东风公司向招商银行上海分行履行贴现担保责任的行为，还是之后东风公司向华丰公司追偿并获华丰公司清偿的行为，均系基于贴现担保法律关系，而非基于票据法律关系。即东风公司履行的是（2002）沪二中经初字第××号案件的判决，而不是（1997）沪二中经初字第×××号案件的判决。

由于东风公司并非票据法律关系中任一环节的参与主体，其承担的责任系担保责任，而非票据责任。同理，东风公司向华丰公司行使担保追偿权后，华丰公司向东方公司清偿债务的行为并不能产生其向招商银行上海分行清偿因票据法律关系产生的债务的法律后果，华丰公司不能因此取得持票人的法律地位，从而对出票人汇德丰公司行使票据权利。

第二，关于华丰公司对汇德丰公司主张票据权利是否已超过时效。汇德丰公司认为，华丰公司继受取得涉案票据权利的时间为东风公司向招商银行上海分行清偿涉案票据款和利息之时即 2002 年 12 月 18 日，而非 2014 年 3 月 7 日华丰公司借款偿还东风公司之日。根据票据法规定，华丰公司的再追索权已远远超过诉讼时效。华丰公司则认为，其作为票据背书人和被追索人只有在履行偿还被追索的债务后才享有再追索的权利，诉讼时效为从华丰公司履行被追索的债务之日起两年。对此，二审法院认为上述两种观点均有误，具体分析如下：

首先，票据作为一种支付工具，其目的在于便捷流通。为鼓励票据的流通，票据法对于持票人的保护比民法对一般债权的保护更加周全和完善，相对应的票据义务人比一般债务人负担更重，在持票人与票据义务人处于较为悬殊的法律地位的状态下，法律为寻求平衡，专门规定了票据权利较短的时效，以敦促票据权利人及时行使和实现票据权利。其中《票据法》第十七条规定："票据权利在下列期限内不行使而消灭：(一)持票人对票据的出票人和承兑人的权利，自票据到期日起二年。……(三)持票人对前手的追索权，自被拒绝承兑或者被拒绝付款之日起六个月；(四)持票人对前手的再追索权，自清偿日或者被提起诉讼之日起三个月。"根据法律条文的用语，上述时效在期限内不行使票据权利会导致权利的消灭，该票据权利时效期间并非诉讼时效期间。

其次，本案涉及的是持票人的追索权与被追索人的再追索权。鉴于《票据法》第十七条规定了"持票人对前手的追索权，自被拒绝承兑或者被拒绝付款之日起六个月"，而《票据法》第十一条对"前手"的概念包含出票人，此处持票人追索的"前手"如果正好是出票人，则产生了对出票人的追索权是两年还是六个月的争议(再追索权亦会产生同样争议)。为了解决这一争议，《最高人民法院关于审理票据纠纷案件若干问题的规定》第十八条规定：《票据法》第十七条第一款第(三)、(四)项规定的持票人对前手的追索权，不包括对票据出票人的追索权。该条文应解读为：持票人对出票人之外的其他前手的追索权，自被拒绝承兑或者被拒绝付款之日起六个月；持票人对出票人之外的其他前手的再追索权，自清偿日或者被提起诉讼之日起三个月。而对于出票人的追索权或者再追索权，仍应为《票据法》第十七条第一款第(一)项所规定的"自票据到期日起二年"。一审法院对上述条文解读为对于出票人的再追索权仅受清偿之日限制，不受其他任何时间限制，理解有误。按照这一理解,华丰公司完全不需要发生任何后续诉讼,仅需在十余年之后再去履行(1997)沪二中经初字第×××号判决清偿债务,仍能取得对出票人汇德丰公司的再追索权,这违背了票据法对于票据权利较短时效的立法精神,会导致票据权利人怠于行使其票据权利。

基于上述分析,本案中所涉票据的到期日是1997年4月10日,故至1999年4月10日,华丰公司对汇德丰公司的票据权利时效期间已经届满。在此期间内,华丰公司并未向招商银行上海分行清偿从而成为持票人,也并未向汇德丰公司行使再追索权,故汇德丰公司因时效期间届满而免除票据责任。

综上,二审法院认为,华丰公司不能因对东风公司的清偿行为而取得对汇德丰公司的票据再追索权,其对汇德丰公司的票据权利亦已超过票据权利时效。据此,二审法院依照《中华人民共和国民事诉讼法》第一百七十条第一款第(三)项之规定,判决:一、撤销一审判决;二、对上海华丰国际集装箱仓储公司全部诉讼请求不予支持。

点 评

票据纠纷案件是一类重要的传统金融案件,具有高度的专业性和技术性。票据纠纷的审理难点往往在于票据相关法律关系十分复杂,既存在票据法律关系,也存在票据法上的其他法律关系,还存在围绕票据产生的其他民事法律关系,需要加以准确辨别和区分。本案即鲜明地体现出这一点。审理好此类案件,要求审判人员深刻理解票据的法律实质和特性。本案的基础事实历时漫长,相关主体众多,也引发了多起不同类型的诉讼,涉及票据支付、票据贴现、担保追偿、票据追索等多重法律关系。本案判决准确区分了不同法律关系,逻辑清晰,论理充分,体现了较高的审判水平。本案判决明确了"票据贴现后引发的担保追偿的债务并非票据债务及对于汇票出票人的追索权/再追索权之行使并非不受时间限制"两项规则,有利于维护票据作为便捷支付工具的经济价值,对类似案件的处理具有很强的参考价值。

案例提供单位:上海市第二中级人民法院

编写人:符　望

点评人:杨　路

53. 联合贵宾会有限公司诉孙某某等请求变更公司登记纠纷案

——请求变更登记的股东身份认定标准及公司章程的约束力

案情

原告（被上诉人）联合贵宾会有限公司

被告（上诉人）孙某某

被告（上诉人）丰和(上海)融资租赁有限公司

被告丰和(上海)融资租赁有限公司(以下简称丰和上海公司)系经上海市人民政府批准于2012年9月26日在上海注册成立，登记于上海市工商行政管理局，公司类型为有限责任公司(台港澳法人独资)，住所地为上海市闸北区共和新路1301号10幢501室，注册资本20 000 000美元，实收资本4 000 115美元，股东为原告，法定代表人、执行董事均为孙某某，监事为姚某，总经理为郭某。被告的公司章程就宗旨与经营范围、注册资本、投资者、执行董事、监事、经营和管理机构、劳动和用人体制、工会、期限、终止和清算、规章制度等事项作出明确约定，其中载明："……公司投资者为联合贵宾会有限公司……公司的注册资本为贰仟万美元，投资者以美元现汇形式缴付公司的注册资本。注册资本将由投资者在公司获发营业执照后三个月内缴付20%，余额二年内缴付到位。……公司不设股东会，投资者为公司最高权力机构。……投资者作出下列决定时，应当采用书面形式，并由投资者或其授权代表签名后置备于公司：1.决定公司的经营方针和投资计划；2.选举和更换执行董事、监事，决定有关执行董事、监事的报酬事项；……公司不设董事会，设执行董事一名，执行董事由投资者委派，任期三年，执行董事是公司的法定代表人。投资者可以提前七天书面通知撤换执行董事。新执行董事的任期为被撤换执行董事的剩余任期。经投资者重新任命，执行董事可以连任。……公司不设监事会，设监事一名，任期三年，由投资者任免。……公司应建立管理层，由总经理负责。总经理由执行董事委派，但首任总经理由投资方委派。管理层受执行董事领导，对执行董事负责。……本章程的制定、履行、效力和解释，以及因本章程引发的任何争议的解决都适用已公布的中国有关法律法规。……本章程须经相关批准机关批准后生效。……”截至 2013 年 3 月 21 日，原告以现汇出资 4 000 115 美元缴付了章程约定的首期 20%注册资本。2013 年 10 月 21 日，被告丰和上海公司根据《公司章程》第十八条、第二十条、第二十九条的规定，作出 2013 联发字第 02 号《股东决议》，载明：“根据《公司法》及本公司章程，联合贵宾会有限公司代表丰和(上海)融资租赁有限公司股东 100%的表决权，2013 年 10 月 21 日作出股东决议，决议事项如下：一、决定自 2013 年 11 月 1 日起免去孙某某公司执行董事和法定代表人的职务，由郑某某担任公司执行董事和法定代表人。二、决定自 2013 年 11 月 1 日起免去郭某公司总经理职务，由古某某担任公司的总经理。三、决定自 2013 年 11 月 1 日起免去姚某公司监事职务，由王某担任公司的监事。四、由孙某某及公司协助郑某某就上述事项向工商局办理公司变更登记备案手续。”该决议落款处由原告及其法定代表人签章确认。次日，原告通过电子邮件及 DHL 速递向两被告发送《关于移交丰和(上海)融资租赁有限公司证照事宜》的函件，要求两被告根据上述《股东决议》于 2013 年 11 月 1 日将被告的公司证照、财务资料等移交郑某某，逾期则将诉诸法律。两被告收悉该函件后未予配合办理工商变更登记手续。原告屡次催促两被告办理手续未果，遂涉讼。

原告诉称，其系在工商行政管理部门登记公示的股东，对本案具有当然的诉请权利，两被告在收到《股东决议》后未及时配合办理变更登记手续，于法相悖，故请求判令两被告协助原告办理执行董事、法定代表人变更为郑某某，总经理变更为古某某，监事变更为王某的工商登记变更手续。

被告辩称，原告的起诉在形式上看是适格的，但事实上主体不适格，因原告系代案外人丰和(香港)投资有限公司(以下简称丰和香港公司)设立了丰和上海公司，4 000 115 美元的注册资金来自案外人家利地产有限公司；且根据《公司章程》第二十九条，变更总经理应由执行董事委派。

原告对此反驳称，原告系经行政部门批准的被告丰和上海公司的法定股东，被告无法证明原告系代丰和香港公司设立了丰和上海公司且向家利地产有限公司借取注册资本金，即便原告与家利地产有限公司存在借款关系，也与本案无关；章程明确载明首任总经理由股东委派，则原告当然有权撤换首任总经理。

被告进一步辩称，被告证据材料所涉及的姚某某是被告丰和上海公司监事姚某的弟弟，故不排除丰和香港公司把 4 000 115 美元先付给家利地产有限公司，再由家利地产有限公司付给原告；被告证据材料文本中记载的股权比例为 2.5%，实际经被告计算应为 2%，因融资租赁公司依法不可收购其他公司股权，故股权收购只是股权担保的一种形式，被告丰和上海公司将 4 000 115 美元兑成人民币后，将其中 21 250 000 元人民币用于购买第壹公司的股权，其余用于公司日常运营；由于购买第壹公司股权的对价款未全部支付，因此第壹公司拒绝进行该部分股权的转让登记，但被告丰和上海公司暂不追究对价款未支付到位是否为原告后续注资不够的责任，故不再提交丰和上海公司与第壹公司之间的股权转让合同；虽然从形式上看，原告确为经工商登记的被告丰和上海公司的唯一股东，但原告系经丰和香港公司委托设立了丰和上海公司，导致丰和上海公司受多头指挥，正常经营受阻，若法院判决支持原告第一、三项诉请的话，两被告并无异议，只是担心原告若处理不好与丰和香港公司及家利地产有限公司之间的问题，则两被告无法确定履行义务的对象。

审 判

一审法院经审理后认为，1.本案原告系注册在澳门特别行政区的公司法人，根据《最高人民法院关于适用〈中华人民共和国涉外民事关系法律适用法〉若干问题的解释(一)》第十九条的规定，可以参照适用《中华人民共和国涉外民事关系法律适用法》解决适用问题。依此，根据《中华人民共和国涉外民事关系法律适用法》的规定，法人及其分支机构的民事权利能力、民事行为能力、组织机构、股东权利义务等事项，适用登记地法律，因此原告以股东身份向被告丰和上海公司提起诉讼，应适用被告丰和上海公司登记地法律即我国大陆地区法律。2.请求变更公司登记纠纷是股东对于公司登记中记载的事项请求予以变更而产生的纠纷，原告应当具有股东身份。本案中，工商行政管理部门对于原告作为被告丰和上海公司独资股东一节予以登记确认，具有公示效力，被告丰和上海公司章程亦明确载明原告系唯一股东，两被告对此亦未否认，并确认收到了原告依照公司章程缴付的首期20%注册资本4 000 115美元，依此可确定原告系被告丰和上海公司的唯一投资股东身份。至于原告缴付股本的资金是否为自有抑或他人出借，在没有第三人提出股权异议的情况下，不影响原告股东资格的认定。两被告虽主张丰和上海公司之股东实为丰和香港公司，但并未提供充分证据予以佐证，且原告与案外人丰和香港公司之间是否存在委托投资关系属另一法律关系，不属本案审理范围，法院不予处理。综上所述，法院对于两被告关于本案适格主体并非原告的抗辩意见不予采信，原告作为被告丰和上海公司的股东提起本案诉讼于法有据，并无不当。3.公司章程系公司意思自治的体现，其内容只要不违反法律、行政法规的强制性规定，则对公司、股东、董事、监事及高级管理人员均有约束力，理应得到遵守。本案所涉《股东决议》就其产生程序而言，符合法律规定和章程约定，并无瑕疵，其第一、三项内容亦与章程约定不悖，应为合法有效，被告丰和上海公司作为企业法人，理应在公司工商登记信息发生变更时，依法履行依照决议内容办理变更登记、备案的法定义务，被告孙某某作为公司法定代表人和执行董事，应予协助；故法院对于原告要求变更登记法定代表人、执行董事及监事的诉请，予以支持。此外，被告丰和上海公司章程明确约定“总经理由执行董事委派，首任总经理由投资方委派”，即原告作为投资方仅就首任总经理享有委派权利，其后调换之总经理应由新任执行董事再行委派，现《股东决议》第二项直接调换总经理人选，显与章程约定相悖，应为无效，原告就此提出诉请，与章程不符，法院难以支持，两被告关于此节的抗辩意见，法院予以采信。故一审法院依照《中华人民共和国涉外民事关系法律适用法》第十四条第一款、《最高人民法院关于适用〈中华人民共和国涉外民事关系法律适用法〉若干问题的解释(一)》第十九条、《中华人民共和国公司法》第七条第二款、第三款、第十一条、第十三条、第六十一条、《中华人民共和国公司登记管理条例》第二十六条、第三十条、第三十七条、《中华人民共和国民事诉讼法》第六十四条第一款、《最高人民法院关于民事诉讼证据的若干规定》第二条之规定，判决：一、被告丰和上海公司、被告孙某某于判决生效之日起十日内共同至上海市工商行政管理局办理关于公司法定代表人由孙某某变更为郑某某的登记手续；二、被告丰和上海公司、被告孙某某于判决生效之日起十日内共同至上海市工商行政管理局办理关于公司执行董事由孙某某变更为郑某某、监事由姚某变更为王某的备案手续；三、驳回原告的其他诉讼请求。

一审判决后，被告提起上诉，后在二审审理过程中撤回上诉，一审判决已生效。

点 评

本案涉及请求变更登记的股东身份认定标准及公司章程的约束力。原告是丰和上海公司的独资股东，而孙某某是丰和上海公司的执行董事和法定代表人。原告作出股东决议，决定免去孙某某的职务，改由他人担任，并免去现任总经理等若干其他的职务，改由他人担任，要求孙某某和丰和上海公司协助新任命的法定代表人向工商局办理变更备案手续。后原告屡次催促两被告办理手续但未果，于是引发本案纠纷。

本案主要涉及两个方面的问题。

第一，原告作为丰和上海公司唯一的股东，有权请求变更公司登记。被告曾经反驳，原告是代案外人持有股权的，不是真正的股东。但是一个人是不是公司股东，要从多个方面判断，专家学者总结了实质标准、形式标准等差异，前者关注这个人是否实际出资，是否在享受分红，是否参与公司管理等；后者关注这个人是否登记在股东名册和工商局。

对于股东出资的来源，是一个事实问题，并非法律问题。股东既可以用自有资金出资，也可以用借贷资金出资。只要不存在有异议的第三人，对于这部分的出资,都应当视为来源于股东,且为合法。所以,出资来源一般不会成为影响股东资格认定的一个重要因素。

第二,更关键的问题是,如何看待章程的性质和效力,特别是在只有一个股东的情况下,如何认识股东决议和公司章程之间的关系。

章程是公司内部的根本大法。英国在2006年之前实行二元化设计,要求公司要有两份文件:备忘录和章程。前者解决公司的外观,包括名称、目的、住所、股东及其持股比例等基本情况;后者则规制内部的权力分配,以及一些重要的规章制度。2006年之后,英国法废除了备忘录,现在所谓的公司宪章,是指公司章程以及与修改章程相关的一切决议和协议。

大陆法系的学者喜欢将章程视为自治规则,而英美法系的判例则表明,章程具有契约的性质。《中华人民共和国公司法》第十一条规定,章程对几类人具有约束力,但是没有表明这个约束力的含义是什么,怎么去执行。参考英美法,章程在股东和股东之间、股东和公司之间设立了合同,但是章程没有在公司和第三人之间设立合同,尽管有时候章程会在公司和董事或审计师之间设立合同(满足要约承诺规则)。

股东可以通过决议修改公司章程,此类修改一般要求特定多数通过。但是如果股东只有一个,正如本案那样,股东决议如果与章程相违背,能否视为股东决议胜出,直接取代章程?回答是否定的。对于一人公司,章程的修改也必须遵循程序,因为股东决议和章程毕竟是两个性质不同的文件。因此,如果股东对章程条款不满意,应当首先修改章程,然后再依照新的章程条款行事。

案例提供单位:上海市闸北区人民法院
编写人:陈慰苹
点评人:葛伟军

54. 北京奇虎科技有限公司等诉成都每日经济新闻报社有限公司等名誉权纠纷案

——新闻媒体侵害法人名誉权的构成要件及赔偿标准

案情

原告(被上诉人)北京奇虎科技有限公司

原告(被上诉人)奇智软件(北京)有限公司

被告(上诉人)成都每日经济新闻报社有限公司

被告(上诉人)上海经闻文化传播有限公司

2013年2月26日,《每日经济新闻》第1996期第1—5版发布以《360黑匣子之谜——奇虎360"癌"性基因大揭秘》为主题的涉案报道,该报道分为技术篇与商业篇,其中技术篇包括《360:互联网的癌细胞》、《360产品内藏黑匣子:工蜂般盗取个人隐私信息》、《360后门秘道:"上帝之手",抑或"恶魔之手"?》3篇专题报道,商业篇包括《360:互联网的"一枝黄花"》、《360生意经:圈地运动与癌性扩张》、《360制胜"秘籍":神秘的V3升级机制》、《360产品频遭卸载令背后:个人隐私自卫意识在觉醒》4篇专题报道。

上述7篇涉案报道的内容包括:

"360的成功,更重要的在于其'创新型破坏':破坏才是目标。通过破坏,打破既有规则,从中获得市场与利益。"

"在这场看不见的战争中,360表现出两个粗暴:粗暴侵犯网民的合法权益(隐私权、知情权、同意权)、粗暴侵犯同行的基本权益,肆无忌惮地破坏行业规则,从而实现其'一枝黄花'式的疯狂成长。"

"360现象,不仅对行业有巨大的破坏性、对互联网秩序产生严重的破坏力,更是对整个社会产生'癌性浸润'。"

引用独立调查员的陈述讲了一个故事,将360比作为小区提供免费服务的K保安公司,称"保安在夫妇行房事时可以进行'免费欣赏'"。

“360正是网络社会的毒瘤。此瘤不除，不仅中国互联网社会永无安宁之日，整个中国都永无安宁之日。”

引用“一名多年研究360产品的黑客”所述：“360内部一定有国内顶尖级的黑客高手。他们才有可能做到既做暗事，又不留任何把柄。这就像是一个江洋大盗，来无影，去无踪，飘忽不定，作案后现场不留任何痕迹，实在是高精尖的设计。”

“360公司在个人信息的收集、加工、转移、删除等环节，明显将行业的游戏规则抛诸脑后，一意孤行地进行着暗箱操作。”

“360‘非常异类’——许多行为不仅是反安全的，甚至是‘反人类的’。”

引用李某某的观点：“360浏览器的后门机制，实际上已绑架了用户，成为360通过用户的浏览器来直接攻击竞争对手的工具，包括阻止或杀死竞争对手的各类客户端软件，阻止其中的重要程序，破坏竞争对手软件的功能等。‘这样的丑行只有中国才有，是世界上惟一的先例’。”

引用自由评论人舜某的观点：“在掠夺市场的过程中，360安全卫士、360浏览器恰是一对并蒂的‘恶之花’。”

“360安全卫士甚至曾伪装成微软Windows补丁安装程序KB360018，以‘IE6内核升级’的名义欺骗用户安装360浏览器。一般用户自然看不出门道，相反还会对360的这些‘强奸’行为‘感恩戴德’。”

“360正在谋划大面积推广递归DNS，推广的核心手段是‘瞒天过海，暗度陈仓’。”

《360制胜“秘籍”：神秘的V3升级机制》一文末还附《寻找已模糊了的良心——两位神秘人物的对话节选》，内容包括：“A：你知道你的电脑里有一根来自360的泄污管吗？V3通道！B：不知道这事。A：什么叫强奸？违背意志，强行插入，并且排射污物！这就是360的一贯行为。”

“拒绝‘360浏览器’：一场‘斯大林格勒保卫战’。”

……

2013年2月26日涉案报道刊发后，先后被新浪网的财经和科技版块、搜狐网的新闻版块、中青在线网的法治新闻版块等网络媒体转载。

两原告诉称，北京奇虎科技有限公司（以下简称奇虎公司）系“360安全卫士”软件的著作权人、360安全中心网的主办单位；奇智软件（北京）有限公司（以下简称奇智公司）系“360安全浏览器”软件的著作权人。两原告系在安全领域具有较高知名度的互联网公司。成都每日经济新闻报社有限公司（以下简称每经公司）于2013年2月26日在其经营的《每日经济新闻》第1996期第1—5版、以及每经网首页发布专题报道，在未经采访两原告的情况下，以匿名记者引述匿名人士和两原告竞争对手言论的方式，用大量的篇幅污蔑两原告旗下多个产品的安全性，涉案报道发表后在网络上被广泛传播，极大损害了两原告公司良好的商业信誉、企业形象，给两原告造成了巨大的损失。请求判令两被告停止侵权，召回、销毁该期报纸，删除涉案链接；在多家媒体首页显著位置向两原告公开赔礼道歉持续90日；赔偿两原告经济损失人民币5 000万元。

被告每经公司辩称，一、两原告产品的安全性问题长期受到关注，公众对其开发的产品是否安全享有知情权。每经公司通过咨询和走访合理相信两原告软件存在技术问题并进行专题报道，已经尽到注意义务，主观上没有过错。二、涉案报道内容有公证书等证据证明相关技术问题确实存在；对于转载内容，均有相应的转载依据。每经公司已经履行了必要的审核义务，不存在虚构事实的情况。三、新闻媒体发表批评性文章，只要文章内容符合事实，就不应构成侵权，属于媒体正当行使监督批评权。

被告上海经闻文化传播有限公司（以下简称经闻公司）辩称，一、涉案报道是每经公司依法履行媒体监督职能而采编的质疑、批评性报道，未超出媒体监督的合理限度，不具有侵权的主观意图。二、涉案报道涉及的主要事实属实，非虚构或捏造事实，不构成侵权。三、经闻公司未参与报道的采编和刊发，仅是涉案报道的网络转载者，故对涉案报道仅负合理的审查义务。四、涉案报道客观上影响面不大，且报道后360相关软件的装机数量及两原告公司的股票价格走势均无明显变化，故两原告提出的损失缺乏客观依据。

审 判

一审法院经审理后认为，纵观涉案报道，大标题《360黑匣子之谜——奇虎360“癌”性基因大揭秘》、小标题使用“互联网的癌细胞”、“工蜂般盗取用户信息”等语句均揭示了整篇报道的强烈批判性立场，报道中还使用了“癌性基因”、“肆无忌惮地破坏”、“‘一枝黄花’式地疯狂成长”、“癌性浸润”、“网络社会的毒瘤”、“此瘤不除，不仅中国互联网社会永无安宁之日，整个中国都永无安宁之日”、“反人类”、“通过偷梁换柱的方式掩盖其恶行”、“一对并蒂的‘恶之花’”、“癌式扩张”等带有明显贬义的词汇、语句，并将360比作“监控业主夫妇房事”的“K保安公司”。文中的上述语言带有强烈的主观感情色彩和尖锐的攻击性，已经明显超出了新闻媒体在从事正常的批判性报道时应把握的限度。

虽然两被告作为新闻媒体有代表公众行使舆论监督的权利，但法律保护的是媒体正当的舆论监督权，即媒体所持的立场应是客观中立的、所作的评论应是诚实善意的。而从前述列举的涉案报道的表述来看，显然已经超出了善意的公正评论的范畴，并且两被告对于奇虎公司曾就该些问题作出的澄清、说明以及已生效判决的相关认定只字不提，并在此基础上发布带有明显倾向性、定论性的评述。即使不考虑上述评论所依据的内容是否真实，该些评论也有违新闻媒体在从事舆论监督时应有的客观中立立场，存在明显的主观恶意，且必然对两原告的商业信誉和产品声誉造成不良影响，构成对两原告名誉权的侵犯。

关于涉案报道中 360 软件的技术问题，两被告曾提出鉴定申请。一审法院认为鉴定针对的仅是客观技术问题，该技术现象是否向用户批露、是否可能导致风险的评判非司法鉴定范围。现原、被告对两款软件存在的具体技术现象并无异议，故本案无启动司法鉴定程序的必要性。以目前双方提供的证据来看，360 软件的技术问题尚不足以形成定论。在此情况下，涉案报道的内容虽然无法认定为严重失实，但两被告在相关技术问题尚无定论的情况下却以举例、比喻、引用“业内专家”观点等方式夸大、强化上述技术现象，并恶意引导消费群体臆想出严重的隐私受侵后果。引导读者对尚无定论的问题产生确定性结论的做法，有违新闻报道全面听取各方当事人意见、客观反映事实的原则，亦构成对两原告名誉权的侵犯。

虽然两被告系独立的经济主体，但每经公司出版的《每日经济新闻》和经闻公司经营的每经网实际上属于同一媒体的不同发布平台，涉案报道亦是在纸质报纸和每经网同时发布，应认定为共同侵权行为。

因现有证据均难以直接作为认定原告经济损失具体数额的依据，一审法院在确定被告应当赔偿原告经济损失的数额时主要考虑以下因素：1.“奇虎 360”商标及原告企业的市场价值；2.被告侵权行为给原告造成的损失主要包括以下方面：360 系列软件的评价降低，由此导致用户卸载带来的原告推广费用的损失，360 安全中心网的流量减少，广告收入的减少，原告的品牌和企业声誉受损；3.涉案报道的广泛传播；4.被告侵权的主观恶意明显；5.新闻媒体批判性报道致法人名誉受损所应承担的责任限度。新闻媒体的责任限度仅属于是否构成侵权的重要考量因素，而不应成为侵权赔偿范围的主要酌定因素，在确定新闻媒体因其侵权报道致法人名誉受损所应承担的赔偿责任时，应重点考虑其在进行新闻报道时的主观恶意程度；6.原告为维权支出的合理费用。综合以上因素，一审法院在无法确定原告所遭受经济损失具体数额的情况下，酌情确定两被告应连带赔偿两原告经济损失及合理维权费用 150 万元。

据此，一审法院依照《中华人民共和国民法通则》第一百零一条、第一百二十条、《中华人民共和国侵权责任法》第八条的规定，判决：一、每日公司、经闻公司于判决生效之日起十日内停止销售 2013 年 2 月 26 日《每日经济新闻》第 1996 期报纸，删除每经网上的涉案报道及授权转载链接；二、连带赔偿两原告经济损失及合理维权费用合计人民币 150 万元；三、同时每日公司、经闻公司应连续十日在其下属报纸和网页显著位置，连续七日在新浪网的财经和科技版块、搜狐网的新闻版块等显著位置就其侵犯名誉权行为向两原告赔礼道歉，消除影响。

一审判决后，被告每经公司、经闻公司不服，提起上诉。

二审法院经审查，对一审法院查明的事实予以确认。

二审法院审理后认为，一审判决认定事实清楚，适用法律正确，应予维持。依照《中华人民共和国民事诉讼法》第一百七十条第一款第(一)项、第一百七十五条及第一百一十八条之规定，判决驳回上诉，维持原判。

点 评

本案涉及新闻媒体侵害法人名誉权的构成要件及赔偿标准的认定。

两原告分别是360安全卫士和360安全浏览器的著作权人，是在安全领域具有较高知名度的互联网公司，两被告是新闻媒体。原告主张，被告在未经采访原告的情况下，以匿名记者引述匿名人士和原告竞争对手言论的方式，用大量的篇幅污蔑原告旗下多个产品的安全性，涉案报道发表后在网络上被广泛传播，极大损害了原告的商业信誉、企业形象，造成了巨大损失，要求被告停止侵权并赔偿经济损失。

本案在三个方面值得关注。

首先，法人的独立人格。公司是企业法人，而企业法人作为营利法人，和非营利法人一起，构成了法人的全貌。无论是拟制论，还是合同网络的链接论，独立人格是公司的本质特征。独立人格意味着公司不同于投资设立公司的股东，公司可以和股东发生交易，公司可以以自己的名义起诉。公司虽然没有自然人那样的情绪，但是公司有自己的声誉和信用。任何人不得诽谤公司，如果无中生有，捏造事实，造成公司声誉的降低，公司有权采取合法途径维护自己的权益。

其次，法人名誉权。对于企业法人而言，法人名誉权是社会对企业的信誉、外在形象、经营特色、产品质量、服务态度等各方面的总体社会评价。第一，法人名誉权的内容是伴随经营过程中通过自身的能动作用而塑造出的社会形象，与企业的经营活动紧密相关。第二，法人名誉权与财产利益紧密相联。一旦遭受损害，将直接影响企业经营收入，导致产品滞销、交易关系中断，影响企业的生存发展。第三，法人名誉权被侵害的方式以虚假宣传或商业诋毁为主。例如采用捏造、散布虚假事实以损害企业的商业信誉、商品名声或在报纸、电视等大众媒介上进行虚假不实或失当的评论而损害企业名誉权。第四，法人名誉损害的后果是造成企业的社会评价降低。

再次，本案的核心问题是，对侵害法人名誉权的行为及其责任如何认定。关于新闻媒体的报道是否侵权，可以结合以下因素进行考虑：(1)媒体评论内容是否基本属实；(2)媒体评论是否适当，有无侮辱性言辞；(3)侵权报道与损害后果之间有无因果关系;(4)新闻媒体主观上有无过错。关于赔偿损失的金额确定,依据相关司法解释的规定,因名誉权受到侵害使生产、经营、销售遭受损失予以赔偿的范围和数额,可以按照确因侵权而造成客户退货、解除合同等损失程度来适当确定。本案中,法院在裁判时行使了自由裁量权,将诉请的经济损失和合理维权费用改为150 万元,这个结果充分考虑了上述因素,是比较合理的。

案例提供单位:上海市徐汇区人民法院

编写人:吕　洁　王　莉

点评人:葛伟军

55. AIG 欧洲有限公司诉上海和明航运服务有限公司天津分公司等海上货物运输合同纠纷案

——主要保险人行使代位求偿权的条件和范围

案情

原告 AIG 欧洲有限公司

被告上海和明航运服务有限公司天津分公司

被告上海和明航运服务有限公司

2012 年 6 月，原告 AIG 欧洲有限公司的被保险人亿比亚（北京）粒子加速器技术有限公司（以下简称亿比亚公司，案外人）委托被告上海和明航运服务有限公司天津分公司（以下简称和明航运天津公司）运输一套粒子回旋加速器自中国天津港至加拿大蒙特利尔。同年 6 月 24 日，在集装箱货物集散站，装载了设备主机的框架集装箱在装车后，因卡车转弯时拖车翻倒，导致一台加速器总成（粒子回旋加速器主要部件）受损。经检验，由于涉案倾覆设备主机受损严重，已无法再行修复，公估公司建议本次损失准备金为 332 656.96 欧元。

原告 AIG 欧洲有限公司与案外人 IBA S.A 公司签订了海事承保保单，经保单缔约各方协商一致，亿比亚公司被确定为共同被保险人之一。该保单的保险公司系原告以及其他三家保险公司，原告所占保险份额为 50%，其他三家公司所占保险份额合计 50%。保单主要保险人条款记载，共同保险公司承诺遵守由主要保险人作出的任何决定，一致同意“主要保险人”一词不仅适用本公司或主要保险承保人，也适用其代理公司或代表。主要保险人作出任何决定对共同保险公司具有不可撤销的约束，共同保险公司不得以任何方式对其提出异议。保单中另约定每种交通手段的最高保额为 7 500 000 欧元；免赔额为损失金额的 5%，最高 12 500 欧元。

涉案事故发生后，原告 AIG 欧洲有限公司以保险公估报告建议的损失准备金数额扣除保险免赔额以及保险经纪费用后，作出保险赔偿。亿比亚公司于 2012 年

10月29日向原告出具代位求偿书,确认保险人已经就事故损失进行赔付,损失金额为332 656.96欧元。亿比亚公司同意原告代位行使其所有权利及救济方法。

2012年7月8日,亿比亚公司又通过被告上海和明航运服务有限公司(以下简称和明航运公司)补发了一套相同型号的粒子回旋加速器,报关金额为415 847.07欧元,提单记载目的地为蒙特利尔。

原、被告代理人曾以电子邮件的形式就涉案事故处理进行沟通,沟通中两被告认为,涉案损坏的集装箱货物重量为26 860千克,按照责任限制赔偿金额为81 212.82美元。原告认为,应当按照提单记载的货物总重量29 500千克计算责任限制的赔偿金额。庭审中,原告确认可以按照两被告提出的单个集装箱货物重量计算责任限制的赔偿金额81 212.82美元(26 860千克×2个SDR×1.511 78美元/SDR)。

原告诉称,涉案货物的损坏系在被告和明航运天津公司的运输责任区间内,鉴于被告和明航运天津公司系被告和明航运公司设立的非独立核算的分支机构,被告和明航运公司应与被告和明航运天津公司共同承担责任,请求法院判令两被告赔偿全部货物损失332 656.96欧元。

被告和明航运天津公司辩称,1.涉案货物是由船公司委托的货运公司实际运输的,与其没有关系;2.根据保险合同的约定,原告不具备追偿的主体资格;3.原告目前提交的证据不能完全证明货物的实际价值;4.即便被告需要赔偿损失,也应当适用海事赔偿责任限制的规定。

被告和明航运公司辩称,其虽是被告和明航运天津公司的总公司,但与原告没有运输合同关系,也不知晓上述事故,故不应承担连带赔偿责任。

审 判

一审法院经审理后认为,亿比亚公司与被告和明航运天津公司依法成立海上货物运输合同关系。涉案货物在被告和明航运天津公司接收并装箱后,在集装箱集散站因拖车倾覆所导致的货损发生在承运人责任期间内,被告和明航运天津公司作为承运人应当承担赔偿责任。

本案原告系涉案海上货物运输的货物保险人,在涉案保险事故发生后,其向被保险人实际赔付了经公估确认的全部货损。根据保单记载,原告在保险合同中承保份额为50%,系主要保险人。同时保单还约定主要保险人作出的任何决定对共同保险公司具有不可撤回的约束力。因此,原告在对涉案货损作出实际赔付并收到被保险人亿比亚公司出具的权益转让书后取得涉案货损全部代位求偿权符合合同约定,亦与法无悖,《中华人民共和国海商法》规定:“保险标的发生保险责任范围内的损失是由第三人造成的,被保险人向第三人要求赔偿的权利,自保险人支付赔偿之日起,相应转移给保险人。”在共同保险合同中主要保险人也是在满足上述法律规定的基础上方能行使代位求偿权。不同的是,共同保险合同中,由多个保险人承担不同比例的保险责任,因此行使代位求偿权的条件与范围也是不同的。同样以本案为例,如果原告仅向被保险人承担了50%的保险赔偿责任,那么根据权利义务的对等原则,通常认为原告仅能就支付保险赔偿部分代位求偿。但是如果其他保险人也已经向被保险人赔偿了保险事故损失,并将代位求偿权一并委托原告行使,那么原告同样可以行使全部损失的代位求偿权。反之,原告仅能就其承保比例部分代位求偿。其依据是《中华人民共和国海事诉讼特别程序法》规定“因第三人造成保险事故,保险人向被保险人支付保险赔偿后,在保险赔偿范围内可以代位行使被保险人对第三人请求赔偿的权利”。同时,《最高人民法院关于审理海上保险纠纷案件若干问题的规定》规定:“保险人在行使代位求偿权时,未依照海事诉讼特别程序法的规定,向人民法院提交其已经向被保险人实际支付保险赔偿凭证的,人民法院不予受理;已经受理的,裁定驳回起诉。”该条内容包含了人民法院对保险人向被保险人实际支付保险赔偿金额及其代位求偿权范围的审查。所以两被告认为原告不能取得代位求偿权或者原告代位求偿的权利仅限50%份额的主张缺乏事实和法律依据,法院不予采信。

关于涉案货物的价值。由于承运人接收货物后尚未报关,故本案中并无涉案货物报关单记载的价值。但原告提交的涉案货物的装箱单、形式发票记载的货物名称、价值与亿比亚公司因货物损坏向收货人补发货物形成的提单、报关单上货物的名称、价值完全一致,且公估公司的报告亦确定了涉案货物的实际价值,故法院对原告主张的货物价值予以认可。

关于本案的赔偿责任限额。本案庭审中,原告确认可以按照两被告提出的单个集装箱货物重量计算赔偿责任限额为81 212.82美元。经审查,两被告计算赔偿责任限额的依据与客观事实相符,法院确认本次货损赔偿责任限额为81 212.82美元。

综上,一审法院依据《中华人民共和国海商法》第四十一条、第四十六条第一款、第五十六条、第五十九条第一款、第二百五十二条,《中华人民共和国公司法》第十四条第一款,《最高人民法院关于审理海上保险纠纷案件若干问题的规定》第十四条,《中华人民共和国民事诉讼法》第六十四条第一款之规定,判决被告和明航运天津公司赔偿原告货物损失81 212.82美元;被告和明航运公司承担补充赔偿责任。

一审宣判后,原、被告均未上诉。本案判决已生效。

点评

本案系由共同保险合同引起的纠纷，主要争议焦点在于原告作为共同保险合同中主要保险人能否行使全部代位求偿权。在审理过程中，法院从行使代位求偿权的条件、求偿范围与海事赔偿责任限制等方面分析论证，确定了共同保险合同中主要保险人行使代位求偿权的基本判断标准，所作判决理清了此类案件的审理思路，具有一定的借鉴意义。

一是细究主要保险人代位求偿的权利取得来源。在海上保险合同中，就保险价值较高的保险标的，保险人基于危险分散原则，通常采取再保险或者共同保险等形式来分担一旦出现保险事故所带来的巨大风险。共同保险是投保人与数个保险人之间就同一保险利益、同一风险共同订立的保险合同。此类合同中，通常共保人在发生合同约定的保险事故损失金额时，共保人按照各自的承保比例向被保险人承担赔偿责任，这种做法不仅方便投保人索赔，也能体现危险分散原则的基本精神，是欧美保险实务的通常做法之一。本案原告即是海上共同保险合同中占保险份额50%的主要保险人，其承担保险义务并获得保险代位求偿的权利来源于合同的约定，即其他共保人通过保险合同条款授权主要保险人保险赔偿的权利和义务。本案中，原告作为主要保险人作出的任何决定对其他共同保险人具有不可撤回的约束力，各保险人必须认定这些决定系由自己作出，不得以任何方式对主要保险人提出异议。

二是准确界定主要保险人行使代位求偿权的条件和范围。由于共同保险合同中，由多个保险人承担不同比例的保险责任，因此各保险人行使代位求偿权的条件与范围各不相同。依据《中华人民共和国海事诉讼特别程序法》的规定，“因第三人造成保险事故，保险人向被保险人支付保险赔偿后，在保险赔偿范围内可以代位行使被保险人对第三人请求赔偿的权利”。同时，《最高人民法院关于审理海上保险纠纷案件若干问题的规定》又规定，“保险人在行使代位求偿权时，未依照海事诉讼特别程序法的规定，向人民法院提交其已经向被保险人实际支付保险赔偿凭证的，人民法院不予受理；已经受理的，裁定驳回起诉”。本案中，如果原告仅向被保险人承担了50%的保险赔偿责任，那么，根据权利义务对等原则，通常认为原告仅能就支付保险赔偿部分代位求偿。但是，本案原告基于合同约定对涉案货损作出了全额赔付并收到了被保险人出具的权益转让书，由此取得了涉案货损全部代位求偿权，即本案原告可以行使全部损失的代位求偿权。

三是准确把握主要保险人行使代位求偿权的限制。共同保险合同中主要保险人行使代位求偿权不仅受到金额的限制，同时也受到特定对象的限制，即保险人不能对特定对象行使代位求偿权。所谓特定对象，通常包括共同被保险人、被保险人的家庭成员、被保险人的雇员等。本案中，被告系与原告无特殊关系的第三人，故原告向被告行使代位求偿权不受特定对象的限制。但原告行使代位求偿权应当受到被保险人与第三人之间法律关系的限制，即应当受到被保险人与被告之间的海上货物运输合同关系的限制。被告作为承运人享有法律赋予其就货物灭失或者损坏赔偿限额的权利。除非保险人能够证明货物的灭失、损坏是由于“承运人的故意或者明知可能造成损失而轻率地作为或者不作为造成”的。本案中，原告确认被告在海事赔偿责任限额内承担赔偿责任。

案例提供单位：上海海事法院
编写人：张　亮
点评人：王　珊

56. 上海泛森国际货物运输代理有限公司诉中曼石油天然气集团股份有限公司海上货物运输合同纠纷案

——海上货物运输框架协议的效力认定

案 情

原告上海泛森国际货物运输代理有限公司

被告中曼石油天然气集团股份有限公司

2011年3月3日，原、被告双方签署《出口运输代理合同》，约定被告委托原告办理70DZ石油钻机一套及部分石油井设备配件自中国上海港/天津港运至伊朗阿巴斯港的货运事宜，纠纷解决方式为诉讼。2011年4月29日，被告与原告就出运第二套钻机设备签订《租船协议》，纠纷解决方式为仲裁。

2011年8月9日，原、被告双方签订的《协议》，2011年年底签订的《履约协议》明确约定被告承诺运至伊朗阿巴斯港或霍梅尼港的后续三台钻机设备（每台11 000立方，正负5%）交由原告承运，运费为41.50美元/立方，运输合同其他条款参照原合同不变。

2012年9月11日被告对出运至伊朗阿巴斯港的MAPNA项目的钻机设备，于2012年3月20日首次向原告询价，要求分两批出运，原告更改运费为46.50美元/立方，且款项一个月内结清。该钻机因技术原因迟延出运，被告于2012年6月19日对该台钻机再次向原告询价，原告未予以答复，该钻机最终由案外人航通公司承运。

2014年12月20日被告对出运至伊朗霍梅尼港的NIDC项目的钻机设备，该设备总体积约4 500立方（正负10%），于2013年11月21日向原告询价，原告于同年11月25日回复，但并未给出具体报价，被告于同年11月27日发电子邮件邀请原告于28日参加招标，就海运协议进行洽谈，原告前往但仍未报价。

原告上海泛森国际货物运输代理有限公司诉称，被告未按协议约定委托原告承运后续钻机导致原告遭受巨大利润损失，为此请求判令：被告向原告赔偿利润损失132 000美元。

被告中曼石油天然气集团股份有限公司辩称,原告未提供其因运输事宜另行租船等成本支出,无法计算原告利润可得,且本案2011年8月9日《协议》或2011年年底《履约协议》非完整的合同,仅为预约条款,不存在可得利益损失。

审 判

一审法院经审理后认为,关于签约的框架协议的性质是"预约"还是"本约"的问题。据《协议》及《履约协议》中的相关约定可知,双方需在拟约定的钻机实际出运时订立新合同以最终明确双方间货物运输的具体内容及相应的纠纷解决方式;从当事人事后的磋商、履行行为的事实及通常的业务操作惯例等客观行为均可以看出双方当时真实的意思表示,双方为特定出运的钻机无论是在已决条款还是未决条款中均有需磋商和调整的意愿。因此无论从合同约定还是从双方行为均可以认定双方2011年8月9日签订的《协议》和后续的《履约协议》就钻机设备出运条款约定内容的法律性质为"预约"。

关于原告诉请的利润损失是否属于信赖利益损失的范围问题。原告诉请的利润损失的计算方式是以本约的全面履行为基础计算原告可能实现和取得的财产权利,而本案中双方签订的《协议》仅为预约,即使被告有缔约过失,也仅向原告承担信赖利益损失即原告为同被告签约而实际发生的损失,而因本约全面履行所得之利益不属于信赖利益损失的范畴。因此,法院认为,该诉请不应在预约违约请求赔偿之列。

综上,一审法院依照《中华人民共和国合同法》第一百一十三条第一款、第一百七十四条,《最高人民法院关于审理买卖合同纠纷案件适用法律问题的解释》第二条,《中华人民共和国民事诉讼法》第六十四条第一款和《最高人民法院关于民事证据的若干规定》第二条的规定,判决对原告上海泛森国际货物运输代理有限公司的诉讼请求不予支持。

一审判决后,双方均未上诉,本案判决已生效。

点 评

当事人对海上货物运输仅仅订立框架协议,框架协议的效力如何认定,协议约定的权利义务对当事人是否具有约束力,以及违约请求的赔偿范围应当如何确定等法律问题在司法实务中颇多争议。本案判决理清了此类案件的审理思路,特别是本案从界定框架协议的性质是"预约"还是"本约"入手,准确认定框架协议的效力以及协议约定的权利义务对当事人是否具有约束力,进而明确违反"预约"的损害赔偿范围应限定于信赖利益损失，对此类案件的审理具有一定的借鉴意义。

一是从当事人签订的框架协议的内容中，解读当事人双方是否有意在将来订立新合同。本案中，协议条款明确了拟进行运输的货物出运货量、目的港、相应的海运费金额、款项支付条件及逾期付款的相应罚息，具备了正式运输合同的主要内容。但是，当事人同时约定运输合同其他条款参照“原合同”条款不变，而在涉案协议签订前原告为被告出运两台钻机至伊朗，第一套钻机出运双方签订了《出口运输代理合同》，第二套钻机出运双方签订了《租船协议》，该两份合同权利义务内容相距较大，且纠纷解决方式亦有不同，“原合同”具体为哪份合同双方有待于在将来订立的“新合同”中予以进一步明确，以最终明确特定钻机出运的具体运输权利义务和相应的纠纷解决方式。

二是从当事人签订框架协议后的各种行为等既成的客观事实中，探求当事人双方的真实意思。(1)根据合同磋商的必要性层面，分析框架协议是有待于进一步磋商还是可直接予以履行。本案中，双方虽在协议中约定了数额明确的海运费，但并不意味着合同价款内容的完整，即使是相同的海运出运总量和目的港，也会因被告钻机设备构造的不同而形成基于特定钻机设备的相应的陆路运输包干费，在案证据显示不同项目的钻机设备陆路运费亦有不同，因此，陆路运输包干费的有无和多寡不可能参照“原合同”予以确定，其须根据货物出运时的相关情况发生费用金额的调整。由此可知，本案中，虽然根据约定条款双方应受合同中已决条款的约束，但因未决条款必须依赖双方当事人的意思表示才能确定，因此仅凭已决条款还不足以订立“本约”。(2)根据实际履约行为层面，判断双方是为了达成本约而积极地磋商还是对协议约定的内容已实际履行。该标准的审查不仅有助于判断协议的基本性质，更有助于判断违约的责任主体及责任承担比例。本案中，原告在货物实际出运时调高了承运单价的行为，说明原告未遵守协议中已决条款的约定，双方为特定货物出运“本约”的达成仍在进行积极地磋商。(3)根据交易惯例或业务操作惯例，判断正式合同签订是否为双方交易之必要。本案中，从被告通常的钻机出运的业务操作惯例来看，其出运的每套钻机均有其对应的正式合同的签订。

此外，本案从当事人诉请的预期利益性质为“信赖利益”还是“可得利益”入手，明确了违反“预约”性质的框架协议的损害赔偿范围应限定于信赖利益损失。

案例提供单位：上海海事法院
编写人：王寰瑾
点评人：王　珊

57. 陈卫某等诉启东市吕四港防沙导流堤项目建设工程有限公司海上养殖损害责任纠纷案

——无证养殖侵权损害赔偿问题研究

案 情

原告陈卫某

原告任某某

原告陈锋某

原告朱某某

原告陈朱某

被告启东市吕四港防沙导流堤项目建设工程有限公司

五原告系同一家庭,陈卫某为户主。涉案海域滩涂原由案外人吴某某经营养殖,后政府因沿海开发需要收回其海域使用权,并给予吴某某补偿。被告启东市吕四港防沙导流堤项目建设工程有限公司是系争海域开发建设的项目公司。原告自2011年9月起在系争海域养殖紫菜。2013年4月25日,被告因建设工程需要,凌晨将原告养殖的紫菜排护栏绳割断,致使紫菜排流失。2013年5月14日,启东市吕四港镇边防村村民委员会出具证明,2012年9月原告陈锋某养殖紫菜面积为348亩。

2014年10月29日,经原、被告双方同意,法院委托江苏省海洋水产研究所就涉案养殖紫菜的投入成本和经济收益进行评估。2014年11月8日,该所出具评估报告,结论为:双排养殖(每排2亩)养殖紫菜,每排所需的养殖材料人民币3 921元,制作安装人员工资人民币4 516元,未收货的紫菜损失人民币860元,影响下年度紫菜养殖损失人民币6 000元。以上价格按照全部是新材料且未发生严重病烂情况下正常产量和价格估算。

五原告诉称,被告盗割五原告所有的紫菜排护栏绳,致使紫菜排全部流失,造成五原告巨额损失,故请求法院判令被告赔偿其紫菜网、护栏绳、竹竿、根绳、设置人工费、末批紫菜收获和下一年度紫菜养殖收入等财产损失共计人民币2 549 200元，并承担养殖损害评估费及诉讼费。

被告启东市吕四港防沙导流堤项目建设工程有限公司辩称，1.五原告的诉讼主体不适格，未能提供共同投资养殖事实的证据；2.五原告不具有基础请求权，在明知未取得合法使用权的情况下擅自养殖，属于非法行为，民事主体的非法权益不受法律保护；3.五原告诉请的损失依法不成立，养殖行为属于非法行为，不能得到法律保护，其所称的养殖面积和数量无依据。

审 判

一审法院经审理后认为，涉案海域使用权原为案外人富唐养殖场吴某某享有，在政府收回后吴某某未继续在涉案海域从事养殖生产。五原告属于个体养殖户，未向海洋主管部门申请新的海域使用权证，自2011年9月起在上述海域养殖紫菜，五原告所在的村委会对其养殖情况予以证明。根据《中华人民共和国海域使用管理法》相关规定，五原告无证养殖的行为属于法律明确禁止的行为。本案被告不具有执法资格和执法依据，在未告知五原告的情况下割断五原告所有的紫菜排护缆绳，给原告造成经济损失，五原告是有直接利害关系的公民，具有诉讼主体资格。被告存在过错，依法应当承担擅自清理紫菜排的民事赔偿责任。五原告在本案中的诉讼请求包括紫菜网、护栏绳、竹竿、固定根绳、紫菜排设置费、末批紫菜收获损失和耽误下一年度紫菜养殖损失。紫菜网、护栏绳、竹竿、固定根绳等属于养殖用具设施，为当事人自行购置，对其损害可以依法请求赔偿；紫菜排设置费属于五原告为从事无证养殖而投入的人工费用，五原告请求赔偿于法无据；末批紫菜收获损失、耽误下一年度紫菜养殖损失等属于非法收益，不受法律保护，不应予以支持。法院根据法律规定，综合考虑五原告与被告的过错程度，对五原告主张的其购置的紫菜养殖用具损失予以支持，并根据原、被告各方关于养殖用具使用年限的陈述，酌定以鉴定价格的80％计算涉案养殖用具流失时的残余价值；对五原告无证养殖的人力投入、末批紫菜的价值及下一年度紫菜的收益损失等均不予支持。据此，一审法院判决被告向五原告支付涉案养殖用具损失人民币545 803.20元。

一审宣判后，双方当事人均未上诉。本案判决已生效。

点 评

本案涉及海域、滩涂无证养殖的侵权损害赔偿问题。我国海域、矿藏、水流等属于国家所有，单位和个人使用海域的必须依法取得海域使用权。但现实中，由于既存事实、延误换证、擅自转让、征收效果等原因，无证、证件超期或人证不符养殖的现象在沿海渔村中大量存在，所涉纠纷常伴有行政因素和矛盾。本案对无证养殖情况下的养殖利益受到侵犯后是否受法律保护、保护的范围和损失的确定等问题进行了分析探究，所作判决厘清了此类案件的审理思路，具有一定的借鉴意义。

一是厘清了无证养殖权益的法律性质。根据《中华人民共和国海域使用管理法》的相关规定，进行养殖活动必须依法登记并缴纳海域使用金，取得相应海域使用权证的海域使用权受法律保护。海域使用权期限届满后，海域使用权人可申请续期。《中华人民共和国渔业法》规定，从事养殖活动还需取得养殖证作为从业许可。在无证养殖或超期养殖中，养殖人不具有海域使用资质，因而也不享有合法的养殖权益。本案中，在吕四港镇人民政府因沿海开发收回案外人吴某某的海域使用权后，五原告未向海洋主管部门申请新的海域使用权证，擅自在系争海域内养殖紫菜，明显违反法律禁止性规定，属典型的无证养殖行为，故依法不能享有养殖权益。

二是明确了无证养殖的利益保护范围。对无证养殖之违法行为，应由法律规定的主管行政部门依职权对此进行监督和处罚。但在无证养殖的财产权益遭受民事主体侵犯的情况下，养殖人所遭受的财产损失是否受法律保护，则需根据损失的种类作具体分析：对养殖人养殖用具等合法权利应予保护，对养殖人非法养殖的养殖物、预期收益损失则不予保护。其一，养殖用具设施是养殖人为进行水产养殖活动而预先购置、制作的辅助性和基础性设施，是养殖人的合法财产。若因他人侵犯而遭受财产损失的，无证养殖人有权依据财产所有权请求返还、恢复或者赔偿。其二，有关饵料、药物等养殖生产资料是进行养殖活动必不可少的生产资料，以保证所养殖水生生物顺利生长，一般由养殖人自行购买配制。若饵料、药物尚未投入养殖水域使用，则养殖人对其享有所有权，可据此就该部分损失要求赔偿；若饵料、药物已经投入使用，则因物的灭失，已不存在所有权，养殖人不能据此要求赔偿。其三，养殖收益往往是养殖损害赔偿纠纷中的重要诉求，通常以预期利益的形式表现出来。因无证养殖的实质是违法行为，该收益为非法收益，不受法律保护。其四，根据养殖作物和规模的不同，部分养殖人需要雇用长工或短工设置养殖用具和看管养殖作物，因属于直接从事非法养殖活动，对于此类人工费用的主张，也不应予以补偿。本案中，五原告的诉讼请求包括：紫菜网、护栏绳、竹竿、固定根绳、紫菜排设置费、末批紫菜收获损失和耽误下一年度紫菜养殖损失。其中，紫菜网、护栏绳、竹竿、固定根绳等属于养殖用具设施，为当事人自行购置，对其损害可以依法请求赔偿;紫菜排设置费属于五原告为从事非法养殖活动而投入的人工费用,故不应获支持;末批紫菜收获损失、耽误下一年度紫菜养殖损失等属于非法收益,不受法律保护,不应予以支持。

案例提供单位:上海海事法院

编写人:单　丹

点评人:王　珊

知识产权

58. 殷某某诉上海徐汇区思源教育培训中心侵害作品署名权、复制权、获得报酬权纠纷案

——侵权作品的有限保护

案 情

原告（被上诉人）殷某某

被告（上诉人）上海徐汇区思源教育培训中心

2011 年 8 月 23 日，原告殷某某与中国福利会出版社签订图书出版合同，约定出版作品为《拼拼玩玩快乐识字》，出版字数 8 000 字。

2011 年 9 月，《拼拼玩玩快乐识字》教材由中国福利会出版社第一次出版，编著者为殷某某，字数为 10 000 字，定价为 80 元（共五册），该教材前三册为《拼玩识字》，第四册为《汉语拼音》，第五册为《硬笔书法》。

上海徐汇区启航进修学校于 2001 年 8 月 13 日经上海市徐汇区民政局批准成立登记，于 2009 年 8 月 3 日经上海市徐汇区民政局及上海市徐汇区社会团体管理局批准更名为上海市徐汇区思源教育培训中心（以下简称思源培训中心），开办资金人民币 60 万元，业务范围为中等非学历教育。被告思源培训中心用于经营少儿教育的网站为 www.siyuanchild.com，其经营有徐汇校区、龙柏校区、大华校区、浦东八佰伴校区、南方校区等 5 个校区，上述校区均开设拼玩识字、汉语拼音及硬笔书法课程。

原告殷某某系上海长宁闻广教育进修学校（以下简称闻广学校）的创办人之一，其于 2013 年 4 月委托闻广学校的同事李某某及徐某分别前往被告龙柏校区及南方校区报名拼玩识字、汉语拼音及硬笔书法课程，并缴纳了相应费用，获得了被控侵权识字教材、汉语拼音教材及硬笔书法教材。

2009 年 5 月 14 日，案外人陈某某、宇某某起诉闻广学校，主张闻广学校使用的拼拼玩玩快乐识字教材（以下简称闻广教材）抄袭其编著的《拼玩识字》。同年 11 月 6 日，相关一审法院认定，案外人陈某某、宇某某的课本 8 673 字，闻广教材 4 197

字，闻广教材使用案外人课本 4 004 字，比例为 95.4%，构成侵权，并作出民事判决书，相关二审法院于 2010 年 1 月 12 日维持该判决，判决业已生效。

原告主张权利的《拼玩识字》与闻广教材均系为教导幼儿识字所编写的教材，其主要内容均是为每个汉字编写一句特定的儿歌进行解读，两者的差异为课程分配及识字顺序并不相同。原告《拼玩识字》共有 80 个小时的课程，含有针对 521 个汉字所编写的 521 句儿歌，其中 265 个汉字在闻广教材中亦有出现。该 265 个汉字对应的 265 句儿歌中共有 18 句儿歌的内容完全一致，原告确认其中的 12 句儿歌其不享有著作权，对应汉字为“尖、晶、多、李、庄、奈、宵、选、叽、他、转、剃”，其余 6 句儿歌其主张为原创，对应汉字为“舌、乒、乓、兵、右、凡”。两者教材在其余 247 句儿歌的表达上存在一定差异，主要分为以下几种类型，一是表达基本相同，但个别词语有增添或替换；二是表达相似，但部分使用词语不相同；三是主要含义及表达均不相同，其中第一、二种类型的儿歌共有 208 句，第三种类型的儿歌共有 39 句。

被诉侵权识字教材亦为教导幼儿识字所编写的教材，与原告主张权利的《拼玩识字》教材相比较，两者在课程分配及识字顺序上并不相同。从主要内容来看，被控侵权教材共有 31 页，涉及儿歌 276 句，其中第 9 页内容与第 11 页重复。审理中，原告主张被控侵权教材中有 127 句儿歌构成侵权。在该 127 句儿歌中，有 5 句儿歌系重复出现，有 117 句儿歌内容与原告教材完全相同，有 10 句儿歌内容与原告教材相似。结合前述原告教材与闻广教材的比对内容来看，这 10 句儿歌中，汉字“仇”在闻广教材中并无涉及，其余汉字除“果”外，对应儿歌均属于原告教材与闻广教材表达相同或相似的类型。在 117 句内容完全相同的儿歌中，有 7 句系原告认可其不享有著作权的部分，有 61 句儿歌对应汉字未在闻广教材中出现，另有 49 句儿歌对应的汉字在闻广教材中有涉及，结合前述原告教材与闻广教材的比对内容来看，其中有 43 句儿歌属于原告教材与闻广教材表达相同或相似的类型，有 6 句儿歌属于原告教材与闻广教材表达不相同的类型。

原告主张权利的《汉语拼音》与被诉侵权汉语拼音教材，两份教材均系为教导幼儿学习汉语拼音所编写的教材，在主要内容上，两者均是围绕韵母、声母、鼻音等音节进行编写，在教材页面布局、课程分配及选字内容上，两者基本相同。原告《汉语拼音》教材共有 36 页，涉及词语约 500 个，被诉侵权汉语拼音教材共有 34 页，涉及词语与原告教材大致相同，仅有 32 处不同。

原告主张权利的《硬笔书法》与被诉侵权硬笔书法教材，两份教材均系为练字设计的练习本，在页面布局上，两者均采用遍布方格，第一竖排及部分横排以印刷练习汉字的方式进行排列，在排列顺序上，两者均通过对横、竖、点、撇等基本笔画到结构字形的扩展选择文字展开练习。原告《硬笔书法》共 20 页，涉及笔画及汉字

146 个，并附有前页“硬笔书法练习册——初级班”，主要为对写字姿势及执笔方法的介绍。被诉侵权硬笔书法教材共 19 页，涉及笔画及汉字 136 个，无前页。原告《硬笔书法》选用方格为“米字格”，被诉侵权硬笔书法教材选用方格为“田字格”，两者所选用的字体亦不相同。在汉字的选择及编排上，被诉侵权教材共有 30 个笔画或汉字的选择与原告教材不一致，占被诉侵权教材选字总数的 22.06%，有 12 个笔画或汉字的顺序与原告教材排列不一致，占被诉侵权教材选字总数的 8.82%。

原告殷某某诉称，原告编著有《拼拼玩玩快乐识字》教材一套(共 5 册)，由中国福利会出版社于 2011 年 9 月出版，其中前 3 册为《拼拼玩玩快乐识字》，后 2 册分别为《拼拼玩玩快乐识字　汉语拼音》及《拼拼玩玩快乐识字　硬笔书法练习本》。被告思源培训中心未经原告许可，擅自将原告上述作品用作思源培训中心的教材，主要表现为：将原告《拼玩识字》精华部分改编为其识字教材，将原告《汉语拼音》仅作细微改动改编为其汉语拼音教材，将原告《硬笔书法》翻印为其硬笔书法教材。被告在其经营的上海 5 家校区内使用上述教材，获得了巨大利润，侵害了原告就《拼拼玩玩快乐识字》教材享有的署名权、复制权及获得报酬权，故诉至法院，要求判令：1.被告立即停止侵权；2.被告在《解放日报》、《文汇报》、《新民晚报》、被告网站 www.siyuanchild.com 以及被告徐汇校区、龙柏校区、大华校区、南方校区、浦东八佰伴校区的公告栏上刊登声明，向原告赔礼道歉、消除影响；3.被告赔偿原告经济损失 100 000 元；4.被告赔偿原告合理开支 13 779 元(包含律师费 5 000 元、报名费 8 319 元，复印费 360 元，交通费 100 元)。

被告思源培训中心辩称，第一，涉案教材不能构成作品，原告亦不享有涉案教材的著作权。涉案教材主要为汉字拼写、拼音等内容，系教学中惯常采用的方式方法，已进入公知领域，并无独创性，原告不能就此主张著作权。原告是闻广学校的教师，涉案教材系职务作品，即使有著作权也应当属于闻广学校。另外，涉案教材来源于闻广学校的教材，而该教材已被生效判决认定侵权，因此，涉案教材不构成作品，原告就涉案教材并不享有著作权。第二，被告具备自行编写教材的师资力量，并未使用被控侵权教材，原告提供的证据亦无法证明被控侵权教材系从被告处获得。第三，即使被告存在原告主张的侵权行为，因涉案教材出版已久、出版册数不多等原因，也未对原告造成实际损失，原告主张的经济损失金额没有依据。综上，请求驳回原告全部的诉讼请求。

审 判

一审法院经审理后认为，本案的争议焦点主要为：焦点一，原告主张权利的《拼拼玩玩快乐识字》教材是不是著作权法意义上的作品；焦点二，原告是否享有上述教材的著作权；焦点三，被告是否使用了被控侵权教材；焦点四，如果被告使用了被控侵权教材，其是否侵害了原告享有的著作权；焦点五，如果构成侵权，被告应当承担的民事责任。

关于焦点一，是否具有独创性，是判断涉案教材是否属于作品的关键。

关于《拼玩识字》，该教材是从具体汉字的结构或含义入手，为其编写一句话儿歌从而便于幼儿记忆，其主要内容由每个汉字的儿歌按一定顺序排列组合而成。从该教材汉字的选择、编排上来看，系作者按照字形结构划分的方法从常用标准字库中选出若干具有代表性的字组成，汉字虽均为通用汉字，字形结构也是汉字本身的特点，运用字形结构划分的方法亦是通常的使用方法，但运用该方法选择若干代表性的汉字进行编排，不同人可以选择不同的汉字组合在一起，故《拼玩识字》形成的具有差异性的特殊组合，具备了一定的独创性；再从该本教材的主要内容及对汉字注释的儿歌来看，虽然有个别汉字如“人”等，因其字形简单，对其注解的表达方式有限，不再受著作权法律的保护，但为绝大多数汉字编写的儿歌系作者从汉字的字形、读音或含义等方面进行的释义，虽然仍受到汉字上述特点所带来的一定限制，但不同的人仍可以作出不同的表达，因此，《拼玩识字》体现出作者独创性的内容，是作者智力成果的凝聚。

被告辩称《拼玩识字》已被生效判决认定侵权，该教材不构成作品。法院认为，根据前述原告教材与闻广教材的比对结果，原告《拼玩识字》教材共有儿歌521句，其中占比为56.62%的295句儿歌具备了独创性，因此，法院认定《拼玩识字》构成了新作品，至于该教材是否侵害他人著作权，非本案审理范畴，法院不作评价，亦不影响原告向侵害其著作权的当事人主张权利。

关于《汉语拼音》，该教材是按照韵母、声母、鼻音等拼音音节进行分类编写，教导幼儿学习拼音的教材。拼音音节虽系中国汉语拼音的基础组成部分，不属于作者独创的内容，但对韵母等的注解及选择相应的注释词组则是该教材的主要内容，这些注解及词组的选择及编排反映了作者具有个性化的特色表达，具有一定的独创性。

关于《硬笔书法》，该教材是对基础汉字进行练习而使用的练习本，通过对笔画及汉字的编排和选择进行排列。该教材中使用的汉字及字体虽然为通用汉字及字体，编写练字教材也一般遵循由易到难、由基本到复杂的编写方法，都未能体现独创性，但通过笔画结构选择不同的汉字、进行编排体现了作者的独创性，作者对写字姿势、执笔方法的介绍，尽管内容简略，但系作者的总结归纳，亦体现了作者的独创性。

因此，《拼拼玩玩快乐识字》教材是通过作者的选择、编注而形成，体现了作者的思想，具有一定独创性的表达，并能以有形形式复制，属于我国著作权法律规定的作品，应当受到保护。

关于焦点二，本案中，《拼拼玩玩快乐识字》教材出版时标明的作者为原告殷某某，在被告未能提出相反证据的情况下，法院认定原告殷某某是《拼拼玩玩快乐识字》教材的作者，对上述作品享有著作权。

关于焦点三，被告辩称并未使用被诉侵权教材，原告亦无充分证据证明被诉侵权教材系从被告处获得，原告提供的临时收款收据上的印章与被告名称不符，均非被告使用，另两名证人对陈述事实包括是否试听后方可报名等存在矛盾，对所缴费用名目陈述不清，对所去校区地址记忆模糊，并且均系闻广学校员工，与原告存在利害关系，故对证人证言存疑。

一审法院认为，首先，被告辩称的证人证言之间的矛盾性并非对各自陈述事实的否定，两名证人前往的校区不一，可能存在管理规定上的差异，且从证人取证至证人出庭作证已历经一年多的时间，可能因时间久远对具体细节记忆模糊，并不能因此否定其陈述的关键事实。另证人虽系闻广学校的教师，但与原告及涉案纠纷并无利害关系，不能当然否定证言的真实性；其次，被告虽然否认临时收据上的印章为其使用，但其确开设有南方校区及龙柏校区，被告可以通过提供学生名册及该段时间内相应缴费单据等证据来证明是否有学员项某及谈某某，而并非简单地否认，但被告就该节事实并未举证证明；再次，被告作为一家专业的培训机构，在教学过程中必然会使用教材，被告亦曾多次陈述其具备师资力量，使用教材由其教师编写，但未向法院提交其日常教学活动中所使用的教材；最后，被告在预备庭审中手持一本被诉侵权识字教材原件发表意见，但原告举证时提供的原件已在质证后归还原告，被告对持有的该原件无法说明合理来源。综上所述，原告获得被诉侵权教材的过程有相应证人证言及票据予以佐证，并且原告获得的被诉识字教材与被告持有的原件一致，故法院认定被诉侵权教材系从被告处取得，被告在日常经营活动中使用了被诉侵权教材。

关于焦点四，首先，被诉侵权的识字教材中共有69句儿歌侵害了原告的著作权，占比25%，原告主张侵权的其余58句儿歌，与其构成实质性相似的闻广教材相应内容已被生效判决认定侵权，原告不能就此主张权利，针对汉字编写的儿歌能够体现作者的独创性，虽然总体要受到汉字的结构、读音、含义等限制，甚至有部分汉字的解读因表达方式有限而不受著作权法律保护，但25%的儿歌内容相同或近似，已经超出了巧合的程度，故法院认定，被诉侵权识字教材中的该部分内容侵害了原告对《拼玩识字》享有的著作权。

其次，关于被诉侵权的汉语拼音教材，从前述比对内容可以看出，虽然被诉侵权教材与原告教材相比有32处不同之处，但该占比仅在6.4%左右，且被诉侵权教材在内容布置上均与原告教材构成实质性相似，故法院认定被告使用的汉语拼音教材侵害了原告对《汉语拼音》享有的著作权。

再次，关于被诉侵权的硬笔书法教材，其中有77.9%的笔画或汉字选择与原告教材一致，91.18%的笔画或汉字排列顺序与原告教材一致，被诉侵权教材在汉字选择上的相似程度已超出了合理范畴，被告也未提交证据证明上述雷同系由于表达方式存在的唯一性或有限性而无法避免，亦未证明上述表达具有其他合理抗辩理由，故法院认定被告使用的硬笔书法教材，侵害了原告对《硬笔书法》享有的著作权。

关于焦点五，被告未经原告许可复制原告作品内容，用于日常经营活动，且未标注作者名称，侵害了原告享有的署名权、复制权以及许可他人以上述方式使用作品并获得报酬的权利，原告主张被告停止侵权，符合法律规定，法院予以支持。关于原告赔礼道歉、消除影响的主张，法院认为，本案中，被告使用被控侵权教材并未标明作者，侵害了原告的署名权，并使含有原告作品的教材在学生中传播，对原告造成了一定的影响，故原告主张被告刊登声明，向其赔礼道歉的诉讼请求，法院予以支持，但考虑到被告侵权行为的影响范围以其教学活动所涵盖范围为限，故刊登声明的范围限于被告网站 www.siyuanchild.com 即可。对于原告要求消除影响的诉讼请求，因原告并未提交证据证明其个人声誉及社会评价因侵权行为遭受了损害，故法院对该项诉请不予支持。关于赔偿经济损失及合理开支的诉讼请求，法院认为，原告主张权利的作品系幼儿教材，部分内容如汉语拼音的教学、硬笔书法字帖的选择等独创性较低，且拼玩识字部分被告的抄袭内容不多，但被告将侵权教材直接用于日常教学，通过教学盈利，侵权后果严重。因此，在无法查明原告实际损失或者被告违法所得的情况下，法院综合考虑作品的创作难度、知名度、被告的主观恶意程度、侵权行为的程度及影响、侵权持续时间及侵权后果、被告的经营规模等因素，酌情确定被告应当承担的赔偿数额。对于报名费、律师费、交通费等，合理部分法院酌情予以支持。

一审法院依照《中华人民共和国著作权法》第十条第一款第(二)项、第(五)项、第二款、第十一条第四款、第四十七条第(五)项、第(七)项、第四十八条第(一)项、第四十九条、《中华人民共和国著作权法实施条例》第二条、《中华人民共和国侵权责任法》第十五条第一款第(一)项、第(六)项、第(七)项、第二款、《最高人民法院关于审理著作权民事纠纷案件适用法律若干问题的解释》第二十五条第一款、第二款、第二十六条的规定，判决：一、被告上海徐汇区思源教育培训中心于判决生效之日起立即停止侵害原告殷某某对《拼拼玩玩快乐识字》教材享有的著作权；二、被告上海徐汇区思源教育培训中心于判决生效之日起连续 72 小时在 www.siyuanchild.com 网站首页上刊登声明，向原告殷某某赔礼道歉(声明的内容须经法院审核，如不履行，法院将在相关媒体上公布判决的主要内容，费用由被告上海徐汇区思源教育培训中心负担)；三、被告上海徐汇区思源教育培训中心于判决生效之日起十日内赔偿原告殷某某经济损失及合理开支合计人民币 30 000 元；四、驳回原告殷某某的其余诉讼请求。

上海徐汇区思源教育培训中心不服一审判决，提起上诉，因逾期未缴纳上诉费用，裁定按上诉人自动撤回上诉处理，一审判决现已生效。

点 评

本案涉及的最重要的法律问题是：本身侵犯他人著作权的作品是否能受到以及在何种程度上受到著作权法的保护。本案中，原告的作品（识字教材）曾被生效判决书认定为侵害了他人同类作品的著作权，原告的作品是在他人作品基础之上修改、增添而来。因此被告的抗辩理由之一，就是原告的教材曾被法院认定为侵权，因此原告的教材不构成作品，原告不享有著作权。国外司法实践中也曾出现过类似观点，即侵害他人著作权的作品不受著作权法保护。

主张该观点的一方实际上是担心给予侵权作品著作权，会鼓励作者侵害他人著作权，并从侵权行为，即“不洁之手”中受益。但这一理由是不能成立的。与其他知识产权一样，著作权并不是所谓“自用权”，即以任何方式利用自己作品的权利，而是排他权，即禁止他人以特定方式利用自己作品的权利。许可权也是从排他权中派生出来的，因为如果他人的特定行为不在著作权的禁止范围之内，他人没有必要请求权利人给予其为该行为的许可。在没有《著作权法》的年代，戏剧作品的创作者当然不享有著作权法意义上的复制权和翻译权，但该作者当然有权将其戏剧作品的手稿放入复印机，按下复印键加以复制，以及自行将该戏剧作品从中文翻译成英文。这是因为自行复印和翻译作品本来就是宪法赋予公民的自由。同样，只要不违反法律规定，包括不侵犯他人的权利，作者也当然可以自行组织剧团公开表演该戏剧作品，或通过出版社公开发行该戏剧作品。这与有没有《著作权法》，以及该法是否规定了复制权、翻译权、表演权和发行权毫无关系，这是“法无禁止即自由”的反映。著作权的作用在于，他人未经许可不得以特定方式利用作品。如果他人未经许可复制、翻译、表演和发行戏剧作品，只有当《著作权法》规定了相应的复制权、翻译权、表演权和发行权时，戏剧作品的作者才能借助法律的规定阻止他人实施这些行为。再如，在《著作权法》规定了发行权的情况下，为他人拍摄裸体写真的摄影师作为摄影作品著作权人，无权在未经被拍摄者许可的情况下，出版摄影作品，因为这样做会侵犯他人的隐私权。摄影师享有发行权，只意味着可以阻止他人，包括被拍摄者本人，以发行的方式利用该摄影作品。

由此可见，著作权的作用并不在于赋予著作权人利用自己作品的自由。作者自己能否以及以何种方式对作品进行利用，与其获得的著作权并无关系，而是取决于法律是否有禁止性的规定。给予侵权作品以著作权保护，绝不意味着该侵权作品的作者可以随意利用该侵权作品，因为这势必侵犯他人的著作权。正如译者在未经许可将英国作者的小说从英文翻译成中文后，无权单独授权出版社出版中文版，而应当由译者或出版社获得英国作者对出版译著的许可。给予侵权作品以著作权保护，仅意味着他人不能随意使用该作品。上例中未经许可将英文小说翻译成中文的译者，虽然无权单独授权出版社出版中文版，但如果出版社未经其授权出版中文版，仍然构成对其著作权的侵权。此时如果法院判决出版社赔偿译者，赔偿额也只能以译者自己的独创性贡献，即在翻译中付出的智力劳动为计算基础，而不能将原作者创作小说的智力劳动也算进去。

在国际上，多数国家的著作权立法对“侵权演绎作品”进行保护。1973年《巴西著作权法》第六条曾将演绎作品的创作者获得原作品权利人授权作为演绎作品获得保护的条件，但1998年新法不再规定这一条件。这意味着即使演绎作品的利用侵犯了在先作品的著作权其也仍然可以受到保护。英国、德国、西班牙和加拿大等国均采取了这一原则。

《中华人民共和国著作权法》第十二条规定：“改编、翻译、注释、整理已有作品而产生的作品，其著作权由改编、翻译、注释、整理人享有，但行使著作权时不得侵犯原作品的著作权。”该条并没有否定“侵权演绎作品”受保护的资格，其应当被解释为：未经许可创作的演绎作品仍然受到保护，只是对演绎作品的利用应当经过原作品权利人和演绎作品权利人的双重许可。另外，从法律解释方法的角度来看，修改前的《中华人民共和国著作权法》第4条第1款“依法禁止出版传播的作品，不受本法保护”已被删除，这意味着即使是如淫秽照片那些内容根本违法的作品都可以受著作权法保护，更何况是侵犯他人著作权的作品呢？

在本案中，原告作品侵犯他人著作权的情况大致可分两类，一类属于抄袭，也就是文字表达基本一致或虽有改动，但过于细微以至于未达到形成新作品的程度。抄袭的部分当然不是由抄袭者独创的，因此抄袭者对这部分无著作权可言。另一类属于在他人作品基础之上进行了创作，具有独创性，这部分内容可能侵害他人的改编权，但仍然可作为作品受到保护。只是在计算损害赔偿额时，不能与由原告完全独创的作品等量齐观。国家版权局颁布的《使用文字作品支付报酬办法》第五条规定，基本稿酬标准和计算方法为：原创作品：每千字80—300元；改编：每千字20—100元。法院可以以此作为参照，合理地确定损害赔偿额。

审理本案的法院正确地适用著作权法，认定自身侵害他人著作权的教材只要具有独创性，仍然可受著作权法保护。这一判决符合著作权法原理，也与国际公认的规则相符，值得肯定。

案例提供单位：上海市徐汇区人民法院

编写人：陈　雪

点评人：王　迁

59. 上海帕弗洛文化用品有限公司诉上海艺想文化用品有限公司等侵害作品信息网络传播权、作品修改权纠纷案

——网页是否构成著作权法意义上的“作品”

案情

原告(被上诉人)上海帕弗洛文化用品有限公司

被告(上诉人)上海艺想文化用品有限公司

被告(上诉人)上海欧鳄文化用品有限公司

原告上海帕弗洛文化用品有限公司(以下简称帕弗洛公司)成立于2003年6月22日,经营范围包括文化用品、办公设备等批发、零售及笔、服装等加工、销售等。

2010年3月29日,原告(甲方)与案外人厦门三五互联网科技股份有限公司上海分公司(以下简称三五公司上海分公司)(乙方)签订网站建设协议一份,协议主要内容:1.甲方委托乙方建设网站,网站整体风格定位、网站首页、内容页等均为标准型,项目总费用23 000元,首付80%、整体确认后付清余款;2.网站开发完成并经甲方验收合格后,网站文件、版权及管理权均归甲方所有;3.乙方在甲方签署《网站设计确认书》之日起25个工作日之内完成网站建设工作,并提供测试版给甲方验收,但根据甲方提出的修改意见而修改的时间不包含在此工作日内。2010年4月19日,三五公司上海分公司传真给原告《三五互联网站设计确认书》一份,要求原告对已制作完毕的网站风格予以查看,测试地址为http://sha.35.com/lubin/bjs/。2010年4月20日,原告验收确认后,三五公司上海分公司对网站进行上载,原告该网站的首页地址为www.sh-picasso.com(以下简称原告涉案网站)。2010年3月30日、2010年5月27日,原告分别向三五公司上海分公司支付网站建设费18 400元、4 600元,三五公司上海分公司于2010年4月6日、2010年5月26日分别开具了相应金额的定制建站费发票。

被告上海艺想文化用品有限公司(以下简称艺想公司)成立于2008年5月29

日，其经营范围包括文化用品、办公用品的销售等。

被告上海欧鳄文化用品有限公司（以下简称欧鳄公司）成立于2002年5月9日，其经营范围包括销售文体用品、工艺礼品、办公用品等。

2011年6月14日，域名为picassopen.com、crocodilepen.com的网站ICP备案经审核通过，网站主办单位均登记为被告欧鳄公司，首页网址分别为www.picassopen.com、www.crocodilepen.com。庭审中，艺想公司确认首页网址为www.picassopen.com的网站系其公司网站，因与欧鳄公司有合作关系，故借用了欧鳄公司网站的基本架构及两网站中内容一致的部分；欧鳄公司确认首页网址为www.crocodilepen.com的网站系其公司网站，由其独立经营管理。

2013年4月16日，原告委托其代理人向上海市徐汇公证处提出保全证据申请，当日由该代理人操作公证处的清洁计算机，登录互联网对访问到的网页进行实时截屏、打印、下载并录像，上海市徐汇公证处对上述过程出具（2013）沪徐证经字第2××9号、第2××0号公证书（以下分别简称2××9号公证书、2××0号公证书）。2××9号公证书记录的主要步骤如下：1.打开傲游浏览器，清除历史浏览记录，在域名栏输入“http://sha.35.com/lubin/bjs”，回车后屏幕显示“上海帕弗洛文化用品有限公司”相关网站首页，点击“品牌动态”、“关于我们”等栏目进入相关页面，对上述页面截图并打印；2.在域名栏输入“www.sh-picasso.com”，回车后屏幕显示“上海帕弗洛文化用品有限公司”涉案网站首页，点击“品牌动态”、“联系我们”等栏目进入相关页面，对上述页面截图并打印。2××0号公证书记录的主要步骤如下：1.打开傲游浏览器，清除历史浏览记录，在搜索栏输入“上海艺想文化用品有限公司”并点击“百度一下”按键，在搜索结果中点击第一个显示为“上海艺想文化用品有限公司”字样的链接，屏幕显示为“上海艺想文化用品有限公司”相关网站首页（www.picassopen.com/ch/Default.asp），点击“上海工商”、“品牌动态”、“关于我们”等栏目进入相关页面，对上述页面截图并打印；2.在地址栏输入www.crocodilepen.com，进入欧鳄公司网站首页，分别点击“品牌动态”、“联系我们”等栏目进入相关页面，对上述页面截屏并打印。屏幕录像生成的视频文件刻录为光盘附于两份公证书后。2013年4月17日，上海市徐汇公证处开具金额为3 000元的公证费发票一张。

2××9号公证书显示：1.原告涉案网站首页页面（网址www.sh-picasso.com）色彩以褐红色为主色，中间为亮红色，四周颜色较深为黑褐及暗红色。页面自上而下分为商标及导航条、产品展示、公司简介三大版块，其中导航条与页面颜色相同为黑褐色，并设置有“首页、关于我们、品牌动态、产品展厅、保养说明、案例展示、官方网店、联系我们”八个栏目；产品展示版块左上角有“如果一家企业，是为了艺术而诞生，ARTS为了品质而存在的上海帕弗洛文化用品有限公司”文字（以下简称

ARTS文字),版块左下角为笔的型号及建议零售价,版块中间为各款式笔的陈列,每一款式以整支笔、笔身及笔帽三部分自左至右排列为一组,同时展示五组,左右各有一箭头符号,点击后可按箭头方向依次缩放各组产品,中间一组图片较大,图片上方为笔的名称,左右各两组图片较小,中间及左右各一组笔的周围伴有星星闪烁的动画效果;公司简介版块自左至右分为公司荣誉、简介及品牌动态三部分。2.内页页面(网址分别为公证书第14—15页www.sh-picasso.com/news.asp、公证书第16页www.sh-picasso.com/product.asp、公证书第17页www.sh-picasso.com/contact.asp)中间呈褐红色,四周颜色较深为黑褐及暗红色;页面布局自上而下为商标及导航条、ARTS文字及笔的图片、内容版块三部分,商标、导航条及ARTS文字与首页一致,ARTS文字右侧为两三支笔组合摆放的图片,各页面笔的款式不同,ARTS文字及笔的中间有诸多小圆点呈气泡上升的动态效果;公证书第14、15页对应网页的内容版块分为"品牌动态(公司动态、行业动态)、服务热线"两大栏目,页面中间有两条明显的白色分隔线;公证书第16页对应网页的内容版块为"产品展示"栏目,自左至右分为四栏;公证书第17页对应网页的内容版块为"联系我们"栏目,左侧为原告的地址、电话等信息,右侧为GOOGLE地图。内页文章的最早日期为2010年5月19日。3.测试网址http://sha.35.com/lubin/bjs/呈现页面与原告涉案网站网页仅部分文字有所差异,内页文章的日期均为2010年4月1日。

2××0号公证书显示,首页网址分别为http://www.picassopen.com/ch/Default.asp、http://www.crocodilepen.com/ch/Default.asp的网站各页面基本一致,仅公司名称存在差异,分别显示为艺想公司及欧鳄公司。各页面呈现效果如下:1.首页页面色彩以红黑色为主色,中间为亮红色,向周围颜色逐渐加深,左右边框及页面下部均为黑色,整个页面有隐约的网格线贯穿,页面上部有数个金黄色光晕,页面中下部有隐约的世界地图为背景;页面自上而下分为商标及导航条、产品展示、公司简介三大版块,其中导航条与页面颜色不同为金黄色,并设置有"首页、关于我们、品牌动态、产品展示、阿里店铺、联系我们"六个栏目;产品展示版块左上角有"艺术绽放生命,艺术成就殿堂"、法文文字及蝴蝶图案(以下简称艺术文字),版块中间为各款式笔的陈列,每一款式以整支笔、笔身左右排列为一组,同时展示五组,左右各有一箭头符号,点击后可按箭头方向依次缩放各组产品,中间一组图片较大,笔杆及笔尖上方有光芒四射的效果,图片上方为笔的名称,图片左下方为笔的型号及建议零售价,左右各两组图片较小,各组笔的周围有隐约的小白光点;公司简介版块自左至右分为艺术殿堂印象、品牌动态、公司荣誉三部分。2.内页页面颜色、网格线、光晕等与首页基本一致,页面布局自上而下为商标及导航条、艺术文字及笔的图片、内容版块三部分;商标、导航条及艺术文字与首页一致,导航条左右两侧分别有“全国统一咨询电话”、“在线咨询”蓝色咨询框；艺术文字右侧为一支笔的笔身与笔帽组合摆放的图片，各页面笔的款式相同，文字及笔的中间有诸多圆点呈气泡上升的动态效果；公证书第6、7、21、22页对应页面的内容版块分为“品牌动态、公司荣誉”两个栏目，页面中间无白色横线；公证书第11、12、24、25页对应页面的内容版块分为“企业简介、总裁致辞、成长历程、组织机构、联系我们”五大栏目，其中“联系我们”栏目内容呈上下排列，上部为地址、电话等信息，下部为地图；内页文章的最早日期为2012年5月19日。

庭审中，原告主张其网站首页构成一个作品，网站内页(2××9号公证书第14、16、17页)共同构成一个作品，其首页的独创性体现为页面背景颜色、布局两部分，布局具体表现为页面内容分为上中下三部分、产品展示的位置与方式、星星闪烁的动画效果，内页的独创性体现为页面背景颜色、笔的位置及气泡效果。同时，原告表示其网站内页对应两被告网站的相应内页(2××0号公证书第6—12页、第21—22页、第24—25页)，两被告侵犯了其网页作品的信息网络传播权与修改权。两被告则表示其网站在页面背景颜色、页面的网格线及世界地图、页面的金黄色光晕、导航条的颜色、蝴蝶图案、首页笔尖部分的反射光芒、首页笔的陈列方式、内页的版画背景及光晕、内页的产品展示方式等方面与原告网站对应网页页面存在不同。

2013年10月29日，北京盈科(上海)律师事务所向原告开具金额为20 000元的律师费发票一张。

原告帕弗洛公司诉称，两被告对原告官网设计风格、色彩、布局等外在表现形式的抄袭具有明显的主观恶意，侵犯了原告享有的著作权。为维护自身合法权益，原告诉至法院，请求判令：一、两被告立即停止侵犯原告网页著作权的行为，即删除侵权网页；二、两被告连带赔偿原告经济损失人民币200 000元；三、两被告连带赔偿原告因制止侵权行为支出的合理费用23 000元；四、两被告共同在《新民晚报》及各自官网刊登声明，消除影响。庭审中，原告明确：1.诉请一为要求两被告分别删除各自官网首页(艺想公司官网首页网址为www.picassopen.com、欧鳄公司官网首页网址为www.crocodilepen.com)及与首页设计风格近似的内页；2.诉请三的合理费用包括律师费20 000元、公证费3 000元。

被告艺想公司辩称，其从未设计过任何网站，系借用欧鳄公司的网站进行搭载宣传，其没有主观恶意，客观上也未给原告造成任何损害事实。

被告欧鳄公司辩称，其网站由设计师设计，设计内容具有其公司特征；两被告没有共同侵权的事实及故意，故原告要求两被告承担连带责任没有法律依据；原告主张的网页没有独创性，很多内容均为网络中公开使用。

审 判

一审法院经审理后认定,原告网站首页页面的内容对颜色、内容的选择及布局编排体现了独特构思,具有独创性和可复制性,构成著作权法上所称的作品。两被告的首页页面与原告网站首页页面构成了实质性相似,又未能证明该些相同部分的表达方式系由其独立创作,构成对原告该网页作品信息网络传播权的侵犯。但原告在本案中主张两被告侵犯其网页的修改权,因两被告被控侵权网页虽在细节上与原告涉案网页存有区别,但其并非是对原告该网页作品的直接修改,亦未造成原告人身权利受损,故对于原告该主张,不予采信。

一审法院依照《中华人民共和国著作权法》第十条第一款第(十二)项、第十七条、第四十八条第(一)项、第四十九条、《最高人民法院关于审理著作权民事纠纷案件适用法律若干问题的解释》第二十五条第一款、第二款,第二十六条、《最高人民法院关于审理涉及计算机网络著作权纠纷案件适用法律若干问题的解释》第二条的规定,判决:一、被告上海艺想文化用品有限公司、被告上海欧鳄文化用品有限公司立即停止侵犯原告上海帕弗洛文化用品有限公司网站首页(www.sh-picasso.com)著作权的行为,即被告上海艺想文化用品有限公司立即删除域名为picassopen.com 的网站首页页面,被告上海欧鳄文化用品有限公司立即删除域名为 crocodilepen.com 的网站首页页面;二、被告上海艺想文化用品有限公司于本判决生效之日起十日内赔偿原告上海帕弗洛文化用品有限公司经济损失人民币10 000 元及因制止侵权支出的合理费用人民币 5 000 元;三、被告上海欧鳄文化用品有限公司于本判决生效之日起十日内赔偿原告上海帕弗洛文化用品有限公司经济损失人民币 10 000 元及因制止侵权支出的合理费用人民币 5 000 元;四、驳回原告上海帕弗洛文化用品有限公司的其余诉讼请求。

一审判决后,艺想公司和欧鳄公司不服判决,提起上诉。

上诉人欧鳄公司的主要理由:1.被上诉人的涉案网站首页毫无独创性,不应被法院认定为作品;2.被控侵权网站首页与被上诉人的涉案网站首页明显不同,被控侵权网站首页属于上诉人欧鳄公司自己创作的作品,具有特定的内涵和构思;3.上诉人欧鳄公司的被控侵权网站的设立时间早于被上诉人的涉案网站,且其网页内容的形成时间也早于被上诉人的网页,不可能存在抄袭行为。

上诉人艺想公司的主要理由:上诉人艺想公司经上诉人欧鳄公司合法授权使用被控侵权网站网页内容,不构成侵权,不应承担民事责任。

被上诉人帕弗洛公司辩称:1.涉案网站首页具有独创性,构成著作权法保护的作品;2.两上诉人的网站首页在细节上虽与涉案网站首页存在差异,但总体上两者构成实质性相似;3.根据一审查明的事实,上诉人欧鳄公司的网站成立时间与网页内容上传时间均晚于涉案网站，存在抄袭可能。

在二审中，双方当事人均未提交新证据。

二审法院认为一审认定事实清楚，适用法律正确，判决并无不当，故判决驳回上诉，维持原判。

点评

网页是用超文本标记语言书写的基本文档，以数字化形式存储于计算机的存储设备中，通过网络浏览器以文字、图像、声音及其组合等多媒体效果展现在计算机的输出设备中，并能够以多种形式被复制。网页作品著作权侵权问题是近年来知识产权审判中出现的新问题。本案是一起典型的侵害网页著作权纠纷案例，涉及的主要问题包括网页作品“独创性”的认定和网页作品侵权“实质性相似”的认定。本案所确立的网页作品著作权保护标准对于同类案件审理具有较强的参考意义。

一、网页作品“独创性”的认定

网页能否成为著作权法保护的作品，关键在于网页界面的编排设计是否具有独创性。就原告网站首页，一审法院认为，首页页面内容结合了数字形式的文字、图形、动画效果及独特的色彩选择和版面设计，虽然其所用的色彩、文字、产品展示方式、星星闪烁的动画效果就单个元素来看或来自公有领域，但网页的设计者将上述各元素以数字化的方式进行特定的组合而非简单排列，给人以视觉上的美感，其对颜色、内容的选择及布局编排体现了独特构思，具有独创性，构成著作权法所保护的作品。二审法院亦认为涉案网站的首页除了具有一般公司网站首页均有的栏目和结构要素之外，在画面颜色、内容的选择、展示方式及布局编排等方面体现了独特构思，呈现出一定的视觉艺术效果，具有独创性。就原告网站内页页面，一审法院认定，其内容及布局编排均较为简单，内页页面不构成著作权法上的作品。

需要指出的是，“独创性”并不意味着作品需要具备高度的文学和美学价值，而是要求作品具有一定的智力创造性，即作品必须是创作者智力创造活动的结果，体现了创作者富有个性的判断和选择，其智力创造性不能过于微不足道。本案中，对于原告网站首页和内页的独创性，法院作出了不同的认定结果，认为网站首页具有独创性，网站内页不具有独创性，体现了法院对“独创性”标准的准确把握。

二、网页作品侵权“实质性相似”的认定

对著作权侵权的认定应遵循“接触＋实质性相似”的公式。如果被控侵权作品的作者曾接触过原告的作品，同时该被控侵权作品与原告作品存在内容上的实质性相似，则除法定免责理由外，即构成侵权。由于独创性是作品受著作权法保护的前提,所以侵权认定与独创性也具有密切关系,若被告与原告作品实质性相似的部分并非原告独创,那么被告也不构成对原告作品著作权的侵权。

本案中,一审法院认定,两被告被控侵权网站的首页页面虽在细节上与原告网站首页页面存在差异,然无论背景色彩、页面排版抑或各版块比例布局、产品展示的位置方式等均与原告网站首页页面的表达方式基本相同,构成了实质性相似。两被告未能证明该些相同部分的表达方式系由其独立创作,而两被告涉案网站的ICP备案日期、其网页所刊载的文章日期均晚于原告网站建成日期,其作为原告的同业竞争者,有机会从互联网上接触原告网站内容。综上,一审法院认定两被告未经原告同意,擅自将与原告涉案网站首页页面实质性相似的页面置于信息网络中,侵犯了原告对该网页作品享有的信息网络传播权。二审法院亦认为被控侵权网站的首页页面虽在细节上与涉案网站首页页面存在差异,但这些细微差异对页面整体视觉效果的影响不大,两者在页面色彩、产品展示方式以及文字内容布局等方面基本相同,构成了实质性相似。

案例提供单位:上海市闵行区人民法院
编写人:王　贞　张　敏
点评人:丁文联

60. 殷某某诉上海科炎光电技术有限公司等侵害发明专利权纠纷案

——专利间接侵权的认定

案 情

原告(上诉人)殷某某

被告(被上诉人)上海科炎光电技术有限公司

被告(被上诉人)上海科润光电技术有限公司

名称为"依次逐段发光的场致光缆线"的发明专利由原告于2005年8月19日向国家知识产权局提出申请,于2011年1月19日被授权公告。该专利权利要求1为:"一种依次逐段发光的场致光缆线,包括有发光芯线,辅导电线及透明外层,其中至少有两组发光芯线依次相互绞合成缆,或增设一中心线,至少有两组发光芯线依次螺旋缠绕在中心线上,其特征是:发光芯线只有向外的部分表面上涂有发光粉和粘结剂的混合层及金属透明电极层。"

2012年9月6日,原告向深圳公证处申请网页保全公证,其委托代理人在公证员的监督下使用公证处计算机,进入网址 http://www.kpt.net.cn/cn_index.asp,显示的网页底部显示"版权所有上海科炎光电技术有限公司(KPT)"。该网站上有USB发光数据线的介绍;在"联系我们"页面载明了联系电话、传真、地址、网址等信息,其中标注的公司名称系两被告的名称,厂址为上海市松江区洞泾镇洞泾工业区洞舟路某号某栋;在"关于KPT"页面亦有关于被告上海科润光电技术有限公司(以下简称科润公司)的介绍。

2012年9月6日,原告向深圳公证处申请证据保全公证,其委托代理人与公证员来到深圳市福田区深南大道兴业银行大厦17楼,收到快递包裹一个,并当场在快递单上签名,取得快递单一张、送货单一张、收款收据一张,并于签收行为结束后对收到的物品进行了封存。该快递单显示,寄件公司为上海科炎光电技术有限公司,地址上海市松江区洞泾镇洞舟路某号某栋;送货单上记载的公司名称是被告上海科炎光电技术有限公司(以下简称"科炎公司"),地址同上述快递单,记载的产品名称为发光数据线,型号USB6—W—T的数量80M,型号USB3—W—T的数量

20M；收款收据上记载的发光数据线的金额为人民币1 000元（以下币种均为人民币），并加盖了被告科润公司的发票专用章。

一审庭审中，原告确认本案被控侵权产品系公证购买的两款产品，两者差异在于USB3—W—T（以下简称产品1）的发光芯线有3根，USB6—W—T（以下简称产品2）的发光芯线有6根。被告科炎公司确认原告上述网页保全公证中公证保全的网页系被告科炎公司网页，因两被告的研发部门系合作研发关系，为共同研制推广的目的，被告科炎公司网站上有被告科润公司的信息。

经一审当庭拆封被控侵权产品USB3—W—T发光数据线，原告用其自带设备检测，该发光数据线通电后的效果系闪动发光，也即整条发光数据线部分区域始终不亮，部分区域闪动发亮。该发光数据线中心系三根包有绝缘层的金属基线相互缠绕，在上述相互缠绕的金属基线外壁全部涂有发光粉和粘结剂的混合层及电极层，外侧还有辅导电线及透明塑料外层。

原告诉称，其系名称为“依次逐段发光的场致光缆线”发明专利的专利权人，该专利现行有效。两被告未经许可大量生产并销售侵犯原告发明专利的产品，侵犯了原告的专利权，给原告造成巨大经济损失。请求判令：1.被告科炎公司立即停止生产、销售侵权产品；2.被告科润公司立即停止生产、销售侵权产品；3.两被告立即销毁库存的侵权产品及其零部件、相关模具；4.两被告赔偿原告经济损失30万元；5.两被告赔偿原告合理费用56 170元（包括律师费5万元、公证费5 170元、侵权产品购买费用1 000元）；6.两被告承担本案诉讼费用。

两被告辩称，1.被告的产品不同于原告专利，未落入原告专利权保护范围；2.被告产品使用的技术系现有技术，不存在侵权；3.被告未生产、销售过被控侵权产品；4.原告专利不具备新颖性和创造性，被告已向专利复审委员会提出无效申请并已被受理，故请求法院中止本案侵权诉讼审理。

被告主张的现有技术抗辩，其援引的对比文件系2003年2月12日授权公告的名称为“电致发光线”的实用新型专利，该专利权利要求1为：“一种电致发光线，包括有由至少一股线状导线构成的中心电极，中心电极的外面覆盖有由电绝缘材料构成的绝缘介质层，绝缘介质层的外面覆盖有由荧光粉末和粘结剂混合物构成的发光物质层，发光物质层的外面覆盖有由粒径≤20 nm的纳米级导电材料构成的透明导电层，构成透明导电层的纳米级导电材料同时也填充在构成发光物质层的荧光粉末和粘结剂混合物所形成的孔隙内，透明导电层上螺旋缠绕有由至少一根线状导体构成的外电极。”

审判

一审法院经审理后认为，本案中，关于原告主张保护专利权利要求1。首先，关于被控侵权产品的发光效果,经原告自带设备检测,被控侵权产品仅有闪动发光的效果,而原告权利要求 1 保护的系一种依次逐段发光的场致光缆线。对于依次逐段发光的理解,原告专利说明书中亦有涉及,如背景技术缺陷中涉及不能实现依次逐段递进追逐发光的动态效果,本发明的目的就是要提供一种具有追逐发光动态效果的依次逐段发光场致光缆线,使整根缆线有逐段或逐点依次递进追逐发光的效果,而闪动发光区别于依次逐段递进追逐发光,不能实现原告专利的发明目的。其次,被控侵权产品在相互缠绕的金属基线外壁全部涂敷发光粉和粘结剂的混合层及电极层,在结构上虽然也存在金属基线、发光层、电极层,但难以认定存在包含有金属基线、绝缘层、发光层与电极层的独立的发光芯线,故与涉案专利包括有发光芯线、发光芯线依次相互绞合成缆、发光芯线只有向外的部分表面上涂有发光粉和粘结剂的混合层及电极层也存在差异。再则,关于被控侵权产品电极层的成分,原告对此并未提供证据予以证实,对于被告使用的万用表也未提出合理的异议理由,而其关于被控侵权产品外层电极层即使采用了金属氧化物,也同样落入原告权利要求 1 的保护范围也无专利权利要求的依据。综上所述,原告并未举证证明被控侵权产品落入其专利权利要求 1 的保护范围。在此情况下,无论被告所主张的现有技术抗辩是否成立,被告均因被控侵权技术方案未落入原告专利权利要求 1 的保护范围而不构成专利侵权,故无需再审理现有技术抗辩是否成立。原告要求被告停止侵权、销毁侵权产品、赔偿损失及合理费用的诉讼请求不能成立,法院不予支持。据此,一审法院依照《中华人民共和国专利法》第五十九条第一款、《最高人民法院关于审理侵犯专利权纠纷案件应用法律若干问题的解释》第七条之规定,判决:驳回原告殷某某的诉讼请求。

判决后,殷某某不服,提起上诉,请求撤销一审判决,依法改判支持上诉人一审中的诉讼请求,由被上诉人承担一审、二审的全部诉讼费用。其主要上诉理由为:1.被控侵权产品的对应技术特征与涉案专利权利要求 1 中"依次逐段发光的场致光缆线"的技术特征相同。涉案专利权利要求 1 中的"依次逐段发光的场致光缆线"该技术特征为功能性技术特征。而根据涉案专利说明书[0011]段的描述,可以确定"依次逐段发光"的具体内容为"发光芯线采用了绞合或螺旋缠绕之特殊结构"。通过比对,被控侵权产品有发光芯线,且发光芯线是互相绞合的,因此被控侵权产品的对应技术特征与涉案专利权利要求 1 中"依次逐段发光的场致光缆线"的技术特征相同。且,一审庭审中上诉人利用自带设备再现了被控侵权产品"依次逐段发光"的技术效果。2.被控侵权产品具有独立的发光芯线。涉案专利说明书[0002]段对于"发光芯线"的定义表述得非常清楚,即发光芯线是在一根金属基线圆周的外壁涂敷一层绝缘介质构成发光基线,再在发光基线的外壁涂敷发光粉和一层金属透明电极。被控侵权产品具有金属基线、金属基线外壁涂敷绝缘介质、金属基线的向外部分涂有发光粉和一层金属透明电极，在功能效果展示中，实际上也是涂敷绝缘介质、发光粉层、电极层的金属基线（即发光芯线）在单独发光。而且，被控侵权产品的发光芯线与涉案专利的另一区别技术特征，即发光芯线只有向外部分表面上涂有发光粉和粘结剂的混合层及金属透明电极层，完全一致。3.上诉人与被上诉人均确认被控侵权产品的透明电极层的物质为金属氧化物，而金属氧化物透明电极层的技术特征与涉案专利"金属透明电极层"的技术特征构成等同技术特征。

两被上诉人共同辩称，1.本案现有证据不能证明被控侵权产品系被上诉人生产。相关公证书上仅载明发票和包裹，未写明收到货物的具体内容，而包裹是打开的，故无法确定公证保全的被控侵权产品是被上诉人的产品。2.一审庭审中，上诉人自带设备的演示仅体现了被控侵权产品的闪动发光效果，并未体现依次逐段发光效果。关于功能性技术特征，涉案专利是产品专利，其保护范围应当限于权利要求书的内容，即依次逐段发光的技术特征，而非采取何种手段实现该技术特征。3.关于发光芯线。涉案专利是两根发光芯线绞合，而被控侵权产品仅有一根发光芯线。涉案专利对发光芯线有明确定义，上诉人的陈述混同发光芯线、发光基线和金属基线。被控侵权产品系由多根金属基线绞合后再涂敷涂层。4.关于透明电极层。金属氧化物透明电极层和金属透明电极层不构成等同技术特征。该两种材质的导电率、透明度存在很大不同，两者在本案技术中产生的效果完全不同。故请求驳回上诉，维持原判。

二审法院查明，一审法院查明的事实属实。

二审庭审中，上诉人用其自带的驱动器驱动被控侵权产品，根据不同的连接方式，被控侵权产品具有闪动、依次逐段发光等不同发光效果。

另查明，涉案专利说明书第[0008]段记载，"本发明方案一中的发光芯线或方案二中场致发光线的发光芯线只有向外的部分表面上涂有发光粉和粘结剂的混合层及金属透明电极层。而绞合向里的部分表面不被视觉所见，故无需发光，可降低生产成本"；第[0011]段记载，"本发明使用时采用特别的驱动器，内设专用程序控制芯片，使本发明中的每组发光芯线周期性导电、断电（一般为 0.30 秒至 0.80 秒）。由于本发明中的每组发光芯线采用绞合或螺旋缠绕之特殊结构，使整根缆线有逐段或逐点依次递进追逐发光的效果"；第[0020]段记载，"实施例 1：……使用时，每组中两根发光芯线通过一根导线与驱动器连接"。

第 22143 号《无效宣告请求审查决定书》中记载，请求人科润公司认为，"本专利权利要求 1 请求保护一种依次逐段发光的场致光缆线，对比文件 1 公开了一种电致发光线，其包括由多股金属丝按螺旋状编排扭合（相对于本专利的依次相互绞合成缆）……在发光物质层 5 的外面涂覆纳米级导电材料构成透明导电层 7，优选氧化铟锡粉末（相当于本专利的金属透明电极层）"。

北京紫图知识产权司法鉴定中心(以下简称紫图鉴定中心)接受二审法院委托就本案相关技术问题进行司法鉴定。鉴定结论为:1.产品1、产品2的对应技术特征与涉案专利权利要求1的技术特征分别相同。2.产品1的技术特征与现有技术方案即名称为“电致发光线”(专利号:02228676.4)的技术特征相同,产品2的技术特征与现有技术方案的技术特征无实质性差异。

二审法院经审理后认为:第一,根据上诉人提交的(2012)深证字第111××号《公证书》的记载,应当确认公证所封存的被诉侵权产品即为两被上诉人发给上诉人的货物。快递单及送货单上记载的公司名称均为科炎公司,收款收据上盖有科润公司的发票专用章,结合公证保全的科炎公司网页上同时具有两被上诉人公司信息的情况,应当认定被控侵权产品系两被上诉人共同生产、销售。

第二,涉案发明专利“依次逐段发光的场致光缆线”权利要求1记载的技术特征可分解为:A.一种依次逐段发光的场致光缆线,包括有发光芯线,辅导电线及透明外层,B.其中至少有两组发光芯线依次相互绞合成缆,或增设一中心线,至少有两组发光芯线依次螺旋缠绕在中心线上,C.发光芯线只有向外的部分表面上涂有发光粉和粘结剂的混合层及金属透明电极层。其中,技术特征A中的“依次逐段发光的场致光缆线”只是陈述了场致光缆线的发光效果而未描述实现该效果的具体技术手段,故该技术特征为功能性特征。根据涉案专利说明书记载的内容,“依次逐段发光的场致光缆线”该技术特征的内容应限定为“每组发光芯线通过一根导线与驱动器连接,驱动器使每组发光芯线周期性导电、断电,以使整根场致光缆线呈现逐段或逐点依次递进追逐发光的效果”。

产品1的技术特征可分解为:a1.包括三根芯线(金属基线外面涂敷绝缘介质)、两根辅导电线和透明外层;b1.三根芯线依次互相绞合;c1.芯线只有向外的部分表面上涂有发光粉和粘结剂的混合层及金属氧化物透明电极层。产品2的技术特征可分解为:a2.包括六根芯线(金属基线外面涂敷绝缘介质)、两根辅导电线和透明外层;b2.一束中心线,六根芯线依次螺旋缠绕在中心线上;c2.芯线只有向外的部分表面上涂有发光粉和粘结剂的混合层及金属氧化物透明电极层。

将产品1、产品2的技术特征与涉案专利权利要求1的技术特征进行比对:1.由于产品1、产品2仅是光缆线,并不包含驱动器,因此技术特征a1、技术特征a2与技术特征A相比缺少“每组发光芯线通过一根导线与驱动器连接,驱动器使每组发光芯线周期性导电、断电,以使整根场致光缆线呈现逐段或逐点依次递进追逐发光的效果”的技术特征,故技术特征a1、技术特征a2与技术特征A既不相同,也不等同;2.根据涉案专利权利要求书以及说明书的记载,“发光芯线只有向外的部分表面上涂有发光粉和粘结剂的混合层及金属透明电极层”,故技术特征B中的发光芯线只在绞合后向外的部分表面上涂有发光层,其绞合向里的部分没有发光层,而并非两被上诉人认为的在整个外部都涂有发光层的“发光芯线”，故技术特征 b1、技术特征 b2 与技术特征 B 相同；3.科润公司在针对涉案专利提出的无效宣告请求中陈述称，“在发光物质层 5 的外面涂覆纳米级导电材料构成透明导电层 7，优选氧化铟锡粉末（相当于本专利的金属透明电极层）”，由此可见，科润公司亦认可金属氧化物透明导电层相当于涉案专利技术特征 C 中的金属透明电极层，故二审法院认同鉴定专家关于涉案专利中“金属透明电极层”行业内理解为“金属氧化物透明电极层”的意见，技术特征 c1、技术特征 c2 与技术特征 C 相同。由于产品 1、产品 2 的技术特征 a1、技术特征 a2 与涉案专利权利要求 1 的技术特征 A 不相同也不等同，因此产品 1、产品 2 并未落入涉案专利权利要求 1 的保护范围。由于产品 1、产品 2 并未落入涉案专利权利要求 1 的保护范围，故两被上诉人生产、销售被控侵权产品的行为并不直接侵犯上诉人的涉案专利权。

然而，根据二审庭审中的演示以及紫图鉴定中心出具的《鉴定意见书》可知，产品 1、产品 2 通过驱动器以特定方式驱动时可以实现依次逐段发光的效果，即产品 1、产品 2 与特殊的驱动器结合使用会落入涉案专利权利要求 1 的保护范围，故产品 1、产品 2 可以用于实施涉案专利。如果两被上诉人知道他人实施侵犯涉案专利权行为而仍为其提供帮助，或者教唆他人实施侵犯涉案专利权行为的，则两被上诉人应当承担共同侵权责任。故本案中，要判断两被上诉人生产、销售被控侵权产品的行为是否构成对涉案专利权的侵犯，还应当审查两被上诉人是否存在教唆、帮助侵权行为。对此，二审法院认为，首先，本案中，根据一审、二审庭审中的演示以及紫图鉴定中心出具的《鉴定意见书》可知，产品 1、产品 2 在使用驱动器进行驱动时，通过不同的驱动方式，既可以实现涉案专利要求保护的依次逐段发光的效果，也可以实现常亮、闪动发光等其他发光效果。由此可见，产品 1、产品 2 在通过不同的驱动方式驱动时，既可能落入涉案专利的保护范围，也可能不落入涉案专利的保护范围，因此，产品 1、产品 2 并非专门用于实施涉案专利的部件。其次，本案中并无证据可以证明两被上诉人明知产品 1、产品 2 可以用于实施涉案专利，仍然故意诱导、怂恿、教唆他人实施涉案专利，也没有证据证明两被上诉人在主观上有诱导或唆使他人实施涉案专利的故意，亦无证据能够证明两被上诉人明知他人准备实施涉案专利，仍然为其提供帮助。因此，两被上诉人制造、销售产品 1、产品 2 的行为亦不构成教唆、帮助侵权。据此，二审法院依照《中华人民共和国民事诉讼法》第一百七十条第一款第（一）项之规定，判决驳回上诉，维持原判。

点 评

本案涉及专利侵权案件中功能性特征认定和专利间接侵权认定这两个疑难

问题。

一、关于功能性特征的认定

《最高人民法院关于审理侵犯专利权纠纷案件应用法律若干问题的解释》第四条规定，对于权利要求中以功能或者效果表述的技术特征，人民法院应当结合说明书和附图描述的该功能或者效果的具体实施方式及其等同的实施方式，确定该技术特征的内容。根据上述规定，在确定功能性技术特征的内容时，首先，必须确定相关技术特征是否属于功能性技术特征；其次，如果相关技术特征属于功能性技术特征的，则再根据专利说明书及附图描述的实施方式，确定该技术特征的内容。

本案中，涉案专利技术特征中的"依次逐段发光的场致光缆线"只是陈述了场致光缆线的发光效果而未描述实现该效果的具体技术手段，故该技术特征为功能性特征。涉案专利说明书记载，"本发明使用时采用特别的驱动器，内设专用程序控制芯片，使本发明中的每组发光芯线周期性导电、断电（一般为0.30秒至0.80秒）。由于本发明中的每组发光芯线采用绞合或螺旋缠绕之特殊结构，使整根缆线有逐段或逐点依次递进追逐发光的效果"，"实施例1：……使用时，每组中两根发光芯线通过一根导线与驱动器连接"。根据上述记载内容，"依次逐段发光的场致光缆线"的技术特征内容应限定为"每组发光芯线通过一根导线与驱动器连接，驱动器使每组发光芯线周期性导电、断电，以使整根场致光缆线呈现逐段或逐点依次递进追逐发光的效果"。

二、关于专利间接侵权的认定

我国专利法及相关司法解释对于专利间接侵权均未作明确规定，司法实践中涉及该问题的专利侵权案件也比较少，相关审判规则仍有待探索研究。《中华人民共和国侵权责任法》第六条规定，"行为人因过错侵害他人民事权益，应当承担侵权责任"；第九条规定，"教唆、帮助他人实施侵权行为的，应当与行为人承担连带责任"。从侵权责任法中有关共同侵权的上述法律规定来看，认定构成专利间接侵权的要件包括：1.被告存在过错；2.被告具有教唆、帮助他人实施专利侵权的行为。

司法实践中，对于主观过错以及教唆、帮助行为的认定并没有非常明晰的标准，需要结合个案具体情况进行判断。如果被控侵权产品是专门用于实施专利的，则可以直接推定被告具有教唆、引诱他人实施专利的故意，从而认定被告的行为构成专利间接侵权；如果被控侵权产品既可以用于实施专利，也可以用于其他用途，则需要根据被告的行为进行判断。在通常情况下，只有在被告具有积极诱导他人实施专利的行为时，例如提供专利发明创造的图纸、传授专利技术方案、产品宣传时强调可以实施专利等，才可以认定被告具有教唆、引诱他人实施专利的故意，从而认定被告的行为构成专利间接侵权。

本案中，二审法院认为两被告生产、销售被控侵权产品的行为并不直接侵犯原告的专利权,但是产品1、产品2在使用驱动器进行驱动时,通过不同的驱动方式,既可以实现涉案专利要求保护的依次逐段发光的效果,也可以实现常亮、闪动发光等其他发光效果,因此被控侵权产品可以用于实施涉案专利,但并非专门用于实施涉案专利的部件。如果两被告知道他人实施侵犯涉案专利权行为而仍为其提供帮助,或者教唆他人实施侵犯涉案专利权行为的,则可以认定两被告构成专利间接侵权。而本案中,两被告没有明知被控侵权发光缆线可以用于实施原告专利而仍然故意诱导、怂恿、教唆他人实施原告专利的行为,也没有明知他人准备实施原告专利而仍然为其提供帮助的行为,故两被告不存在教唆或引诱他人实施侵犯原告专利的行为,不构成教唆、帮助侵权。通过本案二审审理,法院对专利间接侵权的判定标准进行了有益探索,对于同类案件裁判具有很强的参考意义。

案例提供单位:上海市高级人民法院
编写人:马剑峰
点评人:丁文联

61. 合肥伍伍壹网络科技服务有限公司诉上海拍拍贷金融信息服务有限公司侵害商标权纠纷案

——在先使用有一定影响的未注册商标的认定

案 情

原告（上诉人）合肥伍伍壹网络科技服务有限公司

被告（被上诉人）上海拍拍贷金融信息服务有限公司

原告合肥伍伍壹网络科技服务有限公司(以下简称伍伍壹公司)于2012年8月14日成立,股东为刘某某、张某,经营范围为计算机网络工程、信息技术服务、财务咨询、企业管理咨询、展会服务等。

案外人广州市俊烨办公设备有限公司(以下简称俊烨公司)于2007年6月27日成立,股东为刘某某、蒋某某,经营范围为批发和零售贸易、企业管理信息咨询、办公设备维修。原告的法定代表人张某陈述,其系俊烨公司的实际控制人,刘某某系其妻子。

国家工商行政管理总局商标局(以下简称商标局)于2010年9月28日核准俊烨公司在第36类服务上注册第7188389号"拍拍贷 PPDAI"商标,核定使用服务项目为分期付款的贷款、金融贷款、金融服务、金融管理、融资租赁、金融咨询、信用卡服务、电子转账、担保、典当,注册有效期限至2020年9月27日止。该注册商标的申请日期为2009年2月5日。

商标局于2010年9月28日核准俊烨公司在第36类服务上注册第7188381号"qqdai"商标,核定使用服务项目为金融贷款、金融服务、储蓄银行、金融咨询、珠宝估价、不动产代理、经纪、担保、信托、典当,注册有效期限至2020年9月27日止。

2013年6月13日,商标局核准俊烨公司将上述两个注册商标转让给原告。

2013年10月17日,商标评审委员会受理了案外人上海代丰投资咨询有限公司(以下简称代丰公司)就第7188389号商标提出商标争议。

被告上海拍拍贷金融信息服务有限公司(以下简称拍拍贷公司)于 2011 年 1 月 18 日成立,原企业名称为上海厦众信息技术有限公司,于 2012 年 4 月变更为现企业名称。公司股东为北京拍拍融信投资咨询有限公司、顾某某、胡某某等。经营范围为:金融信息服务,计算机网络专业领域内的技术开发、技术咨询、技术服务、技术转让,数据处理服务,电子商务,市场信息咨询与调查等。

被告关联公司代丰公司于 2007 年 7 月 17 日成立,法定代表人顾某某,股东为顾某某、胡某某、陆某某,经营范围为:投资咨询,商务咨询,企业管理咨询,旅游信息咨询,会展会务服务,计算机领域内的技术开发、技术服务、技术转让、技术咨询。

《民间金融家》系案外人广州乾合投资管理有限公司(以下简称乾合公司)自行印制的刊物,张某为刊物主编。标有“总期第 2 期,2013 年 12 月”字样的《民间金融家》刊物的封面和封底有“”标识。封底广告有“投资乾坤 聚合你我”、“拍拍贷 PPDAI——招商运营中心”等内容。该刊物第一页“公司介绍”栏载明:乾合公司创建于 2006 年,提供小额民间借贷咨询、顾问和管理服务,并从 2008 年开始开发网络贷款平台,旗下有两个大品牌(QQ 贷、拍拍贷)……“杂志介绍”栏载明:2013 年,经过精心打造的信贷专业市场权威杂志《民间金融家》隆重登场。杂志是由乾合公司创办,面向信贷投资市场推出的高端商务智慧读本。该刊物最后一页《(拍拍贷)公告》一文载明:拍拍贷和 QQ 贷是孪生品牌,同一天注册。qq 和 pp 看上去像是一对孪生葫芦组合,两边切开,一左一右。2006 年广州易融公司(乾合公司前身)与俊烨公司就拍拍贷、QQ 贷品牌尝试民间借贷、服务金融的合作。该公告署名为伍伍壹公司、乾合公司联合公告。

原告的法定代表人张某在乾合公司办公场所拍摄的照片显示,乾合公司前台墙上嵌着“乾合投资”、“QQ 贷”、“”标识,墙上张贴“拍拍贷 PPDAI——招商运营中心”的海报。

安徽省合肥市衡正公证处(以下简称衡正公证处)出具的(2013)皖合衡公证字第 13972 号公证书载明:2013 年 9 月 9 日,原告法定代表人张某向衡正公证处申请办理保全证据公证。同日,该公证处工作人员使用公证处连接互联网的电脑进行了如下操作:(一)进入 www.ppdai.com 网站,网页左上角有“拍拍贷 PPDAI.COM”标识。(二)在“公司简介”中称:拍拍贷成立于 2007 年 6 月,公司全称为“上海拍拍贷金融信息服务有限公司”,总部位于国际金融中心的上海,是中国第一家 P2P(个人对个人)网络信用借贷平台。拍拍贷同时也是第一家由工商部门特批,获得“金融信息服务”资质,从而得到政府认可的互联网金融平台。(三)在“我要借入”栏中的“为什么选择拍拍贷平台进行借款?”中载明:1.免费申请。只要您会使用电脑,即可免费注册成为拍拍贷用户。2.门槛低。凭身份证即可申请借款。3.无抵押无担保。借款不需要任何抵押,也不需要担保,凭借个人良好信用申请借款。4.借款方式灵活。借款以个人信用及还款能力为基础,借款额度为3 000元至50万元,借款期限12个月以下,可在利率区间内自行选择借款利率。5.安全规范的借款平台。拍拍贷为政府批准经营、已获得金融信息服务资质的正规公司,由第三方平台支付宝等进行资金管理,既不吸储,也不放贷。

域名ppdai.com于2007年4月6日注册,目前的注册人为被告。

上海市静安公证处(以下简称静安公证处)出具的(2014)沪静证经字第2×××号公证书载明:一封由jack@ppdai.com于2008年2月22日发送的邮件中有以下文字:"我最近加入了拍拍贷(PPDai.com),我想邀请你也来加入……"此后,jack@ppdai.com还通过电子邮件与他人讨论了公司运营、ppdai.com网站优化方案、媒体采访等事宜。在上述邮件中,经常使用"拍拍贷"及"ppdai.com"字样。庭审中,被告陈述,jack@ppdai.com系被告法定代表人顾某某的邮箱。

2008年5月至2009年1月,代丰公司与案外人北京天威诚信电子商务服务有限公司、北京国政通网络科技有限公司、支付宝(中国)网络技术有限公司等公司签订合同,明确约定代丰公司的网站为www.ppdai.com。

2011年6月28日,代丰公司、被告等签订《合作协议书》,约定原由代丰公司运营的拍拍贷网(www.ppdai.com)已移交给被告运营。

2014年3月27日,被告与代丰公司签订《吸收合并协议书》,约定被告吸收合并代丰公司。

2013年11月19日,被告获得上海市科学技术委员会、上海市财政局等单位颁发的"高新技术企业"证书,有效期为三年。

原告表示,本案不主张被告注册ppdai.com的域名侵害原告注册商标专用权。

原告诉称,2010年9月28日,商标局核准俊烨公司注册第7188389号"拍拍贷 PPDAI"商标,2013年6月13日,经商标局核准,俊烨公司将该商标转让给原告。乾合公司主要从事个人与微小企业金融服务,俊烨公司、原告先后授权乾合公司使用涉案注册商标。原告发现,被告通过其运营的网站(网址:www.ppdai.com)提供金融贷款服务,被告未经许可,在其网站使用与原告注册商标相同的"拍拍贷 PPDAI.COM"标识。原告注册商标由"拍拍贷"和"PPDAI"两部分上下排列构成,其中"PP"是"拍拍"拼音的首字母,"DAI"是"贷"的拼音。"拍拍贷"为臆造词,具有较强的独创性和显著性,他人创造出与之相同词汇的可能性较小。被告曾通过代理机构向原告表达购买涉案商标的意愿,被原告拒绝。被告明知原告是涉案商标的权利人,未经其许可,在相同服务上使用与原告注册商标相同的商标,侵害了原告注册商标专用权,被告应停止使用涉案标识。被告使用含"拍拍贷"字样的企业名称,亦侵害了原告的注册商标专用权，应停止使用含“拍拍贷”字样的企业名称。综上，请求法院判令：被告停止在其网站及公司名称中使用“拍拍贷、PPDAI”字样。

被告辩称，一、拍拍贷网（网址：www.ppdai.com）原由代丰公司运营，现由被告运营。ppdai.com 域名于 2007 年 4 月注册，网站于 2007 年 8 月上线运营。拍拍贷网是国内首家 P2P（个人对个人）网络民间借贷平台。“拍拍贷”、“PPDAI”标识有特定的含义。“PP”表示“P2P（个人对个人）”，“DAI”表示“贷”。由于网站采取竞价拍卖的方式，所以中文取名为“拍拍贷”。原告的第 7188389 号注册商标于 2009 年 2 月 5 日申请注册，在此之前，代丰公司已持续使用“拍拍贷”、“PPDAI”一年多时间。拍拍贷网自创立以来就获得广泛关注，媒体对该网站进行了大量报道。“拍拍贷”等标识是被告在先使用并有一定影响的商标，原告无权要求被告停止使用“拍拍贷”等标识。俊烨公司以不正当手段抢注涉案商标，被告已请求商标评审委员会宣告原告第 7188389 号注册商标无效。二、拍拍贷网是民间借贷的中介平台，需要借款的网络用户可在该网站发布需求信息，有资金的网络用户可通过拍拍贷网将资金借给借款人。被告通过拍拍贷网提供中介服务，被告所提供的服务并非金融服务，与原告注册商标核定使用服务项目不相同或不类似。原告亦不具备从事金融业务的资格，故其不可能在金融服务上使用该商标。三、“拍拍贷”是被告在先使用的标识，被告注册含“拍拍贷”字样的企业名称具有合理性。此外，2013 年 8 月 30 日修正的《中华人民共和国商标法》（以下简称新《商标法》）第五十八条的规定，将他人注册商标、未注册的驰名商标作为企业名称中的字号使用，误导公众，构成不正当竞争行为的，依照《中华人民共和国反不正当竞争法》处理。本案系侵害商标权纠纷，原告要求被告停止使用含“拍拍贷”字样的企业名称没有法律依据，因被告未侵害原告的商标权，故应驳回原告的诉讼请求。

审 判

一审法院经审理后认为，商标注册人享有的商标专用权，受法律保护。商标注册人申请商标注册前，他人已经在同一种商品或者类似商品上先于商标注册人使用与注册商标相同或者近似并有一定影响的商标的，注册商标专用权人无权禁止该使用人在原使用范围内继续使用该商标，但可以要求其附加适当区别标识。

被告经营的拍拍贷网是民间借贷信息中介平台，其提供的服务属于类金融服务，与原告第 7188389 号注册商标核定使用服务项目中的金融服务类似。原告第 7188389 号注册商标由中文“拍拍贷”和字母“PPDAI”组成，“拍拍贷”、“PPDAI”属于臆造词，两者均具有显著性。被告在网站上使用的“拍拍贷 PPDAI.COM”、“拍拍贷 ppdai.com”、“拍拍贷”等标识，具有表明服务来源的作用，属于商标意义上的使用。被告所使用的

“拍拍贷 PPDAI.COM”标识与原告第7188389号“拍拍贷 PPDAI”注册商标的组成要素基本相同，排列方式相同，两者属于近似标识。同理，被告所使用的“拍拍贷 ppdai.com”标识及“拍拍贷”标识与原告第7188389号注册商标亦属于近似标识。

“拍拍贷”既是被告运营的网站的名称，也是被告的企业字号，“ppdai.com”系被告经营的拍拍贷网的域名，ppdai.com域名的注册时间为2007年4月。拍拍贷网原由代丰公司运营，作为国内率先开展个人对个人的信用借贷业务的平台，拍拍贷网引起媒体的关注。在原告第7188389号商标申请注册之前，《信息方略》、《青年周末》、《东南快报》、《浙中新报》、《成都晚报》、《每日经济新闻》、《都市快报》、《今日早报》、《IT经理世界》、《竞争力》等报纸、杂志就已对代丰公司运营的拍拍贷网及业务模式进行大量报道。上述报道中通常将“拍拍贷”或“拍拍贷网”指称网站www.ppdai.com。其中，早在2008年1月23日，《信息方略》即刊登了有关拍拍贷网的报道。2008年7月18日，《浙中新报》刊载的《向网络借钱　解燃眉之急》一文的配图表明，当时拍拍贷网所使用的标识即为“拍拍贷 ppdai.com”。“拍拍贷”、“ppdai”系臆造词，且上述中文和字母的字面含义与拍拍贷网的业务模式相契合，标识具有较强的显著性。经过代丰公司一年多的连续使用及媒体的频繁报道，在原告第7188389号商标申请注册之前，代丰公司在拍拍贷网使用的“拍拍贷 ppdai.com”、“拍拍贷”等标识已经具有一定的影响。此后，随着拍拍贷网经营规模的扩张，上述标识的知名度得以持续提升。被告成立后，拍拍贷网改由被告运营。此后，被告和代丰公司又签署了吸收合并的协议。代丰公司因在先使用“拍拍贷 ppdai.com”、“拍拍贷”等标识所享有的权益，可由被告承继，原告无权禁止被告在原使用范围内继续使用上述标识。

原告还主张，被告突出使用“拍拍贷”字号，侵害了原告注册商标专用权，故要求被告停止使用含“拍拍贷”字样的企业名称。前已述及，被告突出使用“拍拍贷”并不侵害原告的注册商标专用权。另根据新《商标法》第五十八条的规定，将他人注册商标、未注册的驰名商标作为企业名称中的字号使用，误导公众，构成不正当竞争行为的，依照《中华人民共和国反不正当竞争法》处理。故对原告以被告突出使用“拍拍贷”字号侵害原告商标权为由，要求被告停止使用该企业名称的诉讼请求，一审法院不予支持。

一审法院依照《中华人民共和国商标法》第七条第一款、第五十八条、第五十九条第三款的规定，判决驳回原告合肥伍伍壹网络科技服务有限公司的诉讼请求。

一审判决后，原告不服，提起上诉，请求撤销一审判决，改判支持其在一审中的全部诉讼请求。其主要理由是：1.上诉人注册商标使用在先，被上诉人在与上诉人注册商标核定使用的相同服务类别上使用近似商标，构成商标侵权；2.被上诉人未在先使用被控侵权标识，且其现在的使用范围已经超过原使用范围，构成侵权。二审庭审中，上诉人明确其一审诉讼请求为，请求判令被上诉人停止使用被控侵权标识"拍拍贷 PPDAI.COM"。

被上诉人拍拍贷公司答辩称，1.上诉人无证据证实其实际使用了涉案注册商标；2.被上诉人在上诉人申请商标注册前在先使用被控侵权标识，且具有一定影响，不构成商标侵权，上诉人无权禁止被上诉人使用；3.被上诉人未超出原使用范围使用被控侵权标识，且上诉人在一审过程中仅提出停止侵权的诉讼请求，未要求被上诉人在原使用范围内添加区别标识，故上诉人关于被上诉人超过原使用范围构成侵权的主张不应纳入二审审理范围。

二审期间，上诉人向法院提交网易新闻、新浪新闻各一份，以证实被上诉人目前对被控侵权标识的使用已超过其原有的使用范围，即从原网上民间借贷信息中介平台变为从事理财和基金服务。

被上诉人质证认为，该两份新闻尚无法证实被上诉人已经推出理财业务，且无法证实被上诉人在理财业务中使用了被控侵权标识，故与本案不具有关联性。

二审法院对上诉人提交的证据认证认为，该两份新闻报道了被上诉人拟与他人合作项目，但未涉及被上诉人是否使用被控侵权标识。对于该合作项目是否超越了被上诉人被控侵权标识的原使用范围，在该两份新闻报道中亦无法体现。因此，上诉人提交的证据与本案不具有关联性，法院不予采纳。

二审法院对一审法院认定的事实予以确认。二审法院判决驳回上诉，维持原判。

点 评

本案涉及注册商标与他人在先未注册商标的权利冲突问题。2001年修订之前的《中华人民共和国商标法》以注册作为取得商标权的唯一依据，导致实践中出现不少"商标抢注"事件，即抢注者将他人已在先使用并具有一定影响的未注册商标申请注册为自己的商标，被抢注者只能高价回购被抢注商标。这种抢注行为具有明显的恶意，破坏了公平竞争的市场秩序，因此《中华人民共和国商标法》在2001年修订时，在第三十一条增加了有关"申请商标注册不得以不正当手段抢先注册他人已经使用并有一定影响的商标"的规定。这一规定虽然在一定程度上遏制了实践中的"商标抢注"行为，但由于其规制的是"恶意"抢注行为，要求被抢注者证明抢注者在主观上明知或应知已有一定影响的在先未注册商标，对于抢注行为的举证要求较高。另一方面，该规定规制的是商标注册行为，因此被抢注者只能通过行政程序撤销抢注的商标，而在该注册商标被撤销之前仍然存在注册商标与在先未注册商标的冲突问题，导致被抢注者无法正常使用其未注册商标。

为了解决上述问题，2013年新修订的《中华人民共和国商标法》第五十九条第三款规定，商标注册人申请商标注册前，他人已经在同一种商品或者类似商品上先于商标注册人使用与注册商标相同或者近似并有一定影响的商标的，注册商标专用权人无权禁止该使用人在原使用范围内继续使用该商标，但可以要求其附加适当区别标识。该规定一方面解决了在恶意抢注商标被撤销之前在先未注册商标可以继续使用的问题，对未注册商标权利人给予了更周全的保护。另一方面，该规定也解决了善意注册情形下注册商标与他人在先未注册商标的权利冲突问题，使得在同一种商品或者类似商品上相同或者近似的注册商标与在先未注册商标可以在一定条件下共存，并通过附加区别标识防止消费者对商品来源产生混淆。

根据新商标法的上述规定，在先使用商标与注册商标共存需满足两个条件：一是在先使用商标在相关公众中已有一定影响；二是使用人在原使用范围内继续使用。

认定在先使用未注册商标是否有一定影响，应当就个案情况综合考虑下列各项因素：(1)商标使用的持续时间、地域范围；(2)商标的宣传情况；(3)相关公众的知晓情况；(4)其他因素，如商标获奖情况、他人仿冒情况等。值得指出的是，由于未注册商标亦可通过《中华人民共和国反不正当竞争法》第五条第二项规定的知名商品特有名称、包装、装潢获得更强的保护(未注册商标一旦认定为知名商品特有名称、包装、装潢，使用人不但可以自己使用，还可以禁止他人仿冒)，因此在认定有一定影响的未注册商标时对知名度的要求应低于认定知名商品特有名称、包装、装潢时对知名度的要求。

本案中，拍拍贷网是国内首家开展个人对个人信用借贷业务的平台，由于其创新的业务模式，网站自开通以来就引起媒体的持续关注。2008年1月23日出版的《信息方略》即刊载了有关拍拍贷网的报道，此后，不断有各种媒体对该网站进行报道。由于代丰公司持续使用涉案标识，相关媒体对该网站有很多报道，故法院认定在原告申请注册商标前，“拍拍贷”标识及网站域名“ppdai.com”在相关公众中已经有一定的影响。

由于我国实行的是依注册取得商标权的制度，因此注册仍然是获得商标权的主要途径，法律虽有必要给予在先使用的未注册商标一定程度的保护，但该保护水准不宜过高，以免冲击到注册制这一商标管理中的基本制度。有一定影响的在先未注册商标的使用权应受到如下限制：(1)不得扩大使用商品的范围，在先使用权人只能在他人冲突商标申请日前已经使用的商品上继续使用其商标。(2)不得改变商标图样，但以加大与冲突商标相区别的方式所作的改变除外。(3)在先使用权不得向他人转让或许可使用，但可以承继。(4)连续三年停止使用将导致在先使用权丧失。

本案判决一方面通过准确适用新商标法第五十九条第三款关于在先使用未注册商标的规定,依法保护了在先使用人的合法权益;另一方面,通过依法保护拍拍贷公司在先使用并有一定影响的未注册商标,遏制了针对创新型企业的商标抢注等不诚信行为,也提升了创新型企业知识产权保护意识。

案例提供单位:上海市浦东新区人民法院
编写人:邵　勋
点评人:丁文联

62. 杭州市西湖区龙井茶产业协会诉上海雨前春茶叶有限公司侵害商标权纠纷案

——对地理标志证明商标的正当使用与侵权使用的界限认定

案 情

原告杭州市西湖区龙井茶产业协会

被告上海雨前春茶叶有限公司

2011 年 7 月，杭州市人民政府批复“为加强西湖龙井茶的保护和发展工作，同意由杭州市西湖区龙井茶产业协会作为主体，负责‘西湖龙井’地理标志证明商标的注册和后续监管等工作”。2011 年 6 月 28 日，原告经商标局核准注册了第 9129815 号“西湖龙井”地理标志证明商标，核定使用商品为第 30 类：茶叶，注册有效期至 2021 年 6 月 27 日。2012 年 5 月，浙江省工商行政管理局向原告颁发了驰名商标证书，证书载明“西湖龙井被国家工商行政管理总局认定为驰名商标”。

《杭州市西湖龙井茶基地保护条例》第二条规定：“本条例所称的西湖龙井茶基地，是指杭州市西湖区东起虎跑、茅家埠，西至杨府庙、龙门坎、何家村，南起社井、浮山，北至老东岳、金鱼井的范围内，由市人民政府划定予以保护的茶地。”

原告制定的《“西湖龙井”地理标志证明商标使用管理规则》第五条要求“使用‘西湖龙井’地理标志证明商标的商品的生产地域范围为杭州市政府划定的西湖龙井茶保护基地”，第六条对使用“西湖龙井”商标的商品的品质进行了规定，第七条为对使用“西湖龙井”商标的商品的采摘、加工工艺的要求。

2014 年 7 月 30 日，上海市徐汇公证处公证员姚某某、公证处工作人员卢某某及上海市华诚律师事务所委托的宋某某来到位于上海市内江路的店铺，宋某某以普通消费者的身份购买了一礼盒茶叶，并从该店铺现场取得印有“胡某某　上海雨前春茶叶有限公司”字样的名片一张和盖有“上海雨前春茶叶有限公司”图章的发票联一张。宋某某对上述购买过程获得的物品拍摄了三张照片，购买和拍摄照片的过程由公证员姚某某和公证处工作人员卢某现场监督。购买结束后公证员姚某某将购买的茶叶、名片及票据进行封存，并制作了(2014)沪徐证经字第 5×××号公证书。

经当庭比对，被控侵权商品为礼盒装茶叶，礼盒外有纸质包装袋，礼盒内有四个大小相同的金属茶叶罐，纸袋、礼盒和茶叶罐上均印有竖列的“西湖龍井”字样，购买时取得的名片背面印有“虎牌西湖龙井 杭州市西湖区国家礼品基地 黄山谢裕大茶叶股份有限公司 漕溪 黄山毛峰 苏州吴郡碧螺春茶叶有限公司 吴郡茗茶 云南普洱思茅兴洋茶叶有限公司 兴洋茗茶　上海特约经销商”字样。原告认为纸袋、礼盒和茶叶罐上的“西湖龍井”字样与涉案商标相近似，名片上的“西湖龙井”与涉案商标相同。被告认为其在纸带、礼盒和茶叶罐上使用的是繁体的“龍”字，名片上是“虎牌西湖龙井”，与原告商标不同。

庭审中，被告陈述其销售中低端的散装茶，包括龙井、炒青、云雾等，主要品种是绿茶。本案中销售的是其购进的散装“虎”牌龙井，但并没有“虎”牌专用包装，涉案商品是被告自己包装的，被告确认被控侵权商品上没有任何“虎”牌标记。

被告成立于 2007 年 1 月 18 日，注册资本人民币 500 000 元(以下币种均为人民币)，经营范围为预包装食品(不含熟食卤味、冷冻冷藏)批发兼零售；日用百货、工艺美术品、汽摩配件、建材、装潢材料、酒(限零售)、五金交电的销售，室内外装潢。

原告为本案支出公证费 1 500 元，购买被控侵权商品花费 220 元。

原告杭州市西湖区龙井茶产业协会诉称，“西湖龙井”茶被誉为我国名茶之冠，历史悠久。在杭州市政府的大力支持下，2011 年 2 月 18 日，原告向国家工商行政管理总局商标局(以下简称商标局)申请注册了“西湖龙井”地理标志证明商标，2011 年 6 月 28 日获得核准注册，注册号为第 9129815 号，商品类别为第 30 类，核定使用商品为“茶叶”。该商标专门证明“西湖龙井”产品的原产地和特定品质，具有较高的商誉，于 2012 年 4 月 27 日被商标局认定为中国驰名商标。2014 年 7 月 30 日，原告在被告经营的位于上海市杨浦区内江路店铺购买了茶叶若干，取得了被告提供的名片和发票。上海市徐汇区公证处对上述证据保全过程进行了公证。被告销售的茶叶包装和取得的名片上都显著地使用了“西湖龙井”标记。2014 年 9 月 16 日，原告向被告发送了律师函，要求被告立即停止侵权并就赔偿等事宜与原告联系，但被告置之不理。被告未经许可在其生产、销售的茶叶上擅自使用原告的地理标志证明商标，侵犯了原告的注册商标专用权，请求判令：1.被告停止侵犯原告“西湖龙井”注册商标专用权的行为；2.被告赔偿原告经济损失 100 000 元(包括为制止侵权行为而支出的合理费用)；3.被告在《解放日报》、《新民晚报》刊登声明，消除侵权影响。

被告上海雨前春茶叶有限公司辩称，被告以零售茶叶为主，店内备有包装袋及为数不多的各式茶盒以便于顾客保存茶叶和方便携带，且是免费提供的，涉案的包装盒系被告几年前购进的样品，本案是顾客刻意看中标有西湖龙井茶叶的茶盒，并执意要求用其包装，是故意诱导被告包装的。被告销售的散装茶叶不是礼盒茶叶，公证员公证时没有出具身份证件，公证过程违法。请求驳回原告诉讼请求。

审 判

一审法院经审理后认为，对于以地理标志作为证明商标注册的，商品符合使用该地理标志条件的自然人、法人或者其他组织可以要求使用该证明商标，控制该证明商标的组织应当允许。原告作为“西湖龙井”商标的商标权人，在自然人、法人或其他组织的产品符合产地、工艺、品质的要求，而请求使用该证明商标的，应当允许，但对于不符合产地、工艺、品质要求的商品上标注该商标的，原告有权禁止，并依法追究其侵权责任。

被告将印有“西湖龍井”字样的包装袋、礼盒和茶叶罐使用于其销售的茶叶，“西湖龍井”四个字显著位于包装的正中位置，属于商标性使用。与涉案商标相比，两者区别仅在于简繁体、字体和横竖排列，足以使相关公众误认为被告商品是来源于特定产地并具有特定品质的商品。被告的被控侵权商品本身或外包装上并无任何“虎”牌字样，被告也不能提供证据证明其产品来源于“西湖龙井”的指定生产区域以及产品符合“西湖龙井”的品质要求，因此其在涉案商品上突出标注“西湖龙井”的行为不属于正当使用，是侵犯涉案注册商标专用权的行为。此外，被告在其名片上印制“虎牌西湖龙井”，误导相关公众其销售的茶叶的来源，该字样与原告涉案商标构成近似，亦是侵犯涉案注册商标专用权的行为。

被告在其商品及广告宣传中使用与涉案商标相近似的商标，且不能提供证据证明其商品符合涉案证明商标所要求的商品产地、品质要求，侵犯了涉案注册商标专用权，应当承担停止侵权、赔偿损失等民事责任。由于原告未能举证证明被告的侵权行为给其商标商誉造成了不良影响，故对于其消除影响的主张，法院不予支持。原告虽主张赔偿其损失，但未能提供证据证明其因被告的侵权行为而遭受的实际损失，也未能证明被告因涉案侵权行为而获得的利润。故法院将考虑涉案证明商标的知名度、被告经营规模、主观过错、侵权行为持续的时间等因素，酌情确定赔偿数额。关于原告主张的为制止侵权行为支出的合理费用 1 720 元(其中公证费 1 500 元、购买侵权商品 220 元)，均系因依法维权之需产生的合理支出，故应予支持。

据此，一审法院依照《中华人民共和国商标法》第三条第一款、第三款、第十六条第二款、第四十八条、第五十七条第(二)项、第六十三条第一款、第三款，《中华人民共和国商标法实施条例》第四条第二款,《最高人民法院关于审理商标民事纠纷案件适用法律若干问题的解释》第九条第二款、第十条、第十六条第一款、第二款、第十七条第一款、第二十一条第一款之规定,判决:一、被告上海雨前春茶叶有限公司于本判决生效之日起立即停止侵犯原告杭州市西湖区龙井茶产业协会第9129815号"西湖龙井"注册商标专用权的行为;二、被告上海雨前春茶叶有限公司于本判决生效之日起十日内赔偿原告杭州市西湖区龙井茶产业协会经济损失人民币30 000元(其中包含原告杭州市西湖区龙井茶产业协会为制止侵权行为所支出的合理费用人民币1 720元);三、驳回原告杭州市西湖区龙井茶产业协会的其他诉讼请求。

一审判决后,双方当事人均未提出上诉,一审判决已经生效。

点 评

本案涉及的法律问题比较新颖,即他人未经许可使用已被注册为商标的地理标志,在何种情况下构成商标侵权,在何种情况下属于正当使用。此类纠纷在之前的司法实践中比较少见,只有"舟山带鱼案"等少数案件,因此本案对今后同类案件的审理有较大的参考价值。

在本案中,原告杭州市西湖区龙井茶产业协会合法地将"西湖龙井"地理标志注册为证明商标,被告未经许可在其销售的茶叶包装上使用了与该证明商标近似的"西湖龍井"标志。根据《中华人民共和国商标法》第十六条的规定,地理标志,是指标示某商品来源于某地区,该商品的特定质量、信誉或者其他特征,主要由该地区的自然因素或者人文因素所决定的标志。地理标志与一般的地名标志有所不同,它不仅指示了商品的产地,更重要的是该商品的特定质量、信誉或者其他特征与该产地密切相关,这种相关性既可能是由于土壤、水流、气候、地貌等自然条件造成的,也可能是人文历史因素决定的。如新疆吐鲁番的特定地理环境使其能够出产高质量的葡萄,而法国特有的浪漫氛围和传统工艺使其香水闻名天下。

如果将地理标志作为商标使用,而商品又并非来源于地理标志所标示的地区,往往会产生误导公众的效果。该使用行为不仅损害地理标志商标注册人的利益,而且损害广大消费者以及来自该地理区域的商品提供者的利益,涉及公共利益。虽然《中华人民共和国商标法》将误导性使用地理标志的商标归入不予注册的相对理由,但国外立法多将其归入不予注册的绝对理由,如《欧共体商标条例》和美国《兰哈姆法案》,证明了对地理标志的注册和使用涉及公共利益。

在地理标志被合法注册为证明商标的情况下,对地理标志的使用还具有表明相关商品符合特定质量标准的作用,消费者往往也会因证明商标而对商品的质量产生信赖。如果商品提供者一方面未经许可使用含地理标志的证明商标,另一方面相关商品并非来源于地理标志所标示的地区或达不到注册商标注册人规定的质量要求,则对该证明商标的使用就会产生强烈的欺骗效果,属于严重的侵权行为。

但是,即使商品提供者没有向含有地理标志的证明商标的注册人提出使用该证明商标的要求并获得许可,只要其提供的商品确实来源于地理标志所标示的地区,且商品质量达到了证明商标注册人规定的质量标准,则对该证明商标的使用,既不会造成消费者对于商品地理来源的误认,又不会使消费者对商品质量产生错误的信赖,属于对该地理标志的正当使用,法律没有必要加以禁止。本案中法院正确地指出:原告作为"西湖龙井"商标的商标权人,在自然人、法人或其他组织的产品符合产地、工艺、品质的要求,而请求使用该证明商标的,应当允许。但对于不符合产地、工艺、品质要求的商品上标注该商标的,原告有权禁止,并依法追究其侵权责任。

在本案中,由于被告在其销售的茶叶包装上使用与"西湖龙井"证明商标相近似的"西湖龍井"标志未经过原告许可,且其也没有证据证明其提供的茶叶来自出产龙井茶的杭州西湖地区,以及质量达到了作为"西湖龙井"证明商标注册人"杭州市西湖区龙井茶产业协会"要求的标准,其行为并不构成正当使用,而是对证明商标注册专有权的侵权。法院根据查明的事实准确地认定了被告被控侵权行为的性质,其判决结果是正确的。

随着地理标志在市场交易中重要性的日益提升,越来越多的地区开始重视对地理标志的保护,也会有越来越多的地理标志被合法地注册为证明商标,而借地理标志和证明商标"搭便车"、误导消费者的行为也会随之出现。本案的判决对于如何在涉及含地理标志的证明商标的侵权纠纷中正确地划定侵权与正当使用的界限具有积极的意义。

案例提供单位:上海市杨浦区人民法院

案例编写人:沈敬杰

点评人:王　迁

63. 开德阜国际贸易(上海)有限公司诉阔盛管道系统(上海)有限公司等商标侵权及不正当竞争纠纷案

——为说明商品销售商变化而使用他人商标是否构成商标侵权和虚假宣传的认定

案 情

原告(上诉人)开德阜国际贸易(上海)有限公司

被告(被上诉人)阔盛管道系统(上海)有限公司

被告(被上诉人)上海欧苏贸易有限公司

开德阜国际贸易(上海)有限公司(以下简称开德阜公司)系"洁水"文字商标的商标权人,该商标于2002年获得核准注册,核定使用商品为第17类塑料管等。2006年4月6日,开德阜公司与案外人德国阿垮瑟姆公司签订独家销售协议,开德阜公司享有阿垮瑟姆公司水管类产品在华的独家经销权。德国阿垮瑟姆公司在中国注册有""、"aquatherm"两个商标,核定使用在第19类下水道装置等。2013年6月30日,开德阜公司与阿垮瑟姆公司终止合作协议,开德阜公司不再代理销售阿垮瑟姆公司的产品。2013年7月1日,阔盛管道系统(上海)有限公司(以下简称阔盛公司)成为阿垮瑟姆公司产品在华新代理商。原告开德阜公司在2013年7月1日之前,其注册的"洁水"商标仅用于推广销售阿垮瑟姆公司的产品,2013年7月1日之后,开德阜公司继续持有"洁水"商标,该商标用于推广其他生产商的水管产品。阔盛公司在取得阿垮瑟姆公司产品的经销权之后,授权上海欧苏贸易有限公司(以下简称欧苏公司)在上海区域独家销售阿垮瑟姆公司的产品。阔盛公司、欧苏公司在网络上的宣传文章以及宣传单上使用了"原德国洁水、现德国阔盛"、"德国阔盛(原德国洁水)——不变的品质"、" aquatherm(原德国洁水)德国阔盛"等宣传用语。在使用上述宣传用语时,同时还有"原代理商曾以德国'洁水'在华推广,从7月1日起德国厂方正式启用中文标识'阔盛',用于中国市场推广"、"德国aquatherm Gmbh从2013年7月1日起正式启用官方持有的中文标识

‘阔盛’用于中国区市场推广。原在华使用的中文标识‘洁水’系原代理商所持有，现已和德国阔盛 aquatherm Gmbh 公司及其产品无任何关联”等表述。

原告开德阜公司诉称，阔盛公司、欧苏公司使用的“原德国洁水、现德国阔盛”、“德国阔盛(原德国洁水)——不变的品质”等类似的宣传用语中含有“洁水”商标，构成对原告的商标侵权，同时上述宣传用语会使消费者产生误解，构成虚假宣传，请求判令阔盛公司、欧苏公司停止商标侵权和虚假宣传行为，赔偿经济损失及合理费用共计500万元。

被告阔盛公司辩称，1.原告开德阜公司“洁水”商标的知名度建立在代理销售的德国阿垮瑟姆公司产品上，自2013年7月1日起，原告丧失了代理资格，“洁水”商标与德国阿垮瑟姆公司的产品不再关联，原告也不能继续使用“德国洁水”进行宣传推广；2.网站与媒体为防止相关消费者混淆而进行的客观报道，并非被告阔盛公司所为，阔盛公司亦未在宣传推广中使用与“德国洁水已更名为德国阔盛”相同或相似的广告语；3.《中华人民共和国反不正当竞争法》规定的虚假宣传针对于商品本身，即使法院认定阔盛公司使用过原告诉称的广告词，也不构成虚假宣传；4.两被告既无共同侵权故意，也未共同实施侵权行为，原告主张两被告承担连带赔偿责任缺乏依据。综上，要求法院驳回原告全部的诉讼请求。

被告欧苏公司辩称，原告开德阜公司原系德国阿垮瑟姆公司产品的中国区域总代理，欧苏公司原系原告的上海区域总代理，2013年7月1日起，原告丧失代理资格后，销售产品的生产厂家及产地均发生了变化，但原告未向相关市场、消费者做出说明。之后，阔盛公司成为德国阿垮瑟姆公司产品的中国区域总代理，欧苏公司成为阔盛公司的上海区域总代理，继续销售德国阿垮瑟姆公司产品，在经营活动中向下属经销商发放的内部宣传资料，只是客观表明德国阿垮瑟姆公司产品的代理厂商发生了变化，主观上没有过错，客观上也未造成消费者的混淆，不存在虚假宣传的行为，并且两被告既无共同侵权故意，也未共同实施侵权行为，原告主张两被告承担连带赔偿责任缺乏依据。综上，要求法院驳回原告全部的诉讼请求。

审 判

一审法院经审理后认为，开德阜公司主张阔盛公司、欧苏公司在推广宣传中使用“洁水”商标属于合理使用，不会导致相关公众产生混淆。两被告的上述表述与事实相符，未作虚假陈述，且从宣传资料的整体来看，相关公众施以一般注意力阅读上述内容后，不会对被控的宣传用语产生歧义，亦不会对两者关系产生误解，不构成虚假宣传。一审判决驳回原告的全部诉讼请求。

一审法院依照《中华人民共和国商标法》第四十八条，《中华人民共和国反不正当竞争法》第九条第一款,《最高人民法院关于审理不正当竞争民事案件应用法律若干问题的解释》第八条,《最高人民法院关于商标法修改决定施行后商标案件管辖和法律适用问题的解释》第九条,《最高人民法院关于适用〈中华人民共和国民事诉讼法〉的解释》第九十条的规定,判决驳回原告的诉讼请求。

开德阜公司不服一审判决,提起上诉,请求撤销一审判决,支持其在一审中的全部诉讼请求。

二审法院经审理后认为,基于"洁水"商标已经与阿垮瑟姆公司产品建立了稳定联系的事实,阔盛公司、欧苏公司在宣传活动中有必要向消费者告知"洁水"商标所指向的产品已经发生变化,两被告使用"洁水"商标主观上是善意的,且使用方式没有超出合理的限度,不会造成消费者对产品的来源产生混淆。阔盛公司、欧苏公司使用"德国阔盛(原德国洁水)——不变的品质"、"原德国洁水,现德国阔盛"等类似宣传用语,在纯粹的文字表述上确有不准确之处,但消费者在整体阅读宣传内容后,不会对"洁水"商标本身是否发生了变更、阔盛公司所销售商品的来源等产生误解,没有产生引人误解的效果。二审法院依照《中华人民共和国民事诉讼法》第一百七十条第一款第(一)项、第一百七十五条之规定,判决驳回上诉,维持原判。

点 评

商标并非语言或图形的禁区,商标权人并不能绝对地限制他人利用与注册商标相同或近似的文字或图形。在特定情况下,他人对相同标志的利用并不构成商标侵权,如描述商品或服务的特征、说明商品或服务的用途和商标权用尽后的使用。这一原理虽然早已被学界和司法实践所认可,但在具体案件中要正确区分对注册商标的侵权行为与正当使用,仍然存在一定难度。

在本案中,原告在第 17 类塑料管等产品上注册了"洁水"商标,但仅用于其作为独家经销商销售的德国阿垮瑟姆公司的管道产品。该德国公司更换独家经销商后,对其产品使用了新的商标"阔盛",新的独家经销商使用了"德国阔盛(原德国洁水)"、"德国阔盛(原德国洁水)——不变的品质"等宣传用语。原告起诉被告的行为构成商标侵权和不正当竞争。显然,本案的关键在于被告在广告语中对"洁水"商标的使用是否为正当使用。

需要指出的是,本案中被告对原告商标的使用,并不是教科书和经典案例中出现的、典型的正当使用。对此,审理此案的法院指出,"商标的正当使用应当限定在善意、合理的范围内,判断是否构成商标正当使用,应当考虑使用他人商标是否是善意的,商标的使用方式是否合理并对消费者产生混淆等因素"。法院结合本案中的具体事实指出,原告将其注册的"洁水"商标仅用于推广销售德国阿垮瑟姆公司的产品，经过长期使用，该商标与该德国公司的产品建立了稳定、唯一的联系，在相关消费者的认知中，"洁水"商标就是用于该德国公司的产品。在该德国公司更换经销商后，由于"洁水"商标由原告注册，而且"洁水"商标已经与该德国公司的产品建立了稳定联系，新的经销商在宣传活动中有必要向消费者告知"洁水"商标所指向的产品的经销商已发生变化，因此，作为被告的新经销商在宣传用语中使用到"洁水"商标时，并非出于攀附原告商誉的动机，而是描述客观事实。同时，由于"洁水"商标仅用于该德国公司的产品，且这种指向已经在消费者中形成了认知，两被告使用"原德国洁水，现德国阔盛"是在说明：新旧两个商标都用于同一德国公司的产品。而且两被告在广告宣传中还陈述了产品代理商和品牌变化的背景，消费者在阅读后，通常会理解为被告所销售的产品是原"洁水"商标所使用的产品，即该德国公司的产品，而并不会就商品的来源产生混淆。法院据此判决被告的行为并不构成商标侵权和不正当竞争。本案可谓"非典型性正当使用"的经典案例，法院能够从认定商标正当使用的原理出发，把握立法精神，根据被告的主观意图和消费者客观认知判断被告行为的正当性，有理有据，其裁判方法对今后类似的案件有很高的参考价值。

还需要指出的是，从本案原告提供的证据看，"德国阔盛(原德国洁水)"、"德国阔盛(原德国洁水)——不变的品质"确有可能使一部分消费者产生了错误认知，即以为相关的注册商标从"洁水"变成了"阔盛"。而实际情况是"洁水"商标本身并未发生改变，只是新的经销商使用了新的商标"阔盛"。但该问题产生的原因之一是原告的"洁水"商品属于"销售商标"而非"制造商标"，即该商标是用于识别商品的销售者——原告，而不用于识别商品的制造者——德国阿垮瑟姆公司。"阔盛"则是"制造商标"，用于识别商品的制造者德国阿垮瑟姆公司。原告在将"洁水"作为"销售商标"使用时，强调的是相关产品来源于德国公司，没有突出自己作为销售者及商标注册人的地位，这会导致消费者误认为"洁水"用于标识产品制造者——一家德国公司，即认为"洁水"是"制造商品"。这样一来，消费者没有将"洁水"与原告联系在一起，而是将"洁水"与德国阿垮瑟姆公司联系在一起。换言之，原告对"洁水"商标的使用，在很大程度上是为该德国公司做了嫁衣裳，由此形成的商誉，至少在消费者心目中属于德国公司。"德国阔盛(原德国洁水)"的用语，并没有使消费者对产品的制造者产生混淆，因为制造者是同一家公司，并没有发生变化。消费者只是误认为"洁水"也是制造商标，以及制造者更换了自己的商标。这种误认在很大程度上来源于原告自身的使用行为给消费者造成的错觉。对于被告而言，由于广告用语的特点就是简洁明了，很难在一句话中将如此复杂的品牌故事说清楚，让消费者明白用于推销同一产品的商标已从他人注册的"销售商标"变成了德国公司自己注册的"制造商标"。被告以"德国阔盛(原德国洁水)"作为广告用语，同时辅以对背景的介绍是较为合理的行为，主要利用的是原告对“洁水”商标的使用产生的归于德国公司的商誉，而不是原告自身的商誉，法院认为其行为不构成侵权是正确的。

案例提供单位：上海知识产权法院
案例编写人：范静波
点评人：王　迁

64. 上海华联罗森有限公司诉张某某侵害经营秘密纠纷案

——《中华人民共和国反不正当竞争法》适用主体及不正当竞争行为的界定

案情

原告上海华联罗森有限公司

被告张某某

原告以开设24小时营业的便利店为其主业。被告自2011年8月至2013年7月任职于原告处,主要负责新便利店的寻址、开设、租金洽谈等工作。被告负责开发建立的便利店中包括了上海市东明路2100号便利店。建立该便利店的相关资料(以下简称涉案资料),部分由被告制作,部分由被告向原告申请借阅并经批准后以复印或拍照的形式复制。被告在离职前将涉案资料原件交还原告,但保留了复制件。

2013年12月,被告致函原告,称其开发完成了上海市东明路便利店,依据原告内部规定,应当得到相应的奖金。但经被告多次催讨,原告至今未支付。故被告将通过司法途径维护自身合法权益,并向中日媒体曝光前述情况。2013年12月4日,被告向原告寄送了一张光盘,其内容包括涉案资料复制件,并多次表示将向媒体曝光相关情况以维权。

涉案资料中的目标营业额、盈亏平衡点、年销售额分类预测、风险和收益测算,属于原告在长期经营便利店过程中所总结的经验、诀窍;租赁期限、店铺租金、免租期、保证金、投资额、推广费信息,属于原告通过多方努力而实现的较为低廉的运营成本,两者均属于原告的经营秘密。

另查明,原告与被告签订的《劳动合同书》及员工手册中均要求被告对公司商业秘密承担保密义务,并应在离职时向原告上交同经营相关的由被告掌握的所有信息。实际经营过程中,部分涉案资料亦需由员工提出申请并经批准后方可借阅。

原告诉称,其"LAWSON罗森"品牌便利店具有相当高的知名度。被告以曝光涉案资料为要挟,向原告提出不合理要求,其行为使原告的经营秘密存在被泄露的严重风险，构成侵害原告商业秘密的不正当竞争行为，故诉至法院，请求判令被告停止泄露原告商业秘密，禁止被告披露、使用或允许他人使用原告的商业秘密并赔偿原告为制止侵权行为而支出的律师费用人民币48 000元（以下币种均为人民币）。

被告张某某辩称，其是个人劳动者，不是市场经营主体，与原告之间没有竞争关系；刻录在光盘中的内容均为被告负责建立上海市东明路便利店的资料，而并非原告的商业秘密；原告一直拒绝支付被告因建立该便利店而应得到的奖金，故被告保留涉案资料，以便为讨薪而留存证据，被告并没有侵犯原告商业秘密的主观意图。因此，请求法院驳回原告诉请。

审判

一审法院经审理后认为，本案主要存在以下争议焦点：一、被告是不是《中华人民共和国反不正当竞争法》（以下简称《反不正当竞争法》）所调整的“经营者”；二、被告有无实施商业秘密侵权行为。

一、被告是不是《反不正当竞争法》所调整的“经营者”

《反不正当竞争法》第二条第三款规定：“本法所称的经营者，是指从事商品经营或者营利性服务（以下所称商品包括服务）的法人、其他经济组织和个人。”而在《反不正当竞争法》第一条有关“为保障社会主义市场经济健康发展，鼓励和保护公平竞争，制止不正当竞争行为，保护经营者和消费者的合法权益，制定本法”的规定，可以看出其立法目的在于规范市场竞争秩序，促进市场经济健康发展。因此，对其所指的“经营者”应作广义理解。“经营者”实质上是参与商品经营或服务，能够影响市场竞争活动的主体，包括个人。被告作为原告的雇员，能够获取原告的商业秘密，影响到原告的市场竞争策略，而一旦其行为侵犯了原告的商业秘密，会带来破坏原告竞争优势、损害竞争秩序的后果。由此可见，雇员亦是《反不正当竞争法》所调整的对象。因此，被告属于“经营者”，原告有权以不正当竞争为由对被告提起诉讼。

二、被告有无实施商业秘密侵权行为

被告虽然多次向原告表示会将涉案信息对外曝光，但并未真正实施，因此不构成《反不正当竞争法》第十条规定的“违反约定或者违反权利人有关保守商业秘密的要求，披露、使用或者允许他人使用其所掌握的商业秘密”的侵权行为。而根据《反不正当竞争法》第十条的规定，经营者不得采用盗窃、利诱、胁迫或者其他不正当手段获取权利人的商业秘密。本案中，被告在任职期间自行制作或因工作需要提出申请并经批准而获得相关材料，并未采取盗窃、利诱、胁迫手段，而是履行工作职责，系以正当手段获取原告的商业秘密，故前述行为亦不构成商业秘密侵权行为。但被告在离职时仅上交了涉案资料的原件而有意保留了复制件，其行为违反了《劳动合同书》及员工手册的规定，具有不正当性，属于《反不正当竞争法》第十条所规定的“以其他不正当手段获取权利人的商业秘密”，构成了商业秘密侵权行为。

被告违反公司制度，在离职后擅自保留原告的经营秘密，使原告的经营秘密存在着泄露的风险，构成侵害商业秘密的不正当竞争行为，依法应当承担相应的民事责任。原告支出的律师费系原告为制止商业秘密侵权行为的必要费用。法院综合考虑本案法律关系的复杂程度、调查取证的难度等各项因素，根据合理性、必要性原则酌情确定支持其中的 4 000 元。

综上，一审法院依照《中华人民共和国反不正当竞争法》第二条第三款、第十条第一款第（一）项、第二十条的规定，判决：一、被告张某某应于本判决生效之日起立即停止侵害原告上海华联罗森有限公司的经营秘密，即销毁其所获取的含有上海市东明路 2100 号便利店目标营业额、盈亏平衡点、年销售额分类预测、风险和收益测算、租赁期限、店铺租金、免租期、保证金、投资额、推广费信息的资料，并不得披露、使用或者允许他人使用直至上述经营秘密为公众知悉时止；二、被告张某某应于本判决生效之日起十五日内支付原告上海华联罗森有限公司为制止侵权所支出的合理费用人民币 4 000 元；三、驳回原告上海华联罗森有限公司其余诉讼请求。

一审判决作出后，双方当事人均未提出上诉，一审判决已发生法律效力。

点评

本案是一起企业诉员工侵害商业秘密纠纷案件，在法律适用上有两处亮点：一是对《反不正当竞争法》适用主体进行了准确界定，从是否参与商品经营或服务，是否影响市场竞争活动的角度出发认定被告是否构成“经营者”；二是对侵害商业秘密的行为类型作出了有益探索，从被控侵权行为是否破坏了竞争秩序、损害了原告竞争优势的角度出发来判断是否构成不正当竞争行为，对立法本意作出了较为灵活的解读。

一、如何界定经营者及市场竞争行为

《反不正当竞争法》规制的法律主体系“经营者”，规制的行为是“不正当竞争行为”。对此，《反不正当竞争法》第二条规定，不正当竞争，是指经营者违反本法规定，损害其他经营者的合法权益，扰乱社会经济秩序的行为；经营者，是指从事商品经营或者营利性服务（以下所称商品包括服务）的法人、其他经济组织和个人。本案中，被告辩称其并非市场经营主体，被控侵权行为亦是因薪资纠纷而引起，并不具有不正当竞争目的。

目前市场经营行为日趋多元，如果单纯从是否具有市场竞争关系来界定《反不正当竞争法》的适用范围，不足以发挥《反不正当竞争法》保障社会主义市场经济健康发展，鼓励和保护公平竞争，保护经营者和消费者合法权益的作用。本案中，被告虽非市场经营主体，不属于一般意义上的"经营者"，但法院基于《反不正当竞争法》的立法目的，对"经营者"作了扩张解释，认为"经营者"实质上是参与了商品经营或服务，能够影响市场竞争活动的主体。被告作为原告的雇员，能够获取原告的商业秘密，影响到原告的市场竞争策略，而一旦其行为侵犯了原告的商业秘密，会带来损害市场竞争秩序的后果。因此，被告属于《反不正当竞争法》所调整的对象。

二、被告的行为是否构成"以其他不正当手段获取权利人的商业秘密"

《反不正当竞争法》第十条第一款规定了侵犯商业秘密的行为类型，由于本案被告并未披露、使用或者允许他人使用涉案商业秘密，因此判断其是否侵权的法律依据为第十条第一款第一项规定的"以盗窃、利诱、胁迫或者其他不正当手段获取权利人的商业秘密"，关键在于其是否构成"以其他不正当手段获取权利人的商业秘密"。本案的特殊之处在于，被告首次获得涉案商业秘密是基于其职务，是合法、正当的；同时，被告在合法获取涉案资料后，除非曾经失去过，否则不存在再次获取的情形。而本案中，被告自首次获得后，一直占有涉案资料，不曾失去对涉案资料的控制，因此其是否构成"以其他不正当手段获取权利人的商业秘密"存在疑问。

对此，法院认为，应当结合立法本意及案件具体情况认定被告的行为是否构成"以其他不正当手段获取权利人的商业秘密"，不宜机械解读法条。被告在离职时有意保留了涉案资料复制件，其行为违反了《劳动合同书》与员工手册的规定，具有明显的不正当性，因此自被告离职时起，其占有涉案资料的状态即具有了不正当性，并使原告的商业秘密处于随时会被披露的危险状态之中，给原告带来极高的经营风险，应属于"以其他不正当手段获取权利人的商业秘密"。法院的这一认定对侵害商业秘密的行为类型作出了有益探索，给予了商业秘密权利人更强的保护。

案例提供单位：上海市黄浦区人民法院

编写人：王维佳

点评人：丁文联

行　政

65. 陆某某不服上海市宝山区公安消防支队建设工程消防验收案

——建设工程消防竣工验收行为的合法性审查

案 情

原告(上诉人)陆某某

被告(被上诉人)上海市宝山区公安消防支队

第三人上海祁坤房地产有限公司

2013 年 1 月 31 日,第三人就其建设的顾村镇长白山地块商业设施项目的 2 号楼高层建筑及地下车库向被告申请建设工程消防竣工验收,填写了《建设工程消防验收申报表》,提交附送了有关文件和图纸。被告于同日受理后,对工程资料进行审查,并派员进行现场抽查、功能测试,制作了《建设工程消防验收记录表》,于同年 2 月 25 日作出编号为沪宝公消验字〔2013〕第 0032 号《建设工程消防验收意见书》,认定该建设工程基本符合国家有关消防技术规范和消防设计文件的要求,综合评定为合格。

根据被告制作的《建设工程消防验收记录表》记载,该建设项目的消防车道为 4 米,沿 2 号楼建筑物长边布置 3 块消防登高场地,每块 15 米×8 米;喷头检查部位为 18 层和地下 1 层,检查数量为 2 处,检查情况为符合要求;火灾报警探测器检查部位为 18 层和地下 1 层,检查数量为 2 处,检查情况为符合要求;记录表中的子项评定、单项评定均为合格。

系争建设项目竣工总平面图显示,2 号楼北侧的 1 块消防登高场地面积应为 22 米×8 米,消防车道除消防回车场区域为虚线并注明隐形消防车道外,其余部分均为实线。而现状为 2 号楼北侧消防登高场地在竣工总平面图标注的 22 米×8 米范围内有树木及指示牌等障碍物,消防车道的形态全部为 1.5 米石材铺砌小路,两边为草皮泥地。

原告系该建设项目的小业主,于 2012 年 8 月与第三人签订商品房预售合同,买受的商业用房层高为 5.4 米。2012 年 8 月,原告(甲方)与上海申浦建筑安装有限公司(乙方)签订装修改造工程施工合同,约定由乙方为甲方搭建室内及北侧公共走道夹层，甲方委托乙方代其与第三人办理交房手续，乙方保证在 2013 年 5 月 31 日前完工。审理中，申浦公司出具书面证明，确认系争建设项目 2 号楼夹层施工时间约为 2013 年 4 月底至 2013 年 5 月底。

原告诉称，第三人在建设过程中擅自将 4 米宽的消防车道改为约 1.5 米的人行道，在消防登高场地上设置了绿化、障碍物等，还将 2 号楼 5.4 米层高的公共走廊分割为上下两层，使各楼层的喷淋装置设置不符合要求，且部分楼层的火灾报警装置至今未启封。这些均不符合竣工图纸及《高层民用建筑防火设计规范》的有关规定，故认为被诉行政行为认定事实不清，证据不足，请求法院判决予以撤销。

被告辩称，系争建设工程的消防车道是隐形的，在覆土和草皮下是水泥地，能够承受消防车辆的压力，符合消防车道的功能要求。根据《建设工程消防验收评定规则》，消防验收采取现场抽查及功能测试的方式进行，验收结论仅对检查当日现场抽查到的项目负责。根据消防验收记录表的记载，在被告验收时，消防车道和登高场地均符合要求，也不存在隔层，喷淋装置也是符合要求的。部分楼层火灾报警装置至今未启封属于消防管理问题，与验收行为无关。故请求法院判令驳回原告的诉讼请求。

第三人辩称，2 号楼的隔层是业主委托的装潢公司在 2013 年 4 月底至 2013 年 5 月底期间搭建的。第三人系根据经审核的设计图纸进行施工，故请求法院判令驳回原告的诉讼请求。

审 判

一审法院经审理后认为，本案法律事实涉及以下四方面。

第一，根据《关于高层建筑消防扑救场地设计若干问题的处理意见》的有关规定，登高场地面积不应小于 15 米×8 米，其最外一点至建筑登高面边缘的水平距离不应大于 10 米。本案中，根据竣工总平面图显示，2 号楼北侧的消防登高场地应为 22 米×8 米，而被告在《建设工程消防验收记录表》中记载的情况为沿长边布置 3 块登高场地，15 米×8 米每块，可证明被告在消防竣工验收时是按 15 米×8 米的尺寸来验收该块登高场地的。且该块消防登高场地的现状也不符合 22 米×8 米的尺寸要求。故该节验收事实不符合消防技术标准和消防设计文件的要求。

第二，根据竣工总平面图显示，沿 2 号楼两长边布置的消防车道除消防回车场区域为虚线并注明隐形消防车道外，其余部分均为实线，即其余部分均应为显形消防车道(沥青路面)，但被告在验收时却错误理解隐形消防车道的范围，对第三人擅自改变设计图纸建设的消防车道准予验收，违背了消防验收应当依据消防设计文件进行的规定。被告将该重要程度为A的项目评定为合格，进而系争建设项目消防验收综合评定合格的意见，属认定事实不清。

第三，关于原告提出的被告消防验收时2号楼就存在隔层的诉称意见，因被告的《建设工程消防验收记录表》中并无反应存在隔层的记载，同时第三人举证的原告与相关装潢公司签订的装修改造工程施工合同显示，该改建行为完工时间为2013年5月31日，相关装潢公司亦确认具体实施改建的时间为2013年4月底至2013年5月底，即在被告消防竣工验收以后，原告以系争建设工程的现状推断被告竣工验收时的状态，法院不予采信。

第四，根据《建设工程消防验收评定规则》的有关规定，消防喷淋装置和火灾探测报警装置等项目均属抽样检查范围，抽样数量不少于2处，故被告的验收行为仅对抽查到的部位负责。根据被告的《建设工程消防验收记录表》记载，被告抽查到的部位符合要求，与设计文件一致；根据《建设工程消防验收评定规则》第5.3条的规定，消防验收是对消防设施的功能测试、消防产品抽样判定，故部分楼层火灾探测报警装置未启封不代表其功能和质量不合格，而是第三人未尽到消防日常维护和管理义务，与被告的消防竣工验收行为无关。

综上，被诉行政行为认定事实不清，同时因该行政行为涉及的系争建设项目为大型商业设施，关系到全体业主的重大公共利益，故应确认违法，但不撤销该行政行为。被告应采取补救措施，责令第三人对系争建设工程2号楼北侧消防登高场地及沿2号楼两长边布置的消防车道进行整改，以使被诉具体行政行为符合法定要求。至于第三人及原告在被告消防竣工验收以后对系争建设项目进行的改建和装修，致使目前该建设项目的现状存在其他不符合消防设计文件和消防技术标准要求的情况，应另行通过整改措施加以解决，与本案不属于同一法律关系。据此，为保护公民、法人、其他组织的合法权益，监督行政机关依法行使职权，一审法院依照《最高人民法院关于执行〈中华人民共和国行政诉讼法〉若干问题的解释》第五十八条的规定，判决确认被告作出的沪宝公消验字〔2013〕第0032号《建设工程消防验收意见书》的行政行为违法。

一审判决后，原告不服，提起上诉。

二审法院认定的事实与一审相同。

二审法院经审理后认为，一审判决认定事实清楚，适用法律正确，应予维持。上诉人的上诉请求缺乏事实证据和法律依据，法院不予支持。据此，二审法院依照《中华人民共和国行政诉讼法》第八十九条第一款第（一）项的规定，判决驳回上诉，维持原判。

点评

随着城市建设的不断发展,新建建筑尤其是新建高层建筑的消防安全正日益成为社会公众的关注焦点。而在确保新建高层建筑的消防安全方面,加强灾后扑救与应对仅是事后治标之策,在建设过程中严格依照消防法规定确保各项消防设施安装到位,杜绝火灾隐患才是治本之策。其中,各级公安消防主管部门能否严格依照《建设工程消防监督管理规定》和《建设工程消防验收评定规则》等法律法规的规定依法实施建设工程消防竣工验收行为更是关键。本案即是关于高层建筑消防竣工验收行为合法性审查的典型案例。对于消防竣工验收行为的合法性审查,应当从依据标准、查验措施和时间效力三个方面入手。

首先,关于消防竣工验收行为的依据标准。本案被告现场验收时制作的《建设工程消防验收记录表》记载,该建设项目的消防车道为4米,沿2号楼建筑物长边布置3块消防登高场地,每块15米×8米。这一现状符合《关于高层建筑消防扑救场地设计若干问题的处理意见》关于登高场地面积不应小于15米×8米的规定。被告据此对这一子项作出合格的判定,但根据《建设工程消防监督管理规定》的有关规定,消防竣工验收应当依照建设工程消防验收评定标准对已经消防设计审核合格的内容组织消防验收。可见,消防验收应当以经审核合格的消防设计文件为验收依据。如建设单位未按照设计文件实施消防设施施工建设,即使符合上述《关于高层建筑物消防扑救场地设计若干问题的处理意见》的要求,也不应评定为合格。本案中,消防设计文件规定的消防登高场地面积应为22米×8米,显然实际状况不符合设计要求。故被告对不符合消防设计文件的子项评定为合格,看似是认定事实不清,实则是对验收依据的理解出现了偏差。

其次,关于消防竣工验收行为的查验措施。在实务中,建设工程中的消防工程体量往往较大,各类装备设施繁多,对所有的场地设施逐一检验把关事实上不可能,因此法律法规对于如何验收消防工程根据不同的类别规定了不同的查验措施和检验程序。法院在审查消防竣工验收行为的合法性时,应当注意审查消防部门在验收时所采取的查验措施是否符合规定。本案中,被告对位于18层和地下1层的消防喷淋装置和火灾报警探测器进行了现场抽查,该查验措施符合《建设工程消防验收评定规则》的规定。原告提出的关于未被抽查到的消防设施项目的异议,不影响被告验收行为程序的合法性。

最后,关于消防竣工验收行为的时间效力。消防竣工验收与其他建设项目竣工验收一样,仅对验收时的状况作出评价,如因日后行为人改变既有状况导致不符合消防法规要求的,不影响验收行为的合法性。法院在司法审查中应当注意甄别违反消防安全的因素是产生于验收前还是验收后，产生于验收前的，涉及验收行为的合法性，产生于验收后的，属于日常消防监督管理范畴，与验收行为无关，对此应通过责令改正、行政处罚等手段来加以纠正。

案例提供单位：上海市宝山区人民法院

编写人：赵　晨

点评人：李　健

66. 上海金旋汽车服务有限公司不服上海市工商行政管理局奉贤分局行政处罚决定案

——“违背购买者意愿附加不合理条件”的司法审查

案 情

原告(上诉人)上海金旋汽车服务有限公司

被告(被上诉人)上海市工商行政管理局奉贤分局

原告系一汽大众汽车公司在上海市奉贤区的汽车4S店。根据监督检查所获取的线索,2014年5月12日,被告对原告收取汽车检测费和出库费事项进行立案调查。调查期间,被告对原告总经理、财务人员、销售经理等人进行调查询问并制作了询问笔录,三人在笔录中确认以下内容:2012年1月1日至2014年5月31日期间,原告向汽车购买者收取汽车检测费和出库费合计214 700元;检测费是汽车厂商要求汽车4S店完成对新车的检测,以防止因长途运输导致汽车出现质量问题,出库费是原告收取的汽车运输费用及场地摆放费用,两项费用并不向每位购车者收取;该两项费用无统一依据和标准,不开发票,仅提供收据,用于公司收入补贴;因管理不善,2012年、2013年汽车销售合同现已不存在。调查期间,原告向被告提供2012年1月1日至2014年5月31日期间的销售结算单,以及原告与两名汽车购买者分别于2013年12月25日、2014年2月8日签订的汽车销售合同、汽车检测费和出库费收据,两份合同在第二部分“关于购车配套服务”中均约定车价、购置税、保险费、出库费、手续费、检测费等具体费用,车价分别为108 300元、121 800元,检测费及出库费之和分别为1 000元、1 500元,并约定该费用应于提取车辆时与车款一并支付,两份合同均由汽车购买者签字确认。2014年8月27日,被告向原告送达行政处罚听证告知书,告知原告享有陈述、申辩和要求举行听证的权利,如有陈述、申辩意见,应当在收到告知书后3个工作日内向被告提出;如果要求举行听证,可在告知书的送达回证上提出举行听证要求,也可以在收到告知书后3个工作日内以书面或口头形式提出举行听证要求;逾期未提出的,视为放弃权利。原告在送达回证上注明要求被告组织奉贤汽车销售商召开相关听证会。后原告在向被告咨询时，被告口头告知原告其请求超出被告职权范围。2014年8月28日，原告向被告提供陈述申辩材料一份，就其收取的汽车检测费和出库费进行了说明。被告于同年9月15日向原告进行陈述申辩答复，认为被告的行政处罚合法合理，原告的陈述申辩理由不成立。原告在该答复的送达回证上再次要求被告组织听证解答，为企业合法经营提供指导，并认为被告处罚过重，与实际情况不符。后被告未组织进行听证。2014年9月24日，被告作出沪工商奉案处字(2014)第260201411×××号行政处罚决定并将行政处罚决定书送达原告。

原告诉称，其在消费者购车时收取的出库费属仓储费，系原告在经营过程中实际支付的费用，消费者购车时由4S店收取该项费用系行业惯例，且原告根据实际情况仅向部分汽车购买者收取了该项费用。此外，为避免新车在运输过程中发生质量问题，原告对已售出的车辆在交付前进行安全检测，故收取车辆检测费亦属合理。原告收取的上述两项费用在销售合同上均有明确注明，消费者亦签字确认，故上述费用系原告与消费者平等协商达成协议后收取，不存在违背消费者意愿的事实，且至今亦无消费者提出异议。原告认可其有承担汽车检测和保管的义务，但根据权利与义务对等原则，同样享有收取相应费用的权利。汽车销售定价应当由市场自由调节，不应由国家行政部门管控，因收取上述费用产生的纠纷应受合同法调整。被告认定原告收取的上述费用系违法所得，事实认定不清，证据不足，且该费用是否应当收取在上海市并无统一规定，各区操作口径不一。原告不存在乱收费的行为，并未违反《上海市反不正当竞争条例》(以下简称《条例》)第十七条第一款的规定，被告适用法律错误。原告已就行政处罚申请听证，但被告却并未组织听证，原告因此无法正常陈述、申辩，被告未组织听证的行为违反法定程序。综上，原告请求判令撤销被告于2014年9月24日作出的沪工商奉案处字(2014)第260201411×××号行政处罚决定书。

被告辩称，根据《中华人民共和国反不正当竞争法》(以下简称《反不正当竞争法》)及《条例》的相关规定，本案被告具有对原告收取车辆检测费与出库费进行查处的职权。原告作为汽车经销商，有义务保证其提供汽车的质量、性能、用途符合法定标准。车辆检测费与出库费均为车辆交付前原告为完成交易行为发生的费用，而非为汽车购买者提供的服务，理应由原告承担，纳入经营成本，不应转嫁于汽车购买者。汽车销售定价确属于市场调节，但在此之外收取不合理费用的行为已超出市场自主调节的范围。根据《条例》第十七条第一款规定，违背消费者意愿搭售商品或收取不合理费用，无论消费者自愿与否，都成为第十七条第一款规定的构成要件。汽车销售合同中虽列明上述两项费用，但原告作为汽车经销商相对于汽车购买者来说具有优势地位，导致消费者不得不在合同上签字。原告要求组织行业听证会，该要求超出被告职权范围,被告在原告咨询时作了明确告知,后原告并未明确提出听证申请,被告按照行政处罚陈述申辩要求并进行了复核,保障了原告的陈述申辩权利,故被告作出行政处罚决定程序合法。综上,请求法院驳回原告的诉讼请求。

审 判

一审法院经审理后认为,根据《反不正当竞争法》第三条第二款规定:“县级以上人民政府工商行政管理部门对不正当竞争行为进行监督检查;法律、行政法规规定由其他部门监督检查的,依照其规定”,以及《条例》第四条第一款规定:“市和区、县工商行政管理部门对不正当竞争行为进行监督检查。法律、行政法规规定由其他部门监督检查的,依照其规定执行”,本案被告对原告收取汽车检测费和出库费是否涉嫌不正当竞争具有查处的主体资格和职权依据。原告自 2012 年 1 月 1 日至 2014 年 5 月 31 日期间向汽车购买者收取检测费和出库费合计 214 700 元的事实,庭审中原告予以认可,法院予以确认。《条例》第十七条第一款规定:“经营者销售商品,不得违背购买者的意愿搭售商品或者附加其他不合理的条件”,第二十七条第一款第(十)项规定:“违反本条例第十七条规定的,责令停止违法行为,没收违法所得,可以处以一万元以下的罚款;情节严重的,责令停业整顿,可以吊销营业执照”,本案被告认定原告在销售汽车时收取检测费和出库费系附加其他不合理条件的事实成立,原告收取的 214 700 元检测费和出库费系违法所得,被告依据上述法规作出本案行政处罚决定,适用法律正确。被告自立案调查开始,询问相关人员并调取了相关资料,在作出行政处罚决定前,向原告告知享有听证的权利,最后作出处罚决定并将行政处罚决定书送达原告,执法程序基本符合法律规定,虽然在未进行听证环节上存在瑕疵,但如前所述,该瑕疵并未影响原告的实质权利,尚不足以撤销被告作出的行政处罚决定。综上,本案原告的诉讼请求缺乏事实和法律依据,故判决驳回原告的诉讼请求。

一审判决后,原告不服,提起上诉。

二审法院认定的事实与一审相同。

二审法院经审理后认为,一审判决认定事实清楚,适用法律正确,应予维持。上诉人的上诉请求缺乏依据,法院不予支持。据此,依照《中华人民共和国行政诉讼法》第八十九条第一款第(一)项的规定,判决驳回上诉,维持原判。

点 评

随着我国城乡居民生活水平的不断提高,汽车消费正日益成为重要的民生消费领域。但目前,汽车消费领域仍存在不少乱象,行业经营者利用自身优势地位开展不正当竞争，在经营过程中利用信息不对称侵害消费者权益的事例仍时有发生。近年来，国家相关市场监管部门对此类违法行为不断加大打击和查处力度，本案即是关于汽车经销商在销售汽车的过程中涉嫌不正当竞争的典型案例。

本案争议焦点在于被告收取车辆出库费、PDI检测费是否属于经营者销售商品时，违背购买者的意愿附加其他不合理条件的行为。法院从两个方面对此加以考量：首先，应当明确被告收取的车辆出库费、PDI检测费是何性质，该费用是否应当由消费者承担。根据法院查明的事实，车辆出库费为未售出的新车仓储时的保管费，PDI检测费为已售车辆在交付前为确保质量合格而进行检测的费用，显然这两项费用均属于汽车经销商在经营活动中应当承担的经营成本，不应由消费者承担。其次，应当明确被告作为汽车经销商，在向消费者售卖车辆的过程中是否具有优势地位。被告主张，本案涉及的汽车购销合同订立双方为平等民事主体。诚然，本案汽车购销合同符合一般民事合同的特征，但本案合同标的为汽车，而非其他普通商品。根据我国目前的法律法规，汽车销售为特许经营行业，汽车经营商具有车源独有、信息技术垄断等特点，换言之，消费者想要购买某一特定品牌的新车，除特定的该品牌经销商也就是4S店外别无他处。因此，4S店在售卖其所经营品牌的新车时具有相对消费者而言的优势地位是显而易见的。而经销商正是利用消费者在购车时处于的不利地位向其收取本应由其自身承担的经营费用，其不正当竞争行为能够成立。

当然，需要指出的是，本案被告的执法过程也并不是完美无缺的。在执法程序方面，听证作为保障当事人申辩权的重要程序，是整个执法办案过程中很重要的一个环节。虽然本案原告未通过书面方式正式提出听证申请，但通过其他方式曾经表露过听证的意愿。对于行政机关来说，主动进行听证将更有利于查清案件事实，同时也能更好地依法保障当事人的程序权利。对于被告执法中的这一疏忽，法院也予以了指出。行政执法机关在办案时，应注重每一个细小的办案环节，如此，行政机关的执法办案质量将更有保证。

案例提供单位：上海市奉贤区人民法院
编写人：徐成文　黄自耀
点评人：李　健

67. 上海冠好佳物业管理服务有限公司不服上海市虹口区住房保障和房屋管理局行政指导行为案

——行政指导行为的识别与适用

案情

原告上海冠好佳物业管理服务有限公司

被告上海市虹口区住房保障和房屋管理局

2014 年 8 月 4 日,被告向上海市虹口区地区办、各街道办事处发出《关于我区物业服务企业不良诚信记录情况的通报》(以下简称《通报》),主要内容为:根据《上海市物业服务企业和项目经理信用信息管理办法》(以下简称 25 号文)第二十四条的规定,通报:1.2012 年至 2014 年期间,原告在一品新筑苑选聘物业服务企业时,干扰正常选聘工作,扰乱小区管理秩序,对其予以不良记录一次;被告在处理上述问题时,原告副总等三人喝酒后赶到被告处,对被告工作人员动手并言语侮辱和恐吓,严重扰乱办公秩序,鉴于原告行径恶劣,对其予以重大不良记录一次。2.上海申鹭物业管理有限公司未按时间节点对被告责令其整改的问题进行整改,对其予以不良记录一次。被告要求各街道办事处将上述情况通报给各居委会,其自行通报各房管办事处。今后,在住宅小区选聘物业服务企业时,将通报涉及企业信息告知业委会,对有不良记录的企业原则上不予选聘。

原告诉称,《通报》由被告上报虹口区政府并下发至辖区内各街道办事处和区地区办等,已经产生广泛影响,对原告作出"原则上不予选聘"的限制具有强制力,侵犯了原告的经营权和财产权;被告并无职权以《通报》的形式,禁止原告依法经营;被告作出不良记录及重大不良记录的事实证据不足;被告在原告毫不知情的情况下作出《通报》,予以不良记录不符合 25 号文规定的程序。因此,请求法院判决撤销被告所作《通报》中涉及原告的具体行政行为。

被告辩称,《通报》系在政府机关内部的行为,即便载明"对有不良记录的企业原则上不予选聘",因选聘物业服务企业由小区业主共同决定,且原告已取得的资质及签订的物业服务合同依然存续，原告也可以继续与其他小区业主签订物业服务合同，故《通报》未影响原告在物业行业市场中的权利和义务，属于不具有强制力的行政指导行为；《上海市住宅物业管理规定》第四条赋予被告对物业管理的监管职责，被告具有对物业公司的评价权力；对原告所作的不良记录及重大不良记录的事实证据充分；由于该两次记录为内部行为，故无需适用 25 号文规定的程序。综上，被告所作《通报》不属于法院受案范围，请求法院驳回原告的起诉。

审 判

一审法院经审理后认为，本案的争议焦点主要为：一、《通报》是否为可诉的具体行政行为；二、被告作出《通报》是否具有相应的职权依据；三、被告作出《通报》的事实证据是否充分；四、被告作出《通报》的程序是否正当。

关于争议焦点一，被告认为，《通报》没有影响到原告已取得的资质及已签订的物业服务合同的效力，即使载明“对有不良记录的企业原则上不予选聘”，因选聘物业服务企业的最终决定权在小区业主，故未实质影响到原告的权利和义务，属于不具有强制力的行政指导行为；而原告认为，《通报》中“原则上不予选聘”的限制具有强制力，且已经扩散，严重侵犯了原告的经营权和财产权。对此，一审法院认为，被告作为物业管理的监管部门，对于物业公司的评价相较于其他组织或个人更具有权威性和指引性，其在《通报》中对于具有不良记录的企业所作的“原则上不予选聘”的表述，实质上是对小区业主选聘物业公司的指引，该指引又因被告的管理者身份在客观上对小区业主产生了实质影响力，显然影响到了原告的公平竞争权，故《通报》与原告形成了法律上的利害关系，为可诉的具体行政行为，属于行政诉讼受案范围。

关于争议焦点二，被告认为，其根据《上海市住宅物业管理规定》第四条的规定，具有作出《通报》的法定职权；而原告认为，被告使用《通报》的形式禁止原告经营，并不具有相应的法定职权和依据。对此，一审法院认为，《上海市住宅物业管理规定》第四条规定，“市房屋行政管理部门负责全市物业管理的监督管理工作。区、县房屋行政管理部门负责本辖区内物业管理的监督管理；其设立的房屋管理办事机构（以下简称房管办事处）承担相关具体事务。市和区、县房屋行政管理部门履行以下职责：……（二）物业服务企业和从业人员的监督管理；……”该条规定系从行政机关之间职能划分的角度对被告法定职权的界定，并未明确授予被告作出“对有不良记录的企业原则上不予选聘”的权力，故被告作出该《通报》属超越法定职权。

关于争议焦点三，被告认为，其提供的证据已经证明原告具有干扰正常选聘工作，扰乱小区管理秩序，严重扰乱被告办公秩序等行为。而原告认为，被告提供的证据存在不真实、无关联性等问题，不足以证明原告具有上述行为。对此，一审法院认为，被告提供的事实证据中，两份《虹口区物业服务企业诚信记录报送表》系其自行制作且其中一份报送表中所记录的纠纷一方为被告，五张照片仅能反映出材料被毁损的情况，上海市公安局虹口分局江湾派出所和曲阳路派出所制作的《上海市公安局案(事)件接报回执单》及询问笔录仅能反映出其接警及报警人陈述的内容，上述证据未与其他证据形成完整的证据链，被告即据此对原告作出不良记录及重大不良记录各一次，属证据不足。

关于争议焦点四，被告认为，其对原告所作的不良记录及重大不良记录并非25号文所规定的内容和形式，仅仅是内部的行为，故不需要适用25号文关于程序的规定。而原告认为，被告如要作出不良记录也应当适用25号文的程序规定。对此，一审法院认为，行政行为应当遵循法定程序作出，如无明确的法定程序规定，则应当遵循正当程序。本案中，虽然被告对原告的不良记录及重大不良记录不同于25号文中所规定的内容，也不产生25号文规定的影响物业服务企业资质等法律后果，无需遵循25号文的程序规定，但是这两次记录客观上属于涉及原告信誉和名誉的行为，更何况载明的“对有不良记录的企业原则上不予选聘”，实质影响到原告的公平竞争权，故被告应当遵循正当程序，在作出《通报》前履行告知义务，并听取原告的陈述和申辩，现被告直接作出《通报》显然有违正当程序，属程序违法。综上，被告所作《通报》超越法定职权、认定事实不清、证据不足、程序违法。据此，一审法院依据《中华人民共和国行政诉讼法》第五十四条第(二)项第1目、第3目、第4目之规定，判决撤销被告上海市虹口区住房保障和房屋管理局于2014年8月4日作出的《关于我区物业服务企业不良诚信记录情况的通报》。

一审判决后，原、被告均未提出上诉，一审判决已生效。

点评

本案是一起涉及行政指导行为认定的新类型行政案件，此案例对同类案件的审理具有一定的借鉴作用。

房屋管理机关所作被诉的《通报》行为，是否属于行政指导行为是本案的主要争议焦点。法院通过对双方当事人质证的归纳分析，明确：行政指导行为属于柔性执法的手段，不应当具有法律强制力。行政机关即使使用了“建议”或者“原则上”等表达方式，建议内容仍具有确定性、结果性，对行政相对人或第三人产生实质影响力的，则不属于行政指导行为。对于什么是行政指导行为，法律并没有明确界定。案例援引了理论界对行政指导行为的定义，即是指行政主体在其职责、任务或其所管辖的事务范围内,为适应复杂多变的经济和社会生活的需要,基于国家的法律原则和政策,在行政相对方同意或协助下,适时灵活地采取非强制手段,以有效地实现一定行政目的,不直接产生法律效果的行为。其特征是行政机关为实现一定的行政目的而采取的积极作为,通常是采取指导、劝告、建议、告诫等方式,对行政相对方作出指导,不具有法律强制力,不直接产生法律后果。

本案中,法院通过对《通报》与行政指导的定义、特征相对比,认定被诉《通报》虽符合行政指导的功能性特征,但是《通报》突破了行政指导不直接导致行政相对方权利或义务增减的底线。被告作为物业管理的监管部门,对于物业公司的评价相较于其他组织或个人更具有权威性和指引性,《通报》中"原则上不予选聘"的表述,在客观上对小区业主产生了实质影响力,显然影响到了原告的公平竞争权,不符合行政指导不具有法律强制力、不产生直接法律后果的实质特征,已不属于一般意义上不可诉的行政指导行为。行政机关即使使用了"建议"或者"原则上"等表达方式,但建议内容仍对行政相对人或第三人将产生实质影响力,此时,《通报》就属于可诉的行政行为。

案例另一个亮点是对非典型性可诉行政行为审查标准的确定。判决从职权依据、认定事实以及是否符合正当程序等要点分别进行了论述,总结出此类非典型性行政行为的审查要点是:(1)是否属于行政机关的行政管理职权范围;(2)行为内容是否有充分的事实依据;(3)在无特别程序性规定的情况下,是否遵循了正当程序。

行政指导行为因不直接增减行政相对人的权利或义务,故在程序方面没有特别严格的规定。但是,被诉《通报》记载的内容客观上涉及原告信誉和名誉,更何况"对有不良记录的企业原则上不予选聘"的确定性表述,已经实质影响到原告的公平竞争权,故被告应当遵循正当程序,在作出《通报》前理应履行告知义务,并听取原告的陈述和申辩。被告未经正当程序,直接作出《通报》,属程序违法。法院判决予以撤销,体现了《中华人民共和国行政诉讼法》规定的对行政行为合法性全面审查的要求。

案例提供单位:上海市虹口区人民法院

编写人:施海红　童娅琼

点评人:李　健

68. 范某某要求上海市黄浦区人民政府小东门街道办事处履行法定职责案

——要求履行法定职责申请与重复信访之辨析

案 情

原告范某某

被告上海市黄浦区人民政府小东门街道办事处

原告于2002年10月经审核批准获得城市居民最低生活保障待遇，因妻子焦某某退休，该待遇于2012年8月停止。2014年5月22日，原告向被告邮寄医疗救助申请表，要求被告对原告家庭2011年11月至2014年5月22日期间20万元左右的总支出费用履行医疗救助的相关职责，并写明居住地址为“上海市浦东下南路225弄60号××室”。被告接到申请表后，经过审查，于2014年6月6日作出答复，认为截至2012年年底，因焦某某已退休且享有退休收入，该收入已超出原告与焦某某两人享受低保的标准，故原告与焦某某两人不具备医疗救助的条件。另外，自2013年1月起，医疗救助的标准放宽至低收入家庭的门诊医疗费用，但因原告2013年1月1日之后提出并产生的医疗救助请求，并未提供相关发票，故被告无法处理。但该答复未向原告送达。

原告诉称，原告于2014年5月22日通过挂号信方式，向被告邮寄医疗救助申请表，要求被告对原告家庭进行医疗救助，并在申请表中明确了原告的居住地址，但被告至今未对原告的申请作出答复，违反社会救助相关法律规定。原告与其妻焦某某自2004年9月结婚后从未离婚，原告享受城市居民最低生活保障待遇至2012年9月止，焦某某享受城市居民最低生活保障待遇至2012年2月止，被告却以原告与焦某某已离婚且焦某某已退休、享有退休收入为由，不履行对原告家庭医疗救助的职责，于法有悖。嗣后，被告于2012年9月经核实认定原告与焦某某并未离婚，在原告家庭符合低收入家庭保障待遇条件的情况下，仍未依法履行医疗救助相关职责。综上，请求法院判决被告履行对原告家庭于2011年11月至2014年5月22日期间产生的医疗费用进行医疗救助的相关法定职责。

被告辩称，原告曾多次就医疗救助事项向被告信访，被告亦根据信访相关规定答复原告不再重复受理。原告于 2014 年 5 月 22 日向被告邮寄的医疗申请救助表不符合被告规定的格式，被告认为该申请系重复信访，故被告即使不予答复也无不当。被告因原告多次信访，于 2014 年 6 月 6 日作出《关于范某某同志申请医疗救助的答复》作为信访答复，并交由被告下属万裕居民委员会转交原告，因居民委员会仅有原告户籍地址，且该地址早已动迁，在无法找寻到原告的情况下，居民委员会将答复张贴于居民委员会的通知栏内，被告已尽到通知的义务。此外，原告曾于 2011 年 9 月向被告提供原告与焦某某的虚假离婚证明，两人以两个家庭名义分别获得最低生活保障待遇。被告于 2012 年 8 月经比对社保信息后发现原告该造假行为，遂停止了原告的城市居民最低生活保障待遇。原告并未如实申报其户基本情况，亦未配合被告更新家庭状况，导致相关民政信息系统内至今仍显示原告与焦某某为两个家庭，原告家庭不能获得相应救助系其未提供真实信息所致。综上，请求法院依法驳回原告诉讼请求。

审 判

一审法院经审理后认为，根据《社会救助暂行办法》、《上海市社会救助办法》的有关规定，被告具有受理本辖区内的社会救助申请并进行调查审核的职责。本案中，被告于 2012 年 8 月因焦某某已退休且享有退休收入，该收入已超出原告与焦某某夫妻两人享受最低生活保障的标准为由，停止原告已享有的最低生活保障待遇之事实，结合原告提交的被告于 2012 年 7 月 11 日作出的《黄浦区小东门街道信访书面答复》中称“您几年前已与妻子离婚”之表述，以及原、被告的庭审陈述，可以印证被告在作出《黄浦区小东门街道信访书面答复》后至停止原告的最低生活保障待遇期间，已将原告与焦某某的婚姻状态从离异状态更正为夫妻关系状态。被告在明知原告与焦某某系夫妻关系的前提下，未结合实际情况判断原告家庭是否符合低收入家庭标准，进而审核原告家庭是否能够获得医疗救助，却以原告不配合提交证明材料导致相关民政信息系统中仍将原告与焦某某视为两个家庭为由，拒绝履行医疗救护相关职责，其认定事实不清。此外，根据《上海市社会救助办法》第十四条、第十五条的规定，被告应当自收到原告的社会救助申请之日起 10 日内，对申请人所填报的有关情况以及申请人个人或者家庭的实际生活水平进行核查，且应当在核查结束后的 5 日内，对申请作出批准或者不予批准的决定。如果被告决定不予批准的，应当书面通知申请人，并说明理由。本案中，被告主要基于原告之妻焦某某享有退休金、原告未提供真实信息、原告未在提出医疗救助申请时一并提供相关发票等原因，认为原告家庭客观上不符合医疗救助标准。但即使被告经过核查后认为原告不符合救助标准的，仍应在收到原告的书面申请后，书面通知原告并告知其不予批准的理由。被告主张其将对原告的答复交由原告户籍所在地的居民委员会进行公示的依据不足，故被告未按原告申请表中所明确的居住地址送达相关答复，其执法程序违法。同时，根据原告在庭审中的陈述，其曾因心情不佳向被告提交经变造的离婚证，该证原系焦某某与他人所有，后原告将该证上他人的姓名变造为原告本人姓名。对此采取欺骗手段扰乱行政机关正常工作秩序的错误行为，原告应引以为戒，今后也应以遵守国家法律、遵循诚实信用原则为勉。综上，被告未依法对原告所提之医疗救助申请进行处理的做法于法有悖，一审法院判决被告于判决生效后十日内对原告于2014年5月22日提出的医疗救助申请履行法定职责。

一审判决后，原、被告均未提出上诉，一审判决已生效。

点 评

本案主要涉及要求履行法定职责申请与重复信访之辨析的问题。

要求履行法定职责申请，其针对的事项具有特定法律意义，从其中可以读出行政权的内容，其提出的对象往往是具有针对该申请事项享有法定行政职权的行政主体，即行政权之主体，其提出的形式往往是申请书、申请表等较为要式的形式，要求履行法定职责申请具有行政法上的效果和意义，即产生履行法定职责之一般行政法律关系。

信访乃至于重复信访，不属于行政诉讼受案范围，信访事项往往是针对已经处理和已经确定的事项，当事人在法律之外寻求信访部门予以救济。信访部门本身对该事项无法定处理职责，但可以通过信访专门渠道，交由有权部门处理，或经商有权部门后作出处理。信访主要涉及事实问题，不具有法律意义，不产生行政法上的权利义务关系，不属于行政权的行使。

实践中，一些行政机关无视正常要求履行法定职责申请之存在，借口其申请内容涉及信访事项，逃避应有的法律责任，行政不作为现象时有出现。本案中被告针对原告以医疗救助申请表并挂号信的形式提出的申请，简单以信访事项为由，认为即使不予答复也无不当，显然过于草率。实践中，甚至出现过一些行政机关将正常的要求履行法定职责申请转送信访部门，再以已由信访部门处理为由认为申请涉及信访，不再按照履行法定职责申请处理，这种做法模糊了履行法定职责和信访的界限，较为随意。

当然，实践中也有一些当事人滥用履行法定职责申请，尤其是在申请时作假造假，或在行政机关已经作出处理的情况下，重复反复提出申请，这种情况下就应予以一定规制。本案中原告曾经就救助事项有过一定的作假行为，就当时的申请事项,有权部门曾停止其城市居民最低生活保障待遇。但就本案而言,原告提出的申请系新的要求有关部门履行医疗费用的救助义务,这一申请从形式上符合要式的要求,在内容上符合法定事项的特点,因此被告应当予以依法处理。然而被告在明知原告与焦某某系夫妻关系的前提下,未结合实际情况判断原告家庭是否符合低收入家庭标准,进而审核原告家庭是否能够获得医疗救助,却以原告不配合提交证明材料导致相关民政信息系统中仍将原告与焦某某视为两个家庭为由,拒绝履行医疗救护相关职责,其认定事实不清。更为关键的是,被告作出的答复并未直接送达当事人,其委托居委会送达,但并未进一步将有关申请人的地址向居委会明示,在居委会无法送达的情况下,也没有进一步调查和通知,导致本案的答复告知事实上没有送达。从法律上法院最终认定被告违法,事实清楚、理由充分。

案例提供单位:上海市黄浦区人民法院
编写人:陈佳莹
点评人:李　健

69. 冯某某不服上海市普陀区市场监督管理局投诉举报答复行政行为案

——行政机关作出行政行为须认定事实清楚、证据充分

案情

原告冯某某

被告上海市普陀区市场监督管理局

2014年9月26日，上海市食品药品监督管理局普陀分局（因机构改革，现职权由被告行使）收到原告寄送的举报材料，原告反映其于2014年9月10日在京东商城的“怡媛妆品”店铺下购买了2瓶“大高酵素”和2瓶“大高酵华”后，发现上述产品外包装上没有中文标签，并且上述产品日文标签中反映其含有“车前草”成分，而“车前草”只可用于保健食品，要求被告查处、责令赔偿并给予书面答复。2014年9月26日，被告依法受理。后被告于同月29日至上海怡媛商贸有限公司（以下简称怡媛公司）真南路经营地现场检查并进行询问。2014年10月9日，被告向冯某某作出沪（普）食药监投举答字〔2014〕第16××号投诉举报答复，对其投诉不予立案，并向原告送达。

原告诉称，其在京东商城上的怡媛公司购买到不符合我国食品安全标准的产品后，向该产品销售商所在地的被告举报，被告作出不予立案的行政行为。原告不服，请求法院判令撤销被诉行政行为，并判令被告重新作出处理。

被告辩称，其作出被诉行政行为认定事实清楚、证据确凿、程序合法，原告的诉称意见不能成立。请求法院驳回原告诉请。

审判

一审法院经审理后认为，《中华人民共和国食品安全法》第五条第二款规定，县级以上地方人民政府依照本法和国务院的规定确定本级卫生行政、农业行政、质量监督、工商行政管理、食品药品监督管理部门的食品安全监督管理职责。有关部门在各自职责范围内负责本行政区域的食品安全监督管理工作。本案被告系上海市普陀区食品药品监督管理的主管机关，对违反食品安全规定的企业有监督管理职

权。本案中，被告在收到原告的举报材料后，依法受理并及时开展了现场调查、询问等工作，后书面答复原告不予立案。符合《食品药品投诉举报管理办法（试行）》及《食品药品行政处罚程序规定》的要求。

本案中，原告与被告争议的焦点系被告的认定事实问题。根据《食品药品行政处罚程序规定》第十八条的规定，被告应当在查清被举报人是否有违法事实后作出是否立案的决定。本案中，原告向被告举报的产品系在 2014 年 9 月 10 日购买，而被告在调查过程中所调取《中华人民共和国出入境检验检疫卫生证书》（以下简称《卫生证书》）的检验日期为 2014 年 9 月 22 日，两者不相匹配。根据被告现收集和调取的相关证据材料来看，尚不能否定原告投诉举报的事实，被告认为原告的举报证据不足，从而作出不予立案查处的决定，属于认定事实不清，被告应对原告举报的内容继续履行法定职责，进行调查处理。据此，一审法院依照《中华人民共和国行政诉讼法》第五十四条第（二）项第 1 目的规定，判决：一、撤销被告上海市普陀区市场监督管理局于 2014 年 10 月 9 日作出的沪（普）食药监投举答字〔2014〕第 16××号投诉举报答复行政行为；二、被告上海市普陀区市场监督管理局应于判决生效之日起六十日内对原告 2014 年 9 月 26 日的投诉重新作出处理。

一审判决后，原、被告均未提出上诉，一审判决已生效。

点 评

投诉举报类案件属于市场监管类案件中较为典型的行政案件。此类案件合法性审查涉及的要素较多，争议也较多。主要集中在原告资格的把握、审查强度的确定、与民事相关案件的关联等问题上。对于食品安全的投诉举报，涉及人民群众的基本民生问题，执法环节、司法环节需要共同应对、采取措施，以最高的标准予以对待。当然近几年来，这一领域出现了个别职业打假人通过投诉举报知假买假牟利获利甚至敲诈勒索的情况，扰乱了正常的社会秩序，同样需要引起执法单位和司法机关的高度重视，在处理正常案件的同时，对此类现象予以规制。

从行政执法机关的角度，对于此类投诉举报应当明确几点要求。一是程序要求，即在法定时限内，通过法定程序予以登记立案、进行调查，在此基础上作出处理，并通过正确方式向投诉举报人进行告知送达。在程序方面，有的执法机关对投诉举报行为置之不理，行政不作为，引起投诉举报人诉讼，还有的执法机关虽然进行了调查处理，却未将调查处理结果告知当事人，导致涉诉。二是实体要求，相关实体法律对食品安全标准、食品标签管理等均有较为详尽的规定，还涉及许多技术标准，这些规定和标准是执法机关应当首先考虑的执法尺度。随着社会对食品安全问题的日益重视，这方面的实体规定和标准本身也在不断地完善和健全，如何在执法中准确理解和准确适用这些规定,往往是相关执法和司法案件处理的争点和难点所在。

从司法审查的角度,就一般的投诉举报类案件而言,有两点最基本的要求。一是执法机关必须对投诉举报的行为有答复、有回应。这是程序法治的要求。无论处理结果如何,对于一个有效成立的投诉举报,除非明显不属于执法机关职责范围,都必须予以答复。二是执法机关的处理必须符合基本的事实和证据要求。针对投诉举报,无论执法机关如何处理,无论其是否符合相关实体法律的要求,必须有基本的认定事实和适用法律的过程,其处理符合正常的一般判断。本案中执法机关的错误恰恰在此,即其所认定的证据发生了时间上的偏差。其所调取的《卫生证书》的检验日期在原告购买涉案产品的日期之后,执法机关以此项证据作为原告投诉举报违法事实不成立的依据,明显不能成立。

值得指出的是,本案原告针对多项违法事实,提出投诉举报,因此执法机关应当对其提出的多项违法事实逐一进行调查和处理,从依法执法角度而言,执法机关要确保其答复处理正确,不能遗漏投诉举报的事项。但从司法机关角度而言,通过司法审查,只要能够明确答复处理中的某一违法之处,如本案中的事实证据存在问题,即可作出撤销判决。

案例提供单位:上海市普陀区人民法院

编写人:朱　骏

点评人:李　健

70. 上海华优化学品有限公司诉上海市酒类专卖管理局返还财物案

——"行政过程"中各连续行为之间关联性及其法律效力的认定

案 情

原告(上诉人)上海华优化学品有限公司

被告(被上诉人)上海市酒类专卖管理局

上海华优化学品有限公司(以下简称华优公司)原名上海良宝经贸有限公司,2011 年 2 月 10 日更名为上海良宝高分子材料有限公司,2012 年 7 月 13 日更名为上海华优化学品有限公司。2006 年 1 月 4 日,上海市酒类专卖管理局(以下简称市酒专局)接到举报,反映华优公司涉嫌销售假冒茅台酒,市酒专局于同日立案并作出先行登记保存的决定,对华优公司的合计 895 瓶酒予以保存。2006 年 1 月 9 日,市酒专局以涉案产品案值较大,应当追究当事人刑事责任为由将该案移送上海市公安局浦东分局经济犯罪侦查支队(以下简称浦东公安),浦东公安于当日受理后,同日委托市酒专局对该批酒进行保管,2012 年 2 月 15 日,浦东公安以证据不足为由撤销对该案的立案侦查,并于同年 4 月 5 日将该案及涉案酒退回市酒专局。市酒专局在 2012 年 4 月 5 日收到浦东公安的退回案件,未办理任何手续即对涉案酒予以保存。后市酒专局对华优公司进行调查询问、事先告知等程序,于 2013 年 2 月 6 日对华优公司作出没收涉案酒的编号为第 2120130×××号行政处罚决定,并于同年 2 月 7 日送达华优公司。

华优公司因不服市酒专局在作出 2013 年 2 月 6 日的行政处罚决定前保存茅台酒的行为,向法院起诉要求确认市酒专局的保存行为违法。法院以市酒专局未办理任何手续对涉案酒予以保存依据不足为由,于 2013 年 5 月 17 日作出确认市酒专局于 2012 年 4 月 5 日至 2013 年 2 月 6 日保存涉案酒行为违法的判决,目前该判决已生效。

华优公司因不服市酒专局 2013 年 2 月 6 日作出的编号为第 2120130×××号行政处罚决定,向法院起诉要求撤销该处罚决定。法院以市酒专局未经听证程序径直认定华优公司销售假冒酒并作出没收较大数额财产的行政处罚决定违反法定程序为由,于2013年8月30日作出撤销该处罚决定的一审判决。市酒专局不服提起上诉,二审法院于2013年10月23日判决驳回上诉,维持原判。

市酒专局在上述二审判决生效后,于2013年11月19日作出行政处罚听证告知书,邮寄送达华优公司未果后,于2013年12月9日在上海法治报公告送达该听证告知书,并于2014年2月14日作出没收涉案酒的第2120140×××号行政处罚决定,邮寄送达华优公司未果后,于2014年2月19日在上海法治报公告送达该行政处罚决定。

原告华优公司诉称,法院判决撤销被告2013年2月6日的行政处罚决定后,被告继续持有涉案酒缺乏依据,原告多次请求被告返还,而被告以法院判决书未明确被告需要返还为由拒绝退还。据此,原告诉至法院,请求判决被告归还涉案酒895瓶。

被告市酒专局辩称,涉案酒已经鉴定为假酒,原告在杭州与案外人毛某某就上述假酒进行的民事诉讼中,也承认提起该民事诉讼的理由为涉案酒系假酒,可见,涉案酒系假酒的事实清楚、证据确凿。法院判决撤销被告于2013年2月6日作出的没收涉案酒的行政处罚决定,其理由为被告在作出该处罚决定前未按照法律规定组织听证程序。据此,被告在该判决生效后,在继续进行的规范执法行为中按照《中华人民共和国行政处罚法》(以下简称《行政处罚法》)的规定进行了听证告知,后再于2014年2月19日作出没收涉案酒的行政处罚决定,并已进行了法定送达,且该行政处罚决定已经生效。综上,涉案酒为假酒,事关食品安全,如流入市场后果不堪设想,原告要求返还涉案酒的依据不足,为维护上海市酒类商品的产销管理秩序,请求法院判决驳回原告的诉讼请求。

审判

一审法院经审理后认为,本案争议焦点在于,另案法院在2013年10月23日作出撤销市酒专局2013年2月6日行政处罚决定的生效判决后,华优公司要求市酒专局返还涉案酒的依据是否充足。华优公司认为,2013年2月6日行政处罚被撤销后,市酒专局继续保存涉案酒的依据不足,应将涉案酒予以返还。市酒专局认为,一则涉案酒系假酒,已经鉴定机构和生效判决确认,不存在将假酒返还于华优公司,继续流通于市场将后果严重;二则另案法院撤销市酒专局2013年2月6日行政处罚决定的理由为市酒专局未经听证程序就作出处罚决定的程序违法,因此,该判决生效后,市酒专局即继续进行执法行为,进行了听证告知并于2014年2月19日作出没收涉案酒的行政处罚决定,且经过法定送达,目前该处罚决定已生效,不存在将涉案酒返还华优公司。一审法院认为,2013年2月6日市酒专局未经听证程序径直认定华优公司销售假冒酒并作出没收涉案酒的行政处罚决定，一审法院以市酒专局违反法定程序一审判决撤销系争行政处罚决定，市酒专局不服提起上诉，另案法院二审判决驳回上诉、维持原判，该判决生效后市酒专局重新启动行政程序并另行作出没收涉案酒的行政处罚决定。现华优公司以前述理由诉请法院判令市酒专局返还涉案酒，缺乏必要的事实与法律依据，难以支持。一审法院依照《最高人民法院关于执行〈中华人民共和国行政诉讼法〉若干问题的解释》第五十六条第(四)项之规定，判决驳回华优公司的诉讼请求，案件受理费人民币 50 元由华优公司负担。

一审判决后，华优公司不服，提起上诉。

二审法院认定的事实与一审相同。另查明，华优公司不服市酒专局于 2014 年 2 月 14 日作出的没收涉案酒的第 2120140×××号行政处罚决定，已向法院提起行政诉讼，因华优公司申请证据保全，2015 年 5 月 11 日，法院作出查封涉案酒 895 瓶的行政裁定。

二审法院经审理后认为，自浦东公安将案件退回市酒专局至华优公司向一审法院提起返还财物之诉，市酒专局就涉案酒所作相关行政行为的过程可以分为四个期间：第一个期间，涉及 2012 年 4 月 5 日至 2013 年 2 月 6 日未办理任何手续保存涉案酒的行政行为，对此华优公司提起行政诉讼；第二个期间，涉及 2013 年 2 月 6 日作出没收涉案酒的第 2120130×××号行政处罚决定，直至 2013 年 5 月 22 日被诉至法院；第三个期间，涉及法院于 2013 年 10 月 23 日作出“驳回上诉，维持原判”的二审判决，第 2120130×××号行政处罚决定被撤销的行政判决生效后，市酒专局于 2014 年 2 月 14 日又作出没收涉案酒的第 2120140×××号行政处罚决定，对于这一期间内未办理任何手续保存涉案酒的行政行为，华优公司未曾提起行政诉讼；第四个期间，涉及 2014 年 2 月 14 日作出没收涉案酒的第 2120140×××号行政处罚决定，直至本案诉讼。上述过程证明，涉案酒 895 瓶一直处于市酒专局的相应行政程序之中。

2014 年 11 月 27 日华优公司诉市酒专局返还财物一案由原审法院受理，之后华优公司又对第 2120140×××号行政处罚决定提起行政诉讼。因 2015 年 5 月 11 日法院作出查封涉案酒 895 瓶的行政裁定，现涉案酒已由法院查封。从以上事实来看，第一个期间的行政行为虽被判决确认违法，但又被第二个、第三个、第四个期间的行政行为所覆盖。本案中，由于市酒专局坚持要作出没收涉案酒的行政处罚决定，导致行政争议处于诉讼过程之中，涉案酒能否返还上诉人，关键取决于相应行政处罚决定的法律效力。因此，上诉人仅以 2012 年 4 月 5 日至 2013 年 2 月 6 日未办理任何手续保存涉案酒的行政行为被确认违法，以及 2013 年 2 月 6 日第 2120130×××号行政处罚决定被撤销为由，主张返还涉案酒 895 瓶的上诉请求和理由均不能成立，法院难以支持。故一审判决正确，应予维持。据此，二审法院依据《中华人民共和国行政诉讼法》第八十九条第一款第（一）项之规定，判决驳回上诉，维持原判。

点评

本案系一起因行政处罚决定所引起的要求返还财物的行政诉讼案件。行政机关在本案行政执法活动中实施了一系列行政行为，包含两个行政处罚决定和多个阶段实施的保存涉案酒的行为。其间，还涉及刑事侦查程序，以及被法院判决撤销第一个行政处罚决定和判决确认保存涉案酒行为违法的情况。因此，如何厘清多个行为之间的关系，合理判断和合法审查被诉返还行为，显得尤为重要。本案在二审中将保存行为按照时间维度进行了合理划分，在此基础上进行审查并依法作出司法判断，非常清晰地突出了案件的争议焦点和核心实质问题，是研究把握行政机关执法程序的典型案例，对于行政处罚等案件的审理具有一定借鉴作用。

因原告的诉讼请求为“请求判决被告归还涉案酒895瓶”，故法院司法审查的对象应为被告保存涉案酒895瓶的行为是否合法。而保存行为与一般行政行为有所区别：第一，保存行为是一个持续一定时间并保持占有状态的行为，而一般的行政行为往往由行政机关作出即可，持续时间较短；第二，保存行为不是一个独立的行政行为，它必须依附于其他行政行为而存在，本案中保存行为所依附的行为为行政处罚决定；第三，保存行为的合法性往往取决于其所依附的行政行为，如其所依附的行政行为被撤销或被确认违法，保存行为可能会丧失其持有状态的合法性基础。

二审法院在审理中较为准确地把握了保存行为的上述特点，将本案中被上诉人的保存行为划分为四个期间，并指出虽然第一个期间的保存行为已被法院判决确认违法，但其又被第二个、第三个、第四个期间的行政行为所覆盖。由于市酒专局坚持要作出没收涉案酒的行政处罚决定，导致行政争议处于诉讼过程之中，涉案酒能否返还上诉人，关键取决于相应行政处罚决定的法律效力。因此，上诉人仅以2012年4月5日至2013年2月6日未办理任何手续保存涉案酒的行政行为被确认违法，以及2013年2月6日第2120130×××号行政处罚决定被撤销为由，主张返还涉案酒895瓶的上诉请求和理由均不能成立。应当讲，法院的这一判断是正确和客观的，既合情合理地分析了案件事实的来龙去脉，也充分回应了当事人的诉讼主张。

案例提供单位：上海市第三中级人民法院
编写人：张文忠　陆　华
点评人：李　健

71. 张某某诉上海市杨浦区住房保障和房屋管理局政府信息公开案

——“申请内容是否明确”的认定标准及补正程序应遵循的原则

案情

原告张某某

被告上海市杨浦区住房保障和房屋管理局

原告张某某曾于 2014 年 7、8 月连续向被告上海市杨浦区住房保障和房屋管理局(以下简称杨浦房管局)信访反映征收方案和选房等问题。2014 年 9 月 11 日,被告作出杨房局信〔2014〕第 2014070××4、××6、××0 号信访答复,告知杨浦区征收地块均在基地正式启动前就已成立监督小组,聘请了律师、地区人大代表、政协委员、街道推进干部、居委干部、居民代表等人员参加,在基地的信访接待处也有监委的同志接待、监督。经了解,具体评议监督小组的工作开展正常。

2014 年 9 月 24 日,原告张某某向被告杨浦房管局提出政府信息公开申请,内容为:“要求公开杨浦区 152 街坊 D 块由居民代表参与的监督小组全部成员名单。”被告收到原告申请后,于 2014 年 10 月 10 日发出政府信息公开补正申请告知书,以原告申请内容不明确为由,要求其限期补正。原告于 2014 年 10 月 13 日提出补正申请,对文件特征描述为:“杨房局信〔2014〕第 2014070××4 号、××6、××0 号:我区征收地块均在基地正式启动前就已成立(居民代表等人员参加)监督小组,……经了解,具体评议监督小组的工作开展正常。根据沪府办发〔2012〕24 号:区(县)房屋管理部门,承担《实施细则》规定的区(县)政府的相关具体工作。既然贵局宣称成立并在正常工作之(居民代表等人员参加)监督小组,难道是‘虚无缥缈’没有实体成员组成?没有人员姓名和组织结构?”被告收悉后,认为原告的申请内容仍不明确,即于 2014 年 10 月 16 日再次发出政府信息公开补正申请告知书,要求原告限期补正。原告又于 2014 年 10 月 20 日提出补正申请,对文件特征描述补正为:“杨房局信〔2014〕第 2014070××4 号回函中宣称的‘我区征收地块均在基地正式启动前就已成立(居民代表等人员参加)监督小组’,为该具体行政行为对应之公示内容。作为杨浦区 152 街坊 D 块房屋征收过程中的监督小组是唯一的,对应的公示文件具有唯一性。……本人对该文件特征指向已经明确表述,如贵局再以‘申请内容不明确,要求补正’作为回复,请准确示明‘文件特征描述’的具体内容,……”被告收悉后,认为原告的申请内容仍不明确,于2014年10月23日第三次发出政府信息公开补正申请告知书,要求原告限期补正,另于同日发出延期答复告知书,告知答复期限延长15个工作日。原告于2014年10月27日提出补正申请,对文件特征描述调整为:“信息来源:是杨房局信〔2014〕第2014070××4号回函中宣称的‘我区征收地块均在基地正式启动前就已成立(居民代表等人员参加)监督小组’,为该具体行政行为对应之公示内容;时间查询:2013年内;关键字查询:152街坊D块;内容提示:房屋征收监督机制。如贵局再认为‘申请内容不明确,要求补正’,请确切示明‘文件特征描述’的具体内容。”被告收悉后,认为原告的申请内容仍不明确,于2014年10月31日第四次发出政府信息公开补正申请告知书,要求原告限期补正。原告于2014年11月6日提出补正申请,将补正申请内容调整为:“杨房局信〔2014〕第2014070××4号回函中宣称的‘我区征收地块均在基地正式启动前就已成立(居民代表等人员参加)监督小组’的具体行政行为对应之主动公示内容——杨浦区152街坊D块由居民代表参与的监督评议小组全部成员名单(简称‘名单’)。……贵局作为杨浦区房屋征收的主体,根据沪府办发〔2012〕24号:区(县)房屋管理部门,承担《实施细则》规定的区(县)政府的相关具体工作,并承担相应的法律责任。”被告收悉后,认为原告的申请内容仍不明确,于2014年11月19日第五次发出政府信息公开补正申请告知书,要求原告限期补正。原告于2014年11月25日提出补正申请,将补正申请内容调整为:“杨浦区152街坊D块由居民代表参与的监督小组全部成员名单(简称名单)。”为此,被告于2014年12月3日作出编号为杨房管信公〔2014〕第6号—非申告《非政府信息公开申请告知书》,并于同年12月4日送达原告。

原告张某某诉称,被告曾在对原告的信访答复中称,杨浦区征收地块均在基地正式启动前就已成立监督小组,具体评议监督小组的工作开展正常。为澄清该事实,原告向被告申请公开152街坊D块监督小组全部成员名单,被告却认为申请内容不明确,前后矛盾。原告的申请内容是明确的,被告所作告知违反法律规定,且已超过法定期限。故请求判决撤销被告杨浦房管局作出的杨房管信公〔2014〕第6号—非申告《非政府信息公开申请告知书》的具体行政行为。

被告杨浦房管局辩称,原告申请公开的信息被告既未制作,也未获取,相关法律规定也无此文件名称,原告的申请内容不明确。被告本着负责的态度多次通知原告补正,但原告的补正内容却完全一致或基本一致,因此原告提交的材料不符合政府信息公开的申请要求,被告不再按照《上海市政府信息公开规定》作出答复,于法有据,故请求判决驳回原告的诉讼请求。

审 判

一审法院经审理后认为，根据《政府信息公开条例》的规定，被告杨浦房管局具有对原告张某某向其提出的政府信息公开申请作出处理和答复的职权。被告在收到原告的申请后，根据《上海市政府信息公开规定》第二十六条第一款的程序规定，作出非政府信息公开申请告知，并将告知书送达原告。

本案的争议焦点是原告的申请内容是否明确，即其对申请获取政府信息的描述能否据以指向特定的政府信息，从而具有确定的内容。对此，一审法院认为，《政府信息公开条例》第二十条第二款第(二)项规定，政府信息公开申请应当包括“申请公开的政府信息的内容描述”。《上海市政府信息公开规定》第二十一条第一款第(二)项规定，公民、法人或者其他组织依照《政府信息公开条例》第十三条规定向行政机关申请公开政府信息的，提交的申请书应当载明“明确的政府信息内容，包括能够据以指向特定政府信息的文件名称、文号或者其他特征描述”。本案中，原告的申请内容为“杨浦区 152 街坊 D 块由居民代表参与的监督小组全部成员名单”。首先，根据沪府办发〔2012〕24 号文第四条规定，各区(县)政府成立评议监督小组，可以吸纳被征收人、公有房屋承租人推荐或者选举的代表参加。评议监督小组对国有土地上房屋征收与补偿工作的全过程实行监督评议。该组织虽由区(县)政府组建，但被告作为本区负责组织实施房屋征收与补偿工作的房屋征收部门，应当知晓原告申请内容中“监督小组”的规范名称，即系指“评议监督小组”。况且原告在 2014 年 10 月 13 日、2014 年 11 月 6 日进行特征描述时，已列明了沪府办发〔2012〕24 号文的文号，具体指出了“监督小组”的法律依据，该描述也足以使被告知道原告申请的政府信息的指代内容。被告有关法律、法规并无此信息名称的辩驳理由不能成立。

其次，被告在 2014 年 9 月 11 日对原告的信访答复中曾明确告知：“本区征收地块均在基地正式启动前就已成立监督小组。……具体评议监督小组的工作开展正常。”原告为确定该评议监督小组是否成立而申请公开其成员名单，并在此后的文件特征描述时，说明其申请系根据被告的信访答复而提出，明确了该信息的来源。被告既认可信访答复由其所作出，又认为原告的申请内容不明确，显与常理不符。被告辩称原告申请的信息被告既未制作，也未获取，故无法确定其申请内容。对此法院认为，行政机关在接到政府信息公开申请后，应首先判断申请人所需为何种信息，然后再判断该信息是否为其制作或者获取并保存，进而认定是否属于公开范围，即政府信息内容的特定化并不以行政机关制作或者获取该信息为前提，被告所主张的上述理由显然不能成立。

综上，原告对申请内容的表述应该能够清晰指向其申请获取的政府信息，即系指评议监督小组全部成员名单。被告未能准确判断原告申请公开的是何种信息，在无事实和法律依据的情况下，作出杨房管信公〔2014〕第6号—非申告《非政府信息公开申请告知书》，告知原告张某某其提交的材料不符合《上海市政府信息公开规定》第二十一条规定的政府信息公开的申请要求，不适用于《上海市政府信息公开规定》，被告不再按照《上海市政府信息公开规定》作出答复，适用法律、法规错误。据此，一审法院依照《中华人民共和国行政诉讼法》第五十四条第(二)项第2目之规定，判决：一、撤销被告上海市杨浦区住房保障和房屋管理局作出的杨房管信公〔2014〕第6号一非申告《非政府信息公开申请告知书》的具体行政行为；二、被告上海市杨浦区住房保障和房屋管理局应于判决生效之日起15个工作日内重新对原告张某某的申请作出答复。

一审判决后，原、被告均未提起上诉，一审判决已生效。

点 评

本案系一起因"申请内容不明确"而引发的政府信息公开诉讼。行政机关在本案中多次要求原告对申请内容进行补正，并在原告多次补正后对其作出仍不符合政府信息公开的申请要求，不再按照《上海市政府信息公开规定》答复的告知。法院经审理认为，原告对申请内容的表述应该能够清晰指向其申请获取的政府信息，被告未能准确判断原告申请公开的是何种信息，在无事实和法律依据的情况下作出被诉答复，适用法律、法规错误，依法判决撤销并责令重做。该案具有以下三方面的典型意义和特点。

第一，对"申请内容是否明确"的审查标准进行了准确界定。《上海市政府信息公开规定》第二十一条第一款第(二)项规定，政府信息公开申请中应当有"明确的政府信息内容，包括能够据以指向特定政府信息的文件名称、文号或者其他特征描述"。但对于申请内容是否明确的判断标准，审判实务中并非十分明确。本案中将"申请内容是否明确"的判断标准清晰地界定为能否指向特定的政府信息，并从正反两方面具体明确了申请内容是否特定的认定规则，对于这类案件的审查具有一定的借鉴作用。

第二，对行政机关滥用补正程序的法律规制。《上海市政府信息公开规定》第二十三条第(八)项规定，申请内容不明确的，应当告知申请人在合理期间内补正；申请人逾期未补正的，视为放弃申请。但对于行政机关告知补正的次数，法律并无明确规定，实务中对行政机关滥用补正程序的，缺乏法律规制。本案中，行政机关先后五次要求申请人进行补正且最终认定其申请还是不符合要求，已涉嫌对补正程序的滥用。在申请人不能进行有效补正的情况下仍继续要求补正，既不利于节省行政资源,也容易助长行政机关借无休止的告知补正拖延答复甚至刁难申请人。在一般情况下,行政机关原则上只能一次性告知更改、补充。只有在申请内容经初步判断已基本明确的情况下,为保证答复的准确性,才可要求进一步补正。

第三,对行政机关协助指导义务的强调。《上海市政府信息公开规定》第二十二条规定,申请人描述所需政府信息的文件名称、文号或者确切特征等有困难,向行政机关咨询的,行政机关应当提供必要的帮助。但实践中,行政机关很少按照规定的要求,为申请人提供咨询指导。本案特别强调了补正程序中行政机关的指导帮助义务,从补正程序设置的初衷出发,明确行政机关在没有给予指导帮助情况下还反复要求申请人补正的,则可能构成对行政职权的滥用,应当予以注意并避免再次发生。

案例提供单位:上海市杨浦区人民法院
编写人:韩　磊
点评人:李　健

72. 施某诉上海市闸北区住房保障和房屋管理局房屋征收补偿行政协议纠纷案

——行政机关行使行政协议单方解除权的条件

案 情

原告施某

被告上海市闸北区住房保障和房屋管理局

原告为上海市闸北区西宝兴路某号房屋(以下简称被征收房屋)的承租人。被征收房屋户籍登记为 2 户,在册人口为 3 人,即户主一原告、女儿陈某某;户主二陈某。2013 年 5 月 27 日,该房屋被纳入沪闸府房征〔2013〕002 号房屋征收决定确定的征收范围,征收事务所为上海市闸北第二征收服务事务所有限公司(以下简称闸北二征所)。2014 年 6 月 30 日,上海市闸北区人民政府作出沪闸府房征补〔2014〕167 号房屋征收补偿决定书,决定房屋征收部门以房屋产权调换的方式补偿原告户、陈某户。

2014 年 12 月 22 日,闸北二征所的工作人员(以下简称经办人)携带上海市国有土地房屋征收补偿协议(以下简称系争协议)的打印件至被征收房屋处,原告在系争协议尾部的"乙方"(即"被征收人/公有房屋承租人")空白处签字。当时,经办人未在"甲方"(即"被告")盖章处及其下方的"房屋征收事务所"、"法定代表人"、"或委托代理人"等盖章处盖章、签字,告知原告需回基地办公室盖章。该系争协议载明:被征收房屋处的户籍人口为原告、陈某某、陈某;被征收房屋价值补偿款合计为人民币 1 534 819.06 元;原告户不符合居住困难户的补偿条件;原告户选择房屋产权调换,被告向原告户提供上海市黄山路地块某房屋一套,建筑面积预估为 65.5 平方米……本协议补偿总金额合计为 1 885 214.22 元;本协议生效后,原告户搬离原址 60 个工作日内,被告按本协议扣除房款后支付原告户补偿款 746 891.61 元;本协议经双方签字或盖章后成立。本地块适用征询制,在规定的签约期内,经征收部门认定后,房屋征收决定范围内签约率达到 85%,本协议生效;征收双方不再履行沪闸府房征补〔2014〕167 号房屋征收补偿决定书,此协议视作补偿决定书终结并已告知当事人,原告户搬离原址并交出空房拆除后,本协议生效。

2014 年 12 月 23 日，原告于基地办公室在系争协议的本人签名处捺上指印并写下“2014 年 12 月 22 号”的文字，另在经办人提供的《黄山路地块房屋征收基地房屋搬迁奖励及 90%签约奖协议》(以下简称《签约奖协议》)上签名、捺印。当时，经办人亦未在《签约奖协议》尾部的“甲方”(即“被告”)盖章处及其下方的“房屋征收事务所”盖章处盖章、签字。次日，原告户搬离被征收房屋，并与被告办理了空房交接手续。

2014 年 12 月 29 日，接受委托对被征收房屋所在地块的土地收储项目进行全程监理的浙江万邦工程管理咨询有限公司上海分公司，在对闸北二征所递交的原告户件袋资料进行审核后，出具《财务监理专题建议书》，认为系争协议载明的“协议签约奖励费”金额少于基地安置方案的规定，遗漏了每证每增加一本户籍应当增加的签约奖励费 80 000 元，要求被告按照基地安置方案及相应普惠政策签订协议。2015 年 1 月 5 日，被告将上述审核意见告知原告，希望与原告签订新的补偿协议，对此原告表示拒绝。

原告施某诉称，系争协议已经成立，且原告履行了腾房义务，但被告未依约在原告户搬离被征收房屋 60 个工作日内，向原告支付补偿款，故诉至法院请求判令被告履行系争协议，向原告支付协议约定的款项人民币 746 891.6 元，并承担自 2015 年 3 月 25 日起至被告实际履行日止的违约金。

被告闸北房管局辩称，原告在系争协议上签字，被告未签字、盖章。闸北二征所将原告户的件袋资料交项目财务监理公司审核时，财务监理公司出具建议书，认为“协议签约奖励费”金额少于基地安置方案的规定，遗漏了每证每增加一本户籍应当增加的签约奖励费 80 000 元，要求被告按照基地安置方案及相应普惠政策签订协议。被告立即联系原告，但原告拒绝签订新的征收补偿协议。被告认为，系争协议未成立，其未履行协议约定的义务并未违法，故不同意原告的诉讼请求。

审 判

一审法院经审理后认为，原告作为被征收房屋的承租人，有权代表整户与被告签订系争协议。被告及其委托的房屋征收事务所虽然未在系争协议上签章，但根据《中华人民共和国合同法》第三十七条的规定：“采用合同书形式订立合同，在签字或者盖章之前，当事人一方已经履行主要义务，对方接受的，该合同成立”，原告已履行系争协议的主要义务，即将被征收房屋腾空并交付被告，房屋征收事务所的经办人在系争协议上盖章、领受被征收房屋并将其拆除，故系争协议已依法成立。系争协议系签约时原、被告双方真实意思表示，并不存在《中华人民共和国合同法》规定的无效情形，且在基地签约率达到 85%后订立，故系争协议应属合法有效。

被告应当依约在原告搬离被征收房屋的60个工作日内，即在2015年3月25日之前，向原告支付协议约定的补偿款746 891.61元。系争协议虽然遗漏了基地补偿安置方案中确定的80 000元签约奖励费，但在原告明确表示不愿就该款项重新签订协议的情况下，被告可以将该事宜留待今后解决，不影响生效协议的履行。现被告借故拒不履行生效协议确定的给付义务，显属不当。原告诉请被告履行协议并承担违约责任，于法有据，法院予以支持。原、被告双方并未在系争协议中约定违约责任条款，原告要求按每日万分之五计算利息损失，缺乏依据。根据违约责任以补偿受害方可得利益损失的规则，法院将被告的违约责任赔偿金确定为原告自2015年3月25日至被告实际付款日的利息损失（以746 891.61元为本金，按中国人民银行同期贷款利率计息）。综上，一审法院依照《中华人民共和国合同法》第八条、第一百零七条，《最高人民法院关于适用〈中华人民共和国行政诉讼法〉若干问题的解释》第十五条第一款之规定，判决：一、被告上海市闸北区住房保障和房屋管理局继续履行与原告施某签订的《上海市国有土地房屋征收补偿协议》；二、被告上海市闸北区住房保障和房屋管理局应于判决生效之日起十五日内，向原告施某支付人民币746 891.61元；三、被告上海市闸北区住房保障和房屋管理局应于判决生效之日起十五日内，向原告施某支付自2015年3月25日至实际付款日的利息损失（以746 891.61元为本金，按中国人民银行同期贷款利率计息）。

一审判决后，原、被告均未提起上诉，一审判决已生效。

点 评

本案系一起行政协议案件，对明确行政协议案件的审理思路特别是法律适用问题具有一定的参考借鉴意义。

新修改的《中华人民共和国行政诉讼法》第十二条第一款第（十一）项将房屋征收补偿协议纠纷明确纳入行政诉讼的受案范围。作为双方合意的产物，行政协议兼有行政性和契约性的双重特点，是“行政中权力因素与合同中契约精神的统一”。一方面，行政协议具有合同的一般特征，如缔约时要平等协商，双方要遵循自愿、公平、等价有偿原则等，这些都是民事契约精神在行政协议中的体现；另一方面，行政协议作为一种行政行为，行政机关在特定情形下享有行政优益权，可以单方变更、解除协议。正是因为行政协议兼有行政性和契约性的双重特点，行政协议案件的审理思路和法律适用既不同于民事合同案件，也有别于一般的行政案件。在体现其契约性特点方面，应主要适用或参照适用民事合同案件的审理思路和民事合同法律规范；在体现其行政性特点方面，则应适用普通行政案件的审理思路和行政法律规范。正是基于这一考虑，《最高人民法院关于适用〈中华人民共和国行政诉讼法〉若干问题的解释》第十四条规定:“人民法院审查行政机关是否依法履行、按照约定履行协议或者单方变更、解除协议是否合法,在适用行政法律规范的同时,可以适用不违反行政法和行政诉讼法强制性规定的民事法律规范。”

具体到本案而言,原告作为被征收公房的承租人,起诉要求征收部门履行房屋征收补偿协议。审理中首先要确定系争房屋征收补偿协议是否成立、生效,对此应适用《中华人民共和国合同法》的相关规则。本案中,虽然征收部门未在系争协议上签章,但原告将被征收房屋腾空并交付被告,房屋征收事务所的经办人已经领受被征收房屋并将其拆除,根据《中华人民共和国合同法》第三十七条的规定:“采用合同书形式订立合同,在签字或者盖章之前,当事人一方已经履行主要义务,对方接受的,该合同成立”,一审法院据此认定系争协议成立符合法律规定,也有相关的事实依据。

本案中第二个值得探讨的问题涉及行政协议的行政性。即系争协议中遗漏了被征收方实际可得的特定补偿款,承租人明确表示放弃,此时征收部门能否直接行使变更权?对于房屋征收补偿协议案件中征收部门变更、解除权的行使条件,相关法律、法规均无明确规定,《最高人民法院关于适用〈中华人民共和国行政诉讼法〉若干问题的解释》第十五条第三款则规定:“被告因公共利益需要或者其他法定理由单方变更、解除协议,给原告造成损失的,判决被告予以补偿。”对于本案增加特定补偿款而言,公共利益难有适用的余地,《国有土地上房屋征收与补偿条例》和上海相关实施细则均缺乏具体的条文,一审法院对此问题采取审慎态度符合行政法中“法无明文不可为”的原则。当然,从有利于保护被征收方合法权益的角度,对于法定或基地征收补偿方案明确的,无协商空间的补偿内容(如本案中的签约奖励费),相关法律、法规应赋予征收部门变更权,而对于须双方取得合意的内容(如补偿方式采取货币补偿还是房屋调换,如选择房屋调换,对于安置房屋的选择等),征收部门则不得单方变更。

案例提供单位:上海市闸北区人民法院
编写人:叶 一
点评人:李 健

刑　　事

73. 黄晔等受贿案

——国家出资银行分支机构中国家工作人员的认定

案 情

公诉机关（抗诉机关）上海市静安区人民检察院

被告人黄晔

被告人邵震捷

中国建设银行原系国有企业，于 2004 年进行股份制改革，设立中国建设银行股份有限公司（以下简称建设银行），系国有控股上市公司。经中共中国建设银行上海静安支行委员会（以下简称静安支行党委）研究决定，2005 年至 2011 年，被告人黄晔先后担任建设银行上海静安支行下辖的上海新闸路支行、上海东海广场支行行长以及上海静安支行业务四部经理。经建设银行上海静安支行行长办公会议审定通过，被告人邵震捷先后担任建设银行上海新闸路支行、上海东海广场支行、上海静安支行业务四部客户经理。其间，被告人黄晔、邵震捷在办理信贷业务过程中共同接受请托，利用受理、审核信贷申请的职务便利，为林某某经营的上海宝投物资有限公司等，为黄某某经营的上海逸平实业有限公司、上海宝文企业发展有限公司等在申请贷款方面谋取利益，并多次收受林某某、黄某某给予的财物共计 26.2 万元，其中黄晔个人实际收受财物共计 14.4 万元，邵震捷个人实际收受财物共计 11.8 万元。此外，被告人黄晔在 2007 年至 2011 年，利用上述审核信贷申请的职务便利，为施某某经营的上海常洪金属材料有限公司、沈某某经营的上海金蒲实业有限公司在申请贷款方面谋取利益，并收受施某某、沈某某给予的财物共计 3.5 万元。

2014 年 7 月 24 日，黄晔投案自首，并如实供述了受贿犯罪事实。在一审审理过程中，黄晔退出赃款 17.9 万元，邵震捷退出赃款 11.8 万元。

公诉机关指控，被告人黄晔身为国家工作人员，单独或伙同被告人邵震捷，利用职务便利，非法收受他人财物，为他人谋取利益，构成受贿罪。在共同犯罪中，被告人黄晔起主要作用，系主犯；被告人邵震捷起次要作用，系从犯，应当从轻或减轻处罚。被告人黄晔有自首情节，可以从轻或减轻处罚。据此提请法院依法惩处。

被告人黄晔及其辩护人认为，对被告人黄晔收受他人财物的事实没有异议，但对公诉机关指控其为国家工作人员持有异议。建设银行早在2004年已改制，目前为股份公司，不属于全国有企业。被告人黄晔是由建设银行上海静安支行党委任命的，并非国家机关、国有企业、事业单位委派到非国有公司、企业、事业单位、社会团体从事公务的人员，应当认定其系非国家工作人员，应当按照非国家工作人员受贿罪处罚。被告人黄晔有自首情节，又一贯表现良好，系初犯、偶犯，现又主动退赃，请求对其适用缓刑。

被告人邵震捷及其辩护人认为，对被告人邵震捷收受他人财物的事实没有异议，但对公诉机关指控其为国家工作人员持有异议。同意黄晔辩护人对本案的定性，应当认定邵震捷触犯的为非国家工作人员受贿罪。被告人邵震捷系从犯，到案后能如实交代，认罪态度较好，已全部退清赃款，建议对其适用缓刑。

审判

一审法院经审理后认为，被告人黄晔担任建设银行上海新闸路支行、上海东海广场支行行长及上海静安支行业务四部经理，均由静安支行党委研究决定聘用。最高人民法院、最高人民检察院《关于办理国家出资企业中职务犯罪案件具体应用法律若干问题的意见》(以下简称《意见》)第六条第二款规定："经国家出资企业中负有管理、监督国有资产职责的组织批准或者研究决定，代表其在国有控股、参股公司及其分支机构中从事组织、领导、监督、经营、管理工作的人员，应当认定为国家工作人员。"这里的"组织"，除国有资产监督管理机构、国有公司、企业、事业单位之外，主要是指上级或本级国有出资企业内部的党委、党政联席会。而建设银行上海静安支行本身是国有控股企业的分支机构，并非国家机关、企业、事业单位，其委派到下属分支机构从事管理工作的人员，从有利于被告人考虑，宜认定为非国家工作人员为妥。被告人邵震捷从部队复员后至建设银行上海静安支行工作，长期从事信贷业务，担任客户经理，其从事的并非对国有资产的监督、管理工作，系非国家工作人员。由于两名被告人均不属于受国家机关或国有公司、企业委派在国有控股公司从事管理工作的人员，不具有国家工作人员身份，不符合受贿罪的主体要求。对于他们利用职务便利，非法收受他人财物，为他人谋取利益的行为应以非国家工作人员论处。在共同犯罪中，被告人黄晔起主要作用，系主犯，黄晔具有自首情节，退赔全部赃款，可以对其减轻处罚并适用缓刑。被告人邵震捷起次要作用，系从犯，犯罪后能如实供述自己的罪行，退赔全部赃款，可以对其减轻处罚并适用缓刑。据此，一审法院依照《中华人民共和国刑法》第一百八十四条第一款、第一百六十三条第一款、第二十五第一款、第二十六条第一款、第四款、第二十七条、第六十七条第一款、第三款、第七十二条第一款、第七十三条第二款、第三款和第六十四条之规定，以非国家工作人员受贿罪分别判处黄晔有期徒刑三年，缓刑三年，判处邵震捷有期徒刑二年，缓刑二年；黄晔退缴的赃款 17.9 万元和邵震捷退缴的赃款 11.8 万元予以没收，上缴国库。

一审宣判后，公诉机关认为原判认定被告人黄晔主体身份错误，导致对黄晔、邵震捷认定罪名不正确，量刑畸轻，提出抗诉。主要理由如下：1.建设银行属于国家出资企业，其下属的分支机构虽不具有独立的法人资格，但性质仍为国家出资企业。2.根据《意见》第六条第二款的规定，国家出资企业中负有管理、监督国有资产职责的组织具有委派国家工作人员的主体资格，国家出资企业分支机构的党委负有管理、监督国有资产的职责，亦具有委派国家工作人员的主体资格。因此，建设银行静安支行作为国家出资企业的分支机构，其党委具有委派国家工作人员的主体资格。3.被告人黄晔经建设银行上海静安支行党委研究决定，在其业务四部以及下辖的上海新闸路支行、上海东海广场支行从事组织、领导、监督、经营、管理工作，符合《意见》第六条第二款的规定，应当认定黄晔为国家工作人员。黄晔单独及伙同邵震捷，利用职务便利，非法收受他人财物，为他人谋取利益，应以受贿罪追究两人的刑事责任。4.黄晔伙同邵震捷共同受贿 26.2 万元，还单独受贿 3.5 万元，原判以非国家工作人员受贿罪对黄晔、邵震捷定罪量刑，导致对两人的量刑畸轻。故依照《中华人民共和国刑事诉讼法》第二百一十七条之规定，提出抗诉。上海市人民检察院第二分院支持抗诉。

一审被告人黄晔、邵震捷认为原判正确，请求驳回抗诉，维持原判。黄晔、邵震捷的辩护人认为，原判认定黄晔、邵震捷犯非国家工作人员受贿罪适用法律正确，量刑适当，请求驳回抗诉，维持原判。具体理由如下：1.黄晔、邵震捷均系金融机构工作人员，《中华人民共和国刑法》第一百八十四条系拟制规定，即对于金融机构工作人员收受贿赂的行为，一般应以非国家工作人员受贿罪论处。《意见》关于国家出资企业中国家工作人员的认定仅适用于一般主体，不适用于金融机构工作人员。特别规定优于普通规定，对于两名一审被告人收受贿赂的行为应认定为非国家工作人员受贿罪。2.检察机关认为国家出资企业的分支机构中负有管理、监督国有资产职责的组织具有委派国家工作人员的主体资格，是对《意见》第六条第二款作了不当的扩大解释，违背了法律条文的精神和刑法的谦抑性原则。3.黄晔具有自首情节，邵震捷在共同犯罪中系从犯，两人尽管收受了钱财，但没有给银行造成损失，经手的贷款全部如期收回，并退缴了全部赃款，认罪悔罪态度好，原判对两人减轻处罚并判处缓刑，于法不悖，应予维持。

二审法院经审理后认为，一审被告人黄晔经国家出资企业建设银行上海静安支行中负有管理、监督国有资产职责的组织研究决定，代表其在建设银行上海新闸路支行、上海东海广场支行、上海静安支行从事组织、领导、监督、经营、管理等工作，应当认定黄晔系国家工作人员。黄晔身为国家工作人员，单独及伙同一审被告人邵震捷，利用职务便利，非法收受他人财物，为他人谋取利益，两人的行为均已构成受贿罪。原判认定黄晔系非国家工作人员，导致对黄晔、邵震捷认定罪名有误，量刑不当，应予改判。抗诉机关、上海市人民检察院第二分院的意见正确，应予支持。黄晔具有自首情节，可以减轻处罚。在共同受贿犯罪中，黄晔起主要作用，系主犯；邵震捷起次要作用，系从犯，应当从轻、减轻或者免除处罚。邵震捷到案后能够如实供述自己的罪行，对其可以从轻处罚。两名一审被告人退赔了全部赃款，可以酌情从轻处罚。邵震捷符合适用缓刑条件，对其宣告缓刑。据此，二审法院依照《中华人民共和国刑事诉讼法》第二百二十五条第一款第（二）项和《中华人民共和国刑法》第三百八十五条第一款、第三百八十六条、第三百八十三条、第二十五条第一款、第二十六条第一款、第四款、第二十七条、第六十七条第一款、第三款、第七十二条第一款、第七十三条第二款、第三款、第六十四条之规定，以受贿罪分别改判黄晔有期徒刑五年，并处没收财产人民币五万元；改判邵震捷有期徒刑三年，缓刑三年。

点评

本案的争议焦点在于受国家出资企业分支机构中负有管理、监督国有资产职责的组织委派从事组织、领导、监督、经营、管理等工作的人员，是否属于国家工作人员。

《中华人民共和国刑法》第九十三条规定："本法所称国家工作人员，是指国家机关中从事公务的人员。国有公司、企业、事业单位、人民团体中从事公务的人员和国家机关、国有公司、企业、事业单位委派到非国有公司、企业、事业单位、社会团体从事公务的人员，以及其他依照法律从事公务的人员，以国家工作人员论。"《意见》第六条第二款规定："经国家出资企业中负有管理、监督国有资产职责的组织批准或者研究决定，代表其在国有控股、参股公司及其分支机构中从事组织、领导、监督、经营、管理工作的人员，应当认定为国家工作人员。"上述条款明确规定了委派国家工作人员的主体包括国家机关、国有公司、企业、事业单位和国家出资企业中负有管理、监督国有资产职责的组织。对于国家出资企业分支机构中负有管理、监督国有资产职责的组织是否属于委派主体的问题，实践中存在不同观点。第一种观点认为，刑法及相关司法解释并未明确规定国家出资企业分支机构中负有管理、监督国有资产职责组织属于委派主体，因此，其不属于委派国家工作人员的主体。第二种观点认为，国家出资企业的核心属性在于该企业资本中含有国有资本，国家出资企业分支机构也含有国有资本，其本质上与国家出资企业相同，可以解释为

《意见》中的“国家出资企业”,因此,国家出资企业分支机构中负有管理、监督国有资产职责的组织也属于委派国家工作人员的主体,经其委派,代表其在国有控股、参股公司及其分支机构中从事组织、领导、监督、经营、管理工作的人员,也应当认定为国家工作人员。我们认为,第二种观点是正确的,抓住了国家出资企业的本质。本案中,被告人黄晔系受建设银行静安支行委派,到建设银行上海新闸路支行等从事组织、领导、监督、经营、管理等工作,应认定为国家工作人员。

二审法院认定被告人黄晔具有国家工作人员身份,并以受贿罪对两名被告人进行改判,定性准确,量刑适当。

案例提供单位:上海市第二中级人民法院

编写人:沈　言

点评人:段守亮

74. 李天洋等抢劫案

——新类型抢劫犯罪及冒充军警加重情节的认定

案 情

公诉机关上海市杨浦区人民检察院

被告人(上诉人)李天洋

被告人(上诉人)潘太惠

被告人潘太惠与被害人罗某曾进行信用卡还款交易，潘太惠持他人发生透支欠款的信用卡至罗某处，在潘太惠支付一定报酬后，罗某将钱款转入潘太惠提供的信用卡为其还款，还款后信用卡即获得新的透支额度，罗某随即通过自己控制的POS机刷卡交易将其帮助偿还款项收回。

被告人李天洋得知后与被告人潘太惠经事先预谋，计划在潘太惠约罗某再次进行信用卡还款交易过程中，趁罗某为潘太惠还款后，钱款尚未通过POS机刷卡返还时，将罗某控制住，由潘太惠携带信用卡及POS机等物逃逸并将罗某转入的资金非法占有。2014年6月11日19时许，经潘太惠与罗某事先联系，被害人罗某、程某至上海市杨浦区邯郸路，乘上潘太惠所驾轿车，罗某、程某等将26万元转账至潘太惠携带的户名为“刘某某”的三张信用卡用于还款，分别是卡号为481699000849××××的中国光大银行信用卡、卡号为518710788009××××的招商银行信用卡、卡号为524070024992××××的兴业银行信用卡。其后，罗某按约定开始用自己携带的POS机将上述26万元从上述三张信用卡中陆续刷卡转回。当刷卡转出7.8万余元时，在车外的被告人李天洋经潘太惠示意，伙同由其事先纠集至现场等候的朱某某、孙某、马某某上前，将罗某、程某强行从车内拉出，李天洋同时对被害人谎称自己是警察，趁被害人罗某、程某被李天洋等人控制时，潘太惠携POS机及信用卡驾车逃逸，致被害人罗某、程某损失18万余元。其后，潘太惠、李天洋将卡内资金通过POS机套现、消费等方式非法占有、使用。

公诉机关指控，被告人李天洋、潘太惠以非法占有为目的，采用暴力方法抢劫他人财物，数额巨大，其行为已构成抢劫罪，李天洋冒充军警人员抢劫，应判处十年以上有期徒刑。本案犯罪事实清楚，证据确实、充分。鉴于被告人潘太惠到案后能如实供述自己的罪行，可从轻处罚。提请法院依法审判。

被害人程某对上述指控无异议。

被告人李天洋辩称，其未冒充军警人员，本案由被告人潘太惠提议实施，在其实施暴力行为时，潘太惠已将钱款骗到手，所以不应认定为抢劫罪。

被告人潘太惠对指控事实未表异议，但辩解本案是由被告人李天洋提议实施，其认为自己的行为是诈骗而非抢劫。

被告人李天洋的辩护人认为，被告人李天洋、潘太惠等人通过欺诈手法，使被害人自愿地将自己的钱转入被告人指定的信用卡上，构成诈骗罪；而将被害人从轿车中拖出、对其人身加以控制、趁机将车开走等行为是诈骗既遂的后续行为；"人本购物"、"夏威夷衬衫"、"上海市奉贤区国文家电"这三个POS机终端应是被害人带到现场，26万元中已有149 200元通过该三个POS机终端被刷回被害人账户，不应计入犯罪数额；潘太惠是本案的组织者和策划者，李天洋只起帮助作用，应认定李天洋为从犯；李天洋等人自称警察只是为了协助潘太惠开车逃走，不属于冒充军警人员抢劫。

被告人潘太惠的辩护人对公诉机关指控被告人潘太惠的基本事实无异议，但辩称取得被害人18万余元是通过骗的手段，潘太惠的行为应构成诈骗罪；潘太惠控制钱款之后，李天洋拉被害人下车是为了帮助潘太惠顺利脱身，并不是为了夺得被害人的财物，李天洋没有殴打、威胁被害人，故也不构成转化型抢劫罪；本案由李天洋提议，潘太惠在李天洋的引诱下实施犯罪，作用小于李天洋；潘太惠是初犯、偶犯，法律意识较低，到案后如实供述，依法可以从轻处罚。

审 判

一审法院经审理后认为，被告人李天洋、潘太惠以非法占有为目的，采用暴力方法抢劫他人财物，数额巨大，其行为均已构成抢劫罪，且系共同犯罪，其中，被告人李天洋冒充军警人员抢劫，公诉机关指控罪名成立，对被告人李天洋、潘太惠依法应予处罚。被告人潘太惠到案后能如实供述自己的罪行，依法可以从轻处罚。对于各被告人犯罪的事实、性质、情节、危害程度及坦白交代、认罪态度等均在量刑中予以考虑。为严肃国法，保护公民人身及财产权利，一审法院依照《中华人民共和国刑法》第二百六十三条第（四）、（六）项，第二十五条第一款，第六十七条第三款，第五十五条第一款，第五十六条第一款及第六十四条之规定，以抢劫罪判处被告人李天洋犯有期徒刑十四年，剥夺政治权利四年，罚金人民币二万元；被告人潘太惠有期徒刑十二年，剥夺政治权利二年，罚金人民币一万五千元。

一审判决后，被告人李天洋、潘太惠不服判决，提出上诉。

上诉人李天洋上诉称，其没有与潘太惠预谋抢劫，未冒充军警人员抢劫，原判量刑过重。

李天洋的辩护人认为，上诉人李天洋将罗某、程某拉出车外，是为了让人与财物分离，然后潘太惠驾车夺走财物，故本案构成抢夺罪。

上诉人潘太惠上诉称，其没有与李天洋预谋抢劫，不明知李天洋冒充军警人员实施抢劫，其不构成抢劫罪。

潘太惠的辩护人认为潘太惠不明知抢劫，潘太惠是因交易行为而获得钱款，事后拒不返还，其行为构成侵占罪。

上海市人民检察院第二分院认为，一审判决认定上诉人李天洋、潘太惠犯抢劫罪的事实清楚，证据确实、充分，适用法律正确，量刑适当，审判程序合法，建议驳回上诉，维持原判。

二审法院查明的事实和证据与原判相同。

二审法院经审理后认为，上诉人李天洋、潘太惠以非法占有为目的，冒充警察，采用暴力、胁迫方法强行劫得他人财物，其行为构成抢劫罪。上诉人李天洋、潘太惠的上诉理由不成立。一审法院认定上诉人李天洋、潘太惠犯抢劫罪的事实清楚，证据确实、充分，定罪准确，审判程序合法，量刑适当。上海市人民检察院第二分院建议驳回上诉，维持原判的意见正确。二审法院依照《中华人民共和国刑事诉讼法》第二百二十五条第一款第(一)项的规定，裁定驳回上诉，维持原判。

点 评

随着金融经济的发展与深入，借助金融技术实施抢劫犯罪的手段也在不断翻新。本案就是一个借助金融技术实施抢劫犯罪的新类型案例。本案被告人实施犯罪方式隐蔽、犯罪过程复杂多变。本案被告人的行为构成诈骗罪还是抢劫罪、本案中能否认定冒充军警抢劫的加重情节是审理中的两个争议问题。

一、本案被告人的行为构成抢劫罪

在本案审理过程中，有观点认为被告人是通过欺诈手法使被害人自愿将钱款转入指定信用卡上，而将被害人从轿车中拖出、对其人身加以控制、趁机将车开走等行为只是诈骗既遂的后续行为，被告人的行为构成诈骗罪。

抢劫罪是以非法占有为目的，对财物的所有人、保管人当场使用暴力、胁迫或其他方法，强行将公私财物抢走的行为。所谓暴力，是指对被害人的身体施以打击或强制，借以排除被害人的反抗，从而劫取他人财物的行为。反观诈骗罪，行为人使用虚构的事实或者隐瞒真相的欺骗方法，使财物的所有者、保管者或者经手者产生认识错误，从而“自愿”将财物交与行为人。诈骗罪的关键点是被害人基于认识错误而将财物交与行为人，其对财物有着处分的意思表示和行为。

本案中，被害人将钱款转入被告人潘太惠提供的三张信用卡，目的仅是通过"过账"形式帮助其还透支款，但即刻应将钱款通过POS机刷卡返还，被害人并无将26万元钱款交付被告人潘太惠的处分意思和行为。如无被告人李天洋等人介入，采取暴力将被害人强行拉下车，使得被害人不知并且不能够反抗，被告人潘太惠难以直接脱身。因此，本案是通过李天洋等人以暴力将被害人强行拉下车，帮助潘太惠携转入被害人钱款的信用卡逃逸，从而非法占有被害人财产，本案中起决定性作用的是劫取手段，应当认定被告人的行为构成抢劫罪。

二、冒充军警加重情节的认定

《中华人民共和国刑法》第二百六十三条中规定了八项抢劫罪的加重情节，冒充军警抢劫在八项加重情节之列。之所以由刑法加以规制，一方面是冒充军警抢劫不仅对被害人人身及财产权利进行侵犯，同时间接侵犯了代表国家强制力的军警的形象。确定是否冒充军警抢劫应该从所冒充"军警"的范围、"冒充军警"行为的表现方式、"冒充军警"的程度、"冒充军警"行为与被害人误信的因果联系等方面考虑。

本案审理中，有观点提出，李天洋冒充军警只是为了协助潘太惠逃跑，因此不构成抢劫罪中的加重情节。

本案中，根据被害人的陈述，多名男子自称警察将其二人拉下车，程某经辨认，证明被告人李天洋自称"警察"，且拉下坐在后座的程某；同案人亦印证了该事实。

（一）被告人在本案中冒充警察，属于冒充"军警"

所谓"军警"，应当是军人和警察。被告人李天洋在本案中，冒称自己系"警察"，属于法律规定的军警范围。

（二）被告人在本案中有冒充军警的具体行为表现

行为人在冒充军警人员实施抢劫行为的过程中，其冒充行为应有一定的表现，例如：行为人自称是军警人员身份，或者身着军警人员服装，或者出示军警人员身份证件，甚至驾驶伪造的警车等方式。冒充，本质上是行为人通过自己的行为表示是警察，所以除前面列举的方式外，也还包括其他足以使人误认为是警察的言语、声称等行为。在本案中，在灯光并不充足的地方，被告人通过自称"警察"、高喊"不许动，蹲下，警察"等言语进行表示，此行为已经符合"冒充"的条件。

（三）被告人的行为在本案中达到冒充"军警"的程度

本案中，一方面，李天洋等人在僻静地点，身着便衣，实施伏击，强行拉开车门，口头警告被害人"不许动"等行为，与执行抓捕任务的警察十分相像，同时也符合大众对警察进行秘密抓捕行为方式的认知；另一方面，行为人明知被害人从事的是为法律所禁止的信用卡套现行为，故当李天洋声称为警察时，被害人才会确信无疑，不敢有任何反抗。

综上,两名被告人的行为均已构成抢劫罪,且系共同犯罪,被告人李天洋的行为构成抢劫罪中“冒充军警抢劫”的法定加重情节。本案定罪准确,量刑适当,探讨了审判实践中如何正确认定“冒充军警抢劫”这一加重情节的认定标准,对审判实践和理论研究具有一定指导意义。

案例提供单位:上海市杨浦区人民法院

编写人:李晓东　胡友璐

点评人:王宇展

75. 安阳等敲诈勒索案

——媒体人利用危机公关索要钱财行为的司法认定

案 情

公诉机关上海市青浦区人民检察院

被告人(上诉人)安阳

被告人胡娟

被告人李占双

2014 年 3 月初,被告人安阳在媒体工作中完成了一篇关于圆通公司的负面报道,后因故未被采用播放,故心生不满,欲以此从圆通公司得到好处,并将该想法告知了被告人胡娟。两人经商量后决定由胡娟找人联系并以年度公关合作的名义让圆通公司支付胡娟的公关公司服务费人民币 200 万元(以下币种均为人民币)。后被告人胡娟安排被告人李占双具体操作此事并将安阳通过短信发送的《圆通税务黑洞》文章、“3.15 期间要播放”等谈判要点转发给李占双。后被告人李占双按照被告人胡娟授意于 2014 年 3 月 7 日开始先后将上述短信转发给圆通公司相关负责人,并于 3 月 12 日与圆通公司法务总监或人员在山东省体育中心某茶室见面,表示握有圆通公司负面新闻,让圆通公司向指定的公关公司账户内汇款 600 万元,否则“3.15”期间曝光,并要求圆通公司于 3 月 15 日之前答复。后因圆通公司未予理会,被告人李占双于 2014 年 3 月 18 日将被告人胡娟于 3 月 17 日发给其的暗访片断发送给圆通公司法务总监或人员以进一步施压。2014 年 3 月 20 日,圆通公司至上海市公安局青浦分局报案。被告人安阳、李占双到案后如实供述了上述事实。

公诉机关指控,被告人安阳、胡娟、李占双以非法占有为目的,利用手中掌握的资料以胁迫的方法勒索公私财物,其中被告人安阳的犯罪金额为 200 万元,被告人胡娟、李占双的犯罪金额为 600 万元,均属数额特别巨大,其行为均已构成敲诈勒索罪,依法均应予惩处。三被告人已经着手实行犯罪,由于意志以外的原因而未能得逞,是犯罪未遂,可以比照既遂犯从轻或者减轻处罚。被告人安阳、李占双到案后如实供述了自己的罪行,依法均可从轻处罚。据此提请法院依法审判。

被告人安阳及其辩护人对公诉机关指控的事实均无异议,但对罪名均有异议,被告人安阳辩解其行为不构成敲诈勒索罪,应定性为强迫交易罪。其辩护人认为,本案应定性为强迫交易罪，而非敲诈勒索罪；被告人安阳在犯罪过程中自动放弃了犯罪意图，因此被告人安阳的行为属于犯罪中止而非公诉机关指控的犯罪未遂；被告人安阳到案后如实供述了自己的罪行，认罪态度较好，且被害单位两次出具了谅解书对其行为予以谅解；综上，辩护人建议法院对被告人安阳以强迫交易罪判处三年以下有期徒刑并适用缓刑。

被告人胡娟及其辩护人对公诉机关指控的事实及罪名均有异议，被告人胡娟辩解本案应定性为强迫交易罪，关于犯罪金额，其仅和安阳商量确定为 200 万元，并没有和李占双讲过公诉机关指控的 600 万元，故其犯罪金额应为 200 万元。其辩护人认为，因圆通公司的负面新闻是客观存在的，被告人胡娟是乘人之危强迫圆通公司接受危机公关服务，因此其行为应定性为强迫交易罪；关于犯罪金额，应以被告人胡娟自认的 200 万元来认定；被告人胡娟通过媒体认识到自己的行为涉嫌犯罪，即通知安阳和李占双，因此应定性为犯罪中止；被告人胡娟在共同犯罪中所起作用较小，应认定为从犯；被告人胡娟到案后如实供述了自己的罪行，且被害单位已对被告人安阳的行为予以了谅解，应认定为对全体被告人的谅解；综上，辩护人建议法院对被告人胡娟以强迫交易罪从轻处罚并适用缓刑。

被告人李占双及其辩护人对公诉机关指控的事实均无异议，但对指控的罪名均有异议，均认为本案应定性为强迫交易罪；辩护人还认为，被告人李占双在与圆通公司洽谈未果后并未催促，故其行为系犯罪中止；被告人李占双在共同犯罪中是帮助犯，故应认定为从犯；被告人李占双到案后认罪态度较好；综上，辩护人建议法院以强迫交易罪对被告人李占双从轻处罚。

审 判

一审法院经审理后，针对控辩双方争议的焦点，结合查明的事实和证据，作如下评判：

一、关于被告人安阳、胡娟、李占双行为的定性

公诉机关指控被告人安阳、胡娟、李占双犯敲诈勒索罪，但被告人安阳、胡娟、李占双及其辩护人均认为被告人的行为应定性为强迫交易罪，对此，法院分析如下：被告人安阳在得知自己关于圆通公司负面新闻的报道不被采用后便萌生了以此向圆通公司要钱财的想法，并将该想法告知了被告人胡娟，两人经商议决定由被告人胡娟找人以公关合作的名义让圆通公司支付公关服务费，后被告人胡娟联系被告人李占双付诸实施。在被告人与被害单位圆通公司的联系过程中，双方并未就所谓的公关服务进行商榷，仅确定了如果圆通公司愿意向公关公司账户打入 600 万元的话涉及圆通公司负面报道的相关文章及视频就不会被播出的事实，故

600 万元的对价不是公关公司的公关服务而是向圆通公司要挟的文章及视频不会出现在媒体的保证，因此，本案的实质是被告人安阳利用工作关系制作了关于圆通公司的负面新闻，经与被告人胡娟商量后以此负面新闻相要挟致被害单位圆通公司陷入危机，再由被告人李占双出面与圆通公司接触欲假借交易之名让圆通公司将 600 万元汇入公关公司账户，本案属于形式上的交易，实质上的敲诈勒索。故本案应定性为敲诈勒索，关于被告人及辩护人提出的本案应定性为强迫交易罪的辩解及辩护意见，法院不予采纳。

二、关于本案犯罪形态的认定

公诉机关指控三被告人的行为系犯罪未遂，但被告人及辩护人均提出被告人的行为系犯罪中止，对此，法院认为，被告人安阳、胡娟、李占双以“3.15”为契机，由被告人李占双于 2014 年 3 月 7 日开始与圆通公司接触，要求圆通公司在 3 月 15 日之前给予答复，在圆通公司未予理会后，被告人李占双又于 3 月 18 日将被告人胡娟于 3 月 17 日发送给其的视频转发给被害单位予以施压，而被告人安阳、胡娟于 3 月 18 日至 3 月 20 日在短信中对圆通公司有无反馈一事一直保持联系，在圆通公司于 3 月 20 日报案且公安机关已予以立案后，被告人安阳、胡娟还在 3 月 25 日就圆通公司没有回应一事讨论要将相关内容发至论坛，综上，本案敲诈结果没有得逞是由于三被告人意志以外的原因即圆通公司的报警而非被告人的自动放弃。故对于被告人及辩护人关于犯罪形态的辩解及辩护意见，法院不予采纳。

三、关于被告人胡娟敲诈金额的认定

公诉机关指控被告人胡娟的犯罪金额为 600 万元，而被告人胡娟及其辩护人均认为其犯罪金额为 200 万元，经查，被告人安阳、胡娟就敲诈金额曾经过商量确定为 200 万元，而被告人安阳、李占双自始至终没有见过面、也没有联系过，因此对被告人李占双最终向圆通公司索要 600 万元的金额出自被告人胡娟、李占双这一环节。再从证据来看，被告人李占双到案后稳定一致地供述了被告人胡娟一开始就向其确定向圆通公司索要 600 万元的事实，被告人胡娟也曾在公安侦查阶段作出与被告人李占双说法一致的供述，虽然其之后对该供述进行了翻供，但并无合理的解释，纵观全案事实及证据，法院对被告人胡娟及辩护人对金额的辩解及辩护意见，不予采纳。故认定被告人胡娟索要的金额为 600 万元。

四、被告人胡娟、李占双是否构成从犯

关于被告人胡娟、李占双的辩护人均提出其当事人系从犯的辩护意见，经查，被告人胡娟在与被告人安阳共同商量后找到被告人李占双并由被告人李占双出面与圆通公司接触，在整个过程中，被告人安阳、李占双相互没有联系，全部由被告人胡娟作为中间人，而被告人李占双是具体的实施者，在整个过程中，被告人胡娟、李占双均起着至关重要的作用，对于辩护人关于从犯的辩护意见，法院不予采纳。

一审法院认为，被告人安阳、胡娟、李占双以非法占为目的，利用手中的资料以胁迫的方法勒索公私财物，数额特别巨大，其行为均已构成敲诈勒索罪，依法均应予惩处。三被告人已经着手实行犯罪，由于意志以外的原因而未能得逞，是犯罪未遂，可以比照既遂犯减轻处罚。被告人安阳、李占双到案后如实供述了自己的罪行，依法均可从轻处罚。公诉机关指控被告人安阳、胡娟、李占双的犯罪罪名及关于犯罪未遂、如实供述罪行的公诉意见正确，予以确认。为维护社会治安秩序，保护公私财产不受侵犯，一审法院依照《中华人民共和国刑法》第二百七十四条、第二十五条第一款、第二十三条、第六十七条第三款、第五十二条、第五十三条、第六十四条之规定，分别以敲诈勒索罪判处被告人安阳有期徒刑四年，并处罚金人民币十万元；判处被告人胡娟有期徒刑五年，并处罚金人民币二十万元；判处被告人李占双有期徒刑四年六个月，并处罚金人民币二十万元。

一审宣判后，被告人安阳不服判决，提起上诉。

上诉人安阳及其辩护人对原判认定的事实无异议，但对定性均有异议。安阳认为，其行为应定为强迫交易罪，至于李占双向圆通公司索要 600 万元，其并不知情；其已放弃继续犯罪，应当认定犯罪中止。安阳的辩护人认为，安阳与同伙利用被害单位存在涉税负面报道，乘人之危，强迫被害单位接受危机公关服务，并要求先付费、后服务，其行为是貌似敲诈勒索的强迫交易，与敲诈勒索存在部分共性，应当按照疑罪从轻的原则，认定强迫交易罪；安阳及其同伙在不知晓被害单位报警的情况下，主观上有自动放弃犯罪的意图，客观上有自动中止的行为，且没有产生任何犯罪结果，属于犯罪中止；安阳有犯罪中止、如实供述、获得被害人谅解等法定从轻或减轻处罚情节，且其一贯表现较好、主观恶性较小，被害单位未遭受实际损失，原判量刑过重，建议以强迫交易罪对安阳适用缓刑。

一审被告人胡娟认为其行为构成强迫交易罪，且其提出的交易金额为 200 万元。胡娟的辩护人认为本案构成强迫交易罪，且系犯罪中止，原判对胡娟量刑过重。

一审被告人李占双对原判认定的基本事实无异议，但认为其行为是与被害单位合作，并非无故向被害单位索要钱款。

上海市人民检察院第二分院认为，一审判决认定上诉人安阳、一审被告人胡娟、李占双犯敲诈勒索罪的事实清楚，证据确实、充分，适用法律正确，量刑适当，审判程序合法，建议驳回安阳上诉，维持原判。

二审法院经审理查明的事实、证据与一审判决相同。

二审法院经审理后认为，上诉人安阳、一审被告人胡娟、李占双犯敲诈勒索罪的事实清楚，证据确实、充分，适用法律正确，审判程序合法。三名行为人犯罪数额特别巨大，依法应处十年以上有期徒刑，并处罚金，因犯罪未遂，可以比照既遂犯减轻处罚。安阳、李占双到案后能如实供述自己的罪行，依法均可从轻处罚。故原判定罪、量刑均无不当，上诉人安阳、一审被告人胡娟、李占双的辩解及辩护人的意见均不予采纳。上海市人民检察院第二分院的意见正确，予以采纳。据此，依照《中华人民共和国刑事诉讼法》第二百二十五条第一款第（一）项的规定，裁定驳回上诉，维持原判。

点评

本案系一起新类型的敲诈勒索案，被告人之一系新闻工作者，通过所谓危机公关公司提供服务来勒索被害单位钱财，审判实践中对本案究竟是构成强迫交易罪还是敲诈勒索罪有一定分歧和争议。

一、两罪在犯罪构成上的区别

强迫交易罪和敲诈勒索罪两罪在形式上有相似之处，如两者都要求使用一定的威胁手段等使他人畏惧的方法，而且两者的主观方面都表现出对财产的需求等，但两者的区别也是明显的：

1. 从客观方面看，虽然两者手段都有“威胁”，但敲诈勒索不包括使用“暴力手段”。

2. 从主观方面看，敲诈勒索罪的主体在主观方面有非法占有他人财物的目的；而强迫交易罪的主体从主观方面讲虽然有非法占有的目的，但这种目的是通过“交易”实现的。

3. 从客体方面看，强迫交易罪侵犯的客体除了他人的人身权利、财产权利外，更重要的是侵犯了公平的市场交易秩序；而敲诈勒索罪没有侵犯市场交易秩序。

4. 主体不同，自然人和单位均可构成强迫交易罪的主体，而敲诈勒索罪的主体只能由自然人构成。

二、强迫交易罪中威胁行为的本质和目的

在强迫交易罪中，行为人的胁迫手段仅在于获取公平交易外的暴利，双方必须具有一定的交易或经营关系，行为人在胁迫之下必须付出一定的交易成本，且该种暴利的程度不能是无限大，进而使行为转变为实质的非法占有。根据《最高人民法院关于审理抢劫、抢夺刑事案件适用法律的若干问题的意见》第九条第二款“从事正常商品买卖、交易或者劳动服务的人，以暴力、胁迫手段迫使他人交出与合理价钱、费用相差不大钱物，情节严重的，以强迫交易罪定罪处罚；以非法占有为目的，以买卖、交易、服务为幌子采用暴力、胁迫手段迫使他人交出与合理价钱、费用相差悬殊的钱物的，以抢劫罪定罪处罚”的规定，强迫交易罪中行为人在采用暴力、胁迫手段迫使交易相对方达成交易时必须给付对方一定数额的货币、商品，或者要求对方接受一定的服务为代价，同时行为人暴力、胁迫被害人所达成的对价必须在尚不构成悬殊程度的限度内。

强迫交易罪中的威胁行为必须发生在具有特定交易关系或处于特定经营活动的行为人之间。因为只有存在特定的交易关系或处于特定的经营活动中，行为人通过威胁手段促成商品、服务交易，成立或解除经营关系，是基于牟取非法经济利益的主观动机，通过客观但不公平的交易行为，破坏了公平、自由的市场交易秩序，侵害交易相对方的合法权益，因而符合强迫交易罪的法益要求。

因此，强迫交易罪中，威胁行为的目的是“以强迫他人达成交易”，没有交易，就没有强迫交易问题，更谈不上强迫交易罪。扰乱市场秩序是其本质特征。

三、敲诈勒索罪中威胁行为的本质和目的

敲诈勒索罪中，行为人必须是以非法占有为目的，对被害人实行威胁、胁迫，利用对方的恐惧心理以达到牟取利益的目的。所谓威胁的手段，是指以将要对被害对象实施暴力、破坏其名誉等相威胁，利用对方的困境或弱点，迫使对方交付财物或提供财产性利益的行为。

因此，敲诈勒索犯罪中，威胁行为的本质是以引起他人心理上恐惧的精神强制方法，最终结果是致使被害人产生恐惧心理，并基于该恐惧心理而不得不处分财产，以此非法获利。敲诈勒索罪中，行为人威胁行为的目的是使被害对象陷入恐惧，最终非法占有被害人的钱财。

四、本案被告人的行为均符合敲诈勒索罪的构成要件

本案中，被告人安阳利用在工作中完成的被害单位负面报道萌生了敲诈被害单位钱财的念头，故与被告人胡娟商量，胡娟提出以其公关公司替被害单位做公关策划的名义收取该笔钱款，后被告人胡娟又联系非其公司的被告人李占双，由李占双出面谎称是某电视台工作人员，向被害人单位提出巨额的危机公关费用。如上所述，强迫交易罪威胁行为的本质是获取通过公平交易无法获得的暴利，且该行为必须发生在具有特定交易关系或处于特定经营活动的行为人之间，“公平交易之外的暴利+交易形成”，因此，交易是强迫交易罪的基础，其威胁行为必定是围绕交易进行的。但本案具体的威胁行为实施者李占双在与被害单位会谈时，隐瞒其真实身份，谎称是某电视台的记者，反映了其目的并非真实的交易，且会谈的内容围绕如果不曝光负面新闻，被害单位应支付多少钱款，因此其会谈内容并不是正常如何解决危机的交易行为，其内容与所谓的危机公关并无太大关系，或者说该危机本身是被告人造成的，然后又借危机公关之名索要钱财。从强迫交易罪中威胁行为的本质和目的来看，本案中被告人与被害单位既无交易的基础，被告人又无相应的对价行为，因此无法构成强迫交易罪。

从敲诈勒索罪威胁行为的本质和目的来看，其威胁行为的本质是使被害人感到恐惧,达到获取非法利益的目的,行为人在整个过程中不用付出任何对价。此案中,被告人安阳利用其掌握的被害单位的负面材料,以此与被告人胡娟共谋敲诈被害单位钱款;被告人胡娟授意被告人李占双向被害单位转发负面材料,使被害单位产生恐惧和压力,迫使被害单位与李占双会谈,向被害单位索要钱款。而且李占双在与被害单位会谈时,隐瞒真实身份,反映其目的并非真实交易,且会谈的内容围绕欲曝光被害单位的负面新闻,以此造成被害单位恐惧,达到向被害单位索要钱款的目的。故三人的行为均符合敲诈勒索罪中威胁行为的本质和目的。

本案从两罪的犯罪构成及两罪威胁行为的本质和目的着手,正确分析了强迫交易罪和敲诈勒索罪的区别,进而得出了正确结论。本案定罪准确,量刑适当,观点正确,对审理此类案件具有指导意义。

案例提供单位:上海市青浦区人民法院
编写人:姚丽萍
点评人:王宇展

76. 林松滨信用卡诈骗案

——临时额度分期付款型信用卡业务恶意透支的认定

案情

公诉机关上海市松江区人民检察院

被告人林松滨

2008年10月，被告人林松滨从中信银行股份有限公司申领了1张卡号为5201080007476×××的信用卡并使用，自2013年10月21日起超过规定期限透支，累计透支本金人民币17 790.89元，至案发前未予归还。2014年5月14日，被告人林松滨在家属帮助下还款3 000元，尚欠款14 790.89元未予归还。

2009年12月，被告人林松滨从交通银行申领了1张卡号为4581240111642×××的信用卡并透支使用，还依附该卡办理了信用卡"好享贷"业务亦予以透支使用。自2013年7月27日起，被告人林松滨超过规定期限透支，后又经交通银行多次催收，至今尚有透支本金46 083.67元未予归还。

2011年7月，被告人林松滨从广发银行上海分行申领了1张卡号为5289311350070×××的信用卡并使用。自2013年9月16日起超过规定期限透支，累计透支本金为人民币13 043.26元，后经广发银行上海分行多次催收，仍不归还。

2014年4月18日，被告人林松滨在广东省汕头市龙湖区被公安人员抓获。

公诉机关指控，被告人林松滨恶意透支信用卡，数额较大，其行为已构成信用卡诈骗罪，提请法院依法审理。

被告人林松滨辩称，公诉机关指控其交通银行信用卡透支金额为49 591.15元，其中有2万余元应系交通银行为其办理的"好享贷"业务的欠款，对其他指控事实没有异议。

被告人林松滨的辩护人认为，"好享贷"业务在授信额度、适用条件及收费标准方面区别于传统意义上的信用卡透支消费，涉及"好享贷"的欠款部分应属于借贷性质，不应作为信用卡诈骗的金额予以处理。

审判

一审法院经审理后认为，一、被告人林松滨庭审供述对中信银行、广发银行信用卡诈骗事实无异议，予以确认；二、“好享贷”业务来源于被告人办理的信用卡，本质上仍是信用透支消费。被告人林松滨在交通银行多次催收后，超过规定期限拒不还款，甚至拒接电话、变更住址，主观上具有非法占有目的，该欠款本金应计入信用卡诈骗数额。对被告人林松滨及其辩护人所提“好享贷”业务是借贷关系，不应计入信用卡透支金额的辩护意见，不予采纳。三、被告人林松滨自 2013 年 7 月开始超过规定期限透支，后又经银行多次有效催收，至案发前仍未归还欠款，构成恶意透支。其在 7 月之后的还款 7 100 元，应作为透支本金扣除。根据交通银行交易明细，被告人林松滨 7 月之后还款的 7 100 元当中有 3 507.48 元是作为利息、费用等被银行扣除的，实际应作为本金予以扣除，认定被告人林松滨在交通银行的透支本金为 46 083.67 元。

被告人林松滨恶意透支信用卡，数额较大，其行为已构成信用卡诈骗罪，公诉机关指控的罪名成立。被告人林松滨到案后如实供述其犯罪事实，可依法从轻处罚。被告人林松滨尚不符合适用缓刑的条件，对被告人林松滨要求判处缓刑的意见不予采纳。综上，根据被告人犯罪的事实、性质、情节和对于社会的危害程度等，一审法院依照《中华人民共和国刑法》第一百九十六条第一款第(四)项、第二款，第六十七条第三款，第六十四条，第五十二条，第五十三条的规定，以信用卡诈骗罪判处被告人林松滨有期徒刑三年六个月，并处罚金人民币二万元；责令被告人林松滨向被害单位中信银行股份有限公司退赔人民币一万四千七百九十元八角九分，向被害单位交通银行退赔人民币四万六千零八十三元六角七分，向被害单位广发银行上海分行退赔人民币一万三千零四十三元二角六分。

一审判决后，被告人林松滨未提出上诉，检察机关未提出抗诉，本判决现已生效。

点 评

本案的争议焦点在于透支金额是否包括“好享贷”业务的透支金额。

根据《交通银行太平洋信用卡好享贷业务条款细则》，“好享贷”业务是依交通银行信用卡主卡申请人或者持卡人的申请，交通银行审核通过后为客户指定信用卡主卡提供除信用额度以外另行授予的消费信贷额度，并将符合规定条件的交易记入“好享贷”额度并自动生成分期还款计划的业务。“好享贷”具有不同于一般信用卡业务的特点：一是在指定信用卡上除原有额度外增加的单独临时消费信贷额度；二是消费达到交易起始金额并符合特定条件，如不适用于房产交易及其他指定项目；三是该额度不因还款、退货、取消分期等情况自动恢复，不可循环使用；四是分期本金及取消分期后的记账金额不享有最低还款待遇，需全额偿还；五是按约生成分期并要缴纳相应的分期手续费。可见,“好享贷”是一种银行提供的临时消费信贷额度,虽与一般信用卡业务以及普通分期付款型信用卡业务有区别,但“好享贷”是依附于信用卡基础之上的,使用途径是消费透支,与信用卡本身的授信、透支功能一致,符合刑法上对于信用卡的定义。

虽然“好享贷”业务在分期还款中也与贷款业务一样需支付分期手续费,不可循环使用,交易有条件限制等,但与贷款业务存在本质不同。一是标的不同,贷款业务是给消费者特定钱款,而“好享贷”是给特定额度;二是权利归属不同,贷款业务转移的是货币所有权,而“好享贷”涉及的钱款所有权并没有转移,即银行仅给予一定额度即“一定权限”;三是审批程序不同,贷款业务审批程序严格,一般需实物抵押,而“好享贷”则审查信用,程序简便;四是是否支付利息不同,贷款业务需支付利息,而“好享贷”不需要。因此,“好享贷”业务的透支数额属于信用卡透支数额范围。本案中,对被告人林松滨在交通银行的透支款项,将包括“好享贷”业务2万余元计入透支本金共46 083.67元,是正确的。

此外,被告人林松滨及其辩护人提出,林松滨在交通银行“好享贷”部分业务中前期如约还款,不具有非法占有故意,后期因无力偿还,属于客观不能还款,不属于主观不愿意还款。对此,即使林松滨一开始不具有非法占有目的,但其超过规定期限透支,经发卡银行两次催收后超过3个月仍不归还,特别是在其单位地址和家庭地址发生变更的情况下也未通知银行,甚至拒接银行电话,其非法占有目的明显,足以认定其行为属于刑法意义上的恶意透支。

案例提供单位:上海市松江区人民法院
编写人:顾霞飞
点评人:段守亮

77. 上海日邦信息技术有限公司非法经营、增井剑青非法经营、开设赌场案

——非法生产、销售赌博机的刑事责任认定

案 情

公诉机关上海市人民检察院第二分院

被告单位(上诉单位)上海日邦信息技术有限公司

被告人(上诉人)增井剑青

被告单位上海日邦信息技术有限公司(以下简称日邦公司)主要经营大型游戏机、机器零配件、模拟机、框体机等。被告人增井剑青(系日本国国籍)作为日邦公司法定代表人、董事长,在全面负责日邦公司日常经营活动过程中,组织员工非法生产、加工并对外销售具有赌博功能的游戏机。2009年4月至2011年9月间,增井剑青经手或者由日邦公司销售员陈某按照增井剑青要求,分别向上海新洋文化传播有限公司的孙某、闽缘网吧的李某、优游电玩城的沈某销售名为“电影轮盘”、“黄金屋”、“DRAGON TREASURE Ⅲ”、“DRAGON DALACE”和“大明神”的游戏机共5台,销售金额40.5万元。上述5台机器经审核均系具有赌博功能的游戏机。2011年11月15日,公安人员在日邦公司住所地及仓库查获各类游戏机共计330台,经审核其中有314台具有赌博功能。

2010年,被告人增井剑青与黄某、樊某、徐某约定合作分成后,将10台“三七机”、1台“电影轮盘”、1台“NEW GOLDEN DICE”(八联机)、1台“GOLDEN BLACK JACK”(六联机)共计13台游戏机,分别放置于上海市番禺路某号二楼游戏机房、曲阳路宏合娱乐城、大连路赣华娱乐城及长寿路水游谷游戏机房内,供他人进行赌博活动。后10台“三七机”及1台“电影轮盘”因被损坏,无法使用,由黄某、徐某买断后转卖他人。经审核,上述13台游戏机均系具有赌博功能的游戏机。

2011年11月28日被告人增井剑青经亲友规劝,从日本返回上海接受公安机关调查,并于当日如实供述了日邦公司非法生产、加工、销售具有赌博功能的游戏机的犯罪事实。

公诉机关指控,被告单位日邦公司违反国家规定,非法生产、销售赌博机,扰乱

市场秩序，情节严重，其行为构成非法经营罪，应依法分别追究日邦公司及直接负责的主管人员被告人增井剑青的刑事责任。增井剑青伙同他人开设赌场，其行为又构成开设赌场罪，应对其两罪并罚。据此，提请法院依法审理。

被告单位日邦公司、被告人增井剑青及其辩护人辩称，日邦公司的行为不构成非法经营罪，具体理由为：第一，日邦公司销售的这些机器均系国内允许经营的游戏机，出售时均无设定赌博功能；第二，日邦公司的行为不属于《中华人民共和国刑法》第二百二十五条第（四）项"其他严重扰乱市场秩序的非法经营行为"，且销售金额只有 40.5 万元，尚不构成犯罪。

被告人增井剑青及其辩护人还辩称，增井剑青未与他人约定合作分成开设赌场，放置在他人娱乐场所的涉案机器是游戏机不是赌博机，只是进行测试或销售，对放置的娱乐场所是赌场不知情，故其行为不构成开设赌场罪。

审 判

一审法院经审理后认为，被告单位日邦公司及其直接负责的主管人员被告人增井剑青以提供给他人开设赌场为目的，违反国家规定，非法生产、销售具有赌博功能的游戏机，情节严重，其行为均构成非法经营罪；被告人增井剑青明知他人利用赌博机开设赌场，提供赌博机，其行为还构成开设赌场罪，应对增井剑青数罪并罚。鉴于日邦公司、增井剑青对于所犯的非法经营罪具有自首情节，依法可以从轻处罚。据此，一审法院依照《中华人民共和国刑法》第六条、第二百二十五条第（四）项、第二百三十一条、第三百零三条第二款、第六十七条第一款、第六十九条以及第六十四条之规定，以非法经营罪判处被告单位日邦公司罚金人民币四十万元；以非法经营罪判处被告人增井剑青有期徒刑一年八个月，并处罚金人民币二万元，以开设赌场罪判处被告人增井剑青有期徒刑一年，并处罚金人民币一万元，决定执行有期徒刑二年五个月，并处罚金人民币三万元；违法所得的一切财物予以追缴，查获的具有赌博功能的游戏机予以没收。

一审判决后，被告单位日邦公司、被告人增井剑青不服，提出上诉。

上诉单位日邦公司及其辩护人认为，第一，日邦公司销售的这些机器均系国内允许经营的游戏机，出售时均无设定赌博功能，上海市文化广播影视管理局出具的《游戏机内容审核意见书》不能作为认定这些游戏机具有赌博功能的依据；第二，本案不属于《中华人民共和国刑法》第二百二十五条第（四）项"其他严重扰乱市场秩序的非法经营行为"，且销售金额只有 40.5 万元，尚不构成犯罪；第三，一审法院以最高人民法院、最高人民检察院、公安部《关于办理利用赌博机开设赌场案件适用法律若干问题的意见》（以下简称"两高一部"《意见》）规定处理本案属适用法律不当，要求二审法院改判日邦公司不构成非法经营罪。

上诉人增井剑青认为，第一，涉案、查扣的游戏机多是在日邦公司经营范围之内，其对日邦公司销售的涉嫌具有赌博功能的游戏机并不知情；第二，日邦公司销售涉案游戏机行为不属于《中华人民共和国刑法》第二百二十五条第（四）项“其他严重扰乱市场秩序的非法经营行为”，且销售金额只有40.5万元，尚不构成犯罪；第三，上海市文化广播影视管理局出具的《游戏机内容审核意见书》不能作为认定涉案游戏机具有赌博功能的依据；第四，一审以“两高一部”《意见》规定处理本案属适用法律不当；第五，其未与他人约定合作分成开设赌场，放置在他人娱乐场所的涉案机器是游戏机不是赌博机，只是进行测试或销售，对放置的娱乐场所是赌场不知情，要求二审法院改判其不构成非法经营罪和开设赌场罪。

上海市人民检察院认为，原判认定被告单位日邦公司犯非法经营罪、被告人增井剑青犯非法经营罪、开设赌场罪的事实清楚，证据确实、充分，适用法律正确，量刑适当，审判程序合法，建议法院驳回上诉，维持原判。

二审法院审理查明的事实和证据与一审相同。

二审法院经审理后认为，原判认定被告单位日邦公司、被告人增井剑青犯非法经营罪、被告人增井剑青犯开设赌场罪的事实清楚，证据确实、充分，适用法律正确，量刑适当，审判程序合法。日邦公司、增井剑青的上诉理由均不能成立，日邦公司辩护人的相关意见法院亦不予采纳。上海市人民检察院建议法院驳回上诉，维持原判的意见应予支持。二审法院依照《中华人民共和国刑事诉讼法》第二百二十五条第一款第（一）项之规定，裁定驳回上诉，维持原判。

点 评

本案的争议焦点在于：被告单位日邦公司非法生产、销售赌博机的行为是否构成非法经营罪？其次是，被告人增井剑青以合作分成方式，将日邦公司非法生产的赌博机放置于游戏机房内供他人进行赌博活动的行为是否构成开设赌场罪？

根据“两高一部”《意见》第四条的规定，以提供给他人开设赌场为目的，违反国家规定，非法生产、销售具有退币、退分、退钢珠等赌博功能的电子游戏设施设备或者其专用软件，情节严重的，以非法经营罪定罪处罚。本案中，第一，日邦公司非法生产、销售赌博机是以提供给他人开设赌场为目的。日邦公司直接负责的主管人员增井剑青直接经手，或者由日邦公司销售员按照增井剑青要求，将具有赌博功能的游戏机销售给明知为经营游戏业务营利性场所的人员，这些购机者的目的显然在于投入游戏营业场所使用以牟利。其间，日邦公司销售员还应买家要求派人维修出现故障的赌博机。以上说明日邦公司在销售赌博机时，应当明知他人购买这些游戏机的目的是用于开设赌场。第二，日邦公司违反国家规定从事了非法生产、销售赌博机行为。日邦公司销售的 5 台游戏机、被查扣的 314 台游戏机以及放置于他人游戏机房内供赌博使用的 13 台游戏机，经审核均具有赌博功能，均属于禁止在营业性游戏机房内使用的游戏机。显然，日邦公司违反国家规定，在其合法经营范围外从事了非法生产、销售赌博机的行为。第三，日邦公司非法生产、销售赌博机的行为达到了情节严重程度。日邦公司向他人销售赌博机 5 台，销售金额达 40.5 万元；公安机关还从日邦公司处查扣赌博机 314 台，综合起来看，日邦公司的行为具有严重的社会危害性，属于“两高一部”《意见》第四条第二款第（四）项规定的“其他情节严重的情形”，其行为构成非法经营罪。从另外一个角度，赌博机属于违禁品，且日邦公司未就上述赌博机的成本价格提供相应证据，可将其销售金额 40.5 万元视为违法所得，这样，日邦公司非法生产、销售赌博机的违法所得达到情节严重程度，其行为构成非法经营罪。综上，日邦公司及其直接负责的主管人员增井剑青的行为构成非法经营罪，以该罪判处日邦公司罚金四十万元；判处增井剑青有期徒刑一年八个月，并处罚金二万元，定罪准确，量刑适当。

此外，增井剑青明知他人利用赌博机开设赌场，仍与他人通过约定分成，将 13 台日邦公司非法生产的赌博机放置于他人经营的娱乐场所内，供他人进行赌博活动。根据“两高一部”《意见》第一条的规定，在游戏娱乐场所设置赌博机组织赌博活动的属于“开设赌场”；同时根据“两高一部”《意见》第二条关于“设置赌博机 10 台以上组织赌博活动，应当按照刑法第三百零三条第二款规定的开设赌场罪定罪处罚”的规定，增井剑青的行为还构成开设赌场罪，故另以开设赌场罪判处其有期徒刑一年、并处罚金一万元。

案例提供单位：上海市高级人民法院
编写人：罗开卷
点评人：段守亮

78. 王健非法经营、挪用公款案

——收取单位业务款存入个人银行账户，能否认定为挪用公款罪中的"营利活动"

案情

公诉机关上海市虹口区人民检察院

被告人（上诉人）王健

被告人王健于2006年至2013年2月，利用担任上海外轮供应有限公司综合业务部报关员的职务便利，在本单位免税香烟销售业务过程中，采取收到烟款后延时入账的手法，将从上海朗兴船舶技术服务有限公司、上海利志贸易有限公司等处收取的香烟销售款共计99 999元存入其个人的中国农业银行账户中。

被告人王健自2006年7月起兼任公司登轮业务员。外轮供应公司《供船部登轮业务员岗位职责》明确规定，货款由登轮业务员负责收取并解缴，当日收取的现金货款须于下一个工作日解缴公司财务部；公司按照国际船舶供应商惯例和行业性质，供船销售可有一定时间的赊销期，对于单船单航次免税品销售额在3万元以下的，由登轮业务员自行控制；对于销售款造成损失的，原则上由登轮业务员自行赔偿。被告人王健名下农业银行相关银行账户未签订理财协议，相应钱款基本被提现取出；至法院受理本案止（未超过三个月），被告人王健已由其家属帮助向外轮供应公司交付全部销售款。此外，被告人王健伙同他人非法经营香烟。

公诉机关指控，被告人王健与他人结伙，违反国家规定，未经许可非法经营香烟，扰乱市场秩序，情节特别严重，其行为已构成非法经营罪；其身为国家工作人员，利用职务上的便利，挪用公款进行营利活动，情节严重，又构成挪用公款罪，应当数罪并罚。据此，提请法院依法审理。

被告人王健及其辩护人提出，王健没有将公款用于个人理财活动，将钱款放入个人银行账户只是为了资金安全及收款方便，客观上也没有超过三个月，否认其构成挪用公款罪。

审判

一审法院经审理后认为，被告人王健与他人结伙，违反国家规定，未经许可非法经营香烟，扰乱市场秩序，情节特别严重，其行为均已构成非法经营罪。关于被告人王健及其辩护人提出王健未构成挪用公款罪的辩解及辩护意见，认为被告人王健作为外轮供应公司登轮业务员，通过个人银行账户收取公司业务款或收取现金后将业务款存入个人银行账户，之后陆续交至公司，虽违背了公司相关制度，但客观上未进行经营活动，也未超过法律规定的时限；且按照外轮供应公司规定，登轮业务员可以以现金方式收取公司业务款，故公诉机关提供的证据尚不足以证实被告人王健的行为构成挪用公款罪，被告人王健及其辩护人的上述辩解及辩护意见，于法有据，依法应予采纳。在非法经营罪的共同犯罪中，被告人王健起次要作用，系从犯，应减轻处罚。据此，一审法院以被告人王健犯非法经营罪，判处有期徒刑五年，并处罚金人民币十万元。

一审判决后，被告人王健不服提起上诉。上诉人提出其不构成非法经营罪，即使构成也应当认定为自首；其辩护人还提出一审对非法经营犯罪数额认定有误。

二审法院经审理后认为，上诉人王健等结伙，违反国家规定，未经许可非法经营香烟，扰乱市场秩序，王健属情节特别严重，其行为均已构成非法经营罪。一审法院根据上诉人及各一审被告人犯罪的事实、性质以及情节等，所作判决并无不当，且审判程序合法。二审法院依照《中华人民共和国刑事诉讼法》第二百二十五条第一款第(一)项的规定，裁定驳回上诉，维持原判。

点评

本案的争议焦点在于被告人王健等人将收取的单位业务款存入个人银行账户的行为，能否认定为挪用公款罪中的“营利活动”。

《最高人民法院关于审理挪用公款案件具体应用法律若干问题的解释》(以下简称《解释》)第二条第一款第(二)项规定：“挪用公款数额较大，归个人进行营利活动的，构成挪用公款罪，不受挪用时间和是否归还的限制。在案发前部分或者全部归还本息的，可以从轻处罚；情节轻微的，可以免除处罚。挪用公款存入银行、用于集资、购买股票、国债等，属于挪用公款进行营利活动。所获取的利息、收益等违法所得，应当追缴，但不计入挪用公款的数额。”该规定将“挪用公款存入银行”的行为解释为“挪用公款进行营利活动”。本案中，被告人王健等人收取的单位业务款无疑属于公款，其将这些公款存入个人银行账户，从客观行为上看，符合《解释》规定的“挪用公款进行营利活动”，但行为人是否属于“进行营利活动”，不能仅仅根据客观行为进行机械理解，还应结合行为人的主观方面进行综合判断。本案中，根据外轮供应公司《供船部登轮业务员岗位职责》规定，货款由登轮业务员收取，并于规定时间内解缴公司财务，对于货款收取至解缴过程中造成的损失，原则上由登轮业务员自行承担,王健等人将收取的单位业务款放入个人银行账户,系为了资金安全及收款方便,主观上并不具有营利目的,故不能认定王健等人“挪用公款进行营利活动”。

法院根据国际船舶上免税商品经营过程中货款的管理规定,认定被告人王健等人将货款存入个人银行账户的行为系出于资金保管的需要,而不具有营利目的,从而认定其行为不构成挪用公款罪是正确的。

案例提供单位:上海市虹口区人民法院

编写人:马翠华　葛立刚

点评人:段守亮

79. 陈丁伪造国家机关公文、印章案

——行为人主观上不具有非法占有目的骗取被公安机关扣押的本人车辆的行为，不应定性诈骗罪

案 情

公诉机关上海市青浦区人民检察院

被告人陈丁

2014年10月7日22时45分许，王某驾驶被告人陈丁所有的重型自卸货车行驶至上海市青浦区沪青平公路城中南路路口处，因超载违章被上海市公安局青浦公安分局青浦交警支队（以下简称青浦交警支队）查获，后该车被扣押于青浦交警支队位于青浦区沪青平公路4501弄2号的停车场内。2014年10月8日15时30分许，被告人陈丁在未处理违章的情况下，通过他人伪造编号为78131的《涉案车辆发还通知书》至该停车场，骗领上述价值人民币230 200元的违章货车，后继续营运。2014年11月18日晚，上述涉案车辆又因超载违章被青浦交警支队查获。被告人陈丁到案后如实供述了上述事实。

公诉机关指控，被告人陈丁以非法占有为目的，利用虚构事实、隐瞒真相的方式，骗取公私财物，数额巨大，应当以诈骗罪追究其刑事责任。被告人陈丁如实供述自己的罪行，依法可以从轻处罚。提请法院依法审判。

被告人陈丁及其辩护人对公诉机关指控的犯罪事实均无异议，但对指控的罪名均有异议，被告人及其辩护人均认为陈丁的行为不构成诈骗罪，理由如下：1.诈骗罪侵犯的是国家的、单位的、他人的财物，本案财物本就属于陈丁所有，因此不属于诈骗罪的犯罪对象，交警部门扣车的行为仅是行政强制措施，并不合法占有该涉案车辆，最多是暂时保管，被告人是付费用的，停车场仅是保管车辆，并不占有、处分、收益车辆；2.被告人陈丁没有非法占有的目的，取回车辆后正常运营，其自始至终都认为拿回的是自己的车辆，刑法中的占有是指改变财产的所有权，本案不需要通过非法手段变更所有权；3.被告人陈丁通过不法手段拿回车辆后，没有再去骗车或者索赔；4.被告人陈丁利用涉案车辆发还通知书的行为，仅侵犯了国家机关的管理秩序，如果是共同犯罪，相较于黄牛、复印店老板的行为，仅是从犯。如果认定被告人陈丁的行为构成犯罪，也应考虑其如实供述自己罪行的情节，予以

从轻处罚。

审 判

一审法院经审理后认为，被告人陈丁在其车辆因违章而被交警支队扣押后，为逃避处罚，通过他人伪造《涉案车辆发还通知书》，鉴于该通知书只有国家机关才能依法出具，且被告人陈丁正是持伪造的文件将违章车辆骗出，该行为完全符合伪造国家机关公文、印章罪的犯罪构成要件，应以伪造国家机关公文、印章罪追究其刑事责任。被告人陈丁到案后能如实供述其罪行，依法可从轻处罚。公诉机关指控被告人陈丁诈骗的罪名不当，应予纠正，被告人及辩护人的相关辩护意见，予以采纳。据此，一审法院依照《中华人民共和国刑法》第二百八十条第一款、第六十七条第三款之规定，以伪造国家机关公文、印章罪判处被告人陈丁有期徒刑九个月。

一审判决后，被告人陈丁未提出上诉，公诉机关未提出抗诉，本判决现已生效。

点 评

本案系以诈骗罪起诉，最终以伪造国家机关公文、印章罪定罪处理。按理来说，诈骗罪与伪造国家机关公文、印章罪的界限明显，那么，此两罪为何成为本案的争议焦点？关键是判断被告人是否具有非法占有的目的。

根据《中华人民共和国刑法》第九十一条第二款的规定，在国家机关、国有公司、企业、集体企业和人民团体管理、使用或者运输中的私人财产，以公共财产论。本案中，涉案车辆实际所有人为被告人陈丁，该车因超载违章被交警支队依法扣押，此时，陈丁的车辆处于交警支队的保管之下，以公共财产论，当然可以成为包括陈丁在内的实施诈骗犯罪的对象。

被告人陈丁在未处理违章的情况下，通过他人伪造《涉案车辆发还通知书》并将其被扣押车辆骗出，继续从事营运。此时，陈丁伪造《涉案车辆发还通知书》的行为，系伪造国家机关公文、印章，构成犯罪。无疑，陈丁持伪造的《涉案车辆发还通知书》骗出其被扣押车辆的行为，确实是“骗”来的，而且车辆价值 20 余万元，属于数额巨大，那么其行为是否构成诈骗罪？这正是本案争议所在。

本案具有特殊性，即陈丁骗取的车辆是交警支队依法扣押的本人车辆，陈丁在骗取车辆后未向交警支队索赔，说明其主观目的是逃避交警支队的行政处罚，而不是非法占有交警支队保管之下的“本人车辆”。故此，虽然陈丁骗取了公共财产，但因其不具有非法占有目的，其行为不构成诈骗罪。但是，陈丁伪造《涉案车辆发还通知书》的行为构成伪造国家机关公文、印章罪。

当然,如果陈丁通过伪造《涉案车辆发还通知书》骗取的是交警支队依法扣押的他人车辆,或者其在骗取交警支队依法扣押的本人车辆后提出索赔要求,且车辆价值数额较大的,此时其行为构成伪造国家机关公文、印章罪和诈骗罪,系牵连犯,应从一重处。

案例提供单位:上海市青浦区人民法院

编写人:汪爱珍

点评人:段守亮

80. 郑纪化等非法制造、出售非法制造发票案

——非法制造、出售过期火车票的行为应如何定性

案情

公诉机关上海铁路运输检察院

被告人郑纪化

被告人肖春平

2013年6月，被告人郑纪化、肖春平见互联网上有客户需要收购过期火车票以备单位报销所需，遂共谋以伪造火车票并出售给他人的方式非法牟利，两人共同购买了电脑、打印机、空白火车票版等犯罪工具，分别利用互联网联系买家，汇总买家所要购买火车票的出发地、目的地、身份证号码等信息，并由肖春平负责制作伪造的火车票并通过快递公司将成品票寄给买家。此后，被告人郑纪化、肖春平又先后纠集了张某、闫某某、刘某某(均另案处理)并指使三人分别负责利用互联网联系买家或制作伪造的火车票并负责发货。2013年6月起，上海利源家庭用品有限公司(以下简称利源公司)验货员王某(另案处理)通过肖春平在互联网上购买伪造的火车票，并使用该些火车票在利源公司报销差旅费。同年12月23日，王某持伪造的火车票在上海虹桥火车站欲乘坐列车时，因形迹可疑被检票员阻止。公安机关根据检票员的举报线索，同月31日，在利源公司内将王某抓获，并在其住处、利源公司财务部门等处查获伪造的火车票共计301张，其中日期在2013年6月之后即从肖春平处购买的共计225张。2014年1月10日，公安机关在安徽省阜阳市将被告人郑纪化、肖春平抓获，并在两人暂住处查获作案工具台式电脑、打印机、空白火车票版4 320张及疑似伪造的火车票967张等物品。经鉴定，上述火车票中有26张系伪造。

公诉机关指控，被告人郑纪化、肖春平伙同他人共同伪造火车票出售给他人用作报销凭证，并且购买空白火车票版准备用于伪造，其行为均已构成非法制造、出售非法制造的发票罪。郑纪化系累犯，依法应当从重处罚。郑纪化、肖春平在部分犯罪中准备工具、制造条件，但尚未着手实施，系犯罪预备，依法可以比照既遂犯从

轻或者减轻处罚。据此,提请法院依法审判。

被告人郑纪化、肖春平对起诉书指控的事实和罪名均不持异议。

郑纪化的辩护人认为,郑纪化归案后认罪态度较好,且在部分犯罪中有预备情节,社会危害性相对较小,请求法院对其从轻处罚。

审 判

一审法院经审理后认为,被告人郑纪化、肖春平伙同他人共同伪造火车票并出售给他人用作报销凭证,数量达 200 余张,并且购买空白火车票版准备用于伪造,数量达 4 000 余张,其行为均已构成非法制造、出售非法制造的发票罪。郑纪化曾因故意犯罪被判处有期徒刑,刑罚执行完毕后五年内又故意再犯应当判处有期徒刑以上刑罚之罪,系累犯,依法应当从重处罚。郑纪化、肖春平在部分犯罪中准备工具、制造条件,但尚未着手实施,系犯罪预备,可以比照既遂犯从轻处罚。二被告人均能如实供述罪行并自愿认罪,可以从轻处罚。根据《中华人民共和国刑法》第二百零九条第二款、第二十二条、第二十五条第一款、第六十五条第一款、第六十七条第三款、第五十二条、第五十三条、第六十四条之规定,分别以非法制造、出售非法制造的发票罪判处郑纪化有期徒刑一年一个月,并处罚金人民币二万元;判处肖春平有期徒刑一年,并处罚金人民币二万元。

一审判决后,被告人郑纪化、肖春平未上诉,公诉机关未抗诉,本判决现已生效。

点 评

本案的争议焦点在于:第一,非法制造、出售过期火车票供他人用作报销凭证的行为如何定性;第二,查获的 941 张过期真火车票可否认定为非法出售发票未遂;第三,查获的 4 320 张空白票版的行为如何认定。

根据《中华人民共和国刑法》第二百二十七条的规定,伪造或者倒卖伪造的车票、船票、邮票或者其他有价票证,数额较大的,构成伪造、倒卖伪造的有价票证罪。此处的车票应当具有有价票证的一般属性,即价值性、公开性、流通性和权代性,也就是说该车票系有权的铁路企业依法印制,并向社会公众发放、销售,具有一定票面价额,能够在一定范围内流通、使用,证明持票人享有要求发票人或者售票人提供特定承运服务的书面凭证。本案中,被告人伪造的绝大部分是过期火车票,这些火车票多根据客户定制用于单位报销差旅费等用途,已不具有其原有的乘车功能,不宜认定为车票,且其出售价格远低于车票面额,亦不属于其他有价票证,不应以伪造、倒卖伪造的有价票证罪论处。

根据《中华人民共和国发票管理办法实施细则》及《铁路运输收入管理规程》、《国务院关于修改〈中华人民共和国发票管理办法〉的决定》等规定，火车票从广义上来说属于专业发票。对此，上海市国家税务局也予以确认，明确火车票属于税务发票中的专业发票，属于发票管理的范畴，通常可以直接作为报销凭证在单位进行报销。本案涉案火车票虽然已经过期，但仍未失去报销的功能，能够被视为发票。被告人伪造过期火车票并出售给他人用作报销凭证的行为，应当构成非法制造、出售非法制造的发票罪，但鉴于伪造的过期车票主要用于报销，功能受到一定限制，相对于其他非法制造、出售非法制造的发票的行为，社会危害性要轻，量刑时可适当考虑酌情从轻处罚。

至于查获的 941 张过期真火车票，仅有被告人供述是其以票面额千分之三的价格从网上收购后准备用于出售，但尚未找到买家，而无其他证据加以印证，且该类过期车票中含有大量的实名制车票，正常情况下无法用于财务报销等用途，故难以认定为非法出售发票未遂，该情节可在量刑中酌情考虑。对于查获的 4 320 张空白票版，系犯罪预备行为，是否属于本罪的情节严重，因无相关规定不予认定，但应作为量刑情节考虑。

案例提供单位：上海铁路运输法院

编写人：陆　琳

点评人：段守亮

81. 石逸琳等强制侮辱妇女、寻衅滋事案

——行为人以教训为目的侮辱未成年人并索取钱财行为的定性

案 情

公诉机关上海市长宁区人民检察院

被告人(上诉人)石逸琳

被告人(上诉人)张某

被告人陈某某

2013年5月4日下午,被告人张某因琐事对同学严某甲(女,15周岁)、严某乙(男,15周岁)不满,伙同被告人石逸琳(女)、被告人陈某某商量对严某甲、严某乙进行教训并"拗分"。

同年5月6日16时许,张某纠集同班周某、李某等6名同学(均另案处理)与石逸琳、陈某某在某商业会计学校门口会合,围堵放学回家的严某甲、严某乙,将两人带至上海市肇嘉浜路某歌城二楼包房内。石逸琳、陈某某以严某甲和严某乙在学校打小报告、欺负张某为由,由石逸琳动手对严某甲扇耳光、拉头发、掌击背部,并指使张某、周某对严某乙实施拳打脚踢,勒令严某甲、严某乙交出现金百余元及交通卡两张,还指使张某、严某乙以及其余6名同学依次对严某甲扇耳光,致严某甲、严某乙皮肤软组织损伤。嗣后,石逸琳胁迫严某甲与严某乙当众脱光衣服在沙发上全裸亲吻、拥抱,并强迫众人一起观看。其间,石逸琳、陈某某指使张某、周某用衣服遮挡包房窗户。随后,陈某某胁迫严某乙写下一张4 000元的欠条并令其用碎玻璃割破手指按上手印,严某甲写下保证书。石逸琳强拿硬要严某甲的三星牌手机一部(价值1 000元)。随后,石逸琳、陈某某、张某等人又胁迫严某乙、严某甲一起到严某乙家中索要"欠款"未果。其间,石逸琳将手机一部和交通卡一张返还严某甲,其余赃款、赃物被挥霍。一审期间,石逸琳、陈某某在家属帮助下分别退赔了严某甲、严某乙相应经济损失。

公诉机关指控,被告人石逸琳、陈某某、张某分别均应当以抢劫罪、强制侮辱妇女罪追究其刑事责任,其中强制侮辱妇女罪系聚众,且应数罪并罚。三名被告人系共同犯罪,其中被告人石逸琳系主犯;被告人陈某某、张某系从犯,应从轻处罚。被告人陈某某、张某犯罪时已满十六周岁不满十八周岁,应当减轻处罚。被告人石逸

琳、陈某某到案后能如实供述自己罪行,可以从轻处罚。提请法院依法审理。

被害人严某甲、严某乙及其法定代理人均要求对被告人石逸琳、陈某某、张某依法进行定罪处罚。

被告人石逸琳对公诉机关指控的事实与罪名均没有异议。

被告人石逸琳的辩护人认为,本案与一般抢劫有区别,石逸琳到案后能如实供述自己的罪行,认罪悔罪态度较好,属于初犯,有赔偿被害人的积极意愿,建议对其从轻处罚。

被告人陈某某对公诉机关指控的基本事实及指控其犯抢劫罪均没有异议,但对指控其犯强制侮辱妇女罪有异议。

被告人陈某某的法定代理人对公诉机关指控的事实没有异议,但认为被告人陈某某不构成强制侮辱妇女罪。

被告人陈某某的辩护人认为,被告人陈某某关于抢劫一节到案后能如实供述自己的罪行,属初犯、偶犯,且未实施暴力行为,社会危害性不大,犯罪时系未成年人,建议对其从轻处罚并判处一年以下有期徒刑。关于强制侮辱妇女一节,被告人陈某某主观上没有共同犯罪故意,客观上没有强制侮辱行为,只是打电话和扔衣服给他人遮挡窗户,不构成强制侮辱妇女罪的共同犯罪。

被告人张某对公诉机关指控的基本事实没有异议,但提出其没有提出“拗分”,亦没有要求分钱,且系被告人石逸琳叫其挡窗户,认为其不构成抢劫罪和强制侮辱妇女罪。

被告人张某的法定代理人认为被告人张某不构成抢劫罪和强制侮辱妇女罪。

被告人张某的辩护人认为,被告人张某不构成抢劫罪、强制侮辱妇女罪。本案的“教训”系由被告人石逸琳提出,“拗分”亦与被告人张某无关,不构成抢劫罪;被告人张某不清楚被告人石逸琳的强制侮辱行为目的,不构成强制侮辱妇女罪;公安机关在对被告人张某2013年5月7日、2013年5月15日进行的询问,没有法定代理人或者合适成年人在场,属于非法证据,应当予以排除。建议判处被告人张某无罪。

审 判

一审法院经审理后认为,被告人石逸琳、陈某某、张某为逞强耍威,经预谋使用暴力、威胁等手段,在公共场所随意殴打他人,强拿硬要他人财物,情节严重,其行为均已构成寻衅滋事罪。三名被告人还以暴力、胁迫方法,聚众强制侮辱妇女,其行为均已构成强制侮辱妇女罪。三名被告人一人犯两罪,且系共同犯罪,均应依法承担刑事责任。石逸琳系主犯;陈某某、张某系从犯。鉴于陈某某、张某在犯罪时已满十六周岁不满十八周岁，石逸琳、陈某某到案后如实供述罪行并积极赔偿被害人的经济损失，分别对三名被告人减轻、从轻和酌情从轻处罚。据此，一审法院依照《中华人民共和国刑法》第二百九十三条第一款、第二百三十七条第一款、第二款、第六十九条第一款、第二十五条第一款、第二十六条第一款、第四款、第二十七条、第十七条第一款、第三款、第六十七条第三款、第六十四条之规定，以寻衅滋事罪判处被告人石逸琳有期徒刑三年，以强制侮辱妇女罪判处被告人石逸琳有期徒刑五年六个月，决定执行有期徒刑七年；以寻衅滋事罪判处被告人陈某某有期徒刑一年六个月，以强制侮辱妇女罪判处被告人陈某某有期徒刑二年六个月，决定执行有期徒刑三年；以寻衅滋事罪判处被告人张某有期徒刑一年七个月，以强制侮辱妇女罪判处被告人张某有期徒刑二年六个月，决定执行有期徒刑三年一个月；在案款人民币一千一百四十三元五角，发还被害人严某甲人民币七百四十三元五角，发还被害人严某乙人民币四百元。

一审判决后，公诉机关认为三名被告人采用暴力、胁迫的方法劫取被害人财物，此行为应定性为抢劫罪而非寻衅滋事罪，故提出抗诉。

石逸琳不服一审判决，上诉称，强迫被害人脱衣，羞辱的是男女被害人，且案发地在KTV包房，属公共场所，又有同学旁观，此行为应属侮辱行为，不构成强制侮辱妇女罪，且系“当众”侮辱，不具有“聚众”情节。

上诉人张某及其法定代理人提出，张某事先不知道会发生这种事情，是受石逸琳所逼才拿衣服遮挡窗户，其行为不构成强制侮辱妇女罪。

张某的辩护人提出，教训并逼迫两名被害人脱衣是由石逸琳提出的，张某没有想到会发生此种情形，不应承担刑事责任，希望对张某宣告无罪。

二审法院查明的事实和证据与一审相同。

二审审理期间，上海市人民检察院第一分院撤回抗诉，石逸琳申请撤回上诉。

上海市人民检察院第一分院认为，原判认定事实清楚，证据确实、充分，定罪准确，量刑并无不当，且诉讼程序合法，本案相关证据均表明系上诉人张某先提出教训被害人的犯意并和石逸琳、陈某某共同实施了寻衅滋事的行为；逼两名被害人脱衣虽是由石逸琳起意，但张某仍积极予以配合，故张某的上诉理由不能成立，建议二审法院驳回上诉，维持原判。

二审法院经审理后认为，上诉人石逸琳、张某、一审被告人陈某某为逞强耍威，经预谋使用暴力、威胁等手段，在公共场所随意殴打他人，强拿硬要他人财物，情节严重，其行为均已构成寻衅滋事罪。石逸琳、陈某某、张某以暴力、胁迫方法，聚众强制侮辱妇女，其行为均已构成强制侮辱妇女罪。一审法院根据上诉人石逸琳、张某、一审被告人陈某某的犯罪事实、性质、情节及对社会的危害程度等所作的判决定性准确、量刑适当，且审判程序合法。上海市人民检察院第一分院建议驳回上诉、维持原判的出庭意见依法有据，应予采纳。据此，二审法院依照《中华人民共和国刑事诉讼法》第二百二十一条第二款、第二百二十五条第一款第（一）项、《最高人民法院关于适用〈中华人民共和国刑事诉讼法〉若干问题的解释》第三百零五条、第三百零八条之规定，作出准许上海市人民检察院第一分院撤回抗诉；准许上诉人石逸琳撤回上诉；驳回上诉人张某的上诉，维持原判的裁定。

点 评

本案涉及三个争议焦点：一是对强迫一男一女被害人脱光衣服的行为如何定性。二是对以暴力、胁迫等方式迫使被害人交出财物、写下欠条并上门索要行为的定性。三是对涉案地点 KTV 包厢是否属公共场所的认定。

一、对于强迫一男一女被害人脱光衣服的行为应以强制侮辱妇女罪定性

审判实践中，对于本案的强迫行为的定性存在两种意见：

一种意见认为，该行为构成强制侮辱妇女罪。主要理由是：1.被告人在实施犯罪行为时，主观上存在性刺激、性满足的目的。2.根据刑法规定，侮辱罪系一般法，强制侮辱妇女罪系特别法，被告人行为同时符合两罪犯罪构成时，应坚持特别法优于一般法。3.虽然本案中对两名被害人都有侮辱的行为，但鉴于被告人侮辱女性被害人的行为相当恶劣，应当从一重处，以强制侮辱妇女罪进行定罪，对侮辱男性被害人的情节可作为量刑情节予以考虑。

另一种意见认为，该行为构成侮辱罪。主要理由是：1.从犯罪的动机和目的看，被告人的犯罪目的主要是为了教训被害人，而并非出于性刺激；在本案发生后被害人的名誉也确实受到损害，心理也受到伤害。因此，被告人的行为更符合侮辱罪的犯罪构成。2.定强制侮辱妇女罪，只能对侮辱女性被害人的行为进行评价，而事实上，本案男性被害人也一样遭受了侮辱，定性为侮辱罪可以对被告人的行为进行全面评价。3.如果在侮辱罪可以全面评价其行为的前提下，没有必要适用重罪，但量刑上可以考虑从重处罚。

本案被告人强迫一男一女被害人脱光衣服的行为构成强制侮辱妇女罪。具体理由如下：

1. 侮辱罪和强制侮辱妇女罪有较为明显区别，在犯罪目的上，前者是以贬损他人人格、名誉为目的，后者则具有性刺激、性满足的目的；前者侵犯的是他人的名誉权，后者侵犯的是女性的性自由权；在行为方式上，强制猥亵妇女具有较强的人身强制性和明显的暴力威胁行为。两罪的区别中，更重要的是在行为方式和侵犯的客体上，即侮辱行为有无人身强制性和该行为侵犯的主要法益是名誉权还是性自由权。本案中，几名被告人动手对严某甲扇耳光、拉头发，砸碎酒瓶用碎玻璃割破被害人手指写血书欠条,并强迫两名被害人脱光衣服做出搂抱、亲吻等亲密行为。在这种多名被告人在场并以暴力作为后盾的情况下,如被害人不进行上述行为,后果可想而知。由此可见本案中侮辱行为具有极强的人身强制性。

2. 侮辱罪侵犯的是他人的名誉权,而强制侮辱妇女罪侵犯的是女性的性自由权。判断被告人具体侵犯何种法益,不应仅以被告人供述的其主观上的犯罪目的为依据。本案中,被告人在违背被害人意志的前提下,用暴力手段迫使两名被害人脱光衣服实施搂抱、亲吻等行为,性质恶劣,超过了仅仅是公然贬低、贬损他人人格、破坏他人名誉的范畴,主要侵害的法益是被害人的性自由权和性尊严。因此,本案被告人的行为是侮辱罪不能涵盖的。

至于认定强制侮辱妇女罪是否充分评价了对男性被害人的侮辱行为这一问题,现行法律在性犯罪方面尤其注重对女性性权利的保护,让男性被害人加入脱光衣服实施搂抱、亲吻等行为,实际上加强了对女性被害人的侮辱,同时对男性的人格进行贬损,一个行为符合两个罪名,属于想象竞合,应适用较重的刑罚,侮辱男性青年的行为可作为量刑情节考虑。

二、对于以暴力、胁迫等方式迫使被害人交出财物、写下欠条并上门索要行为的定性

检察机关认为三名被告人的行为构成抢劫罪。主要理由为:首先,三名被告人在主观上都具有非法占有财物的故意。三名被告人事先预谋"拗分",事中拿走被害人所有财物,并当场逼迫被害人写下欠条,事后持欠条到学校要求被害人还钱。其后续行为证明他们主观上以非法占有为目的,且贯穿于本案的始终。他们对财物的追求,已经超出寻衅滋事主观上逞强好胜、行为上强拿硬要的范畴。其次,客观上当场对被害人扇耳光、拉头发,对被害人拳打脚踢,通过使用暴力、胁迫方法,强行劫得现金、手机及交通卡,并强令被害人写下欠条又胁迫被害人上门索要,属于典型的以暴力、胁迫方法抢劫被害人财物的行为。最后,三人均已达到承担刑事责任年龄,故其行为符合抢劫罪的行为特征。

法院认为,三名被告人的行为构成寻衅滋事罪。理由为:首先,从主客观要件上看,寻衅滋事罪也可以表现为强拿硬要公私财物,并在主观上具有逞强好胜、显示威风、填补精神空虚等目的,客观上一般不以严重侵犯他人人身权利的方法取得财物。被告人等为教训被害人,对被害人实施了不同程度的暴力行为,造成两名被害人皮肤软组织挫伤,暴力程度虽非轻微,但亦属一般暴力,且人身伤害后果不算严重,被告人的客观方面是符合该罪特征的。其次,被告人实际取得的财物是一部手机、两张交通卡和百余元现金,且案发前手机和一张交通卡还给了严某甲,可以认为是强抢少量财物。本着主客观相一致原则和刑法谦抑原则,本案应当认定为寻衅滋事罪更为适宜。

综合全案情况看，本案三名被告人的行为构成寻衅滋事罪。具体理由如下：

1. 从三名被告人有关犯罪动机、目的的供述以及他们相应的客观行为看，主客观基本一致，即其犯罪的最初动机是为了报复、泄愤，主要目的是为了通过强拿硬要来教训被害人，显示自身威风，顺便“拗分”，即索要财物是他们的次要目的。从石逸琳事后把手机和交通卡还给严某甲这一后续行为上亦可得到印证。

2. 除强迫被害人脱光衣服行为超出寻衅滋事范围已经单独定罪外，之前以教训为目的对严某甲扇耳光、拉头发、掌击背部等行为，以寻衅滋事罪定罪，可以全面评价被告人的所有行为。

3.《最高人民法院关于审理抢劫、抢夺刑事案件适用法律若干问题的意见》规定：“在司法实践中，对于未成年人使用或威胁使用轻微暴力，以强凌弱、以大欺小强抢少量财物的行为，一般也不宜以抢劫罪定罪处罚，其行为符合寻衅滋事罪特征的，可以寻衅滋事罪定罪处罚。”因此，在处理未成年人刑事案件时，如存在定罪上两者皆可或者量刑时可重可轻的情况，应当选择更加有利于未成年被告人的定罪和量刑。

三、对涉案地点 KTV 包厢是否属公共场所的认定

依照《中华人民共和国刑法》第二百三十七条的规定，犯强制侮辱妇女罪一般处刑五年以下有期徒刑，但该条第二款还规定，聚众或者在公共场所当众犯该罪的，处五年以上有期徒刑。审理中，对涉案地点 KTV 包厢是否属公共场所这一加重情节的认定亦存在一定分歧。一种意见认为本案应认定为公共场所。本案发生在 KTV，本身就是开放的人员混杂的公共场所，虽然包厢内人员相对固定，场所相对封闭，但服务员等仍可自由进出，故仍属于公共场所。亦有类似的在饭店包厢内，由服务员实施盗窃顾客随身财物，法院认定为系在公共场所扒窃的判例。另一种意见认为本案不能认定为公共场所。公共场所具有场所的开放性特征，即人员具有不特定性与流动性。而本案案发地点为 KTV 包厢内，不具备公共场所人数的不确定性与流动性特征，故不属于公共场所。

按照通常认识，公共场所具有开放性和流动性特征，私人场所是个人或特定人群占有或使用的场所，一般情况下与外界相对隔离。KTV 包厢系营业性场所，由承租人出资包租使用后，不是任何人可以随意出入的。从物理特征上看，KTV 被隔成包厢后，丧失了其公共场所的本质特征，即在包租期间只能由特定人使用。另外，从主客观一致角度看，被告人选择了相对公共空间区域里有一定间隔的空间，门窗关闭且有人用衣服遮挡窗户玻璃，人员固定且场所封闭。因此，本案不宜认定为公共场所。

综上，本案对强迫一男一女两名被害人脱光衣服的行为以及对被告人为显示威风而以暴力等方式迫使被害人交出财物的行为分别认定为强制侮辱妇女罪和寻衅滋事罪，定性准确；对涉案场所KTV包厢是否属公共场所进行了论证并得出正确结论。本案认定事实清楚，定罪量刑适当，观点正确，对审判实践和相关理论实践有很好的指导意义。

案例提供单位：上海市第一中级人民法院
编写人：蒋红玮　王列宾　胡天和
点评人：王宇展

82. 吴海涛转移毒品案

——主观目的是区分贩卖毒品罪与转移毒品罪的基础

案 情

公诉机关上海市人民检察院第二分院

被告人(上诉人)戴丽

被告人(上诉人)吴海涛

2012年10月13日晚,被告人戴丽受王某指使在上海市普陀区岚皋路某弄附近将49.71克甲基苯丙胺贩卖给丁某某。2012年10月16日21时许,被告人戴丽受王某的指使,至上海市普陀区岚皋路铜川路路口,领取郑某某派人从广东送来的6袋白色晶体,后被公安人员当场人赃并获。经鉴定,上述白色晶体共计净重597.56克,从中检出甲基苯丙胺成分,含量为76.6%。当晚,戴丽走后,毛某某至上海市普陀区管弄路某弄王某的暂住地,贩卖给王某1 000克冰毒。后被告人吴海涛至王某的暂住地,王某因担心戴丽已被公安机关抓获,遂指使吴海涛将毒品转移至暂住处楼下范某某的车上。后吴海涛先行离开,在中华新路大统路附近,被公安人员抓获。王某则携带毒品乘坐范某某轿车至上海市闸北区中华新路某弄,后被公安人员抓获,并当场查获30余袋白色晶体及若干圆形药片等,经鉴定,上述白色晶体共计净重1 279.94克,检出甲基苯丙胺成分,含量为78.2%;151.55克粉红色圆形药片中检出尼美西泮成分;5.44克红色圆形药片中检出甲基苯丙胺成分。被告人戴丽到案后如实供述了自己的罪行。

公诉机关指控,被告人戴丽、吴海涛贩卖甲基苯丙胺1 948余克及其他毒品151.55克,其行为已构成贩卖毒品罪。被告人戴丽系毒品再犯,依法应当从重处罚。被告人戴丽、吴海涛系从犯,依法应当从轻处罚,戴丽到案后如实供述自己的罪行,依法可从轻处罚。提请法院依法审判。

被告人戴丽当庭辩称其受王某指使将约50克的冰毒送给丁某某和领取广东上家送来的600克冰毒,但主观上并无贩卖毒品的故意,且对公安机关从王某处查获的1 000多克毒品其并不知情。

戴丽的辩护人提出被告人戴丽不具有贩卖毒品的主观故意,其行为系运输毒品,且从王某处查获的毒品与戴丽无关。

被告人吴海涛当庭辩称其主观上并不明知帮助王某转移的物品系毒品，未帮助王某送冰毒。

吴海涛的辩护人提出公诉机关指控吴海涛贩卖毒品的证据不足，吴海涛系转移毒品而非贩卖毒品。

审 判

一审法院经审理后，针对控辩双方关于本案两名被告人涉案毒品数量及定性的争议，分析如下：

一、关于被告人戴丽的定性及涉案毒品数量的认定

公诉机关指控被告人戴丽贩卖甲基苯丙胺 1 940 余克等毒品，辩护人提出，被告人戴丽的行为应构成运输毒品罪，且从王某处查获的 1 280 余克毒品等不应计入戴丽的毒品犯罪数量中。法院经审查认为，被告人戴丽明知王某贩卖毒品，仍受王某指使接送毒品、收取毒资，故辩护人关于戴丽的行为构成运输毒品罪的辩护意见，法院不予采纳。但本案现有证据不足以证实戴丽对于从王某处查获的 1 280 余克毒品等，主观上有与王某共谋贩卖的故意，且其中 1 000 克毒品系戴丽被公安机关抓获后，他人才贩卖给王某的，故从王某处查获的 1 280 余克毒品，不应计入被告人戴丽的毒品犯罪数量中，辩护人的相关辩护意见，法院予以采纳。

二、关于被告人吴海涛的定性及涉案毒品数量的认定

公诉机关指控被告人吴海涛贩卖甲基苯丙胺 1 940 余克等毒品，辩护人提出，被告人吴海涛系转移毒品 1 280 余克等。法院经审查认为，首先，本案认定被告人吴海涛与戴丽共谋贩卖毒品 640 余克的证据并不充分，因此，吴海涛对于戴丽所参与贩卖的毒品数量不应承担责任；其次，现有证据证实，王某因怀疑戴丽被公安机关抓获，遂电话联系吴海涛至其暂住处，而吴海涛受王某指使，明知是毒品，仍帮助王某进行转移，且目前没有足够的证据证实吴海涛就该 1 280 余克毒品等与王某有共谋贩卖的故意。故对辩护人的相关辩护意见，法院予以采纳。

一审法院认为，被告人戴丽受他人指使，参与贩卖甲基苯丙胺 640 余克，其行为已构成贩卖毒品罪。被告人吴海涛明知是毒品，仍帮助他人转移甲基苯丙胺 1 280余克等毒品，其行为已构成转移毒品罪，且情节严重。公诉机关指控被告人戴丽构成贩卖毒品罪的罪名成立。经查，根据被告人吴海涛的有罪供述、王某的证言等证据可以认定，吴海涛明知是毒品而帮助转移，故被告人吴海涛关于其主观上不明知是毒品的辩解，法院亦不予采纳。被告人戴丽曾因犯贩卖毒品罪被判处有期徒刑，在刑罚执行完毕后，五年内又犯贩卖毒品罪，系累犯、毒品再犯，依法应当从重处罚。被告人戴丽在其共同犯罪中系从犯，依法应从轻处罚；到案后如实供述自己的罪行，依法可从轻处罚。为维护国家对毒品的管理制度，保障公民的身心健康，一审法院依照《中华人民共和国刑法》第三百四十七条第一款、第二款第(一)项，第三百四十九条第一款，第二十五条第一款，第二十七条，第六十五条第一款，第三百五十六条，第六十七条第三款，第五十七条第一款，第五十六条第一款，第五十五条第一款和第六十四条的规定，对被告人戴丽犯贩卖毒品罪，判处无期徒刑，剥夺政治权利终身，并处没收个人全部财产；对被告人吴海涛犯转移毒品罪，判处有期徒刑九年，剥夺政治权利二年；查获的毒品等予以没收。

判决后，被告人吴海涛以原判量刑过重为由，上诉要求从轻处罚，辩称其不明知帮助王某转移的系毒品。被告人戴丽以原判量刑过重为由，上诉要求从轻处罚，辩称其系受王某指使实施犯罪。

二审法院经审理后认为，上诉人吴海涛明知是毒品，仍帮助他人转移甲基苯丙胺 1 280 余克等毒品，其行为构成转移毒品罪，且情节严重，依法应予惩处。原判认定戴丽贩卖毒品、吴海涛转移毒品的犯罪事实清楚，证据确实、充分，适用法律正确，量刑适当，审判程序合法。上海市人民检察院建议驳回上诉，维持原判的意见正确，予以支持。据此，二审法院依照《中华人民共和国刑事诉讼法》第二百二十五条第一款第(一)项之规定，裁定驳回上诉，维持原判。

点 评

本案的争议焦点在于，如何评价被告人吴海涛明知毒品和王某的毒贩身份，仍然实施帮助王某将毒品从暂住处转移至楼下的行为，即被告人吴海涛的行为构成贩卖毒品罪还是运输毒品罪抑或转移毒品罪。

就本案指控事实和证据而言，吴海涛与王某事先、事中均无贩卖毒品的共谋。在案的证据表明，吴海涛当晚系接王某电话至王某暂住处帮忙转移毒品，王某未指证其让吴海涛去帮忙贩卖毒品，吴海涛也仅供认系王某打电话让其帮忙将暂住处毒品转移，而非送毒品给下家。现有证据无法证实，两人事先、事中有贩卖毒品的通谋。

吴海涛转移毒品时主观上并不具有流通毒品的目的，不能以运输毒品罪论处。运输毒品罪在主观上应当具有流通毒品的犯罪目的，即行为人客观运输行为的用途是将毒品在不同地域、不同人之间流通。本案中，客观上被告人吴海涛仅将毒品从楼上转移至楼下，目前也无证据证实其主观上具有流通毒品的主观故意。因此，对被告人吴海涛的行为不能认定为运输毒品罪。

吴海涛主观上系为帮助王某逃避司法惩罚而转移毒品。从刑法规定来分析，转移毒品罪可理解为走私、贩卖、运输、制造毒品罪的下游犯罪。行为人移动毒品的主观目的是为了抗拒司法机关对毒品的追缴,帮助毒品犯罪分子逃避法律的制裁。本案现有证据表明,吴海涛至王某暂住处时,王某系因担心戴丽出事,害怕司法机关查处,遂让吴海涛帮忙将毒品进行转移,而吴海涛也是出于帮助王某逃避司法机关惩罚的目的将王某处的毒品转移,其主观上不具有使毒品进入流通的目的。

本案被告人吴海涛的行为应以转移毒品罪定罪处罚,考虑其转移毒品的数量较大,应当评价为情节严重,以体现罪刑相适应。本案定性准确,量刑适当,对审判实践中的类案审理和理论研究有较好的指导意义。

案例单位:上海市第二中级人民法院

编写人:黄伯青

点评人:王宇展

83. 吕均荣等贩卖毒品案

——混合型毒品如何确定毒品种类

案 情

公诉机关上海市人民检察院第二分院

被告人(上诉人)吕均荣

被告人(上诉人)温朝金

被告人(上诉人)周建海

被告人(上诉人)吕某某

2012年11月29日,冯某某、王某某、方某等人至广东省东莞市某处,从被告人吕均荣处购入毒品“奶茶”、“咖啡”共500包、毒品“开心水”共500瓶。次日23时40分许,公安人员在沪杭高速公路检查站将冯某某、黄某某、王某某、方某抓获,并当场缴获吕均荣贩卖给方某等人的毒品共计22 921.45克。经鉴定,从中检出MDMA和氯胺酮成分,其含量分别为0.10%至0.73%、0.71%至1.41%不等。同年12月19日晚,公安人员将被告人吕均荣、温朝金、周建海、吕某某抓获,并当场缴获毒品共计44 095.90克。经鉴定,从中检出MDMA和氯胺酮成分,其含量分别为0.63%至2.34%、0.83%至2.06%不等,同时还缴获其他毒品共计16 039.47克。经鉴定,从中检出MDMA、氯胺酮、甲基苯丙胺、尼美西泮成分。其中,MDMA含量为0.17%至8.90%不等、氯胺酮含量为0.25%至85.30%不等、甲基苯丙胺含量为0.03%至0.21%不等。

公诉机关指控,被告人吕均荣单独或伙同他人贩卖毒品MDMA、氯胺酮、甲基苯丙胺、尼美西泮共计83 056.82克;被告人温朝金、周建海、吕某某受吕均荣指使,参与贩卖毒品MDMA、氯胺酮共计44 095.90克,其行为已构成贩卖毒品罪。被告人吕均荣在共同犯罪中起主要作用,系主犯;被告人温朝金、周建海、吕某某在共同犯罪中起次要作用,系从犯。被告人吕均荣利用、教唆未成年人贩卖毒品,应依法从重处罚。被告人吕某某在犯罪时已满十六周岁不满十八周岁,应依法从轻或者减轻处罚。提请法院依法审判。

被告人吕均荣认为,起诉书指控其犯罪不是事实,其没有和方某交易过毒品。

吕均荣的辩护人认为,没有确凿、有效的证据证明吕均荣参与了本案贩卖毒品的犯罪。

被告人温朝金认为,起诉书指控部分不是事实,并表示受到刑讯逼供,要求非法证据排除。

温朝金的辩护人对公诉机关指控温朝金的行为构成贩卖毒品罪不持异议,但认为温朝金到案后认罪态度比较好,交代比较诚恳,又系从犯,请求对温朝金从轻处罚。

被告人周建海认为,起诉书指控其犯罪不是事实。

周建海的辩护人认为,起诉书指控周建海参与贩卖毒品罪的证据不充分,希望查明事实后,给周建海一个公正的判决。

被告人吕某某及其合适成年人王某对起诉书指控吕某某构成贩卖毒品罪不表异议。

吕某某的辩护人认为,吕某某的行为构成制造毒品罪,吕某某系从犯,又系未成年人,希望给吕某某一个公正的判决。

审 判

一审法院经审理后认为,被告人吕均荣单独或伙同他人贩卖含有 MDMA、氯胺酮、甲基苯丙胺、尼美西泮的毒品共计 83 056.82 克;被告人温朝金、周建海、吕某某受吕均荣指使,参与贩卖含有 MDMA、氯胺酮的毒品共计 44 095.90 克,其行为均已构成贩卖毒品罪。公诉机关指控各名被告人的罪名成立。被告人吕均荣在共同犯罪中起主要作用,系主犯;被告人吕均荣利用、教唆未成年人贩卖毒品,应当从重处罚。被告人温朝金、周建海、吕某某在共同犯罪中起次要作用,系从犯,应当从轻处罚;被告人吕某某在犯罪时已满十六周岁不满十八周岁,应当减轻处罚。为了维护国家对毒品的管理制度,保障公民的身心健康不受侵犯,一审法院依照《中华人民共和国刑法》第三百四十七条第一款、第二款第(一)项、第六款、第三百五十七条、第二十五条、第二十六条第四款、第二十七条、第十七条第一、三款、第五十七条第一款、第六十四条之规定,以贩卖毒品罪判处被告人吕均荣死刑,剥夺政治权利终身,并处没收个人全部财产;判处被告人温朝金有期徒刑十五年,剥夺政治权利四年,并处没收个人财产人民币十万元;判处被告人周建海犯贩卖毒品罪有期徒刑十五年,剥夺政治权利四年,并处没收个人财产人民币十万元;判处被告人吕某某犯贩卖毒品罪,有期徒刑八年,并处罚金人民币一万元;查获的毒品等予以没收。

一审判决后,吕均荣、温朝金、周建海、吕某某不服,提出上诉。

二审法院查明的案件事实和证据与一审法院相同。

二审法院经审理后认为,上诉人吕均荣贩卖毒品氯胺酮、MDMA 等共计

83 056.82克;上诉人温朝金、周建海、吕某某贩卖毒品氯胺酮、MDMA等共计44 095.90克,其行为均已构成贩卖毒品罪,依法均应予以处罚。原判认定被告人吕均荣、温朝金、周建海、吕某某贩卖毒品的犯罪事实清楚,证据确实、充分,定罪准确,审判程序合法。吕均荣、温朝金、周建海、吕某某的上诉理由均不能成立。鉴于本案的具体情况,对吕均荣判处死刑,可不立即执行。据此,以贩卖毒品罪改判上诉人吕均荣死刑,缓期二年执行,剥夺政治权利终身,并处没收个人全部财产;驳回其他被告人的上诉。

点 评

新类型毒品往往以混合型毒品为主。对于混合型毒品含有多种成分的如何确定其毒品种类,直接关系到毒品数量的确定以及量刑结果。相关司法解释和文件精神对此的规定不一致,导致司法实践中遭遇难题。本案主要涉及如何对新类型的混合型毒品进行定性、定量以及如何具体适用刑罚。

一、当前的新类型混合毒品概况

近年来,上海的毒品犯罪案件中混合型毒品逐渐增多,实践中常表现为"奶茶"、"咖啡"、"开心水"等。所谓"奶茶"、"咖啡"、"开心水"等混合类毒品,从外观上看与常见的奶茶、绿茶、咖啡等无异。这类毒品服用简单,只需用开水调和后即可食用,直接作用于吸食者的中枢神经,通常由MDMA、氯胺酮、甲基苯丙胺这三种毒品搭配混合而成,各种毒品的含量都非常低,一般在1%—2%左右。

二、对混合型毒品的定性原则

对于混合型毒品的定性问题,最高人民法院2008年《全国部分法院审理毒品犯罪案件工作座谈会纪要》(以下简称《大连会议纪要》)规定,以其中毒性较大的毒品成分确定其毒品种类,如果毒性相当或者难以确定毒性大小的,以其中比例较大的毒品成分确定其毒品种类,并在量刑时综合考虑其他毒品成分、含量和全案所涉毒品数量,以适用刑罚。对混合型毒品以其中毒性大的确定其毒品成分,有利于从严打击毒品犯罪,也是一贯以来对混合型毒品定性的原则。但是,2014年8月,最高人民法院、最高人民检察院、公安部制定发布了《关于规范毒品名称表述若干问题的意见》(以下简称《意见》),在该《意见》中规定:"混合型毒品中含有海洛因、甲基苯丙胺的,一般应当以海洛因、甲基苯丙胺确定其毒品种类;不含海洛因、甲基苯丙胺,或者海洛因、甲基苯丙胺的含量极低的,可以根据其中定罪量刑数量标准较低且所占比例较大的毒品成分确定其毒品种类"。《意见》对海洛因、甲基苯丙胺以外的混合型毒品的定性原则与《大连会议纪要》有所不同,即既要毒性大又要含量高。审判实践中,这类情况较为少见,以上述"奶茶"、"咖啡"、"开心水"为例,一般都是毒性大价格贵的甲基苯丙胺或MDMA含量低,毒性相对小价格相对便宜的氯胺酮含量高。对此,在对混合型毒品的定性上,仍应坚持从严打击毒品犯罪的原则,首先看是否符合《意见》规定的情形,符合就执行该规定,如果不符合,仍然可以依照《大连会议纪要》规定对混合型毒品进行定性。

按照《大连会议纪要》的规定,本案中含有MDMA和氯胺酮的毒品混合物67 830.92克,由于MDMA与海洛因的折算比例为1∶2,而氯胺酮与海洛因的折算比例为1∶20,显然MDMA的毒性大于氯胺酮,故将该批毒品定性为MDMA,含有甲基苯丙胺和氯胺酮的毒品混71.17克和含有甲基苯丙胺、MDMA和氯胺酮三种成分的毒品混合物2 218.5克均应定性为甲基苯丙胺。但是按照《意见》的规定,要同时考虑毒性和含量,而上述67 830.92克含有MDMA和氯胺酮的毒品混合物中,有36 399.85克毒品混合物的氯胺酮所占比例大于MDMA;上述2 218.5克含有甲基苯丙胺、MDMA和氯胺酮的毒品混合物中有2 008.58克的氯胺酮所占比例大于MDMA和甲基苯丙胺。如果按照《意见》的规定必须同时考虑毒性和含量的话,上述涉案混合型毒品在定性上有困难。根据前述原则,本案对涉案混合型毒品的定性准确。

三、对混合型毒品的定量原则

在毒品犯罪案件中,毒品数量直接反映出行为的社会危害程度。根据现行法律规定,毒品数量在认定毒品犯罪时主要起两方面作用:一是确定行为是否构成犯罪。在某些犯罪中,毒品数量是犯罪要件的构成要素,毒品数量的多少直接决定了该行为是否构成犯罪,比如《中华人民共和国刑法》第三百四十八条非法持有毒品罪,要求达到一定的数量标准才构成犯罪。二是决定量刑轻重。法院审理毒品案件,在量刑上一直坚持"数量加情节"的原则,对毒品犯罪被告人量刑时既要充分考虑毒品数量,也要充分考虑被告人的犯罪情节、主观恶性、人身危险性等因素。但毋庸置疑,毒品数量是一个重要情节,毒品数量在毒品案件审判中具有十分重要的意义。

毒品数量的计算是一个非常复杂的问题。如果涉案毒品系单一毒品,可以直接相加,累积计算。如果涉案毒品涉及多种,由于多种毒品的毒性不同,直接简单相加就可能导致量刑不公平,这就产生了多种毒品的折算问题。不同种类的毒品折算,必然要求确定某一种毒品作为折算的参照物,我国司法实践一直以海洛因作为折算的参照物。根据有关司法解释和文件规定,对刑法、司法解释没有规定量刑数量标准的毒品,有条件折算成海洛因的,参照国家药品食品监督管理局制定的《非法药物折算表》,折算成海洛因的数量后适用刑罚。对国家管制的精神药品,刑法、司法解释尚未明确规定量刑数量标准,也不具备折算条件的,应当由有关部门确定涉案毒品毒效的大小,有毒成分的多少,吸毒者对该毒品的依赖程度,综合考虑其致瘾癖性、戒断性、社会危害性等，依法量刑。

因此，在毒品案件审理中，毒品折算以及确定毒品数量的前提是对毒品的定性问题，确定毒品的种类后才可以确定相应的折算标准。本案在正确认定涉案混合型毒品的性质后，对毒品定量的原则是：第一，根据毒品不论含量多少均应认定的原则，我们首先应当认定毒品总量。第二，总量确定后，再根据被定性毒品的含量，根据毒品总量计算出含量为100%的毒品的实际数量。第三，根据被定性毒品与海洛因、甲基苯丙胺之间的折算标准，计算出涉案毒品相当于多少100%的海洛因、甲基苯丙胺。第四，混合型毒品中的另一种毒性低的毒品，也可以根据上述方法折算为海洛因或甲基苯丙胺，为避免重复计算，不能将此毒品数量累加计入全案总量，但在量刑中可以作为情节考虑。第五，涉案混合毒品含量极低、数量很大的，在实际量刑中还是应当作为酌情考虑的情节。特别是在涉及是否判处死刑立即执行时，在进行上述定量后，为便于量刑时参考，我们根据审判实践的一贯做法将其折算为25%的海洛因或甲基苯丙胺，作为量刑时参考的依据之一。

四、对混合型毒品如何适用刑罚

虽然刑法明确规定"毒品数量以查证属实的走私、贩卖、运输、制造、非法持有毒品的数量计算，不以纯度折算"，但是在是否判处死刑立即执行问题上，《大连会议纪要》规定，毒品数量达到实际掌握的死刑数量标准，但经鉴定毒品含量极低的，可以不判处死刑立即执行。2015年《全国法院毒品犯罪审判工作座谈会纪要》(简称《武汉会议纪要》)又进一步重申了上述精神。本案中，虽然被告人吕均荣涉案的毒品总量达8万余克，但大部分混合型毒品含量极低，MDMA的含量从0.10%到2.34%不等，氯胺酮的含量从0.71%到2.06%不等，甲基苯丙胺从0.03%到0.21%不等。如果折算成纯海洛因总量仅700余克，考虑到本案的实际情况，二审法院最终对被告人吕均荣改判死刑，缓期二年执行。

本案从实际出发，结合对相关规定的分析，进一步明确了对混合型毒品的定性定量规则以及死刑适用政策，对审理此类案件具有指导意义。

案例单位：上海市第二中级人民法院

编写人：徐世亮

点评人：王宇展

84. 赵靖良交通肇事案

——坚持情理法相融合的综合工作方法妥善处理重大敏感案件

案 情

公诉机关上海市虹口区人民检察院

被告人赵靖良

被告人赵靖良于 2014 年 11 月 3 日上午 8 时 40 分许，驾驶上海巴士新联谊旅游客运有限公司沪 D23347 大型客车，由上海市南浦大桥旅游集散中心驶往小洋山岛沈家湾客运码头。当日上午 10 时 8 分许，被告人赵靖良超速驾车行驶至东海大道近能源路西约 300 米处时，因俯身捡拾掉落在其右侧的手机致车辆向右偏离并碰擦道路右侧路肩，后又因向左急打方向，造成车辆失控向右侧翻，致使车上乘客 6 人当场死亡；3 人重伤；被告人赵靖良等其他乘客共 21 人轻伤；4 人轻微伤；其余 15 名乘客均有不同程度受伤，但仍未作伤势鉴定或者因已民事调解而放弃伤势鉴定。与此同时，经鉴定，该事故造成肇事车辆损坏的直接物质损失为人民币 119 616 元；造成部分道路设施毁损的直接物质损失为人民币 38 389 元，上述直接物质损失共计价值人民币 158 005 元。

案发后，经鉴定，涉案肇事车辆事故发生时的行驶车速达 70—75 公里/小时，系超速行驶（事发路段限速 60 公里/小时），又经上海港公安局交警支队交通事故认定：被告人赵靖良在驾驶机动车行驶的过程中，未按规定使用安全带且超速行驶，途中又有捡拾掉落的手机这一妨碍驾驶安全的行为，随后又操作不当（向左急打方向），致使车辆失控并发生侧翻造成本次交通事故，其行为分别违反《中华人民共和国道路交通安全法》第五十一条、第四十二条第一款、第二十二条第一款及《中华人民共和国道路交通安全法实施条例》第六十二条第三项之规定，根据《中华人民共和国道路交通安全法实施条例》第九十一条和《道路交通事故处理程序规定》第四十六条第一款第一项的规定，被告人赵靖良承担本起事故的全部责任。

公诉机关指控，被告人赵靖良违反交通道路运输管理法规，因而发生重大事故，致 6 人死亡、3 人重伤、21 人轻伤，其行为应当以交通肇事罪追究其刑事责任。提请法院根据《中华人民共和国刑法》第一百三十三条及第六十七条第三款的规定，对被告人赵靖良定罪判处。

被告人赵靖良及其辩护人对指控的犯罪事实及定性基本无异议。

审判

一审法院经审理后认为，被告人赵靖良违反交通运输管理法规，因而发生重大事故，致6人死亡、3人重伤、21人轻伤，情节特别恶劣，其行为已构成交通肇事罪。公诉机关指控被告人赵靖良犯交通肇事罪罪名成立。案发后，被告人赵靖良能如实供述自己的罪行，其所在单位又积极与部分被害人及其家属达成了民事调解协议并进行了相应履行，取得了谅解，综合以上情节，可依法对其予以从轻处罚。综上，为维护社会交通运输正常秩序，保护国家道路交通运输安全和公民的生命、健康权利不受侵犯，一审法院依照《中华人民共和国刑法》第一百三十三条、第六十七条第三款及第六十四条之规定，以交通肇事罪判处被告人赵靖良有期徒刑六年。扣押的涉案物品手机一部予以没收。

一审判决后，被告人赵靖良未上诉，公诉机关亦未抗诉，本判决现已生效。

点评

本案系一起特大交通肇事案，在上海市乃至全国均有较大影响，大量新闻媒体跟踪报道，社会广泛关注。如何审理此类社会关注度高、影响较大的案件，确保社会效果、法律效果相统一，给人民法院刑事审判工作提出了新的要求。

一、本案对做好被害人方的工作始终贯彻了“以情动人、因势利导”的原则

本案发生后，受害群众情绪激烈、群情激奋，既联名要求司法机关严惩被告人、判处重刑，又要求政府能为民做主，为他们争取巨额赔偿。面对这样一个社会舆论关注度高的重大敏感案件，审判人员特别注重做好涉案被害人及家属的情绪安抚工作，争取各方力量支持，在法律框架内，给他们以最大化的经济补偿，使得被害人能够罢访息诉，确保案件审判有一个平稳、安定的社会舆论环境。案件审理过程中，始终坚持“以情动人、以情感人、以情服人”的工作方法来化解矛盾，平息被害人及家属的情绪。通过多种形式和被害人及其家属进行反复地沟通、释法说明，最终使得被害人及其家属情绪趋向稳定。并在此基础上，极力促成被告人及其所在单位、被害人及其家属双方在民事赔偿方面的调解。最终在判决时，被告人一方已与情绪最为激烈的被害人及其家属均达成了民事调解协议并已履行完毕。

二、本案对舆情的处置和引导贯彻了“公开透明、主动宣传”的原则

案件发生后，受到社会广泛关注，大量的新闻媒体进行了全程跟踪采访报道。部分媒体的报道和网络舆情都要求彻查事故真相并强烈要求司法机关对被告人予以严惩，给案件的审理工作带来较大的压力。为正确处置、引导好舆情和报道，办案法院贯彻司法公开，主动邀请一些重要新闻媒体了解案件情况和进展，并通过热点栏目《庭审纪实》、互动电视全程庭审直播、上视综合新闻报道、《人民法院报》专版等形式以公开透明方式报道案件庭审和审判工作，让社会公众全面了解案件客观真实情况，避免“合理怀疑”和猜忌，取得了很好的司法公开效果，同时也达到了法制宣传教育的目的，给案件最终顺利审结创造了良好的社会舆论环境。

三、本案的处理贯彻了“依法办案、公正判决”的原则

对这样一个社会影响大、关注度高的案件，审判人员始终坚持保持应有的中立、公正地位，不受外界因素、舆情的干扰和影响，以事实为依据，以法律为准绳。案件发生后，对被告人赵靖良的行为构成交通肇事还是以危险方法危害公共安全抑或其他罪名，理论界、实务界有一定争议。法院审理该案不受舆论影响，通过审慎阅卷、实地走访调查以及钻研法律精神，根据被告人交通肇事犯罪的事实、情节、后果以及认罪悔罪态度，正确认定了定罪、量刑情节，最终对被告人以交通肇事罪定罪量刑。判决后，被告人不上诉，公诉机关不抗诉，社会各方也表示认可和尊重，判决取得很好的法律效果与社会效果。

本案的审判，始终坚持以刑事法律为基本底线，不受舆论压力干扰，依法独立办案；以情理法相融的精细工作方法，注重引导被害人及家属合理的表达利益诉求，答疑解惑、释法析理，赢得了他们对案件裁判结果的尊重与认同；高度重视新闻舆论平台的作用，主动与新闻媒体打好交道，通过巧用、善用新闻舆论的力量来彰显人民法院审判工作的公开、透明、公正，达到教育社会大众之法治目的，对审理此类社会关注度高的案件具有实践层面的借鉴指导作用。

案例提供单位：上海市虹口区人民法院

编写人：叶　琦

点评人：王宇展

85. 路某某强制医疗案

——如何判断被申请人暴力行为的危害程度及对驳回强制医疗申请决定能否申请复议

案 情

申请机关上海市金山区人民检察院

被申请人路某某

2013 年 10 月 1 日 19 时 30 分许，被害人沈某某在上海市金山区石化十村好德便利店门口处目睹一起电瓶车碰撞男童的交通事故，后沈某某主动上前调解，并让肇事者回家取钱。此时，受伤男童母亲的朋友被申请人路某某误以为被害人沈某某在放纵肇事者逃逸，便上前欲拦截肇事者，但遭到沈某某的阻拦，遂发生争执，路某某猛推被害人沈某某一把，致沈某某坐倒在地而受伤。经鉴定，被害人沈某某的伤势构成重伤。当日，被申请人路某某明知他人报警而在现场等候，到案后如实供述了上述事实。经鉴定，被申请人路某某患有精神分裂症，作案时及审理时均处于发病期；路某某对本案无刑事责任能力；路某某对本案无受审能力。被申请人路某某经上海市金山区精神卫生中心诊疗，病情稳定，可以在家休养并服药治疗；路某某现由其母亲专门看管，其在家疗养期间，未再实施危害社会的行为。

申请机关申请称，被申请人路某某实施故意伤害行为，致一人重伤，但其犯罪时患有精神分裂症，作案时及审理时均处于发病期；路某某对本案无刑事责任能力；路某某对本案无受审能力。被申请人路某某的监护人未对路某某采取专门的治疗措施。据此认为，被申请人实施故意伤害行为，致一人重伤，严重危害公民人身安全，经法定程序鉴定为依法不负刑事责任的精神病人，有继续危害社会的可能，应当对其强制医疗。

被申请人路某某的法定代理人认为其已经对被申请人采取了医疗措施，路某某现在病情稳定；医生也证明路某某病情稳定，可以在家疗养；路某某由其看护，不会伤害他人，没有必要强制医疗，故不同意对路某某强制医疗。

被申请人路某某的诉讼代理人认为被申请人病情稳定，由专人看管，未给邻居及所居住社区带来危险、恐慌等不良影响，再次危害社会的可能性小，没有必要对其强制医疗，故建议驳回申请机关的申请。

审 判

一审法院经审理后认为,被申请人路某某实施伤害行为,致人重伤,经法定程序鉴定为依法不负刑事责任的精神病人。根据查证属实的事实、证据,被申请人路某某虽已造成危害结果,但用手推人之行为尚未达到危害公共安全或者严重危害公民人身安全的程度;被申请人路某某经上海市金山区精神卫生中心诊断,病情稳定,可以在家休养并服药治疗;被申请人路某某现由专人看管,接受药物治疗后未再实施危害社会的行为。因此,被申请人路某某不符合强制医疗的条件,尚无必要由政府强制医疗。一审法院依照《中华人民共和国刑法》第十八条第一款、《中华人民共和国刑事诉讼法》第二百八十四条、《最高人民法院关于适用〈中华人民共和国刑事诉讼法〉的解释》第五百三十一条第(二)项之规定,作出驳回申请机关对被申请人路某某强制医疗的申请;责令被申请人路某某的家属或者监护人对被申请人路某某严加看管和医疗的决定。

点 评

依法不负刑事责任的精神病人强制医疗程序是2012年修正后的《中华人民共和国刑事诉讼法》设立的全新的特别程序。修正后的《中华人民共和国刑事诉讼法》施行以来,由于有些具体操作细节并无司法解释等规范性文件明确,尚需在审判实践中不断总结经验和探索。本案的主要问题是:一是对被申请人暴力行为的危害程度如何加以判断;二是对被申请人是否需要强制医疗应当从哪些方面进行综合考量;三是对法院驳回强制医疗申请的决定,是否能够申请复议。

一、对被申请人暴力行为的危害程度,应当结合行为的危害结果及行为的起因、方式、过程等加以判断

被申请人的暴力行为已经达到相当的危害程度,是适用强制医疗措施的重要前提。司法实践中,判断被申请人暴力行为的危害程度,不仅要看危害结果,还要结合行为的起因、方式、过程等加以综合考量。

强制医疗措施涉及对公民人身权利和自由的限制,必须严格把握适用条件,慎重适用。因此,对被申请人暴力行为的危害程度的判断也应当特别慎重。从立法本意来看,刑事诉讼法"之所以规定暴力型精神病人才适用强制医疗程序,是因为该种精神病人实施犯罪手段残忍,后果严重,多表现为凶杀等暴力性犯罪,其社会危害性和人身危险性极大,影响社会秩序的稳定"。也就是说,刑事诉讼法规定的"危害公共安全或者严重危害公民人身安全"的条件,既是针对已经造成特定危害后果而言,也是针对行为的社会危害及人身危险程度而言。需要予以强制医疗的精神病人,其暴力行为的危害程度不仅体现在造成了严重的危害结果,也体现在行为方式、手段的暴力程度等多方面。

本案中，从行为起因来看，被申请人路某某之所以实施推人行为，是因为其欲拦截肇事者时遭到被害人阻拦并发生争执，系事出有因，与无故行凶、随意伤人等行为有明显区别；从行为方式来看，被申请人徒手推人，虽然动作较大，但仍与持刀、斧等器械行凶的行为有明显区别；从行为过程来看，被申请人将被害人推倒后，并未继续实施伤害行为，在明知他人报警的情况下而在现场等候，与持续行凶、连续作案等行为有明显区别。因此，尽管被申请人的行为造成了重伤的危害结果，但其行为尚未达到"危害公共安全或者严重危害公民人身安全"的程度。

二、对被申请人是否需要强制医疗应当从哪些方面进行综合考量

被申请人能够得到正规、专业的治疗及监护人有效的监管，其再次危害社会的可能性自然会变小。因此，在判断被申请人强制医疗必要性时，应当注意审查被申请人家属对被申请人进行看管、医疗的意愿、条件与能力。本案中，被申请人路某某经上海市金山区精神卫生中心诊疗，病情稳定，可以在家休养并服药治疗；被申请人在法院审理期间已由其母亲专门看管，且其在家疗养期间，未再实施危害社会的行为；被申请人路某某的监护人不同意对被申请人路某某强制医疗，愿意承担被申请人的监管、治疗职责。综合考虑上述情况，同时考虑到被申请人暴力行为的危害程度，法院最终驳回了强制医疗申请。

三、法院作出驳回强制医疗申请决定后不能申请复议

本案审理过程中，对于驳回强制医疗申请决定书中是否需要写明复议程序，有两种意见：一种意见认为，对于驳回强制医疗申请的决定是否可以申请复议，法律没有明确规定。为充分保障被害人等当事人的权利，应当在决定书尾部写明："如不服本决定，可以向上一级人民法院申请复议。"另一种意见认为，根据法律规定，只有人民法院决定予以强制医疗的，才涉及复议程序；对于决定驳回强制医疗申请的，不能申请复议，相关决定书中无需写明复议程序。

第二种意见是正确的，理由如下：

1.《中华人民共和国刑事诉讼法》明确规定，"被决定强制医疗的人、被害人及其法定代理人、近亲属对强制医疗决定不服的，可以向上一级人民法院申请复议"。《最高人民法院关于适用〈中华人民共和国刑事诉讼法〉的解释》对强制医疗复议程序所作的细化规定，同样是针对人民法院决定强制医疗的情形。由此可知，人民法院作出强制医疗决定是申请复议的前提。人民法院决定驳回强制医疗申请的，上述前提并不存在，不能申请复议。

2. 之所以要对强制医疗决定设置救济程序，允许相关人员申请复议，是因为强制医疗决定涉及对被申请人人身自由和权利的限制，应当充分保障被申请人等当事人的权利。但人民法院决定驳回强制医疗申请后，被申请人无需被执行强制医疗措施,自由、权利不会因此受限,故设置救济程序缺乏必要性。

3. 强制医疗并不具有刑罚的性质,不是追究刑事责任的方式,因此,没有必要也没有依据赋予强制医疗申请案中的受害人申请复议权利。当然,受害人如果认为应当对被申请人加以刑事处罚,可以通过对检察机关的相关不起诉决定提出申诉等途径加以救济。

本案的审理及其具体处理,符合刑事诉讼法的精神和规定,对强制医疗这一特别程序在审判实践中的适用进行了积极有益的思考和探索,对法院审理此类新类型案件有很好的借鉴、指导作用。

案例提供单位:上海市金山区人民法院

编写人:张　鹿

点评人:王宇展

86. 韩渭恩减刑案

——隐瞒其他涉案情况,依法不予减刑

案情

执行机关上海市北新泾监狱

罪犯韩渭恩

执行机关上海市北新泾监狱提请减刑建议书认为,罪犯韩渭恩在服刑期间确有悔改表现,具体表现为能认罪服法,遵守监规纪律,认真参加思想、文化、职业技术等"三课"教育学习,劳动态度端正,能完成生产任务。该犯自入监以来,获得表扬6次,记功3次。2012年3月至2014年12月计分考评奖分225分,无扣分,有效分累计225分,认罪悔罪评估等级为二级。为此,根据《中华人民共和国监狱法》第二十九条、《中华人民共和国刑法》第七十八条、《中华人民共和国刑事诉讼法》第二百六十二条第二款的规定,建议对罪犯韩渭恩减去有期徒刑六个月。

上海市闵行区人民检察院出具的沪闵检监减意字[2015]15号《检察意见书》表明,2015年1月13日,上海市北新泾监狱将该罪犯的材料移送审查。该检察院经审查认为,该罪犯符合法定减刑条件,程序合法。在庭审中,检察员提出本案在提请法院审理期间驻监检察室收到反映,上海市公安局宝山分局侦查的一起刑事案件,与罪犯韩渭恩有牵连。目前,该案公安机关尚未结案。由于罪犯韩渭恩涉及公安机关立案侦查的刑事案件,其当事人的身份尚未改变,不符合减刑的法定条件。

审判

一审法院经审理查明,罪犯韩渭恩在狱内遵守监规,认真参加"三课"教育,积极参加劳动生产,努力完成生产任务,受到执行机关表扬6次、记功3次等奖励。另查明,2010年1月29日晚,罪犯韩渭恩驾驶本单位车辆,行驶至外环线近江杨北路出口时,车内物品被点火燃烧,韩渭恩与随行的特定关系人王某某均被烧伤。公安消防勘查认定,系车内人为火种点燃可燃物并扩大成灾。经司法鉴定,王某某构成重伤,韩渭恩构成轻微伤。车辆物损价值人民币60 995元,该案目前仍未结案。

罪犯韩渭恩在服刑期间，未将涉案情况向执行机关作交代。

一审法院认为，刑法所规定的减刑条件，除应当审查其在执行期间一贯表现外，还应当综合考虑犯罪的具体情节、原判刑罚情况等相关因素。罪犯韩渭恩是"1.29"放火案件的涉案人，该案的发生其具有不可推卸的责任，该案公安机关至今未予结案，社会影响尚未消除。因此，罪犯韩渭恩不符合确有悔改表现的法定减刑条件，执行机关建议减刑的意见不当，法院不予采纳。检察机关关于罪犯韩渭恩不符合减刑法定条件的意见正确，法院予以支持。据此，一审法院依照《中华人民共和国刑法》第七十八条、第七十九条、《中华人民共和国刑事诉讼法》第二百六十二条第二款及《最高人民法院关于减刑、假释案件审理程序的规定》第五条第一款、第十六条第一款第（三）项之规定，作出对罪犯韩渭恩不予减刑的裁定。

点 评

法院对服刑罪犯减刑假释案件的审理，不仅需要审查其在服刑期间的一贯表现情况，还要对原判刑罚情况、犯罪的具体情节等诸多因素进行审查。本案很好地把握了这一原则和标准，通过认真细心地审理，发现罪犯隐瞒他案情况，最终认定罪犯不符合减刑条件，裁定不予减刑。

一、本案审理程序规范严谨

在公示期间，发现了罪犯原审受贿案来源于震惊上海的"1.29"案件，后由特定关系人举报而案发的线索，即对该节情况开展细致调查，调取了相关证据材料。在公开开庭中，围绕该节事实开展调查，查明了罪犯韩渭恩是"1.29"放火案件的涉案人，对该案的发生其具有不可推卸的责任，该案公安机关至今未予结案，社会影响尚未消除，罪犯在服刑期间隐瞒了此情。

二、本案实体标准把握准确

本案的争议焦点在于对罪犯可以减刑的条件如何全面把握。服刑期间罪犯的一贯表现是减刑的重要条件，但不是唯一条件。刑法所规定的减刑条件，除应当审查其在执行期间一贯表现外，还应当综合考虑犯罪的具体情节、原判刑罚情况等相关因素。本案最终未采纳执行机关建议减刑的意见，认定罪犯不符合确有悔改表现的法定减刑条件，裁定不予减刑。

三、本案法律效果和社会效果良好

本案开庭时，邀请了人大代表旁听，并组织部分监狱罪犯旁听，裁判文书在中国裁判文书网公开展示，《上海法治报》记者对本案予以了长篇报道，狱内外反响强烈。该案是贯彻中央政法委《严格规范减刑、假释、暂予监外执行切实防止司法腐败的意见》和最高人民法院“五个一律”的典型范例。

本案系上海市严格规范减刑、假释、暂予监外执行的一个典型案例,法制宣传效果良好。

案例提供单位:上海市第三中级人民法院

编写人:张伟忠

点评人:王宇展

执　行

87. 中国建设银行股份有限公司黄浦支行申请执行上海商蒋获贸易有限公司等金融借款合同纠纷案

——抵押物抵债执行中对案外人租赁权的处置分析

案情

申请执行人中国建设银行股份有限公司黄浦支行

被执行人上海商蒋获贸易有限公司

被执行人上海荣欣投资咨询有限公司

被执行人孙某某

被执行人沈某某

原告中国建设银行股份有限公司黄浦支行(以下简称建行黄浦支行)诉被告上海商蒋获贸易有限公司(以下简称商蒋获公司)、上海荣欣投资咨询有限公司(以下简称荣欣公司)、孙某某、沈某某金融借款合同纠纷一案,法院经审理后,于2012年4月6日作出民事判决:1.被告商蒋获公司应于判决生效之日起十日内归还原告建行黄浦支行借款本金人民币7 000万元;2.被告商蒋获公司应于判决生效之日起十日内支付原告建行黄浦支行截至2012年2月13日止的利息人民币695 671.8元,复利人民币1 696.25元,并偿付自2012年2月14日起至本息实际清偿之日止的逾期利息(以人民币70 695 671.8元为基数,按照合同约定的贷款利率上浮50%计算);3若被告商蒋获公司不能履行上述还款义务,原告建行黄浦支行有权以被告荣欣公司名下坐落于上海市闵行区东川路某号1××室、2××室、3××室房屋折价或拍卖,变卖后价款在最高额人民币130 292 100元范围内优先受偿;4被告孙某某、沈某某对被告商蒋获公司的还款义务承担连带清偿责任;5.如未按照判决指定的期间履行给付金钱义务,应当按照《中华人民共和国民事诉讼法》第二百二十九条之规定,加倍支付迟延履行期间的债务利息;6.案件受理费、保全费共计人民币396 800元由四被告共同承担。判决后,原被告均未提起上诉,该判决于2012年4月21日正式生效。判决生效后,由于四被告均未履行相应义务,原告建行黄浦支行遂向法院申请执行。

执 行

执行法院受理后，随即向商蒋获公司、荣欣公司、孙某某、沈某某等四被执行人发出执行通知，责令被执行人履行法律文书确定的义务，但四被执行人均未履行。为此，法院于2012年3月1日对荣欣公司名下坐落于上海市闵行区东川路某号1××室、2××室、3××室的房屋进行司法查封。由于被执行人一直未予履行，法院拟对该处房产实施拍卖。2012年8月13日，法院委托上海八达国瑞房地产土地估价有限公司对涉案房屋进行评估，评估报告显示价格为1.23亿元。法院于2012年10月25日出具公告，要求上海市东川路涉案房屋的占有人腾空房屋，但房屋的占有人上海海之崴温泉浴场管理有限公司以租约到期需要与荣欣公司作后续协商为由没有搬离。2012年11月21日、12月10日、12月26日，法院三次拍卖，均因无人竞拍而流拍。后经申请人同意，法院依法于2012年12月27日裁定将被执行人荣欣公司名下的上海市闵行区东川路房屋作价人民币7 872万元交付申请人抵偿本案欠款。该处房产于2013年11月21日正式过户到申请人建行黄浦支行名下，并由申请人取得相关产权证明。

取得房屋产权后，申请人拟收回该处房屋，并进行处理。但房屋已于之前被荣欣公司租赁给上海海之崴温泉浴场管理有限公司实际经营。现海之崴公司以其对该房产享有合法经营权，且搬迁会造成巨大经济损失为由拒绝将房屋移交给申请人。法院执行人员经研究，并与申请人取得充分沟通后，决定对该处房产实施强制执行。

点 评

对被执行人名下的不动产进行拍卖，在无人竞买的情况下由申请执行人依法承受以物抵债是实现申请执行人债权的重要途径之一。这种情形下的以物抵债在性质上属于法定以物抵债，与意定以物抵债必须经当事人之间合意达成以物抵债协议的要求不同，只需申请执行人同意即可，无需被执行人同意，申请执行人同意的，执行法院即可将流拍财产以拍卖保留价裁定给申请执行人以抵偿债务。

但对于银行这一特殊主体作为申请执行人而言，可否将抵押财产交予银行抵债则不无争议。本案中，执行法院较为详细地分析了抵押财产流拍后抵债与抵押合同中约定流押的区别、商业银行法关于对银行从事房地产投资业务的限制是否影响裁定以物抵债等，最终将流拍的抵押物依法裁定由申请执行人以物抵债，较为充分地实现了申请执行人的债权。

此外，本案中执行法院还准确地处理了案外人对执行标的物所主张的租赁权，分析了抵押前出租、抵押后出租以及出租到期后未续等不同情形下的法律后果，依法对不应予以保护的案外人实施了强制执行措施，顺利执结了案件，对于类似案件的处理都具有一定的参考和借鉴意义。

案例提供单位：上海市黄浦区人民法院
编写人：李　俊　张　俊
点评人：韩耀武

88. 案外人于某对法院拟拍卖处置房产提出异议案

——房产拍卖中对案外人主张房屋租赁权的审查与处理

案 情

申请执行人李某某

被执行人胡某某

被执行人张某某

案外人于某

执行法院依据 2013 年 12 月 31 日作出的已经发生法律效力的上海市奉贤公证处(2013)沪奉证执行字第×××号执行证书，在执行申请执行人李某某与被执行人胡某某、张某某公证债权文书一案中，查得被执行人名下位于上海市闵行区保乐路的房产一幢，房产于 2013 年 12 月 13 日设立抵押，抵押权人即申请人李某某。法院遂对该房屋依法进行评估、拍卖。在房屋的处置过程中，案外人于某对上述执行行为提出异议，主张对该房屋的租赁权。对此，执行法院依法受理，并组织听证审查。

在听证过程中，于某表示，被执行人胡某某曾向其借款总计人民币 100 多万元未还，故于 2013 年 3 月将上述房屋租于其使用，房租抵扣钱款，同年 8 月签订租赁合同，约定租赁期限 20 年，且承租人有转租权。目前房屋已被转租给他人。因得知法院将拍卖该房屋，于某提出异议，主张在拍卖过程中，执行法院应保护其合法租赁权益。于某向执行法院提供证据如下：一是上海市杨浦区人民法院(以下简称杨浦法院)(2014)杨民一(民)初字第 2×××号民事调解书，借条、银行取款明细等，以证明欠款事实；二是 2013 年 9 月 7 日于某与胡某某签订的租赁合同；三是于某与沈某的租赁合同，以证明房屋已由于某再转租给他人。

执行法院在听证审查中查明事实如下：一是杨浦法院的民事调解书确认胡某某分别在 2014 年 1 月 16 日、2 月 10 日和 2 月 20 日向于某借款总计 460 000 元，双方在杨浦法院主持调解下达成协议由胡某某在 2014 年 9 月 20 日前归还于某欠款本金 460 000 元，利息 22 500 元以及其他于某因此支出的诉讼费用；二是于某和胡某某在租赁合同中约定胡某某将上海市闵行区保乐路某全幢房屋出租给于某，租期自 2013 年 9 月 7 日至 2033 年 9 月 6 日，每月租金 8 000 元，抵扣胡某某借于某之欠款和违约金，租赁保证金 100 万元，由于某交付胡某某（于某表示该 100 万元即他给胡某某的借款），于某对房屋有转租权，合同落款日期为 2013 年 9 月 7 日；三是落款署期为 2013 年 9 月 7 日，署名为胡某某出具的借条，借条内容为胡某某向于某借款 100 万元，并约定借款利息及其他费用；四是于某与沈某签订的租赁合同，租赁期限自 2014 年 6 月 20 日至 2016 年 6 月 19 日，落款日期为 2014 年 6 月 8 日。五是系争房屋现依法核准登记在胡某某名下，并于 2013 年 12 月 13 日设立抵押，抵押权人为申请人李某某，房屋于 2014 年 2 月 8 日始涉多案司法查封；六是执行法院于 2014 年 12 月 9 日曾约谈于某，于某表示系争房屋是其向被执行人胡某某承租，租赁期限自 2014 年 1 月 17 日至 2034 年 1 月 16 日，其后再转租给沈某，并当场提交了与其陈述内容一致的租赁合同一份以佐证，2015 年 2 月 2 日，于某向执行法院明确表示其在 2014 年 12 月 9 日提交的租赁合同的签订日期为 2014 年 1 月 16 日，即借款当日签订，此外双方再无签订过其他租赁合同。

执 行

本案争议焦点有二：一是于某和胡某某租赁关系是否真实、合法、有效；二是于某占有使用房屋的具体时间是何时，是在法院查封和抵押权设立时间之前或之后。执行法院着重审查了于某前后数次的陈述及提供的证据，发现前后自述的事实以及其举证的书证皆相互矛盾。第一，前后陈述的矛盾。于某在 2015 年 2 月 2 日表示其与胡某某租赁合同签订日期为 2014 年 1 月 16 日，并明确此外再无其他租赁合同。然而，在法院告知其签订租赁合同的时间系在房屋设立抵押之后，故对受让人不具有约束力后，于某又在听证中陈述其与胡某某合同签订日期为 2013 年 8 月 1 日（在抵押设立之前），租赁期限自 2013 年 8 月 1 日起至 2033 年 7 月 31 日止，并出示了第二份租赁合同。第二，借款书证的矛盾。于某提供的杨浦法院民事调解书确认胡某某所欠其借款本金为 46 万元，借款日期自 2014 年 1 月 16 日至 2014 年 2 月 20 日分三笔借出。然而，于某另提供的借条反映胡某某所欠其借款本金为 100 万元，借款日期在 2013 年 9 月 7 日。第三，租赁合同之间的矛盾。于某先后提供三份与胡某签订的租赁合同，所涉房屋同一，2014 年 12 月 9 日提供签订日期为 2014 年 1 月 16 日的租赁合同，合同约定租赁保证金 30 万元，租期自 2014 年 1 月 17 日开始；2015 年 3 月 31 日提供签订日期为 2013 年 8 月 1 日的租赁合同，租期自 8 月 1 日开始；之后在听证中又提供了一份签订时间为 2013 年 9 月 7 日的合同，租赁保证金100万元，租期自2013年9月7日开始。

对此，执行法院认为，第一，于某前后两次陈述的内容矛盾处突出，其在确认不再有其他合同后，经告知先前合同承载的租赁权不得对抗房屋之抵押权，就再次提出还有其他签订于抵押设立之前的租赁合同，对于前后言辞的不一致，于某并未提供合理的足以让人信服的解释，而自行推翻了先前的陈述，根据当事人陈述与证据认定原则，可信度较低。第二，若根据于某陈述及其提供的书证，对于同一房屋，于某和胡某某先后签订了三份租赁合同，除租期开始日期和保证金外，并无其他实质性内容变更，这有违常理，不符合通常租赁合同的订立习惯，于某对此也未作出合理解释，故对三份租赁合同的真实有效性存疑。第三，于某提供的杨浦法院调解书和借条反映的两个债权，债权数额与两份租赁合同的保证金一致，时间上也吻合，考虑到本案执行法官曾告知其不同租赁时间所产生的不同法律后果，难以排除于某为谋取自身最大利益捏造证据的可能。

因此，于某自述的事实、举证的书证皆有多处矛盾，而租赁合同本身也未经依法登记备案，合同的真实性、合法性以及实际履行情况都未经诉讼或其他合法程序确认，遵循执行审查中有限、审慎实体审查原则，不宜在执行程序中界定租赁关系的真实有效性。综上，于某主张的异议缺乏必要的基础事实，不能阻却法庭强制执行行为，执行法院驳回其异议。

点 评

被执行人与案外人通过恶意串通虚构租赁合同，由案外人作为承租人向执行法院提出案外人异议，进而阻碍、迟滞对被执行人名下的不动产进行处分是执行实践中被执行人恶意逃避债务、阻碍执行的常用方式之一。从这个意义上说，准确认定案外人所主张的租赁权异议能否成立，不仅关系到执行程序能否顺利进行、申请执行人的债权能否得到及时实现，而且关系到能否对规避执行、抗拒执行行为给以严厉的打击和制裁。

本案中，执行法院在案外人异议审查程序中通过组织听证的方式秉持审慎、有限实体审查的原则，综合分析判断案外人所提交的证据材料，指出了案外人所主张事实之间存在的相互矛盾之处，并据此裁定其异议不能阻止执行。对于驳回其异议的裁定，案外人不服的可以依法提起异议之诉通过诉讼审理的方式进行实体审查后予以救济。通过依法驳回案外人的租赁权异议，有效阻止了案外人和被执行人利用案外人异议以阻止执行的企图。当然，如果能进一步确认被执行人和案外人之间系恶意串通，通过提起案外人异议的方式逃避履行法律文书确定的义务的，则应当依照《中华人民共和国民事诉讼法》第一百一十三条的规定根据情节轻重予以罚款或者拘留，构成犯罪的，依法追究刑事责任，以切实打击和惩治规避、抗拒执行的违法行为。

案例提供单位：上海市闵行区人民法院

编写人：孔祥虎　徐昺颢

点评人：韩耀武

89. 廉某某等申请执行御森家具装饰(上海)有限公司劳动仲裁纠纷案

——涉众型劳动争议纠纷案件的执行思路和方法

案 情

申请执行人廉某某等

被执行人御森家具装饰（上海）有限公司

被执行人御森家具装饰(上海)有限公司因经营不善,资金链断裂,无法支付总计 76 人的员工工资款。廉某某等申请执行人遂向上海市浦东新区劳动人事争议仲裁委员会提起仲裁。经浦东新区劳动人事争议仲裁委员会的仲裁,被执行人御森家具装饰(上海)有限公司应向廉某某等支付工资款共计五十余万元。仲裁裁决生效后,被执行人御森家具装饰(上海)有限公司并未及时履行义务,申请人廉某某等遂于 2014 年 12 月向法院申请强制执行。

进入执行阶段后,执行法院经过查询,被执行人御森家具装饰(上海)有限公司厂房等均为租赁,仅有部分生产工具,该厂负责人难以找到,该厂也无其他可供执行的财产,执行一度陷入困境。而该单位的法定代表人及其他负责人也下落不明,难以寻找。

执 行

执行法院对被执行人与其他案外人债务案件进行了同步处理,在执行到被执行人对其他债务人的债权后,将相关款项优先用于支付其拖欠的员工工资。通过这一办法,执行法院向 76 名劳动者累计支付工资款 49 万余元。

点 评

本案系一起 76 名申请执行人针对同一被执行人申请执行的涉众性劳动报酬类民生执行案件,执行法院坚持为民执法和民生优先的原则,采取多种手段和措施较为充分地维护了劳动者的合法权益,有效地化解了案件矛盾,在以下几个方面值得类似执行案件予以参考和借鉴:

一、坚持民生优先,及时采取执行措施

对于民生执行案件,执行法院优先受理、优先查控、优先处置,通过网络查询、现场调查等多种方式全面了解被执行人的财产线索和履行能力,对于发现的被执行人财产,及时予以查封和变价,在尽可能短的时间内兑现劳动者经生效法律文书确定的工资债权。

二、善于做好群众工作,有效防止矛盾激化

针对申请执行人人数众多、系外来务工人员、情绪较为激动、难以一次性全面执行到位等,执行法院通过全面细致接待申请执行人,通过释明法律规定、告知执行进展、解释执行困难和工作打算等释疑解惑,防止矛盾激化,争取申请执行人和被执行人双方对执行工作的理解和支持。

三、拓展财产范围,最大限度兑现债权

在被执行人名下和占有的财产不足以清偿债务的情况下,执行法院将被执行人可供执行的财产范围进一步拓展至其对第三人所享有的债权,通过执行第三人到期债权,依法将执行所得的款项用于支付劳动工资,最大限度地兑现了工资债权。

案例提供单位:上海市浦东新区人民法院
编写人:郑　岗
点评人:韩耀武

90. 中国民生银行股份有限公司上海分行要求退回扣留、提取抵押物租金异议案

——抵押权人收取孳息权能否对抗法院的扣留、提取措施

案 情

异议人中国民生银行股份有限公司上海分行

申请执行人中信银行股份有限公司上海分行

被执行人上海贵昌钢铁有限公司

被执行人周某某

被执行人上海柏树钢铁交易市场管理有限公司

2012 年 3 月 18 日，被执行人(诉讼案件被告)上海贵昌钢铁有限公司(以下简称贵昌公司)与申请执行人(诉讼案件原告)中信银行股份有限公司上海分行(以下简称中信银行上海分行)签订《人民币流动资金贷款合同》一份，约定：被告贵昌公司向原告借款人民币 900 万元(以下币种均为人民币)用于经营，期限自 2012 年 3 月 19 日起至 2013 年 3 月 19 日止，并约定了利率及逾期还款利率。被告贵昌公司以保证金 180 万作为上述借款的质押担保，同时，被告周某某、上海柏树钢铁交易市场管理有限公司(以下简称柏树公司)与原告签订《最高额保证合同》，为上述借款在 990 万元范围内承担连带保证责任。后被告贵昌公司未按期还本付息，原告遂诉至法院，请求判令：1.被告贵昌公司偿还原告借款本金 7 308 342.91 元；2.被告贵昌公司支付原告至借款本息实际清偿日止的利息及复利；3.被告周某某、柏树公司承担连带清偿责任。

庭审中双方当事人自愿达成调解协议，法院作出的民事调解书已经发生法律效力。根据该调解书，被执行人贵昌公司应于 2013 年 11 月 15 日前偿付中信银行上海分行本金 7 308 342.91 元及至借款本息实际清偿之日的利息及复利；被执行人周某某、柏树公司对上述债务在最高额 990 万元范围内承担连带清偿责任。

2014 年 3 月 2 日，因被执行人未履行该调解书载明的付款义务，申请人中信银行上海分行向法院申请强制执行，请求被执行人归还借款本金 7 308 342.91 元并承担全部利息、罚息以及诉讼费 32 783.50 元。

执行中，法院冻结了被执行人周某某、被执行人柏树公司的相关银行账户，其中被执行人周某某在民生银行上海分行账户内存款因案外人中国民生银行股份有限公司上海分行（以下简称民生银行上海分行）提出执行异议，暂无条件执行，被执行人其余账户内余额不足，无可供扣划的存款。

2014 年 4 月 5 日，法院轮候查封了被执行人柏树公司名下位于上海市逸仙路某号部位 1-11 的房产（查封期限为 2014 年 5 月 8 日至 2016 年 5 月 7 日），因该房产为另一法院首封（查封期限为 2014 年 2 月 19 日至 2016 年 2 月 18 日），本案执行法院无法处置。2014 年 4 月 10 日，法院向租赁上述房产中部位 1、部位 2 的兴业银行股份有限公司上海分行（以下简称兴业银行上海分行）发出扣留、提取租金的执行裁定书以及协助执行通知书，并于 2015 年 3 月 12 日收取协助执行义务人兴业银行上海分行交付的房产租金共计 1 922 296.56 元。上述款项法院在扣除应上缴的执行费后，已全部发还给中信银行上海分行。

2015 年 4 月 20 日，案外人民生银行上海分行向法院提出异议称：2012 年 12 月 26 日，异议人与柏树公司至上海市杨浦区房地产交易中心办理了上海市杨浦区逸仙路某号部位 1-7 的抵押登记，异议人抵押债权金额 7 945 万元。2014 年 2 月 19 日，上海市浦东新区人民法院查封了上述抵押物，案号为（2014）浦民六（商）初字第 2×××号，系首封，异议人为查封申请人。根据《中华人民共和国物权法》等相关法律规定，房屋租金属于法定孳息，应归抵押权人所有，故异议人有权收取部位 2 承租人兴业银行大柏树支行缴付的租金。因异议人与柏树公司金融借款合同纠纷执行一案已由上海市浦东新区人民法院依法受理，案号为（2014）浦执字第 21×××号。异议人遂向本案执行法院提出异议，申请依法退回部位 2 承租人兴业银行大柏树支行缴付的租金。

申请执行人中信银行上海分行不同意异议人提出的异议申请，理由如下：1.异议人收取抵押物法定孳息不符合法律规定的条件；2.根据法律规定，租金不属于优先受偿权的范围，异议人不能优先受偿；3.抵押权人可以通过抵押物的变现来实现抵押权，如果支持异议人的异议，普通债权人债权将难以实现，有违公平原则；4.申请执行人执行在前，异议人申请执行在后。

执　行

对于案外人提出的异议，执行法院组织了听证审查。执行法院认为，根据《中华人民共和国民事诉讼法》第二百四十三条,被执行人未按执行通知履行法律文书确定的义务的,人民法院有权扣留、提取其应当履行义务部分的收入,包括被执行人因出租房产而收取的租金。根据《中华人民共和国物权法》第一百九十七条的规定,债务人不履行到期债务或者发生当事人约定的实现抵押权的情形,致使抵押财产被人民法院依法扣押的,自扣押之日起抵押权人有权收取该抵押财产的天然孳息或者法定孳息,但抵押权人未通知应当清偿法定孳息的义务人除外。异议人根据上述法律规定,基于抵押权人的身份,主张被执行人因出租抵押房产而收取的租金属于法定孳息,该抵押房产被法院查封后异议人有权收取该抵押房产的租金。但是异议人未能向法院提供相关证据以证实其曾向承租人发出过要求收取抵押房产租金的通知。何况,本案执行法院早已于 2014 年 4 月 10 日即向承租人发出了扣留提取租金的相关法律文书,异议人在法院将收缴的租金处理完毕之后,才向法院提出要求收取抵押财产孳息的异议申请,显然有悖于法。故对案外人民生银行上海分行提出的异议法院不予支持。依照《中华人民共和国物权法》第一百九十七条、《中华人民共和国民事诉讼法》第二百二十七条的规定,执行法院裁定驳回异议人民生银行上海分行的异议。

上述裁定作出后,当事人均未向上一级法院申请复议,裁定现已生效。

点评

本案系抵押权人对抵押物租金主张优先受偿权的执行异议案件,既涉及《中华人民共和国物权法》等实体法的规定,也涉及《中华人民共和国民事诉讼法》等程序法的规定,属于疑难、复杂执行异议案件。

关于抵押物的租金是否属于抵押权人优先受偿的对象,现行法律和司法解释并没有作出直接而又明确的规定,与之相关的规定主要有两个方面:其一,订立抵押合同前抵押财产已出租的,原租赁关系不受该抵押权的影响,抵押权设立后抵押财产出租的,该租赁关系不得对抗已登记的抵押权。其二,抵押财产被人民法院依法扣押的,自扣押之日起抵押权人有权收取该抵押财产的天然孳息或者法定孳息,但抵押权人未通知应当清偿法定孳息的义务人除外。

就本案而言,一方面,租赁关系发生在订立抵押合同之前,租赁关系合法有效,因租赁而产生的租金属于被执行人的财产,执行法院因他案执行的需要可以依法对租金采取执行措施。另一方面,抵押权人在抵押财产被查封后并未通知承租人行使收取租金的权利,在租金被他案依法执行的情况下抵押权人对该部分租金并不享有优先受偿的权利。

执行法院在异议审查过程中综合运用了实体法和程序法的规定，公正合法地作出了异议审查裁定，对于类似案件的处理具有一定的参考意义。

案例提供单位：上海市松江区人民法院

编写人：高 甜

点评人：韩耀武

91. 党某菊诉杨某执行标的异议纠纷案

——案外人执行标的异议纠纷受案审查标准的认定

案情

案外人党某菊

申请执行人杨某

被执行人张小某

2013 年 7 月 26 日，申请执行人杨某依据已发生法律效力的(2013)杨民一(民)初字第 32××号民事调解书向法院申请执行，要求被执行人张小某依生效裁判规定给付。2013 年 8 月 30 日，执行法院查封了张小某名下的涉案房屋，2014 年 5 月 6 日，裁定拍卖涉案房屋，2014 年 10 月 8 日，涉案房屋拍卖成交。2014 年 10 月 15 日，执行法院裁定涉案房屋所有权归司法拍卖买受人所有。2014 年 10 月 16 日，涉案房屋办理过户的协助执行通知书送达房地产交易中心。2014 年 10 月 24 日党某菊向涉案房屋所在地法院起诉，要求与张小某离婚并依法分割夫妻共同财产。2014 年 10 月 31 日，涉案房屋所在地法院出具生效民事调解书，确认涉案房屋归党某菊所有。2015 年，党某菊据上述生效民事调解书依照《中华人民共和国民事诉讼法》第二百二十七条规定提出执行异议。

案外人党某菊称：其与张小某原系夫妻关系，2013 年 4 月 1 日协议离婚，并约定系争房屋归其所有。2014 年 8 月 14 日，因系争房屋处租客告知党某菊，法院裁定对系争房屋进行拍卖，后党某菊将张小某诉至涉案房屋所在地法院要求依法分割夫妻关系存续期间的共同财产，法院于 2014 年 10 月 31 日作出(2014)杨民一(民)初字第 87××号民事调解书，确认系争房屋归党某菊所有。后党某菊从张小某处得知系争房屋已被拍卖，其合法权益被严重损害，故对系争房屋提出执行标的异议。

执行

执行法院认为，案外人对执行标的提出异议的，应当在异议指向的执行标的执行终结之前提出。2014 年 10 月 16 日，涉案房屋办理过户的协助执行通知书送达房地产交易中心，涉案房屋执行终结。此后，党某菊才提出异议，不符合受理条件。

据此,依照《中华人民共和国民事诉讼法》第二百二十七条,《最高人民法院关于人民法院办理执行异议和复议案件若干问题的规定》第二条、第六条之规定,执行法院对案外人党某菊提出的执行异议,裁定不予受理。

裁定作出后,当事人未提起复议。

点 评

本案系一件关于案外人提出执行异议时间限制的执行异议案件。关于案外人异议的提出时间,根据《中华人民共和国民事诉讼法》第二百二十七条、《最高人民法院关于适用〈中华人民共和国民事诉讼法〉的解释》第四百六十四条和《最高人民法院关于人民法院办理执行异议和复议案件若干问题的规定》第六条的规定,案外人对执行标的物主张实体权利并请求阻止执行的,应当在执行标的物执行终结前提出。

对执行标的物执行终结的认定标准,现行法律和司法解释未作出明确的规定。一种观点认为执行终结是指已完成执行标的的权属变更登记且相关价款已经分配完毕,另一种观点认为执行终结是指人民法院处分执行标的所需履行的法定手续全部完成,对于不动产和有登记的动产或者其他财产权而言即是指协助办理过户登记的通知书已经送达。这两种观点都有一定的合理性,前者着眼于充分保护案外人的合法权益,后者着眼于维护执行变价行为的安定性,对之还需要法律和司法解释进一步予以明确。

就本案而言,综合考虑案外人在系争标的物查封达一年多之久的期限内都未向执行法院提出异议;案外人提出异议在系争标的物已经拍卖成交并办理过户手续之后;案外人在系争标的物办理过户手续之后再通过提起起诉另案取得确权调解书等因素,以其提出异议超出了案外人异议的提出期限为由裁定不予受理也不失为一种较为妥当的处理方式。

案例提供单位:上海市杨浦区人民法院

编写人:张　玙

点评人:韩耀武

附　录

上海市高级人民法院参考性案例

参考性案例第31号

付宣豪、黄子超破坏计算机信息系统案

（上海市高级人民法院审判委员会2016年10月8日讨论通过）

关键词 刑事/破坏计算机信息系统罪/互联网/流量劫持

裁判要点

通过利用各种恶意软件修改路由器、浏览器设置、锁定主页或弹出新窗口等技术手段，强制网络用户访问指定网站的“流量劫持”行为，破坏计算机信息系统功能、数据或者应用程序，后果严重的，构成破坏计算机信息系统罪。

相关法条

《中华人民共和国刑法》第二百八十六条

基本案情

2013年底至2014年10月，被告人付宣豪、黄子超等人租赁多台服务器，使用恶意代码修改互联网用户路由器的DNS设置，进而使用户登录“2345.com”等导航网站时跳转至其设置的“5w.com”导航网站，被告人付宣豪、黄子超等人再将获取的互联网用户流量出售给杭州久尚科技有限公司（系“5w.com”导航网站所有者），违法所得合计人民币754 762.34元。

2014年11月17日，被告人付宣豪接民警电话通知后自动至公安机关，被告人黄子超主动投案，二被告人到案后均如实供述了上述犯罪事实。

裁判结果

上海市浦东新区人民法院于2015年5月20日作出（2015）浦刑初字第1460号刑事判决：一、被告人付宣豪犯破坏计算机信息系统罪，判处有期徒刑三年，缓刑三年。二、被告人黄子超犯破坏计算机信息系统罪，判处有期徒刑三年，缓刑三年。三、扣押在案的作案工具以及退缴在案的违法所得予以没收。一审宣判后，两被告人均未上诉，公诉机关未抗诉，判决已发生法律效力。

裁判理由

法院生效裁判认为：根据《中华人民共和国刑法》第二百八十六条的规定，破坏计算机信息系统罪是指违反国家规定，对计算机信息系统功能进行删除、修改、增加、干扰，造成计算机信息系统不能正常运行，对计算机信息系统中存储、处理或者传输的数据和应用程序进行删除、修改、增加的操作，或者故意制作、传播计算机病毒等破坏性程序，影响计算机系统正常运行，后果严重的行为。“流量劫持”，即行为人通过恶意软件修改路由器、浏览器设置、锁定主页或反复弹出新窗口等技术手段，强制网络用户访问其指定的网站，从而造成用户流量被迫流向特定网页的情形。

本案中，从主观方面来看，被告人到案后均供述“共同商量搞 DNS 劫持能赚钱”，“通过植入代码，让用户路由器内的 DNS 的 IP 地址设置变更为我们的 DNS 服务器 IP 地址，使大量用户跳转到我们想让他们访问的网站”，“为了防止杀毒软件报毒而选择 DNS 劫持”。两被告人的聊天记录中也提到“如果想要收益高，用户就得更反感，因为用户体验会越差”，“一般网监是不会去管我们的，除非是用户投诉多了”，“最好隐藏窗口执行”。可见，两被告人明知自己的行为会发生影响计算机系统正常运行等结果，却希望这种结果的发生，其主观上具有破坏计算机信息系统的故意。从客观方面来看，两被告人实施的是“流量劫持”中的 DNS 劫持。DNS 是负责域名解析的服务器，DNS 劫持是指通过某些技术手段修改域名解析，使对特定域名的访问由原 IP 地址转入篡改后的指定 IP，导致用户无法访问原 IP 地址对应的网站或访问虚假网站，从而实现窃取资料或者破坏网站原有正常服务的目的。二被告人使用恶意代码修改互联网用户路由器的 DNS 设置，将用户访问“2345.com”等导航网站的流量劫持到其设置的“5w.com”导航网站，并将获取的互联网用户流量出售，对网络用户的计算机信息系统中存储、处理的数据实施了修改、增删，符合破坏计算机信息系统罪的客观构成要件。

关于本案被告人的行为是否属于“后果严重”，根据最高人民法院、最高人民检察院《关于办理危害计算机信息系统安全刑事案件应用法律若干问题的解释》，破坏计算机信息系统，违法所得人民币五千元以上或者造成经济损失一万元以上的，应当认定为“后果严重”。违法所得人民币五千元的五倍以上或者造成经济损失人民币一万元的五倍以上的，应当认定为“后果特别严重”。本案中，二被告人的违法所得人民币 75.47 万余元，系人民币五千元的五倍以上，依法属于“后果特别严重”。

综上，被告人付宣豪、黄子超实施的“流量劫持”行为系违反国家规定，对计算机信息系统中存储的数据进行修改，后果特别严重，依法应处五年以上有期徒刑。鉴于两名被告人在家属的帮助下退缴全部违法所得，未获取、泄露公民的个人信息等，且均具有自首情节，无前科劣迹，符合社区矫正条件，故依法对其减轻处罚并适用缓刑。

（生效裁判审判人员：李俊、白艳利、朱根初）

参考性案例第 32 号

顾靖盗窃案

（上海市高级人民法院审判委员会 2017 年 5 月 5 日讨论通过）

关键词 刑事/盗窃罪/虚拟财产/游戏金币/出售牟利

裁判要点

采取非法手段，侵入游戏公司的数据管理服务器，窃取游戏金币、装备等虚拟财产，出售并牟利，系一行为侵害数法益，可能触犯破坏计算机信息系统罪或盗窃罪。综合考量其犯罪行为样态与行为时对法益侵害的严重性，是对犯罪行为定性的关键。若侵入、窃取和破坏行为对计算机系统、游戏的正常运行、游戏软件完整性、游戏者游戏时的体验造成重大影响的，则构成破坏计算机信息系统罪；否则，若仅是以非法占有为目的，实施了盗刷游戏金币并出售牟利等行为，侵害的是游戏公司的财产性权益，而对网络游戏、计算机系统的正常运行影响不大的，则构成盗窃罪。

相关法条

《中华人民共和国刑法》第二百六十四条

基本案情

盛趣信息技术（上海）有限公司（以下简称盛趣公司）系上海盛大网络发展有限公司的子公司，被告人顾靖原就职于盛趣公司系统工程岗位。2014 年 11 月，盛趣公司欲与被告人顾靖解除人事关系，通知其在家等待办理离职手续。其间，盛趣公司解除了被告人顾靖修改游戏金币等管理操作权限，并限制其使用公司电脑。

2014 年 11 月 14 日凌晨，被告人顾靖至盛趣公司办公楼整理个人物品时，利用其原先的办公电脑，登录公司维护的“龙之谷”游戏数据库服务器，在该服务器上增加了其暂住处的电脑网络 IP 远程维护地址。嗣后，被告人顾靖于 2014 年 11 月 20 日、26 日、29 日先后 3 次在其暂住处通过本人电脑远程登录“龙之谷”游戏服务器，并通过该服务器直接修改“龙之谷”游戏数据库服务器内其先行注册的共计 24 个账号的游戏金币数量与游戏角色等级。其后，被告人顾靖将修改数据获得的游戏金币在“5173.com”出售牟利，违法所得合计人民币 29 775 元。

2014 年 12 月 19 日，在盛趣公司调查“龙之谷”游戏数据异常期间，被告人顾靖主动至该公司并如实交代了上述犯罪事实。

2015年5月4日，上海市浦东新区人民检察院向法院提起公诉，指控被告人顾靖犯破坏计算机信息系统罪。案件审理期间，被告人顾靖的辩护人对公诉机关指控的事实没有异议，但是认为被告人顾靖的行为构成职务侵占罪，而非破坏计算机信息系统罪。

裁判结果

上海市浦东新区人民法院于2015年8月3日作出(2015)浦刑初字第1882号刑事判决：一、被告人顾靖犯盗窃罪，判处有期徒刑二年，缓刑二年，罚金人民币四千元；二、扣押在案的移动硬盘一只予以没收，调取在案的违法所得发还被害单位。一审宣判后，被告人未提出上诉，检察院亦未提出抗诉，本案判决已经生效。

裁判理由

法院生效裁判认为，本案争议的焦点在于被告人顾靖犯罪行为的定性。

公诉机关指控被告人顾靖犯破坏计算机信息系统罪。法院认为，被告人顾靖主观上以非法占有为目的，客观上实施了盗刷游戏金币并出售牟利的行为，基于主客观相一致的原则，其行为应当属于侵犯财产型犯罪。从《中华人民共和国刑法》第二百八十六条对破坏计算机信息系统罪规定的三种情形来看，该条第一款规定的对计算机信息系统功能进行相应操作和第三款规定的故意制作、传播计算机病毒等破坏性程序的行为方式均要求影响计算机系统正常运行方构成本罪，而且该罪的基础刑为五年以下有期徒刑或者拘役，后果特别严重的，处五年以上有期徒刑，从刑法的立法目的、体系以及罪责刑相一致原则等方面考量，该条第二款规定的对计算机信息系统中存储、处理或者传输的数据和应用程序进行相应操作也应达到影响计算机系统正常运行的程度方构成本罪，而本案中被告人顾靖的行为未影响计算机信息系统的安全或者正常运行，对其他游戏玩家的使用亦不产生影响，故不应认定为破坏计算机信息系统罪。公诉机关指控被告人顾靖犯破坏计算机信息系统罪罪名不成立。

辩护人认为被告人顾靖的行为构成职务侵占罪。职务侵占罪是指公司、企业或者其他单位的人员，利用职务上的便利，将本单位财物非法占为己有的行为，其构成要件之一是“利用职务上的便利”，即利用自己主管、管理、经营、经手单位财物的便利条件，本案中被告人顾靖虽然与盛趣公司于2014年11月19日正式结束人事关系，但是在2014年11月14日前几天，盛趣公司已经不给被告人顾靖修改游戏金币等操作权限，不让其用公司电脑，让其在家等待办理离职手续，在实质上被告人顾靖已经不具有相关职权，其行为不属于利用职务上的便利，不构成职务侵占罪，故辩护人的相关辩护意见与本院查明的事实和法律规定不符，法院不予采纳。

被告人顾靖窃取游戏金币并出售的行为，应认定为盗窃罪。关于本案的定性，公诉机关认为被告人顾靖非法占有的游戏金币是虚拟财产，当时并不存在，并非盛趣公司已有的财产，故不能认定为盗窃罪等侵犯财产型犯罪。法院认为，网络游戏中的游戏金币虽然是一种虚拟财产，但是其在网络游戏中的作用决定了其可以被人占有、使用等。一般情况下，游戏玩家要取得游戏金币除了要花费时间、精力外，还要支付购买游戏点券的费用、上网费等，且该游戏金币在现实生活中可以交易，故既有价值，又有使用价值，具有现实财产的属性，可以成为盗窃罪的犯罪对象。此外，游戏金币可以通过运行游戏软件赢取、兑换、支付对价向公司或者其他游戏玩家等购买以及赠与等合法途径取得。本案中，被告人顾靖非法占有的游戏金币并非通过上述合法途径，其私自登录"龙之谷"游戏服务器并直接修改"龙之谷"游戏数据库服务器内其先行注册的共计24个账号的游戏金币数量，而新增的游戏金币的所有权仍应属于盛趣公司。综上，被告人顾靖以非法占有为目的，采用秘密手段窃取游戏金币并出售，数额较大，符合盗窃罪的构成要件，本案的定性应认定为盗窃罪。

另，被告人顾靖具有自首情节，依照《中华人民共和国刑法》第六十七条第一款的规定，可以从轻处罚。被告人顾靖无前科劣迹，且认罪悔罪，退缴全部违法所得，可以酌情从轻处罚。依照《中华人民共和国刑法》第七十二条第一款、第三款和第七十三条第二款、第三款的规定，对被告人顾靖可以宣告缓刑。

（生效裁判审判人员：李俊、白艳利、陆燕芳）

参考性案例第33号

刘镇炎、徐敢盗窃案

（上海市高级人民法院审判委员会2017年5月5日讨论通过）

关键词 刑事/盗窃罪/司法解释适用/虚拟财产/数据库漏洞/木马入侵

裁判要点

1. 虚拟财产具有一般商品的属性，有使用价值和交换属性，是一种无形财产。虚拟财产所有人依法对自己的虚拟财产享有占有、使用、收益和处分的权利，任何人不经虚拟财产所有人的许可不得使用、占有和处分该财产。盗窃具有财产属性的虚拟财产数额达到量刑标准的，应以盗窃罪定罪量刑。

2. 对于司法解释实施前发生的行为，行为时没有相关司法解释，司法解释施行后尚未处理或者正在处理的案件，依照司法解释的规定办理。对于新的司法解释实施前发生的行为，行为时已有相关司法解释，依照行为时的司法解释办理，但适用新的司法解释对犯罪嫌疑人、被告人有利的，适用新的司法解释。

相关法条

《中华人民共和国刑法》第二百六十四条

基本案情

2012年6月，被告人刘镇炎发现上海天游软件有限公司（以下简称天游公司）网络服务器数据库存在漏洞，即可利用其客服系统上传网页文件，从而植入木马程序，窃取相关数据资料。刘镇炎遂与被告人徐敢合谋，由刘镇炎利用该漏洞，使用其自己改编的木马程序，侵入天游公司网络服务器数据库，窃取天游公司所发行的游戏点卡数据，破解后，刘镇炎和徐敢分别在互联网交易平台销售游戏点卡，所得赃款由两人按比例分成。至案发时止，刘镇炎销售得赃款人民币（以下币种均为人民币）2 199元，徐敢销售得赃款36 682.14元。同时，刘镇炎还将盗窃所得的价值171 603元的4 330条点卡充入自己账户消费使用。2012年8月24日，被告人刘镇炎、徐敢被公安人员抓获，随即交代了全部犯罪事实。

上海市徐汇区人民检察院指控，被告人刘镇炎、徐敢的行为触犯《中华人民共和国刑法》第二百六十四条规定，应当以盗窃罪追究其刑事责任。被告人刘镇炎、徐敢部分行为系共同犯罪，被告人刘镇炎在共同犯罪中起重要作用，系主犯；被告人徐敢在共同犯罪中起辅助作用，系从犯，应当减轻处罚。

一审审理中，被告人徐敢在家属的帮助下向法院缴纳了 8 000 元，作为退赃款。

裁判结果

上海市徐汇区人民法院于 2013 年 6 月 30 日作出(2013)徐刑初字第 222 号刑事判决：一、被告人刘镇炎犯盗窃罪，判处有期徒刑三年六个月，并处罚金人民币一万元；二、被告人徐敢犯盗窃罪，判处有期徒刑一年，缓刑一年，并处罚金人民币五千元；三、将被告人徐敢退赔的赃款予以发还，责令被告人刘镇炎、徐敢继续退赔被害单位的经济损失。宣判后，刘镇炎向上海市第一中级人民法院提起上诉。上海市第一中级人民法院于 2013 年 9 月 16 日作出(2013)沪一中刑终字第 792 号刑事裁定：驳回上诉，维持原判。

裁判理由

法院生效裁判认为，由游戏公司针对开发的电脑游戏所发行出售的游戏点卡系虚拟财产，游戏玩家可以向游戏公司直接购买，也可以在虚拟交易平台上支付货币取得，其具有一般商品的属性，可以作为盗窃罪行为的标的。本案被告人刘镇炎、徐敢盗窃、出售和使用游戏点卡的犯罪行为，涉及以下两个问题：

一、盗窃游戏点卡等虚拟财产的犯罪行为是否构成盗窃罪

在本案中，控辩双方对被告人刘镇炎利用木马程序侵入天游公司网络服务器数据库并窃取该公司发行的游戏点卡数据的行为均是确认的。但控辩双方对罪名的确定有争议，辩方认为被告人刘镇炎的行为构成非法获取计算机信息系统数据罪，而控方认定被告人刘镇炎的行为构成盗窃罪。盗窃罪区别于非法获取计算机信息系统数据罪的特征是其盗窃的对象具有财产性。本案中的游戏点卡数据包括游戏点卡的充值卡号和密码，由游戏公司天游公司发行，玩家可以通过购买游戏点卡为自己的游戏账户充值，获取相关增值服务或购买公司提供的等值服务，具有用价格衡量的交换价值。被告人刘镇炎通过植入木马程序，窃取数据库资料并破解，将窃得游戏点卡充入自己的游戏账户并消费使用，另将窃得的部分游戏点卡数据伙同他人在互联网交易平台出售获利，该游戏点卡数据具有财产属性。被告人刘镇炎从天游公司“窃取”游戏点卡数据的最初行为是一种复制数据行为，但当游戏点卡数据被他人非法充值后，天游公司就会失去对这部分游戏点卡数据的控制，给天游公司带来损失。另外，被告人刘镇炎作为一名游戏玩家，其理当知道游戏点卡数据的价值意义，其窃取数据目的就是为其自己的游戏账户充值并使用或通过出售的途径获取其他非法财产利益。综上，被告人刘镇炎盗窃游戏点卡等虚拟财产的犯罪行为符合盗窃罪的认定。

二、如何认定盗窃游戏点卡等虚拟财产的盗窃数额

《关于适用刑事司法解释时间效力问题的规定》第二条规定，对于司法解释实施前发生的行为，行为时没有相关司法解释，司法解释施行后尚未处理或者正在处理的案件，依照司法解释的规定办理；第三条规定，对于新的司法解释实施前发生的行为，行为时已有相关司法解释，依照行为时的司法解释办理，但适用新的司法解释对犯罪嫌疑人、被告人有利的，适用新的司法解释。2013 年最高人民法院、最高人民检察院《关于办理盗窃刑事案件适用法律若干问题的解释》第四条第一款的规定，被盗财物有有效价格证明的，根据有效价格证明认定；无有效价格证明，或者根据价格证明认定盗窃数额明显不合理的，应当按照有关规定委托估价机构估价。本案中，经被害单位天游公司锁定，用户 ID 为 143087141 的用户即玩家刘镇炎存在盗充行为，并经统计该账户从 2012 年 7 月 20 日开始大量充值，共计有总面值金额 19 万余元，经委托估价机构上海市徐汇区物价局价格认定，为 171 603 元。根据被告人刘镇炎、徐敢的淘宝交易明细查明，被告人刘镇炎、徐敢共同在互联网交易平台销售游戏点卡数据获利 36 682.14 元，该获利金额低于市场价格，参考《关于办理盗窃刑事案件适用法律若干问题的解释》第四条第五款盗接他人通信线路、复制他人电信码号出售的情景规定，按照销赃数额认定盗窃数额。故对被告人刘镇炎参与盗窃金额认定 208 285.14 元，对被告人徐敢参与盗窃金额认定 36 682.14 元。

（生效裁判审判人员：彭涛、施宇欢、朱虹霞）

参考性案例第 34 号

郭锐、刘哲非法获取计算机信息系统数据案

（上海市高级人民法院审判委员会 2017 年 5 月 5 日讨论通过）

关键词 刑事/非法获取计算机信息系统数据罪/互联网/反向编译

裁判要点

通过反向编译他人手机 APP 软件的方式，破解手机 APP 软件向数据库服务器请求数据信息，将自己的手机 APP 软件进行模拟伪装，向被破解手机 APP 软件数据库服务器发送请求信息，获取他人计算机信息系统数据，该行为危害了计算机信息系统的安全，扰乱了公共信息管理秩序，破坏了互联网企业之间的正当竞争，并对互联网企业的合法权益造成了危害，情节严重的，应以非法获取计算机信息系统数据罪定罪量刑。

相关法条

《中华人民共和国刑法》第二百八十五条第二款

基本案情

2015 年 3 月，被告人郭锐、刘哲开发了“WiFi 万能通”、“WiFi 万能助手”两款手机 APP 软件，后上传至应用市场供他人下载使用。开发上述 APP 软件过程中，因无共享 WiFi 密码数据资源，二人合谋，由被告人刘哲反向编译被害单位上海掌门科技有限公司（以下简称“掌门公司”）的“WiFi 万能钥匙”手机 APP 软件，分析出该软件向数据服务器的请求数据信息，再将自己的两款手机 APP 软件进行模拟伪装，伪装成“WiFi 万能钥匙”向掌门公司数据库服务器发送请求信息，从而非法获取掌门公司数据库返回的共享 WiFi 热点密码数据，供自己的软件客户使用。经上海辰星电子数据司法鉴定中心司法鉴定，被告人郭锐、刘哲非法获取密码数据 241 万余组。

2016 年 1 月 14 日，被告人郭锐、刘哲被公安机关抓获，如实供述了上述犯罪事实。案发后，被告人郭锐、刘哲在家属帮助下赔偿了被害单位的经济损失，取得了谅解。

裁判结果

上海市长宁区人民法院于 2016 年 12 月 29 日作出(2016)沪 0105 刑初 1027 号刑事判决:一、被告人郭锐犯非法获取计算机信息系统数据罪,判处有期徒刑三年,缓刑四年,并处罚金人民币八千元;二、被告人刘哲犯非法获取计算机信息系统数据罪,判处有期徒刑三年,缓刑四年,并处罚金人民币八千元;三、扣押在案的犯罪工具方正牌电脑主机一台予以没收。一审宣判后,二被告人均未上诉,公诉机关未抗诉,判决已发生法律效力。

裁判理由

法院生效裁判认为,根据《中华人民共和国刑法》第二百八十五条第二款的规定,违反国家规定,侵入除国家事务、国防建设、尖端科学技术领域以外的计算机信息系统或者采用其他技术手段,获取该计算机信息系统中存储、处理或者传输的数据,情节严重的行为,构成非法获取计算机信息系统罪。

从主观方面看,两名被告人到案后均供述,因自身无共享 WiFi 热点密码数据,遂合谋通过非法获取其他同类软件的热点密码数据的方式,供自己的客户使用;因自己的软件中内嵌有广告,可以通过免费提供共享 WiFi 热点密码数据的方式提升使用软件的客户数量从而获得更多的广告收入;在刘哲提出通过反向编译掌门公司的软件从而获取掌门公司的热点密码数据后,郭锐也表示同意,获取掌门公司的热点密码数据没有得到掌门公司的授权。可见,两名被告人明知其行为会发生危害掌门公司计算机信息系统的安全,却为了实现自身营利目的,采用技术手段非法获取掌门公司的共享 WiFi 热点密码数据,其主观上具有非法获取计算机信息系统数据的故意。

从客观方面看,被告人采用的是反向编译的技术手段非法获取掌门公司的共享 WiFi 热点密码数据。所谓“反向编译”也称为计算机软件源代码还原工程,是指通过对他人软件的目标程序源代码进行逆向分析、研究,以推导出他人的软件产品所使用的思路、原理、结构、算法、处理过程、运行方法等设计要素,特定情况下甚至推导还原出原程序代码,从而作为自己开发软件的参考,或者直接用于自己的软件产品中。被告人郭锐、刘哲正是通过反向编译被害单位掌门公司“WiFi 万能钥匙”手机 APP 软件,分析出该软件向数据服务器的请求数据信息,从而将自己的两款手机 APP 软件模拟伪装成“WiFi 万能钥匙”软件向掌门公司数据库服务器发送请求信息,使得掌门公司误以为是自己的手机 APP 软件在调用 WiFi 热点密码数据,从而非法获取掌门公司数据库的 WiFi 热点密码数据。该行为符合非法获取计算机信息系统数据罪的客观行为要件。

该罪是情节犯,构成该罪必须达到情节严重的程度。最高人民法院、最高人民检察院《关于办理危害计算机信息系统安全刑事案件应用法律若干问题的解释》第一条规定，非法获取计算机信息系统数据，具有下列情形之一的，应当认定为刑法第二百八十五条第二款规定的“情节严重”：（一）获取支付结算、证券交易、期货交易等网络金融服务的身份认证信息十组以上的；（二）获取第（一）项以外的身份认证信息五百组以上的；……（四）违法所得五千元以上或者造成经济损失一万元以上的；（五）其他情节严重的情形。实施前款规定行为，具有下列情形之一的，应当认定为刑法第二百八十五条第二款规定的“情节特别严重”：（一）数量或者数额达到前款第（一）项至第（四）项规定标准五倍以上的；（二）其他情节特别严重的情形。本案中，被告人郭锐、刘哲非法获取掌门公司的热点密码数据达到 241 万余组，属于该罪“情节特别严重”的情形。

综上，被告人郭锐、刘哲违反国家规定，采用反向编译的技术手段，非法获取计算机信息系统中存储的数据，经司法鉴定机构鉴定，非法获取密码数据 241 万余组，其行为已构成非法获取计算机信息系统数据罪，且情节特别严重，依法应处三年以上七年以下有期徒刑，并处罚金。鉴于两名被告人均系初犯，到案后能如实供述自己的罪行，并在家属帮助下赔偿了被害单位的经济损失，取得了被害单位的谅解，且认罪、悔罪态度较好，符合社区矫正条件，故依法对其从轻处罚并宣告缓刑。

（生效裁判审判人员：周宜俊、吴沁泉、秦丽英）

参考性案例第 35 号

何嘉琪、单艳丽、吴辰、蒋丽君等开设赌场案

（上海市高级人民法院审判委员会 2017 年 5 月 5 日讨论通过）

关键词 刑事/开设赌场罪/微信/抢红包/赌博

裁判要点

利用互联网、手机等移动终端，在网络虚拟平台上开设涉赌微信群，组织召集多人在微信群中以“抢红包”定输赢的方式进行赌博，开设虚拟赌博场所，设定网络赌博方法，为网络赌博者提供投注、赌资交割等服务，从中抽头，非法营利，系开设虚拟赌场行为，构成开设赌场罪。

相关法条

《中华人民共和国刑法》第三百零三条第二款

基本案情

2015 年 8 月，被告人何嘉琪经与被告人吴辰商议后，提议建立微信群，以“抢红包”方式进行赌博牟利。8 月 3 日，被告人单艳丽根据被告人何嘉琪、吴辰的提议建立了名为“面膜 288 一盒 4 片”的涉赌微信群，并由被告人何嘉琪、吴辰、单艳丽一起拉人进入该微信群参与赌博。因微信红包管理规定，一个微信账户每天只能发放五千元红包，超出部分需要由他人代发红包，被告人单艳丽及被告人蒋丽君等便充当了“代包人”。被告人何嘉琪制定该涉赌微信群赌博规则，发包人每次发 288 元的四人抢红包，由抢到红包金额倒数第二小的参赌者继续发下一个红包，如需要由“代包人”代发红包，则需要支付“代包人”人民币 8 元，支付给群主人民币 20 元，并设立奖励制度。至案发，该涉赌微信群成员最多时达 50 余人，发放红包 500 余个，涉案下赌资 10 万余元。2015 年 8 月 27 日，被告人何嘉琪在朋友的规劝下向公安机关投案自首，之后，被告人单艳丽、吴辰、蒋丽君先后向公安机关投案，并交代了全部犯罪事实。

裁判结果

上海市徐汇区人民法院 2015 年 11 月 30 日作出（2015）徐刑初字第 1063 号刑

事判决：一、被告人何嘉琪犯开设赌场罪，判处有期徒刑八个月，并处罚金人民币四千元；二、被告人单艳丽犯开设赌场罪，判处拘役六个月，缓刑六个月，并处罚金人民币三千元；三、被告人吴辰犯开设赌场罪，判处有期徒刑十个月，并处罚金人民币五千元；四、被告人蒋丽君犯开设赌场罪，判处拘役四个月，缓刑四个月，并处罚金人民币二千元；五、缴获的违禁品及违法所得予以没收。一审宣判后，被告人何嘉琪、吴辰不服，向上海市第一中级人民法院提起上诉，后申请撤诉，法院准予撤诉，本案判决已发生法律效力。

裁判理由

法院生效裁判认为，利用微信平台抢红包的功能，开设虚拟赌场牟利，是一种以网络媒介方式代替传统方式犯罪的新型案件。微型抢红包是一种娱乐活动，本身不具有违法性，但如果利用这种合法的娱乐方式，去制定用于盈利的规则，通过抽头收银牟利，性质就发生了变化，从普通娱乐变成了非法牟利的犯罪手段。本案被告人建立涉赌微信群，制定赌博规则，通过微信抢红包的方式定输赢，并按照输赢比例抽头获利，就是一种为赌博提供场所、设定赌博方式、运筹赌博资金的组织赌博行为，其行为构成开设赌场罪。开设虚拟赌场，利用互联网新型交流平台，建立开放的涉赌微信群，由于受众的不确定性，并可能会让很多未成年人参与其中，对未成年人的成长认知产生重大负面影响，其行为的危害性远大于传统开设赌场的行为。

2010年8月31日最高人民法院、最高人民检察院、公安部《关于办理网络赌博犯罪案件适用法律若干问题的意见》第一条规定了网上开设赌场犯罪情景，“利用互联网、移动通讯终端等传输赌博视频、数据，组织赌博活动，具有下列情形之一的，属于刑法第三百零三条第二款规定的‘开设赌场’行为：(一)建立赌博网站并接受投注的；(二)建立赌博网站并提供给他人组织赌博的；(三)为赌博网站担任代理并接受投注的；(四)参与赌博网站利润分成的”。该意见出台时，腾讯的免费聊天软件微信还未发布(2011年1月发布)，微信红包功能亦尚未开发(红包功能于2014年1月在微信上线)。虽然本案开设赌场是在微信聊天平台上，但从本质上看，开设涉赌微信群抢红包的赌博行为与建立赌博网站投注的赌博行为无异，都是一种开设虚拟赌场的行为，侵害的都是社会管理秩序和社会风尚的法益。《关于办理网络赌博犯罪案件适用法律若干问题的意见》出台较早，其规定的网上开设赌场犯罪情景与本案的情景虽然形式上有所不同，但行为的本质都是相同的，类似QQ、微信等软件中建群涉赌的行为，都应该可以适用。法律、司法解释的出台往往具有滞后性，会滞后于新型的犯罪手段，但对于本质相同的行为，适用同一法律、司法解释并不违背法律运用的原则。相较于建赌博网站投注赌博的行为，利用聊天软件建涉赌群抢红包功能进行赌博，技术准入门槛更低，犯罪手法更简便，隐蔽性更强，侦办难度更大，影响面更广，危害性也更大。

通过设定规则，利用微信抢红包以定输赢的行为是否属于赌博行为的定性。赌博是指以偶然的输赢，二人以上通过一种具有不确定结果的手段方式争夺财物的行为。既然输赢是偶然的，则这种输赢的结果对于参与赌博的所有当事人而言是不确定的，并且只需其主观上的不确定即可，就算客观上的输赢结果都已经确定了也不影响认定。这种偶然因素仅对于当事人而言是不确定即可，不论其发生在过去、现在还是将来。如果对于一方当事人而言，胜败的结果已经确定，或者决定输赢的偶然因素，其中一方当事人已经知晓的，而另一方不知晓，则不构成赌博。如果构成诈骗罪的应以诈骗罪论处。同时由于赌博又可以分为赌事和博戏，赌事，是指胜败完全取决于偶然因素的情况；博戏，是指胜败部分取决于偶然因素、部分取决于当事人的能力的情况。所以即使当事人的能力对结果产生一定影响，但只要结果有部分取决于偶然性，就是赌博，最终是赢的一方取得财物，输的一方交付财物。

本案中的被告人单艳丽根据被告人何嘉琪、吴辰的提议建立的名为“面膜 288 一盒 4 片”的微信群，由被告人何嘉琪、吴辰、单艳丽一起拉人进入该微信群后，每次发 288 元的四人抢红包，由抢到红包金额倒数第二小的参赌者继续发下一个红包。由于在微信群中抢到的“拼手气”红包金额的大小是随机确定的，发红包者以及抢红包者均无法左右红包中的金额。因此，对于发红包者或者抢红包者而言，红包金额中倒数第二小的这个红包便是一个不确定的结果因素，没有抢到这个倒数第二小的红包者，则其抢到的其他红包金额便是其获利所得，即赢者；抢到了这个倒数第二小的红包者便需要根据微信群的规则自己或通过群里的“代包人”再次在该群发送 288 元的红包，如需要由“代包人”代发红包，则需要支付“代包人”人民币 8 元，支付给群主人民币 20 元。由此，抢到红包金额倒数第二小的红包者，其抢到该红包金额肯定要远小于需要再次发送的红包金额，即输者。由此，这便属于依靠偶然的机会而侥幸获得财物，这种侥幸心理是指侥幸自己不是倒数第二个，只要自己不是倒数第二个，则抢到的红包里的数额便是获利，抢到的数额是倒数第二的，则在该局（该次抢红包）中便输了，这就有了输赢，是一种以不确定结果的手段方式争夺财物。

（生效裁判审判人员：薛振、朱锡伟、刘绿华）

参考性案例第36号

陈嘉莹盗窃案

（上海市高级人民法院审判委员会2017年5月5日讨论通过）

关键词　刑事/盗窃罪/微信/银行卡

裁判要点

在他人不知情的情况下，利用事先掌握的他人身份信息，在自己的微信平台上将他人的银行卡进行绑定，进而处分卡内资金的行为，属于盗窃信用卡并使用的行为，应当认定为盗窃罪。

相关法条

《中华人民共和国刑法》第二百六十四条

基本案情

被告人陈嘉莹于2016年7月5日至7月9日期间，与被害人金某某一起乘坐“海洋量子号”游轮至日本游玩。其间被告人陈嘉莹在被害人金某某不知情的情况下，利用自己微信号为chan××××的微信绑定被害人金某某卡号为622848038×××××××××的中国农业银行卡，将该卡内资金人民币19 800元分别转入4个不同的微信账号内，并为自己的手机充值人民币100元，涉案金额共计人民币19 900元。

2016年10月10日，被告人陈嘉莹在浦东国际机场被公安人员抓获。案发后，陈嘉莹在家属帮助下退赔了全部赃款。

上海市虹口区人民检察院以被告人陈嘉莹犯盗窃罪向上海市虹口区人民法院提起公诉。被告人陈嘉莹及其辩护人对指控的上述犯罪事实及罪名均无异议。

裁判结果

上海市虹口区人民法院于2017年1月9日作出(2017)沪0109刑初3号刑事判决：一、被告人陈嘉莹犯盗窃罪，判处有期徒刑一年六个月，缓刑一年六个月，并处罚金人民币三千元。二、查获的犯罪工具予以没收销毁。一审判决后，被告人没有提起上诉，检察院没有提起抗诉，本案现已生效。

裁判理由

微信等移动互联网平台的兴起使金融支付方式发生重大变革，在互联网环境下，传统的依靠磁条或芯片读取、使用银行卡的金融支付方式已经彻底改变。由此，涉银行卡的财产犯罪行为模式也随之发生一定程度的变异，给行为定性带来困难。本案中，被告人陈嘉莹在被害人不知情的情况下，利用自己的微信绑定被害人的银行卡进而处分卡内资金的行为，应认定为"盗窃信用卡并使用"的盗窃罪，还是冒用型信用卡诈骗罪，审理中存在一定争议。

银行卡必须由持卡人本人使用，是银行卡管理的一项基本制度。以非法占有为目的，冒充持卡人身份使用信用卡，不仅侵犯公私财产所有权，更扰乱了信用卡管理制度，因此，立法明确"冒用他人信用卡"的，应以信用卡诈骗罪认定。但并非所有冒充持卡人身份使用信用卡的行为都应认定为冒用型信用卡诈骗，《中华人民共和国刑法》第一百九十六条第三款同时明确了盗窃信用卡并使用的，以盗窃罪论处，而盗窃信用卡后使用的行为客观上必然也是一种冒用他人信用卡的行为，区别的关键就在于获取信用卡的手段不同。如果以盗窃的手段获取信用卡并使用的，就应定盗窃罪；如果以盗窃以外的其他手段（不限于非法手段）获取他人信用卡并使用的，则可能构成信用卡诈骗罪。

本案中，被告人陈嘉莹趁被害人不备，窃得其银行卡，并利用事先掌握的被害人的身份证号，及利用事先掌握的被害人的手机开机密码在绑定微信的过程中获取验证码，从而顺利实现银行卡绑定，获取卡内资金。被告人陈嘉莹获取银行卡的手段是一种秘密窃取行为，之后的绑定和获取卡内资金都是一种信用卡使用行为，符合"盗窃信用卡并使用"的行为构成特征，应以盗窃罪论处。本案的特殊之处在于，被告人陈嘉莹在手机微信平台中输入银行卡号后，又将银行卡放回原处，故有观点认为其窃取的只是银行卡号，属于银行卡信息，而不是银行卡本身，所以不能认定为"盗窃信用卡并使用"。而按照最高人民法院、最高人民检察院《关于办理妨害信用卡管理刑事案件具体应用法律若干问题的解释》第五条之规定，窃取他人信用卡信息资料，并通过互联网、通讯终端使用的，应定冒用型信用卡诈骗罪。

窃得银行卡并获得相关信息后又归还的行为，不影响盗窃手段的认定。本案被告人陈嘉莹尽管意在获取被害人的银行卡号，但客观上却实施了窃取载有银行卡号的银行卡本身的行为，上述最高人民法院、最高人民检察院司法解释中所述的"信用卡信息资料"显然不包括银行卡本身，否则将明显违反《中华人民共和国刑法》第一百九十六条第三款的规定。同时，归还只是窃取行为实施完毕后的掩盖行为，并不影响窃取行为本身性质的认定，反而却可以进一步证明窃取行为的秘密性特征。这种情况的发生正是因为在互联网环境下，利用银行卡进行交易并不需要出示真实的银行卡，而之后的身份验证行为也是为了完全控制该银行卡，然其行为本质与窃得银行卡后通过密码破译等方法使用的行为并不存在实质上的差异。

进言之，构成"盗窃信用卡并使用"，客观上应当具备两个基本行为：一是盗窃信用卡的行为，而信用卡作为一种金融凭证只是承载财产权利的载体，其本身并无价值，所以仅盗窃信用卡，并不构成犯罪，其只是获得了非法占有他人财物的可能性；二是使用他人信用卡的行为，它直接侵害了被害人的财产权利，使之前侵犯他人财产权利的可能性直接转化为现实。所以，在“盗窃信用卡并使用”的行为中，“使用”是主行为。立法将该行为拟制规定为盗窃，可见在立法者看来，“盗窃信用卡并使用”的社会危害性与盗窃罪相当，以盗窃罪论处方能实现罚当其罪。“盗窃信用卡并使用”属于法定的一罪，其与冒用型信用卡诈骗罪也不存在想象竞合关系，确定对前者的适用，便应绝对排斥对后者适用的可能性。

综上，本案被告人陈嘉莹秘密窃取他人银行卡在自己的手机微信平台中予以绑定并处分卡内资金的行为，属于盗窃信用卡并使用的行为，应以盗窃罪论处。

（生效裁判审判人员：张金伟）

图书在版编目(CIP)数据

2016年上海法院案例精选/郭伟清主编.—上海：上海人民出版社,2017

ISBN 978-7-208-14710-2

Ⅰ.①2… Ⅱ.①郭… Ⅲ.①案例-汇编-上海-2016 Ⅳ.①D927.510.5

中国版本图书馆CIP数据核字(2017)第187125号

责任编辑 秦 堃 夏红梅

封面设计 甘晓培

2016年上海法院案例精选

郭伟清 主编

世 纪 出 版 集 团

上海人民出版社出版

(200001 上海福建中路193号 www.ewen.co)

世纪出版集团发行中心发行 常熟市新骅印刷有限公司印刷

开本 720×1000 1/16 印张 29.75 插页 4 字数 556,000

2017年11月第1版 2017年11月第1次印刷

印数 1—8,000

ISBN 978-7-208-14710-2/D·3074

定价 88.00元